数说北京科技创新

张士运　主编

北京科学技术出版社

图书在版编目（CIP）数据

数说北京科技创新/张士运主编. —北京：北京科学技术出版社，2018. 11
ISBN 978 - 7 - 5304 - 9922 - 1

Ⅰ. ①数… Ⅱ. ①张… Ⅲ. ①技术革新 - 研究 - 北京 Ⅳ. ①F124. 3

中国版本图书馆 CIP 数据核字（2018）第 251833 号

数说北京科技创新

主　　编：张士运
责任编辑：韩　晖
责任印制：吕　越
封面设计：耕者设计工作室
出 版 人：曾庆宇
出版发行：北京科学技术出版社
社　　址：北京西直门南大街 16 号
邮政编码：100035
电话传真：0086 - 10 - 66135495（总编室）　0086 - 10 - 66113227（发行部）
0086 - 10 - 66161952（发行部传真）
电子信箱：bjkj@ bjkjpress. com
网　　址：www. bkydw. cn
经　　销：新华书店
印　　刷：北京宝隆世纪印刷有限公司
开　　本：787mm × 1092mm　1/16
字　　数：441 千字
印　　张：17
版　　次：2018 年 11 月第 1 版
印　　次：2018 年 11 月第 1 次印刷
ISBN 978 - 7 - 5304 - 9922 - 1/F · 353

定　　价：120. 00 元

《数说北京科技创新》专家委员会

编辑委员会

前　言

科学技术指标是观察和测度科学技术活动的一种方法，可以有效反映科学技术活动状况及其对经济、社会产生的作用和影响，是进行科技决策的重要依据，也是评价科技政策实施效果的重要工具。进入新时期，北京科技创新发展保持良好态势，特别是2014年中央赋予北京全国科技创新中心的战略定位，各级政府管理部门在决策时对科技统计信息的需求显著增强，为了更好地、全面地反映北京地区科技创新的现状和发展态势，北京科技统计信息中心组织编写了《数说北京科技创新》，为全社会了解北京创新提供一个窗口。

本书主要采用通用指标和2001—2016年的科技统计数据以及相关的经济、社会统计数据，对北京科学技术发展进行历史纵向分析，重点反映“十五”“十一五”“十二五”时期北京科学技术发展的基本态势和主要特征。由于指标变化等情况，部分指标数据的时间范围有所差异，已在书中注明。对重点指标做了与国内主要省市的横向对比分析，以反映北京科学技术发展的特点以及在国内所处的位置。

本书在编写过程中，得到了北京市科学技术委员会、北京市统计局、北京市教育委员会、科学技术部、中国科学技术发展战略研究院、北京市科学技术协会、中关村科技园区管理委员会、北京市财政局、北京工业大学、北京市科学技术情报研究所等部门和单位领导、专家学者的热情帮助和悉心指导，谨致以诚挚的感谢，并恳请广大读者对本书提出批评、建议。

《数说北京科技创新》
编辑委员会
2018年9月

目　录

科技资源篇

科技活动篇

科技成果篇

科技促进篇

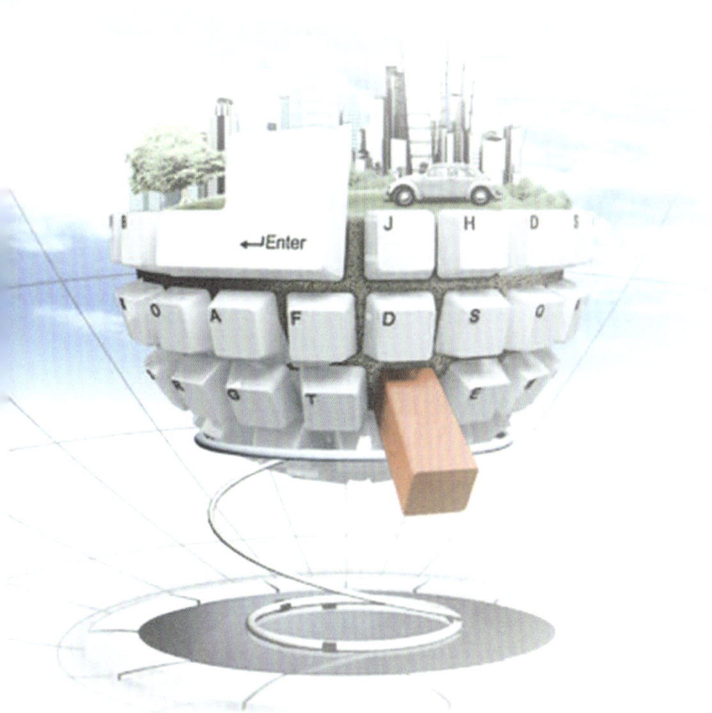

科技资源篇

第一章　科技人力资源

随着科技全球化的发展，当今世界的竞争已成为科技的竞争，而科技竞争的实质是人才尤其是科技人才的竞争。科技人力资源作为科技创新的核心，最具有创新性和革命性，是支撑国家和区域科技发展与创新的重要载体，是经济社会发展最宝贵的资源和最重要的推动力量，其规模和素质是衡量一个国家和区域综合实力和发展潜力的重要指标。

科技人力资源是指实际从事或有潜力从事系统性科学和技术知识的产生、发展、传播和应用活动的人力资源，既包括实际从事科技活动（或科技职业）的人员，也包括具有从事科技活动（或科技职业）潜能的人员。

北京科技人力资源丰富，在科技人力资源的聚集和培养方面具有明显优势。本章根据《中国统计年鉴》《中国科技统计年鉴》《北京统计年鉴》《北京研究与发展（R&D）数据汇编》的数据资料，从科技人力资源概况、R&D 人员两个方面描述北京科技人力资源的规模与结构状况及其发展变化趋势。

第一节　科技人力资源概况

改革开放以来，北京人才教育经费投入持续增加，人口受教育程度和劳动者素质均有了很大提高。高等教育在培养科技人力资源中发挥了重要作用，北京高等学校培养科技人力资源的数量持续增加，层次和质量不断提升。北京集聚了大批的高端人才和优秀人才，人才资源高端化发展特征日益明显。

一、人口受教育程度

受教育程度是人口素质的重要组成部分，随着教育的发展和科学技术的进步，北京人口的受教育程度也在不断提高。

（一）高学历人口不断增加

2016 年，北京主要劳动年龄人口受过高等教育的比例为 45.2%，比 2008 年提高了 18.2 个百分点。同年北京常住人口中，具有大学本科及以上文化程度的占 22.7%，大专占 13.4%，高中占 23.5%，初中及以下占 40.4%。与 2000 年第五次人口普查相比，大专及以上学历所占比重提高 18.6 个百分点，高中学历所占比重下降 2.6 个百分点，初中及以下学历所占比重下降 13.1 个百分点。北京高学历人口不断增加，人口文化层次不断提高。

（二）平均受教育年限明显增加

人口平均受教育年限是衡量一个国家或地区教育发展水平的重要指标。2010 年，第六次人口普查中的北京人口平均受教育年限为 11.5 年，与 2000 年的 10.0 年相比，增加了 1.5 年，北京人口受教育程度有了较大的提升。

二、高等教育人才培养

高等学校是科技人力资源形成和培养体系中的关键部门，是科技人力资源开发的后备队伍。北京作为全国最大的教育和科研基地，“十五”以来本科生和研究生队伍规模持续扩大，科技人力资源后备队伍储备和供给充足。

（一）接受高等教育的学生数量持续增加

北京是高等教育发达地区，每年向社会输送大量的科技人力资源。2016 年，北京接受高等教育的总人数为 74.1 万人，比 2001 年增加了 87.1%。普通高等学校的本专科毕业生数和在校学生数分别为 15.3 万人和 58.8 万人，分别比 2001 年增加了 9.7 万人和 24.8 万人（图 1－1），北京普通高等学校本专科学生数量持续增加。

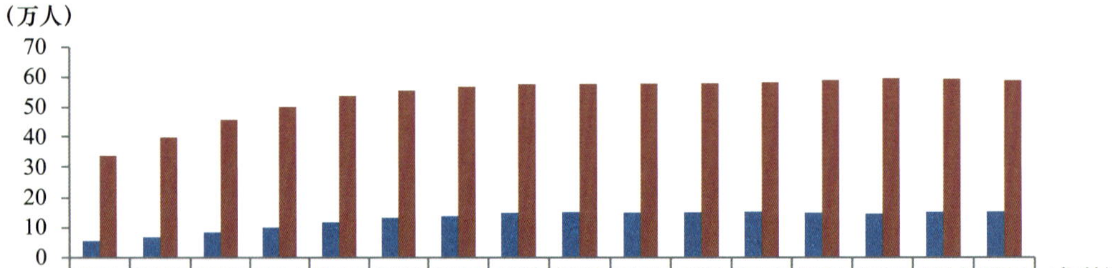

	2001	2002	2003	2004	2005	2006	2007	2008	2009	2010	2011	2012	2013	2014	2015	2016
毕业生	5.6	6.8	8.4	10	11.7	13.3	13.9	14.9	15.2	15	15.1	15.3	14.9	14.7	15.2	15.3
在校生数	34	40	45.9	50.1	53.7	55.5	56.8	57.6	57.7	57.8	57.9	58.2	58.9	59.5	59.3	58.8

图 1－1 北京普通高等学校的本专科毕业生和在校生数（2001—2016）

数据来源：2002—2017 年《北京统计年鉴》，北京市统计局、国家统计局北京调查总队。

（二）研究生队伍稳步发展

研究生作为科技人力资源的核心后备力量，反映了科技人力资源储备水平和供给能力。2016 年，北京普通高等学校研究生以上学历人数为 37.5 万人，其中博士、硕士研究生毕业生和在校生人数分别为 8.3 万人和 29.2 万人，分别为 2001 年的 5.5 倍和 3.7 倍（图 1－2）。2001—2016 年，博士生和硕士生的在校生数量和毕业人数的年均增长率分别为 9.3% 和 12.6%，整体呈现出持续发展的态势。

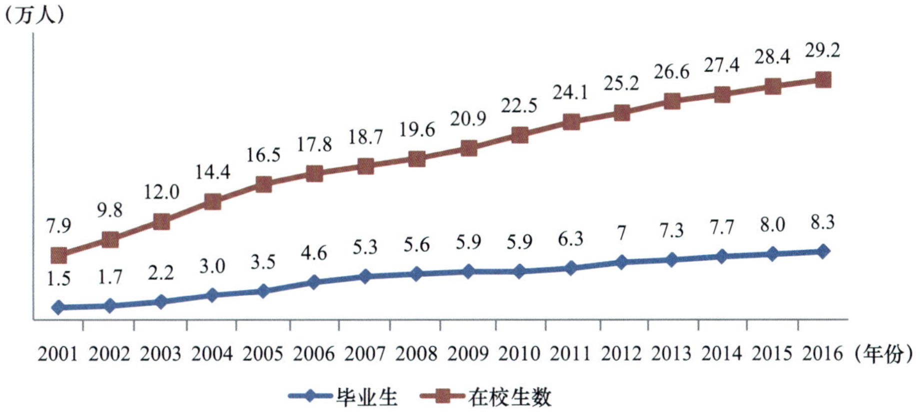

图 1－2　北京普通高等学校博士、硕士研究生发展情况（2001—2016）

数据来源：2002—2017 年《北京统计年鉴》，北京市统计局、国家统计局北京调查总队。

三、高端人才集聚

北京市围绕首都人才发展规划纲要，大力实施人才政策与计划，人才工程推进成效显著。持续实施“海聚工程”，大力引进海外高层次人才来京创新创业；启动实施“北京学者计划”，创新高层次专业技术人才培养工作，培养具有国际水平的科学家、工程师和知名大师；因地制宜实施区域特色引才计划，如朝阳区“凤凰计划”、海淀区“海英计划”、中关村“高聚工程”、经济技术开发区“新创工程”等，增强引才工作的整体合力；实施高层次创新创业人才支持计划（简称“高创计划”），按照“三个层次、六类人才”统筹整合北京市重点人才工程。

截至 2016 年年底，北京聚集了 756 名“两院”院士，约占全国的 1/2；国家“千人计划”1486 名，约占全国的 1/4；国家“万人计划”682 名，超过全国的 1/4；北京市“海聚工程”累计引进 899 名海外高层次人才；“高创计划”累计选拔出 28 名杰出人才、176 名领军人才和 98 名青年拔尖人才；“北京学者计划”共认定了两批 28 名优秀学者，其中 4 名当选“两院”院士。北京集聚了大批的高端人才与优秀人才，人才资源高端化发展特征日益明显。

第二节　R&D 人员

R&D 人员指直接从事 R&D 活动的人员以及直接为 R&D 活动提供服务的管理人员、行政人员和办事人员。OECD 根据科技人员在 R&D 活动中的作用，将参与 R&D 活动的人员分为研究人员、技术人员和辅助人员。我国 R&D 人员指标测度可采用人数和全时工作当量（FTE）两种量纲，国际比较中通常采用全时工作当量。

一、R&D 人员总量及其结构

R&D 人员是科技人力资源中至关重要的、最具有创新性的组成部分，其数量与质量是衡量国家或地区创新能力的主要指标之一。2016 年，北京 R&D 人员总数为 37.3 万人，按全时当量计为 25.3 万人年。

（一）R&D 人员规模不断扩大

2016 年，北京 R&D 人员为 25.3 万人年，与 2001 年相比增长 15.8 万人年，增长 166.3%，2001—2016 年 R&D 人员年均增长率为 7.4%（图 1－3）。“十五”期间，R&D 人员年均增长率达到 18.0%，其中 2004 年是增长最快的一年，比 2003 年增长 38.2%；“十一五”期间，R&D 人员呈现波动的增长趋势，年均增长率仅为 4.0%；“十二五”期间，R&D 人员延续了增长态势，年均增长率为 3.2%。2001 年以来，北京 R&D 人员呈现先快后慢的增长趋势。

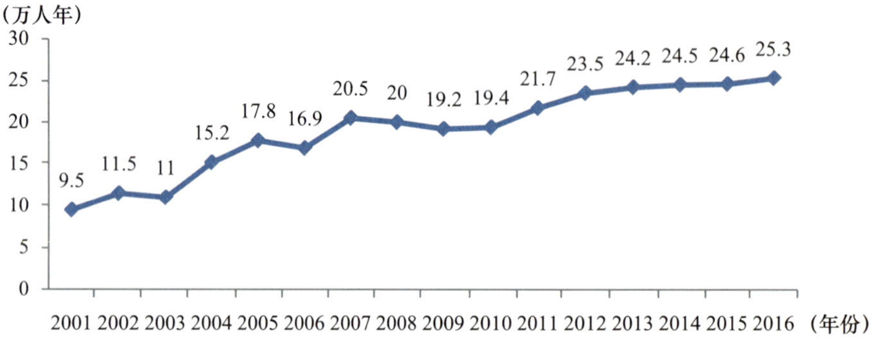

图 1－3 北京 R&D 人员的规模（2001—2016）

数据来源：2002—2017 年《北京统计年鉴》，北京市统计局、国家统计局北京调查总队。

（二）R&D 人员投入强度较高

R&D 研究人员占 R&D 人员的比重、每万名从业人员中 R&D 人员数量和每万名从业人员中 R&D 研究人员数量是反映 R&D 人员投入强度的指标。

2016 年，北京的 R&D 研究人员为 15.1 万人年，占北京 R&D 人员的 59.4%。相较于上海、广东与江苏，北京 R&D 人员中研究人员的比例最高，高于上海的 50.5%、广东的 36.7% 和江苏的 37.1%（图 1－4）。

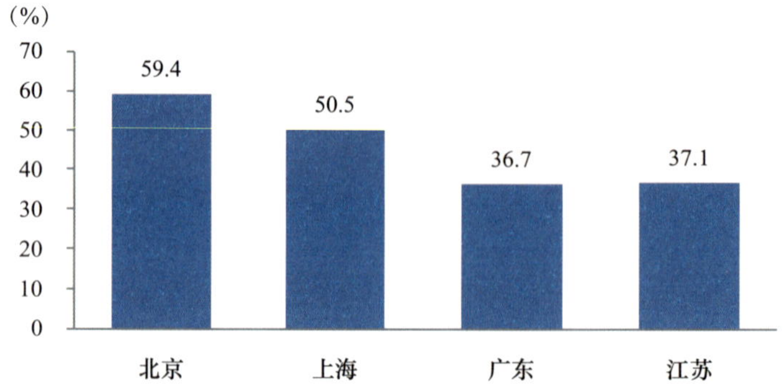

图 1－4 北京、上海、广东与江苏 R&D 研究人员占 R&D 人员的比例（2016）

数据来源：2017 年《中国科技统计年鉴》，国家统计局、科学技术部。

2016 年，北京每万名从业人员中 R&D 人员为 208 人年，相较 2001 年增加了 37.7%，R&D 人员投入强度明显增加（图 1－5）。自“十五”末期，北京每万名从业人员中 R&D 人员呈现波动的变化趋势，R&D 人员密度变化不大。与《首都中长期人才发展规划纲要》战略目标相比，每万名从业人员中研发人员数为目标水平（260 人年/万人）的八成。与上海、广东与江苏相比，北京每万名从业人员中 R&D 人员数量最多，多于上海的 135 人年、广东的 82 人年和江苏的 114 人年（图 1－6）。

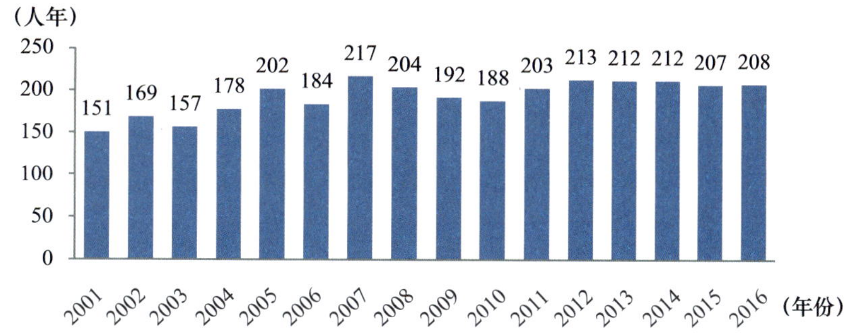

图 1－5　北京每万名从业人员中 R&D 人员数量变化情况（2001—2016）

数据来源：2002—2017 年《北京统计年鉴》，北京市统计局、国家统计局北京调查总队。

2016 年，北京每万名从业人员中 R&D 研究人员为 123 人年，为全国最高水平。与上海、广东和江苏相比，分别约为上海、广东和江苏的 1.8 倍、4.1 倍和 2.9 倍（图 1－6）。

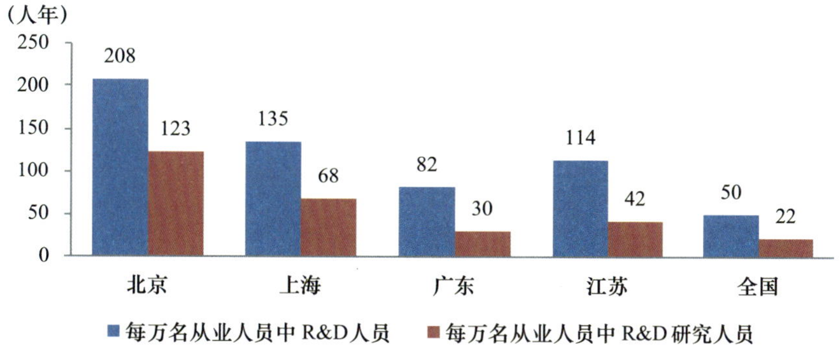

图 1－6　北京与其他省市每万名从业人员中 R&D 人员数量对比情况（2016）

数据来源：2017 年《北京统计年鉴》、2017 年《上海统计年鉴》、2017 年《广东统计年鉴》、2017 年《江苏统计年鉴》、2017 年《中国科技统计年鉴》、2017 年《中国统计年鉴》。

随着 R&D 人员规模的扩大，北京 R&D 人员投入强度也不断提高。由于北京聚集了中央和地方的科技力量，具有得天独厚的科技优势，从而使得 R&D 人员投入强度明显高于全国水平。

（三）R&D 人员主要从事试验发展活动

2016 年，北京 R&D 人员中从事基础研究、应用研究和试验发展活动的人员分别为 4.6 万人年、6.4 万人年、14.3 万人年，占全部 R&D 人员的比重分别为 18.2%、25.3% 和 56.5%。与 2001 年相比，北京基础研究 R&D 人员占比由 15.8% 上升到 18.2%，仅增加了 2.4 个百分点；应用研究 R&D

人员占比由 34.7% 下降到 25.3%，降低了 9.4 个百分点；试验发展 R&D 人员占比由 49.5% 增至 56.5%，提高了 7 个百分点（图 1－7）。北京 R&D 人员中，近六成都是从事试验发展活动的人员。

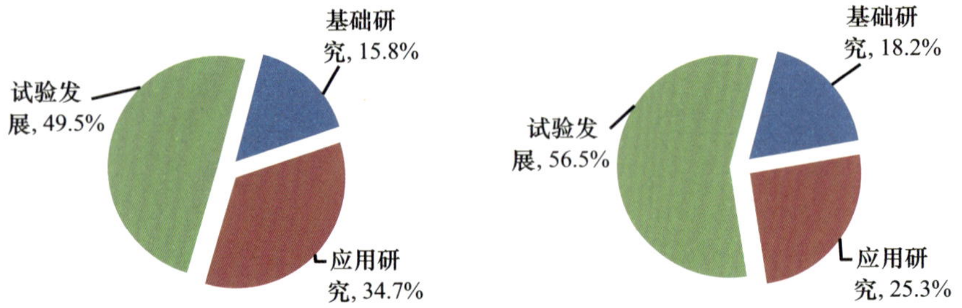

图 1－7　北京 R&D 人员按活动类型分布（2001、2016）

数据来源：2002 年和 2017 年《北京统计年鉴》，北京市统计局、国家统计局北京调查总队。

从 R&D 人员按活动类型分布的变化趋势来看，2001—2016 年，北京基础研究、应用研究、试验发展人员的数量分别增长了 206.7%、93.9% 和 204.3%。基础研究人员稳步增长，年均增长率为 7.9%；应用研究人员波动增长，年均增长率为 4.8%；试验发展人员波动较大，自 2003 年起呈现较快增长，2006 年、2010 年和 2015 年虽然出现下降，但年均增长率仍达 9.0%，在三种活动类型中增长最快（图 1－8）。

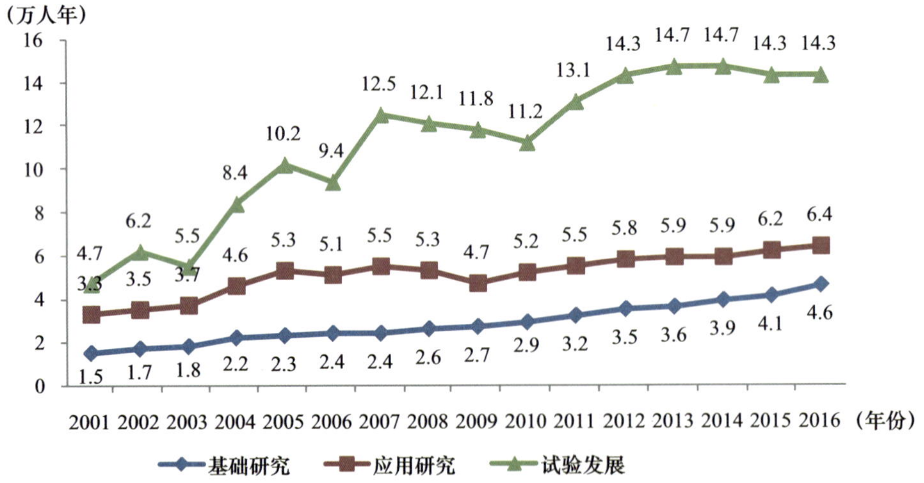

图 1－8　北京 R&D 人员按活动类型的分布（2016）

数据来源：2002—2017 年《北京统计年鉴》，北京市统计局、国家统计局北京调查总队。

结果表明，北京在持续关注并逐步加大对基础研究和应用研究投入的同时，更加注重对试验发展研发活动的人力投入。

二、R&D 人员按执行部门分布

随着科技体制改革的逐步推进和部分科研机构实行企业化转制和重组，企业越来越多地开展技术创新活动，R&D 人员在科研机构、高校和企业三大执行部门间的分布发生了明显变化。

（一）R&D 人员主要集中在企业

2001 年以来，企业逐渐成为 R&D 人员主要集中的部门。2016 年，北京科研机构、高等学校、企业中的 R&D 人员分别为 9.9 万人年、3.2 万人年、11.5 万人年，占北京 R&D 人员总量的 39.1%、12.6%、45.5%。

从执行部门 R&D 人员的变化趋势来看，2001—2016 年，企业 R&D 人员快速增长，所占比重提高了 17.1 个百分点；科研机构和高等学校 R&D 人员缓慢增长，所占比重分别减少了 7.2 和 6.3 个百分点。科研机构、高校和企业 R&D 人员所占比重分别由 2001 年的 46.3%、18.9% 和 28.4% 变为 39.1%、12.6%、45.5%（表 1－1）。企业从事 R&D 活动日益活跃，企业 R&D 人员大幅增加，企业已经成为 R&D 人员主要集中的部门。

表 1－1　北京 R&D 人员按执行部门分布（2001—2016）

年份	合计		企业		高等学校		研究机构		其他	
	总数（万人年）	占比（%）	总数（万人年）	占比（%）	总数（万人年）	占比（%）	总数（万人年）	占比（%）	总数（万人年）	占比（%）
2001	9.5	100	2.7	28.4	1.8	18.9	4.4	46.3	0.6	6.4
2002	11.5	100	3.9	33.9	2.5	21.7	4.8	41.7	0.3	2.7
2003	11	100	3.7	33.6	2.0	18.2	5.0	45.5	0.3	2.7
2004	15.2	100	7.4	48.7	2.4	15.8	5.1	33.6	0.3	1.9
2005	17.8	100	9.7	54.5	2.4	13.5	5.4	30.3	0.3	1.7
2006	16.9	100	8.0	47.3	2.6	15.4	5.9	34.9	0.4	2.4
2007	20.5	100	11.0	53.7	2.5	12.2	6.6	32.2	0.4	1.9
2008	19.9	100	10.2	51.3	2.6	13.1	6.6	33.2	0.5	2.4
2009	19.1	100	8.6	45.0	2.8	14.7	7.1	37.2	0.6	3.1
2010	19.3	100	8.0	41.5	3.0	15.5	7.8	40.4	0.5	2.6
2011	21.7	100	9.8	45.2	3.0	13.8	8.3	38.2	0.6	2.8
2012	23.6	100	10.6	44.8	3.1	13.3	9.3	39.3	0.6	2.6
2013	24.1	100	10.7	44.3	3.2	13.3	9.6	39.7	0.6	2.6
2014	24.5	100	10.9	44.3	3.4	13.7	9.7	39.6	0.6	2.5
2015	24.6	100	10.7	43.5	3.4	13.8	9.8	39.8	0.7	2.8
2016	25.3	100	11.5	45.5	3.2	12.6	9.9	39.1	0.7	2.8

数据来源：2002—2017 年《北京统计年鉴》，北京市统计局、国家统计局北京调查总队。

（二）试验发展人员高度集中在企业

R&D 人员在高校、研究机构和企业的分布情况与其在创新链中的分工有着密切关联，企业是 R&D 人员最多的部门，正逐步成为 R&D 活动的主体，而高校和研究机构则发挥着特有的研发作用。

2016 年，基础研究人员主要分布在科研机构，占北京基础研究人员的 65.6%，企业中从事基础研究的人员仅占全地区的 2.2%；应用研究人员也主要分布在科研机构，占北京应用研究人员的 54.2%，科研机构和高等学校两者的应用研究人员合计占北京总量的 82.8%；试验发展人员逐渐向企业集中，2016 年企业试验发展人员占北京的比重从 2002 年的 54.2% 增加到 74.0%，企业愈加重视技术创新活动（图 1－9）。从基础研究、应用研究和试验发展三类 R&D 人员在执行部门的分布特点来看，北京基础研究和应用研究人员主要集中在科研机构，试验发展人员高度集中在企业。

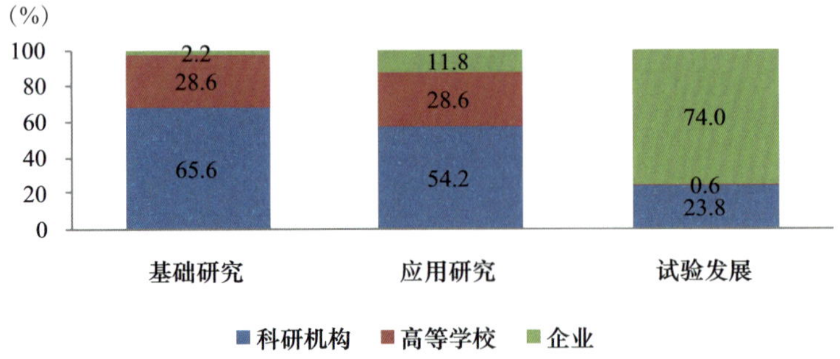

图 1－9　北京三类 R&D 活动人员按执行部门的分布（2016）

数据来源：2017 年《北京统计年鉴》，北京市统计局、国家统计局北京调查总队。

结果表明，企业作为创新活动的执行主体，近年来对技术创新的需求和重视程度明显提高，明显加大了对试验发展的人力投入；而科研机构和高校主要开展基础性、前瞻性和战略性研究活动，且研发经费主要来源于政府，因此对研发活动的人力投入相对稳定，侧重于基础研究和应用研究。

（三）不同主体 R&D 人员结构呈现不同的变化趋势

企业的 R&D 人员九成以上都是试验发展人员，企业以试验发展活动为主。2016 年，北京企业 R&D 人员中从事基础研究、应用研究和试验发展的研发人员分别为 0.1 万人年、0.8 万人年和 10.6 万人年，分别占总数的 0.9%、6.6% 和 92.5%。从三类活动人员在企业中的变化来看，2005—2016 年，基础研究人员平稳下降，由 3211 人年减少至 1006 人年，所占比重下降到 2.4 个百分点；应用研究人员快速下降，由 19516 人减少至 7541 人，所占比重下降 13.6 个百分点；试验发展人员快速增长，由 73958 人年增长至 106045 人年，所占比重上升 16.0 个百分点（图 1－10）。

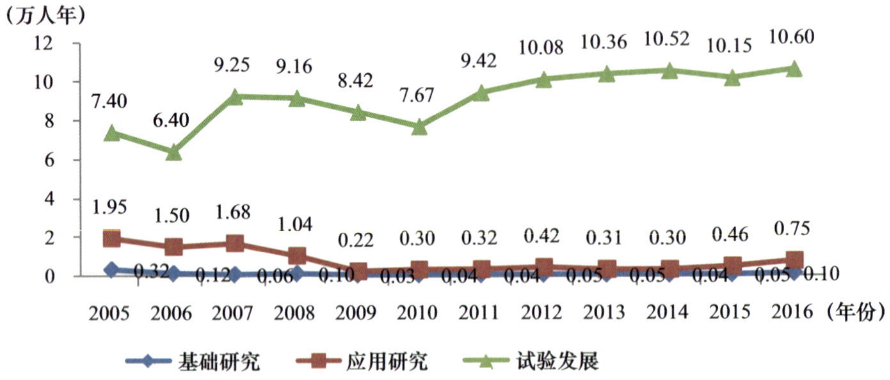

图 1－10　北京企业 R&D 活动人员按三类活动的分布（2005—2016）

数据来源：2006—2017 年《北京统计年鉴》，北京市统计局、国家统计局北京调查总队。

高校的 R&D 人员基本是基础研究人员和应用研究人员，高校以基础研究和应用研究活动为主。2016 年，北京高校 R&D 人员中从事基础研究、应用研究和试验发展的研发人员分别为 1.3 万人年、

1.8 万人年和0.1 万人年，分别占总数的41.0%、56.4%和2.6%。从三类活动人员在高校的变化来看，2005—2016 年，基础研究人员和应用研究人员平稳上升，所占比重分别增加了8.9 和7.7 个百分点；试验发展人员逐渐下降，所占比重降低了16.6 个百分点（图1－11）。

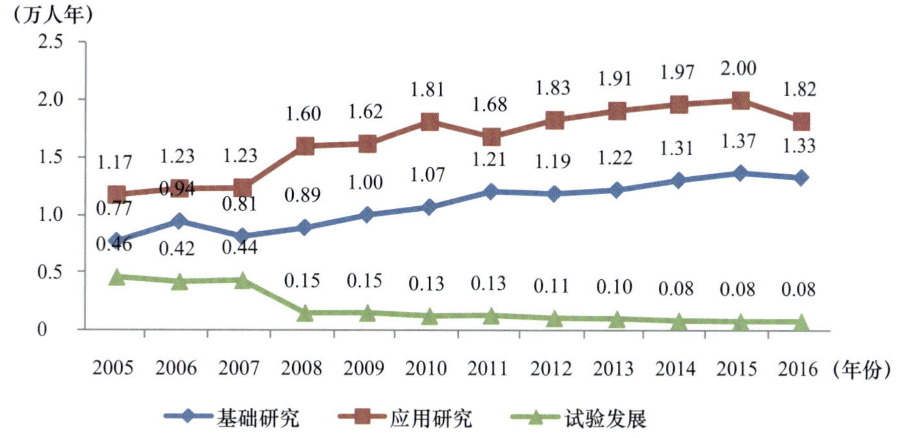

图1－11　北京高校R&D 活动人员按三类活动的分布（2005—2016）

数据来源：2006—2017 年《北京统计年鉴》，北京市统计局、国家统计局北京调查总队。

科研机构三类研发人员的比例基本不变，其中应用研究人员略高于试验发展人员和基础研究人员，科研机构三类研发活动较为均衡。2016 年，北京科研机构R&D 人员中从事基础研究、应用研究和试验发展的研发人员分别为3.0 万人年、3.5 万人年和3.4 万人年，分别占总数的30.7%、34.8%和34.5%。从三类活动人员在科研机构中的数量变化来看，2005—2016 年，基础研究和应用研究人员平稳增长，其中基础研究人员增长了158.5%，所占比重上升了8.7 个百分点；应用研究人员增长了69.8%，所占比重降低了3.1 个百分点；试验发展人员从2013 年开始呈现下降趋势，但仍增长了58.7%，所占比重降低了5.7 个百分点（图1－12）。

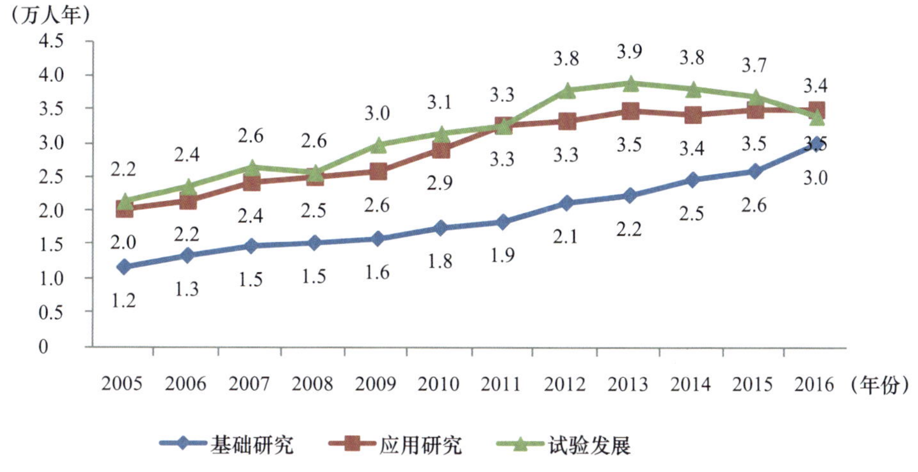

图1－12　北京科研机构R&D 活动人员按三类活动的分布（2005—2016）

数据来源：2006—2017 年《北京统计年鉴》，北京市统计局、国家统计局北京调查总队。

（四）企业的 R&D 人员受教育程度低于高校与研究机构

2016 年，北京 R&D 人员为 37.3 万人，本科及以上学历的 R&D 人员为 31.3 万人，所占比重达 83.9%。北京高等院校、研究机构、企业的 R&D 人员分别为 7.7 万人、11.4 万人和 16.9 万人，其中本科及以上学历的 R&D 人员分别为 7.1 万人、10.1 万人和 13.3 万人，高校和科研院所本科及以上学历 R&D 人员占比高达 92.4% 和 89.3%，而企业 R&D 人员中本科及以上学历仅占 78.5%（图 1-13）。从各部门 R&D 人员的学历水平来看，企业的 R&D 人员受教育程度低于高校与科研机构。

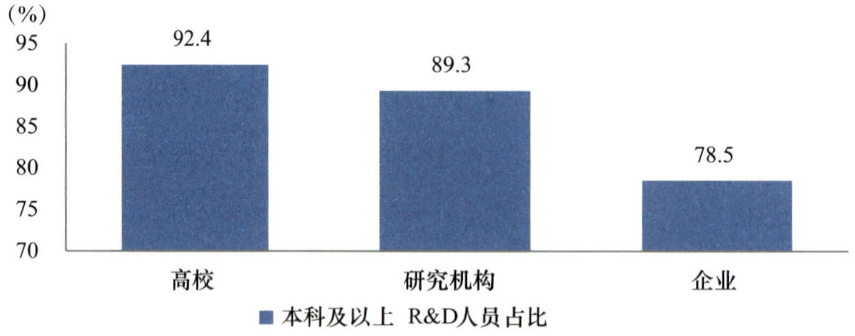

图 1-13 北京各部门本科及以上 R&D 人员占比情况（2016）

数据来源：2017 年《北京统计年鉴》，北京市统计局、国家统计局北京调查总队。

从硕士以上学历 R&D 人员的分布来看，高校、科研机构与企业呈现强烈反差。2016 年，北京高等院校的 R&D 人员为 7.7 万人，其中博士学历、硕士学历、本科学历的 R&D 人员为 3.1 万人、2.4 万人和 1.7 万人，占比分别为 39.7%、31.3% 和 21.5%；研究机构的 R&D 人员为 11.4 万人，其中博士学历、硕士学历、本科学历的 R&D 人员为 3.4 万人、4.1 万人和 2.7 万人，占比分别为 29.8%、36.0% 和 23.4%；企业的 R&D 人员为 16.9 万人，其中博士学历、硕士学历、本科学历的 R&D 人员为 0.2 万人、1.3 万人和 11.8 万人，占比分别为 0.9%、7.9% 和 69.8%（图 1-14）①。北京高校和科研机构 R&D 人员中硕士以上学历人才比例高达 71.0% 和 65.8%；而企业 R&D 人员中硕士以上学历仅为 8.8%，21.4% 的企业 R&D 人员为本科以下学历。

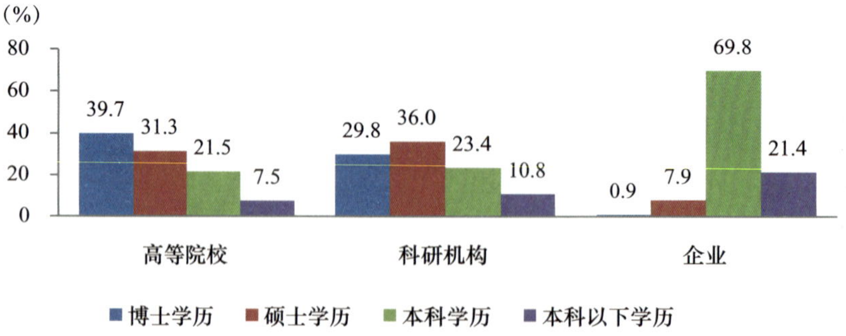

图 1-14 北京不同部门 R&D 人员学历结构对比（2016）

数据来源：2017 年《北京研究与发展（R&D）数据汇编》，北京科学学研究中心、北京科技统计信息中心。

① 该部分的 R&D 人员指标是以人数来测度，不是按全时当量计算。

（五）企业的 R&D 研究人员占比低于高校和科研机构

2016 年，北京 R&D 研究人员为 15.1 万人年，占北京 R&D 人员总量的 59.4%。北京高等院校的 R&D 人员为 3.2 万人年，R&D 研究人员为 2.7 万人年，占 R&D 人员总量的八成以上；科研机构的 R&D 人员为 9.9 万人年，R&D 研究人员为 6.8 万人年，占 R&D 人员总量的近七成；企业的 R&D 人员为 11.5 万人年，R&D 研究人员为 5.1 万人年，占 R&D 人员总量的四成以上（图 1－15）。从各部门 R&D 研究人员的占比来看，企业的 R&D 研究人员比例最低。

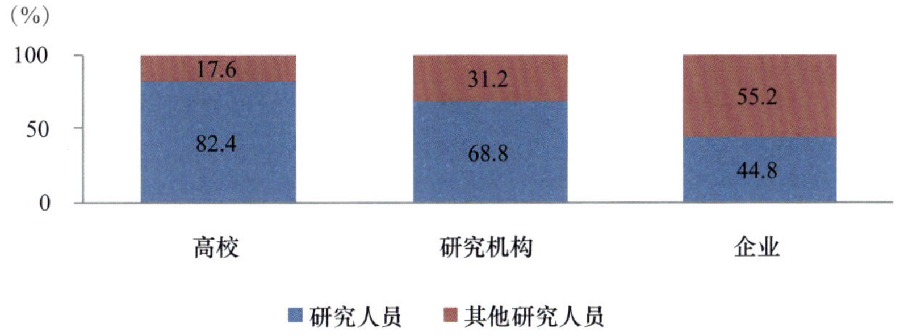

图 1－15　北京各部门 R&D 研究人员结构比例（2016）

数据来源：2017 年《北京研究与发展（R&D）数据汇编》，北京科学学研究中心、北京科技统计信息中心。

三、R&D 人员在行业中的分布

R&D 人员在国民经济行业中的分布反映了各个行业研发投入的力度及行业研发与创新的水平。“十五”以来，R&D 人员向第三产业聚集的趋势逐渐弱化，R&D 人员主要集聚于科学研究和技术服务，制造，信息传输、计算机服务和软件业三大行业。

（一）R&D 人员集中于第三产业

2016 年，北京第一、二、三产业的 R&D 人员分别为 0.007 万人年、5.60 万人年和 19.73 万人年，第一、二、三产业 R&D 人员所占全地区的比重分别为 0.03%、22.11% 和 77.86%，第三产业仍是科技研发的主要产业。

从三大产业 R&D 人员的变化来看，2002—2016 年，第一产业 R&D 人员变化不大，占比下降了 0.59 个百分点；第二产业 R&D 人员增长迅速，占比增加了 4.09 个百分点；第三产业 R&D 人员持续增长，占比下降了 3.50 个百分点（图 1－16）。虽然七成以上的 R&D 人员集中于第三产业，但 R&D 人员开始从高度集中于第三产业向第二产业和第三产业共同集聚转变，为北京发展现代服务业和高端制造业提供智力支撑。

（二）R&D 人员重点集中在三大行业

从国民经济行业分布来看，2016 年 R&D 人员集中的前三大行业分别是科学研究和技术服务业、制造业与信息传输、计算机服务和软件业，这三大行业集中了北京八成以上的 R&D 人员。2016 年，科学研究和技术服务业 R&D 人员数量为 12.3 万人年，占北京 R&D 人员比重的 48.8%；制造业 R&D 人员数量为 4.8 万人年，占全地区的 19.0%；信息传输、计算机服务和软件业 R&D 人员数量为 3.6 万人年，占全地区的 14.4%（表 1－2）。

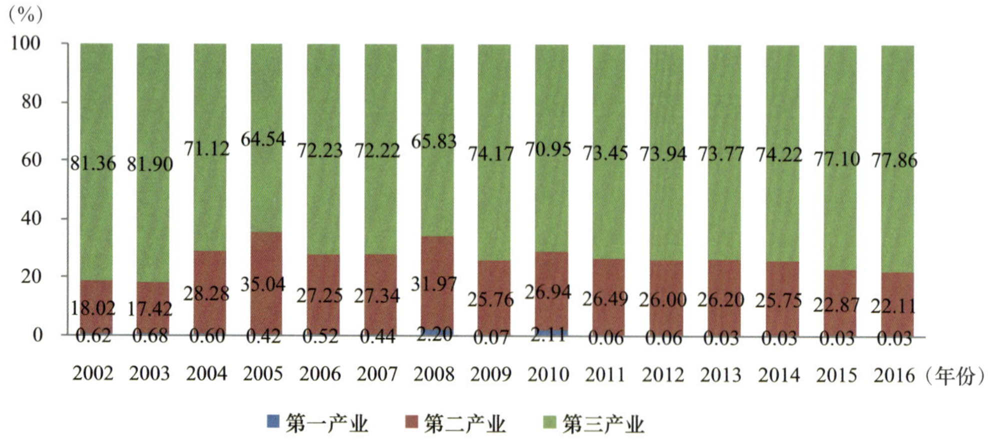

图 1－16　北京三大产业 R&D 人员的比例变化（2002—2016）

数据来源：2003—2017 年《北京研究与发展（RD）数据汇编》，北京科学学研究中心、北京科技统计信息中心。

表 1－2　北京 R&D 人员行业排名（2016）

行业	R&D 人员		
	总量（人年）	占比（%）	排名
科学研究和技术服务业	123502	48.8	1
制造业	48222	19.0	2
信息传输、计算机服务和软件业	36494	14.4	3

数据来源：2017 年《北京统计年鉴》，北京市统计局、国家统计局北京调查总队。

四、R&D 人员按隶属关系分布

北京 R&D 人员按隶属关系分为中央属单位和北京市属单位。2005 年以来，中央属单位 R&D 人员快速增长，近六成的 R&D 人员都集中在中央属单位。

（一）R&D 人员主要集中在中央属单位

2016 年，北京 R&D 人员为 25.3 万人年，其中中央属单位 R&D 人员为 14.9 万人年、北京市属单位的 R&D 人员为 10.4 万人年，分别占北京 R&D 人员总数的 58.9% 和 41.1%。相比 2005 年，中央属单位的 R&D 人员增加了 5.4 万人年，所占比重增加了 5.5 个百分点；市属单位的 R&D 人员仅增加了 2.1 万人年，所占比重下降了 5.5 个百分点（图 1－17 和图 1－18）。2005 年以来，R&D 人员主要集中在中央属单位。

2005—2016 年，中央属单位 R&D 人员年均增长率为 4.2%，北京市属单位 R&D 人员年均增长率为 3.0%，中央属单位年均增幅高出北京市属单位 1.2 个百分点，中央属单位 R&D 人员增长速度快于北京市属单位。

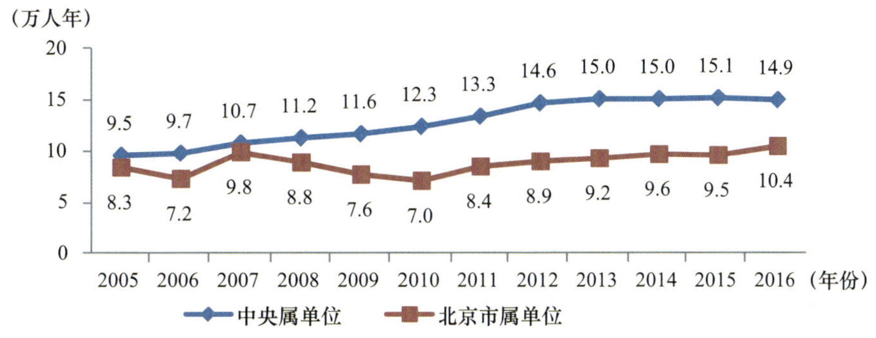

图 1－17 北京 R&D 人员按隶属关系分布的规模变化（2005—2016）

数据来源：2006—2017 年《北京统计年鉴》，北京市统计局、国家统计局北京调查总队。

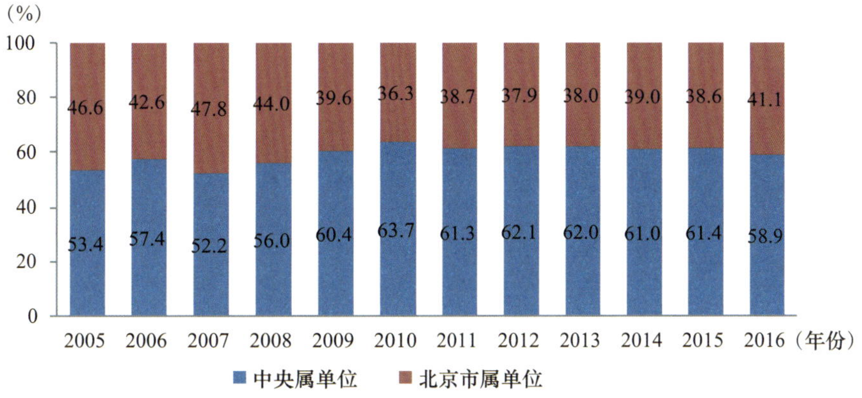

图 1－18 北京 R&D 人员按隶属关系分布的变化（2005—2016）

数据来源：2016—2017 年《北京统计年鉴》，北京市统计局、国家统计局北京调查总队。

（二）中央属单位三类活动人员相对平均，市属单位以试验发展人员为主

中央属单位三类 R&D 人员的比例变化不大，基础研究、应用研究和试验发展的研发人员比例为 1∶1.2∶1.4。2016 年，北京中央属单位中从事基础研究、应用研究和试验发展的 R&D 人员分别为 4.1 万人年、5.1 万人年和 5.7 万人年，分别占中央属单位 R&D 人员总数的 27.8%、34.2% 和 38.0%。2005—2016 年，基础研究、应用研究的 R&D 人员总体呈现增长的态势，其中基础研究人员增长了 7.6 个百分点、应用研究人员减少了 1.5 个百分点；试验发展的 R&D 人员呈现先增后降的趋势，试验发展人员减少了 6.1 个百分点（图 1－19）。

市属单位八成以上是试验发展人员，主要从事试验发展活动。2016 年，北京市属单位中从事基础研究、应用研究和试验发展的 R&D 人员分别为 0.5 万人年、1.3 万人年和 8.7 万人年，分别占市属单位 R&D 人员总数的 4.7%、12.1% 和 83.1%。2005—2016 年，基础研究人员变化不大，增加了 0.1 个百分点；应用研究人员数量减少，减少了 11.0 个百分点；试验发展人员快速增加，增长了 10.8 个百分点（图 1－20）。

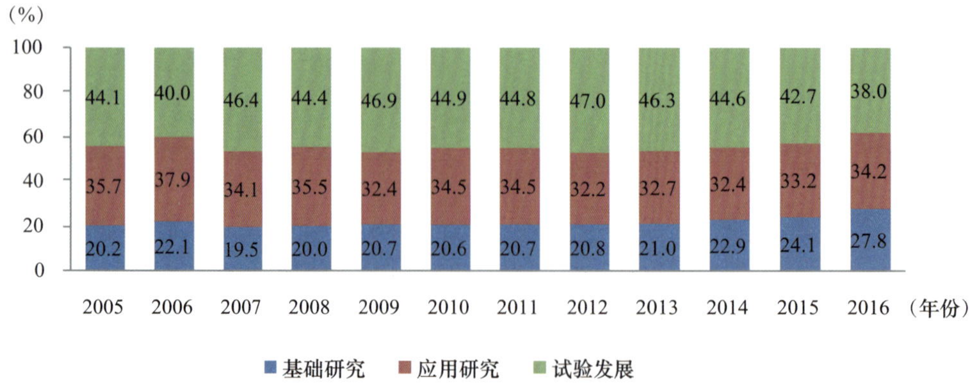

图 1－19 北京中央属单位 R&D 人员按隶属关系分布的变化（2005—2016）

数据来源：2006—2017 年《北京统计年鉴》，北京市统计局、国家统计局北京调查总队。

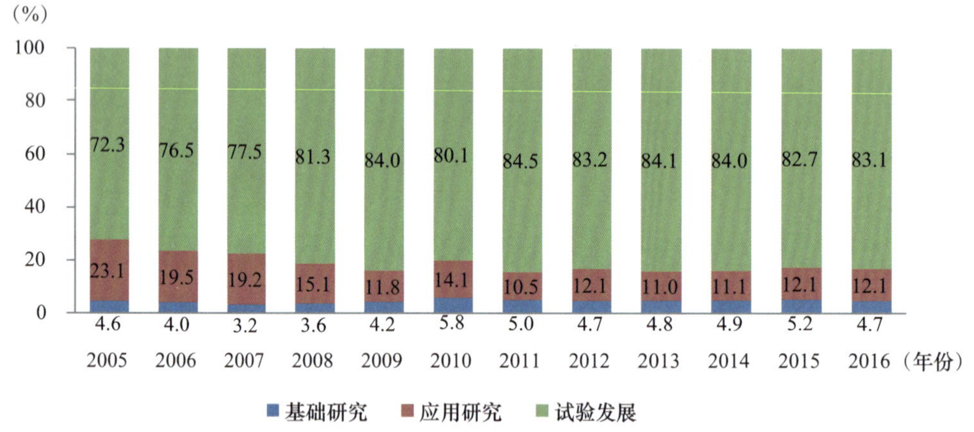

图 1－20 北京市属单位 R&D 人员按隶属关系分布的变化（2005—2016）

数据来源：2006—2017 年《北京统计年鉴》，北京市统计局、国家统计局北京调查总队。

近年来，北京以实施“科技北京”行动计划和建设中关村人才特区为牵引，以实施人才发展规划纲要为主线，着力解决突出问题，进一步促进科技人力资源快速发展。科技人才队伍规模不断壮大，素质不断提升，结构日趋合理，管理体制日益灵活。与首都中长期人才发展规划纲要战略目标相比，主要劳动年龄人口受高等教育比例已超过 2020 年目标水平，每万名劳动力中研发人员数为目标水平的八成（表 1－3）。

表 1－3 北京科技人才发展主要指标完成情况

指标	2008	2016	规划目标	
			2015	2020
每万名劳动力中研发人员（人年/万人）	204	208	240	260
主要劳动年龄人口受过高等教育比例（%）	27	45. 2	35	42

数据来源：2008 年数据来源于首都人才规划，2016 年数据来自于 2016 年《北京地区人才资源统计报告》。

第二章　研究与发展经费

研究与发展（R&D）经费是指开展 R&D 活动实际支出的全部费用。本章根据 R&D 经费统计数据及经济统计数据，分析进入 21 世纪以来，特别是近几年北京地区 R&D 经费规模、增长速度、投入强度以及 R&D 经费的分布情况、经费来源和流向情况，客观反映北京地区 R&D 活动的特点和变化趋势，并简要分析北京市财政支出中科技经费支出情况。

第一节　研究与发展经费总量

R&D 活动是科技活动的核心，R&D 经费是测度一个地区 R&D 活动规模、评价其科技实力和创新能力的重要指标。本节内容包括北京地区 R&D 经费规模、增长速度、R&D 投入强度以及国内外 R&D 经费比较等情况。

一、R&D 经费规模及增长速度

（一）R&D 经费呈现增长态势

长期以来，北京地区 R&D 经费保持着稳定增长态势。2016 年，北京地区 R&D 经费达 1484.6 亿元，比上一年增加 100.6 亿元，同比增长 7.3%（图 2－1）。

从 R&D 经费的增长速度看，“十五”期间（2001—2005）R&D 经费年均增长速度为 22.0%，“十一五”期间（2006—2010）R&D 经费年均增长速度为 17.4%，“十二五”期间（2011—2015）R&D 经费虽然保持了稳步增长，但增速有所减缓，R&D 经费年均增长速度为 10.3%。R&D 经费的持续增长，为开展科技创新活动、推动科技进步奠定了重要基础。

（二）R&D 经费规模位居全国第四位

2016 年北京地区 R&D 经费规模居全国第四位（图 2－2），占全国 R&D 经费的比重为 9.5%，比上一年下降 0.2 个百分点。

2008 年以前北京地区 R&D 经费规模一直处于全国领先地位。2008 年江苏省首次超过北京，此后连续 7 年替代北京在全国保持领先地位；2011 年北京被广东省超越，R&D 经费规模位居全国第三位；2014 年北京被山东省超越，R&D 经费规模位居全国第四位。江苏、广东等经济发达省份雄厚的经济实力、企业成为创新活动的主体以及 R&D 经费的高速增长是形成这种现象的主要原因。

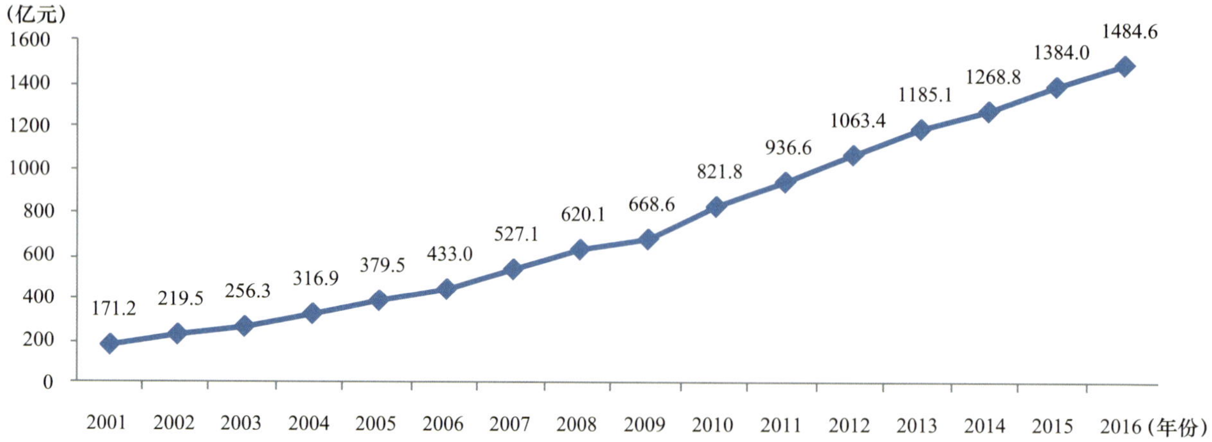

图 2－1 北京地区 R&D 经费的变化趋势（2001—2016）

数据来源：2002—2017 年《北京统计年鉴》，北京市统计局、国家统计局北京调查总队。

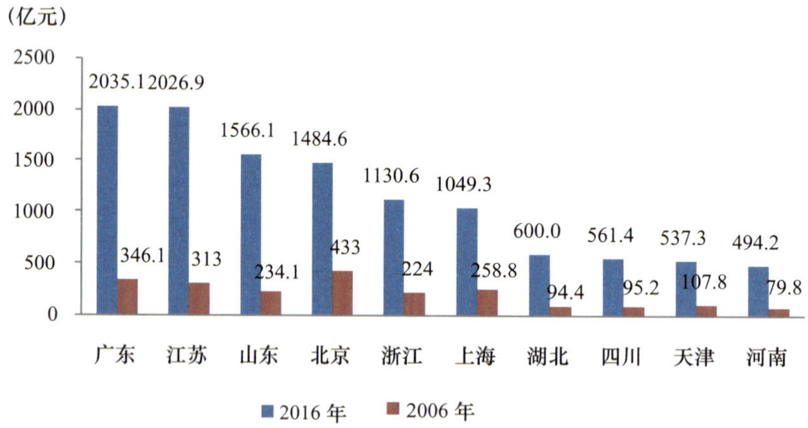

图 2－2 R&D 经费居全国前 10 位的省市情况（2006 年与 2016 年）

数据来源：2007 年和 2017 年《中国科技统计年鉴》，国家统计局、科学技术部。

二、R&D 经费强度

R&D 经费强度是评价一个国家或一个地区 R&D 活动水平的重要相对指标，也是显示其科技实力和核心竞争力的重要标志。因不同国家或地区的经济总量不同，仅用 R&D 经费规模等绝对指标无法准确衡量其 R&D 活动水平，所以国际上通用 R&D 经费强度作为指标，反映一个国家或地区当年的 R&D 经费占国内生产总值的比重，即 R&D 经费与 GDP 之比。R&D 经费强度反映了一个国家或地区对 R&D 活动的经费投入力度，也一定程度上反映了一个国家或地区的科技创新能力潜力和经济发展后劲。

（一）R&D 经费强度接近 6%

随着北京地区 R&D 经费投入的不断增加，R&D 经费占 GDP 的比重，即 R&D 经费强度也呈现上升趋势。2001—2016 年间，R&D 经费强度呈现波动变化，分别在 2006 年、2011 年、2014 年和 2016 年出现几次小幅下滑，但总体仍然呈现出增长趋势（表 2 – 1）。R&D 经费强度从 2001 年的 4.54% 提高到 2016 年的 5.78%，提高了 1.24 个百分点，提升幅度较大，反映了北京地区在提高自主创新能力方面做出了不懈努力。

表 2 – 1　北京 R&D 经费投入强度的变化趋势（2001—2016）

	2001	2002	2003	2004	2005	2006	2007	2008
R&D（亿元）	171.2	219.5	256.3	316.9	379.5	433.0	527.1	620.1
GDP（亿元）	3769.9	4396.0	5104.1	6164.9	7141.4	8312.6	10071.9	11392.0
R&D/GDP（%）	4.54	4.99	5.02	5.14	5.31	5.21	5.23	5.44
	2009	2010	2011	2012	2013	2014	2015	2016
R&D（亿元）	668.6	821.8	936.6	1063.4	1185.1	1268.8	1384.0	1484.6
GDP（亿元）	12419.0	14441.6	16627.9	18350.1	20330.1	21944.1	23685.7	25669.1
R&D/GDP（%）	5.38	5.69	5.63	5.79	5.83	5.78	5.84	5.78

数据来源：2002—2017 年《北京统计年鉴》，北京市统计局、国家统计局北京调查总队。

（二）R&D 经费强度位居全国首位

2016 年北京地区 R&D 经费强度达 5.78%，在全国排名第一位，远高于全国 2.11% 的平均水平，R&D 经费强度高于全国水平的省市还有上海（3.32%）、天津（3.00%）、江苏（2.66%）、广东（2.56%）、浙江（2.43%）、山东（2.34%）、陕西（2.19%）7 个省市。

与 2001 年相比，全国绝大多数省市 R&D 经费强度保持逐年上升趋势，多个省市的 R&D 经费强度增长超过 1 个百分点，2016 年，北京地区 R&D 经费强度增长 1.16 个百分点，上海、天津、江苏、广东、浙江、山东、陕西等省市的 R&D 经费强度增长幅度均超过北京，分别上升了 1.54、1.63、1.69、1.27、1.82、1.69 和 1.91 个百分点（表 2 – 2），北京与发展较快省市之间的差距逐渐缩小。

表 2 – 2　R&D 经费强度居全国前 8 位省市变化情况

单位:%

	北京	上海	天津	江苏	广东	浙江	山东	陕西	全国
2001	4.62	1.78	1.37	0.97	1.29	0.61	0.65	0.28	0.98
2016	5.78	3.32	3.00	2.66	2.56	2.43	2.34	2.19	2.11

数据来源：2002 年和 2017 年《中国科技统计年鉴》，国家统计局、科学技术部。

不同地区的经济、科技发展水平不同，R&D 经费强度也呈现出很大差异，基本分为三种情况（图 2 – 3）：

第一类是人均地区生产总值与 R&D 经费强度均高于全国平均水平，如北京、天津、上海、江苏、浙江、广东、山东、陕西等省市，这些地区经济发展较快，科技教育比较发达，科技发展水平较高，北京更因云集了众多中央属科研机构、高等学校，且政府 R&D 经费投入较多，带动了 R&D

经费强度也较高。

第二类是人均地区生产总值高于全国平均水平，而R&D经费强度低于全国平均水平，如辽宁、吉林、内蒙古、福建、重庆等，这些地区近年来经济发展速度加快，但对R&D投入不足，科技发展仍相对滞后。

第三类是人均地区生产总值与R&D经费强度均低于全国平均水平，多数为中西部地区和偏远省份，如安徽、西藏、新疆、贵州、云南、四川等经济和科技发展均较为缓慢。

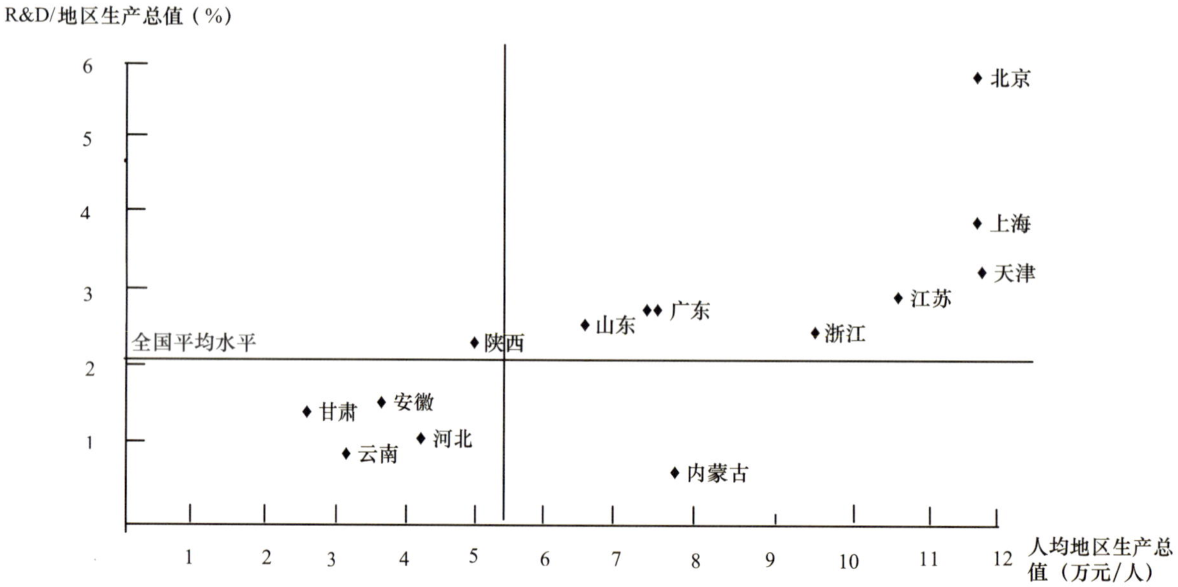

图2-3 人均地区生产总值与R&D/GDP的地域分布（2016）

数据来源：2017年《中国科技统计年鉴》，国家统计局、科学技术部。

（三）人均R&D经费强度逐年增强

人均R&D经费强度指每个R&D人员平均支出的R&D经费，反映了经费与人员的有效配置。2001年以来，北京地区R&D人员的人均R&D经费总体呈上升趋势。2016年人均R&D经费支出为58.6万元/人年，是2001年的3.3倍，年均增长速度为8.2%（图2-4）。从全国来看，全国R&D人员人均R&D经费为40.4万元/人年，北京居于全国首位。从执行部门看，2016年科研机构R&D人员的人均R&D经费为73.7万元/人年，比上一年增长2.8%，高等学校和企业R&D人员的人均R&D经费分别为49.6万元/人年和48.9万元/人年，比上一年分别增长5.1%和4.9%，科研机构R&D人员的人均R&D经费相对较高。

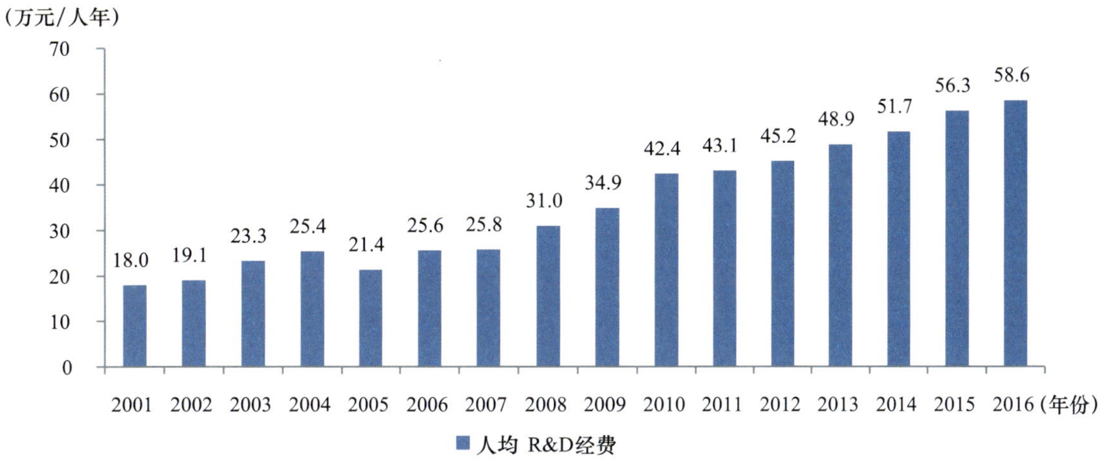

图 2－4　北京人均 R&D 经费投入强度变化趋势（2001—2016）

数据来源：2002—2017 年《北京统计年鉴》，北京市统计局、国家统计局北京调查总队。

第二节　研究与发展经费分布

根据 R&D 活动特点，本节从活动类型、执行部门、隶属关系、支出类别、行业分布、经费来源与流向等不同角度分析北京地区 R&D 经费的分布情况。

一、R&D 经费按活动类型分布

（一）各类型 R&D 经费快速增长

从活动类型看，2001 年以来，北京地区 R&D 三类活动经费都以两位数的速度呈现快速增长态势（图 2－5）。2001—2016 年间，基础研究经费、应用研究经费、试验发展经费年均增长速度分别为 17.3%、14.2% 和 15.7%。其中，基础研究经费由 19.3 亿元增加到 2016 年的 211.2 亿元；应用研究经费由 47.7 亿元增加到 348.1 元；试验发展经费由 104.2 亿元增加到 925.3 亿元。

（二）科学研究经费的比重有待提高

2016 年，北京地区基础研究经费 211.2 亿元，占 R&D 经费总量的 14.2%；应用研究经费 348.1 亿元，占 R&D 经费总量的 23.4%；试验发展经费 925.3 亿元，占 R&D 经费总量的 62.4%，基础研究、应用研究、试验发展经费结构比约为 1∶2∶6（图 2－6）。

2001 年以来，基础研究所占比重基本保持在 11.0% 以上；应用研究所占比重由 2001 年的 27.9% 降至 2016 年的 23.4%。基础研究和应用研究（统称科学研究）的投入反映了对推动科学技术前沿探索做出的努力，2016 年两者所代表的原创性研发经费投入在 R&D 经费中所占比重为 37.6%，相比 2001 年下降了 1.6 个百分点。

试验发展经费在 R&D 经费中所占比重由 2001 年的 60.8% 升至 2016 年的 62.4%。发达国家的经验和数据表明，技术发展对科学研究的依赖度不断提高，科研成果产业化周期越来越短。因此，在北京地区 R&D 经费持续增长的同时，应改善 R&D 经费配置结构，将更多的 R&D 经费投向基础研究和应用研究，以便为提升地区原始创新能力奠定坚实的基础。

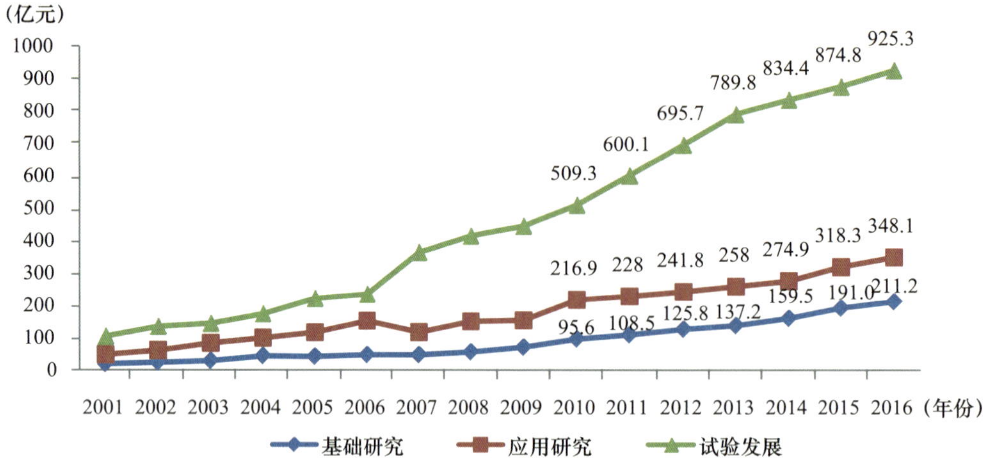

图 2－5　北京地区三类型 R&D 经费的变化趋势（2001—2016）

数据来源：2002—2017 年《北京统计年鉴》，北京市统计局、国家统计局北京调查总队。

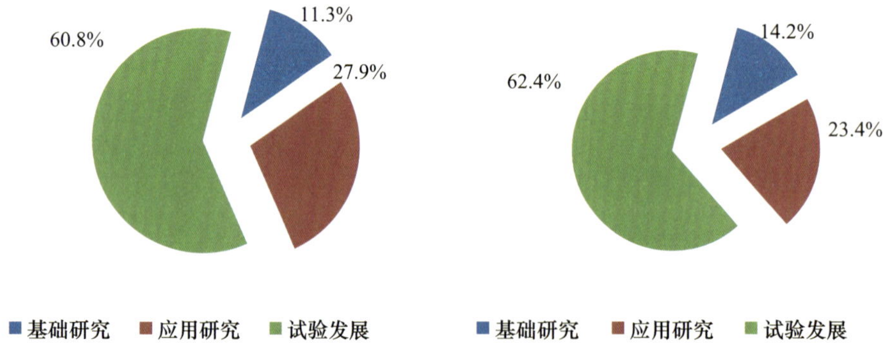

图 2－6　R&D 经费按活动类型分布（2001 年与 2016 年）

数据来源：2002 年和 2017 年《北京统计年鉴》，北京市统计局、国家统计局北京调查总队。

二、R&D 经费按执行部门分布

（一）R&D 经费支出以科研机构为主

企业、科研机构、高等学校和其他事业单位是 R&D 经费的主要执行部门。2016 年，北京地区企业、科研机构、高等学校和其他事业单位 R&D 经费内部支出额分别为 560.4 亿元、730.1 亿元、160.4 亿元和 33.6 亿元，占 R&D 经费的比重分别为 37.7%、49.2%、10.8% 和 2.3%（图 2－7）。与 2001 年相比，企业、科研机构、高等学校的 R&D 经费支出的年均增长率分别为 24.4%、14.9%

和 14.6%。

北京拥有全国最多的一流科研机构，优势极为明显，科研机构也一直是北京 R&D 活动的主要执行者。进入 21 世纪以来，随着改革不断深化及经济的高速发展，北京地区 R&D 经费的执行部门分布结构发生了明显变化。科研机构是 R&D 活动的骨干力量，占 R&D 经费的比重始终在 50% 左右；与此同时，企业 R&D 经费占 R&D 经费的比重持续上升，由 2001 年的 32.3% 提高到 2016 年的 37.7%；高等学校 R&D 经费占 R&D 经费的比重基本在 10% ~13%。科研机构和企业在技术创新活动中继续保持稳固的主导地位。

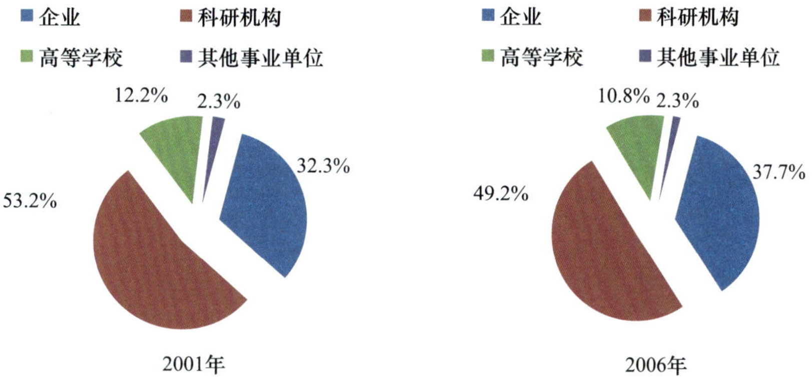

图 2-7　R&D 经费按执行部门分布情况（2001 年与 2016 年）

数据来源：2002 年和 2017 年《北京统计年鉴》，北京市统计局、国家统计局北京调查总队。

（二）三类 R&D 活动经费在各执行部门的配置结构各有特点

2001—2016 年，科研机构、高等学校、企业中基础研究经费支出保持增长，年均增长速度分别为 15.9%、20.3% 和 15.8%。北京地区基础研究经费首先集中在科研机构，高等学校在基础研究中的地位不断上升，科研机构所占比重由 2001 年的 77.0% 下降到 2016 年的 64.7%；基础研究经费中高等学校所占比重由 2001 年的 20.9% 上升到 2016 年的 30.5%；而企业较少涉足基础研究活动，2016 年仅占基础研究经费的 1.3%（图 2-8）。

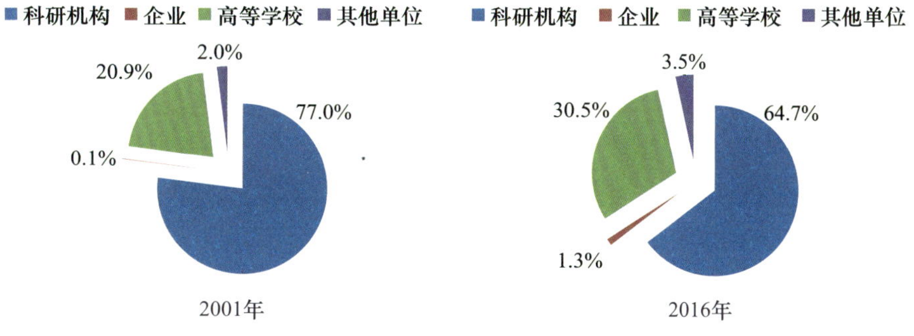

图 2-8　基础研究经费在各执行部门分布情况（2001 年与 2016 年）

数据来源：2002 年和 2017 年《北京统计年鉴》，北京市统计局、国家统计局北京调查总队。

2001—2016 年，科研机构、高等学校、企业中应用研究经费支出保持增长，年均增长速度分别为 15.8%、9.1% 和 30.3%。与基础研究活动相似，应用研究也主要集中在科研机构，科研机构所占应用研究经费比重保持在 50% 以上，2016 年达到 62.2%；其次是高等学校，应用研究经费中高等学校所占比重由 2001 年的 25.4% 下降至 2016 年的 24.4%。近几年，企业逐渐减少科学研究活动，2016 年企业在应用研究经费中所占比重为 10.9%（图 2-9）。

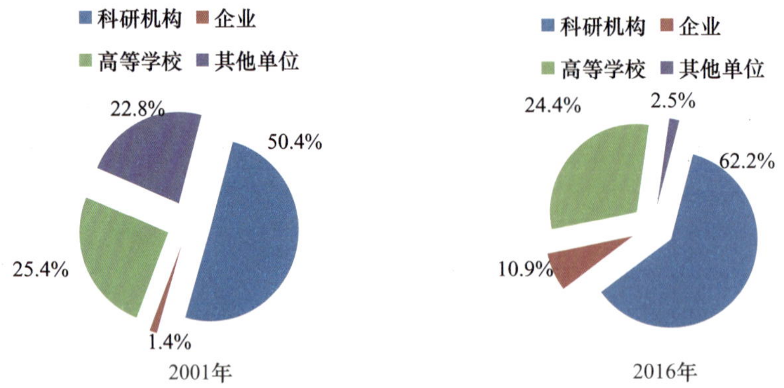

图 2-9 应用研究经费在各执行部门中分布情况（2001 年与 2016 年）

数据来源：2002 年和 2017 年《北京统计年鉴》，北京市统计局、国家统计局北京调查总队。

科研机构中试验发展经费由 2001 年的 46.6 亿元增加到 2016 年的 377.0 亿元，年均增长 15.0%；企业中试验发展经费由 2001 年的 24.0 亿元增加到 2016 年的 520.5 亿元，年均增长 22.8%；高等学校中试验发展经费由 2001 年的 4.1 亿元增加到 2016 年的 7.2 亿元，年均增长 6.7%。企业试验发展经费增长较快，全市试验发展经费也主要集中在企业，自 2002 年起，企业已取代科研机构处于试验发展活动中的主导地位，企业的试验发展经费支出占北京地区试验发展经费支出的比重由 2001 年的 22.8% 上升至 2016 年的 56.3%（图 2-10）。

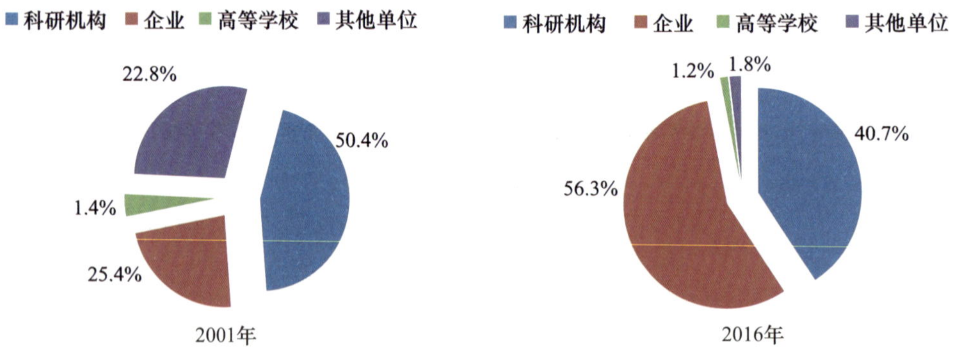

图 2-10 试验发展经费在各执行部门中分布情况（2001 年与 2016 年）

数据来源：2002 年和 2017 年《北京统计年鉴》，北京市统计局、国家统计局北京调查总队。

2016 年，科研机构中基础研究、应用研究、试验发展三类 R&D 活动经费所占比重分别为 18.7%、30.0% 和 51.3%，科研机构承担着知识创新与技术研发的双重任务。高等学校中基础研究、应用研究、试验发展三类 R&D 活动经费所占比重分别为 40.2%、53.0% 和 6.8%，高等学校 95% 的 R&D 活动为集中开展获取新知识的科学研究。企业中基础研究、应用研究、试验发展三类 R&D 活动经费所占比重分别为 0.5%、6.6% 和 92.9%（图 2-11），企业 R&D 活动主要集中为开发新产品、新技术等试验发展活动。各执行部门在长期发展过程中逐步形成了各不相同的 R&D 活动特点。

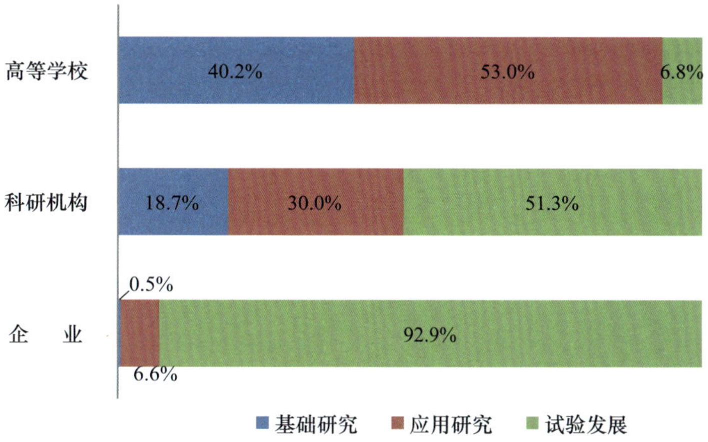

图 2-11　各执行部门 R&D 活动按类型分布情况（2016）

数据来源：2017 年《北京统计年鉴》，北京市统计局、国家统计局北京调查总队。

（三）中央单位是 R&D 活动的主力军

2016 年，中央属单位 R&D 经费支出 1001.5 亿元，北京市属单位 R&D 经费支出 483.1 亿元，占北京地区 R&D 经费的比重分别为 67.5% 和 32.5%。自 2001 年起，R&D 经费支出在中央单位与北京市属单位之间分布呈现出中央单位所占比重逐年下降、北京市属单位逐年上升的趋势。中央单位 R&D 经费支出所占比重从 2001 年的 75.0% 降至 2016 年的 67.5%；同时，北京市属单位所占比重从 2001 年的 25.0% 上升至 2016 年的 32.5%。中央单位一直是北京地区 R&D 活动的主力军，北京市属单位 R&D 投入也在逐渐增强。

三、R&D 经费按支出类别分布

R&D 经费按支出类别可分为日常性支出与资产性支出，其中日常性支出包括人员劳务费和其他日常支出；资产性支出包括仪器设备购置费、土地和建筑物构建费。人员劳务费指以现金或实物形式支付给 R&D 人员的工资、奖金及社会保障支出等。其他日常支出指直接或间接用于开展 R&D 获得的全部实际消耗支出，包括原材料费、水电能源费、资料费、实验加工费、设备使用费、印刷费和差旅费等。

（一）R&D 经费支出结构稳定

在 2016 年北京地区 R&D 经费中，人员劳务费 441.5 亿元，占 R&D 经费的 29.7%；其他日常支出 839.5 亿元，占 R&D 经费的 56.5%；仪器设备购置费 156.7 亿元，占 R&D 经费的 10.6%；土地和建筑物构建费 46.8 亿元，占 R&D 经费的 3.2%。

从变化趋势看，人员劳务费占 R&D 经费的比重呈逐年小幅递增趋势，其他日常支出所占比重逐渐下降。人员劳务费占 R&D 经费的比重由 2001 年的 19.2% 升至 2016 年的 29.7%；其他日常支出占 R&D 经费的比重由 2001 年的 66.5% 降至 2016 年的 56.5%。通过加大对人员投入，一定程度上反映了对 R&D 活动的支持力度逐渐加大（表 2-3）。

表 2-3 R&D 经费按支出类别分布情况（2001—2016）

单位:%

年份	R&D 经费总支出	人员劳务费	其他日常支出	仪器设备购置费	土地和建筑物构建费
2001	100.0	19.2	66.5	12.5	1.8
2002	100.0	23.1	68.2	7.2	1.7
2003	100.0	23.7	68.8	6.3	1.2
2004	100.0	24.0	67.0	7.5	1.5
2005	100.0	24.9	66.1	7.5	1.4
2006	100.0	24.4	65.2	8.8	1.6
2007	100.0	25.2	66.0	7.3	1.5
2008	100.0	27.4	63.3	7.0	2.3
2009	100.0	25.1	55.2	14.6	5.1
2010	100.0	23.0	56.8	14.5	5.7
2011	100.0	25.3	56.7	13.1	4.9
2012	100.0	26.4	57.9	11.7	4.0
2013	100.0	27.2	57.3	11.3	4.2
2014	100.0	27.9	56.7	10.7	4.7
2015	100.0	28.1	56.3	11.8	3.8
2016	100.0	29.7	56.5	10.6	3.2

数据来源：2002—2017 年《北京统计年鉴》，北京市统计局、国家统计局北京调查总队。

虽然北京地区 R&D 人员劳务费在 R&D 经费中所占比重逐年增大，但与国际发达国家水平相比仍然较低，2010 年意大利、法国、西班牙、德国等国家 R&D 人员劳务费在 R&D 经费中的比重已达 60% 左右（表 2-4）。

表 2-4 部分国家 R&D 经费按支出类别分布情况

单位:%

国家	年份	R&D 经费总支出	人员劳务费	其他日常支出	仪器设备购置	土地和建筑物
日本	2010	100.0	41.8	49.2	2.0	7.0
德国	2009	100.0	57.9	33.0	—	—
法国	2010	100.0	59.9	29.2	4.3	6.6
西班牙	2010	100.0	58.1	29.1	3.9	8.9
意大利	2010	100.0	63.0	28.3	—	—

续表

国家	年份	R&D 经费总支出	人员劳务费	其他日常支出	仪器设备购置	土地和建筑物
俄罗斯	2010	100.0	55.3	38.2	1.6	4.9
韩国	2010	100.0	39.5	50.7	1.2	8.6
澳大利亚	2008	100.0	39.1	53.8	3.1	4.0

数据来源：国家统计局、科技部、教育部 2009 年科技活动调查；国家统计局、科技部《中国科技统计年鉴 2012》；OECD, R&D Statistics—2012。

（二）R&D 人员劳务成本逐年上升

北京地区 R&D 人员劳务成本总体上呈现逐渐上升趋势。2016 年，R&D 人员人均劳务费为 17.4 万元/人年，与 2001 年时的 3.5 万元/人年相比，年均增长速度为 11.3%。R&D 人员人均劳务费明显高于全市城镇单位在岗职工年工资 12.3 万元/人年的平均水平（图 2－12）。R&D 人员人均劳务费的增长有利于吸引更多的科技人力资源投入 R&D 活动。

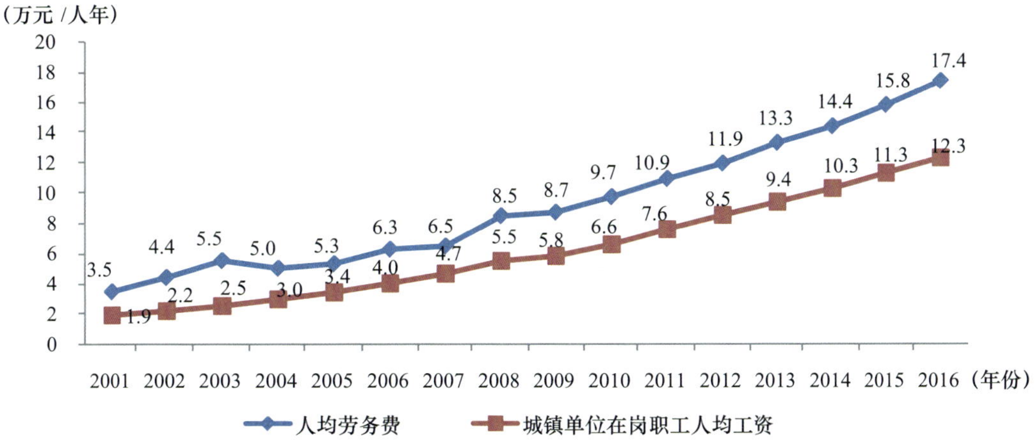

图 2－12　R&D 人员人均劳务费变化情况（2001—2016）

数据来源：2002 年至 2017 年《北京统计年鉴》，北京市统计局、国家统计局北京调查总队。

从隶属关系看，2016 年北京市属单位 R&D 人员人均劳务费为 21.8 万元/人年，中央单位 R&D 人员人均劳务费为 14.3 万元/人年，北京市属单位 R&D 人员人均劳务费高于中央单位 R&D 人员。

从 R&D 活动执行部门看，2016 年企业 R&D 人员人均劳务费为 23.1 万元/人年，科研机构 R&D 人员人均劳务费为 14.5 万元/人年，高等学校 R&D 人员人均劳务费为 7.8 万元/人年，其他事业单位 R&D 人员人均劳务费为 11.4 万元/人年。可以看出，企业中 R&D 人员的人均劳务费明显高于其他执行部门，分别是科研机构、高等学校、其他事业单位的 1.6 倍、3.0 倍和 2.0 倍。科研机构、高等学校、其他事业单位 R&D 人员的人均劳务费均低于全市 R&D 人员人均劳务费的平均水平，高等学校、其他事业单位 R&D 人员的人均劳务费甚至低于当年城镇单位在岗职工年平均工资水平。加强对科研机构、高等学校等执行部门中从事 R&D 活动人员的重视，有利于更好地开展

R&D 活动。

四、R&D 经费支出按行业分布

北京地区 R&D 经费在行业分布上较为集中，主要集中在科学研究和技术服务业，制造业，教育，信息传输、软件和信息技术服务业四大行业。2016 年，科学研究和技术服务业 R&D 经费 859.6 亿元，占 R&D 经费的 57.9%，自 2009 年起所占比重始终在 50% 以上；制造业 R&D 经费 247.1 亿元，占 R&D 经费的 16.6%，所占比重始终在 15% 以上；信息传输、软件和信息技术服务业 R&D 经费 174.3 亿元，占 R&D 经费的 11.7%；教育领域 R&D 经费 160.4 亿元，占 R&D 经费的 10.8%。上述四个行业 R&D 经费共计 1441.4 亿元，占 R&D 经费总额的比重达 97.1%（图 2 - 13）。

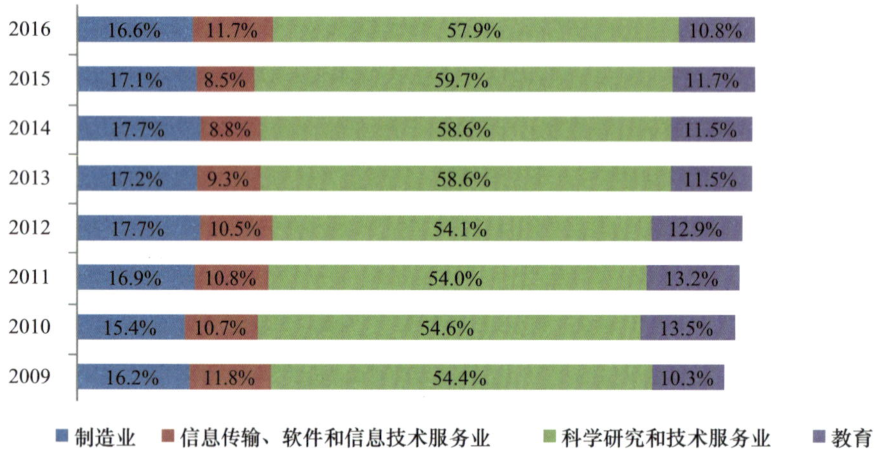

图 2 - 13 R&D 经费在主要行业中的分布情况（2009—2016）

数据来源：2010—2017 年《北京统计年鉴》，北京市统计局、国家统计局北京调查总队。

五、R&D 经费的来源与流向

R&D 经费的来源包括政府、企业、国外机构和其他国内机构。R&D 经费的来源结构可以反映出政府和社会对科技资源的配置状况。北京聚集着全国最多的政府资金，2016 年，在北京地区 1484.6 亿元 R&D 经费中，来自政府的 R&D 经费为 802.6 亿元，占 54.1%；来自企业的 R&D 经费为 563.7 亿元，占 38.0%；来自国外机构的 R&D 经费为 32.3 亿元，占 2.1%；来自其他机构的 R&D 经费为 86.0 亿元，占 5.8%。由此可见，政府依然是北京地区 R&D 经费的投入主体，其次是企业。这与北京地区有数量众多的国家级科研院所和高等学校，其 R&D 经费主要来源于国家财政拨款有较大关系。

（一）企业 R&D 活动投入力度逐步加大

自 2001 年以来，政府 R&D 经费保持了较快增长，2016 年政府 R&D 经费达到 802.6 亿元，是 2001 年 96.6 亿元的 8.3 倍，年均增长速度为 15.2%，占 R&D 经费的比重为 54.1%。随着企业技术创新意识不断增强，企业对 R&D 活动投入的力度逐步加大，2001 年以来企业 R&D 经费的年均增长速度为 21.4%，增长速度高于政府 R&D 经费 6.2 个百分点，占 R&D 经费的比重也在不断上升，由 2001 年的 18.0% 提升至 2016 年的 38.0%，并保持稳定（图 2－14）。企业成为推动北京地区 R&D 经费增长的最主要力量，企业已经成为 R&D 经费的另一主要来源，与政府部门共同成为技术创新活动投资的主体。

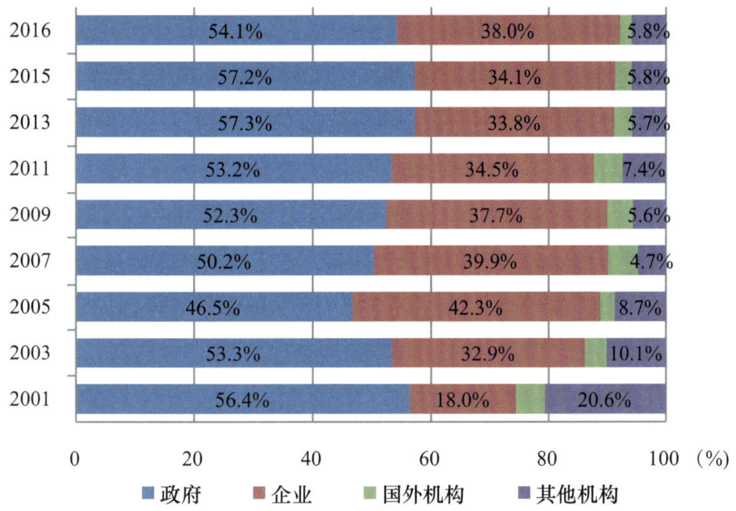

图 2－14　R&D 经费来源构成变化情况（2001—2016）

数据来源：2002—2017 年《北京统计年鉴》，北京市统计局、国家统计局北京调查总队。

（二）政府和企业 R&D 经费的流向各有侧重

R&D 经费的流向主要是企业、科研机构、高等学校和事业单位四个 R&D 活动执行部门。政府 R&D 经费主要流向科研机构和高等学校，在 2016 年 802.6 亿元政府 R&D 经费中，78.3% 流向科研机构，14.3% 流向高等学校，5.2% 流向企业，2.2% 流向其他单位。

企业 R&D 经费主要选择流向企业自身内循环。2016 年来自企业的 472.2 亿元 R&D 经费中 87.2% 流向企业用于企业 R&D 活动，仅有 4.2% 流向科研机构，8.4% 流向高等学校。而相比于科研机构，企业倾向于与高等学校合作开展 R&D 活动。（表 2－15）

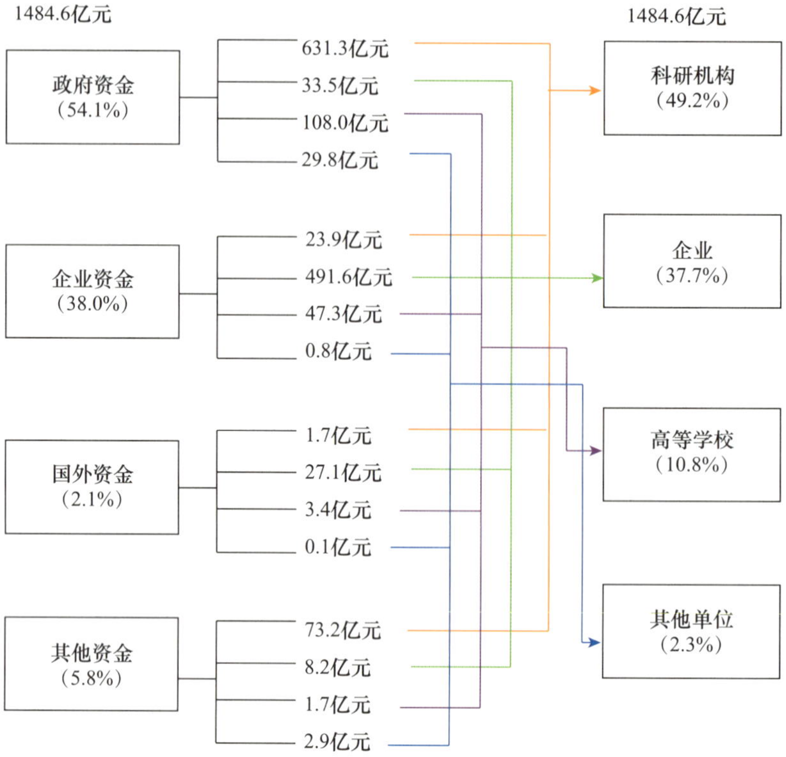

图 2－15 R&D 经费的来源与流向情况（2016）

数据来源：2017 年《北京统计年鉴》，北京市统计局、国家统计局北京调查总队。

第三节 北京市财政科技经费

政府财政科技经费，是指地方政府按照本地区经济社会目标对科技发展给予的直接资金支持。财政科技经费不仅用于支持 R&D 活动，也用于支持科技条件与服务、科普、科技交流与合作等方面的科技活动。北京市财政科技经费是北京市政府财政拨款体系的重要组成部分，也是保障科技计划实施和科研机构正常运行的主要手段，在科技投入中占据着重要地位，发挥着引导和调节作用。

一、北京市财政科技经费规模

（一）财政科技经费稳步增长

自 2001 年起，北京市财政科技经费总体呈现增长态势，由 2001 年的 17.5 亿元增长至 2016 年的 285.8 亿元（图 2－16），年均增长速度 20.5%。其中“十五”期间年均增长速度为 21.9%，“十一五”期间年均增长速度为 35.8%；“十二五”期间年均增长速度为 10.0%，“十一五”期间财政科技经费增长较快。

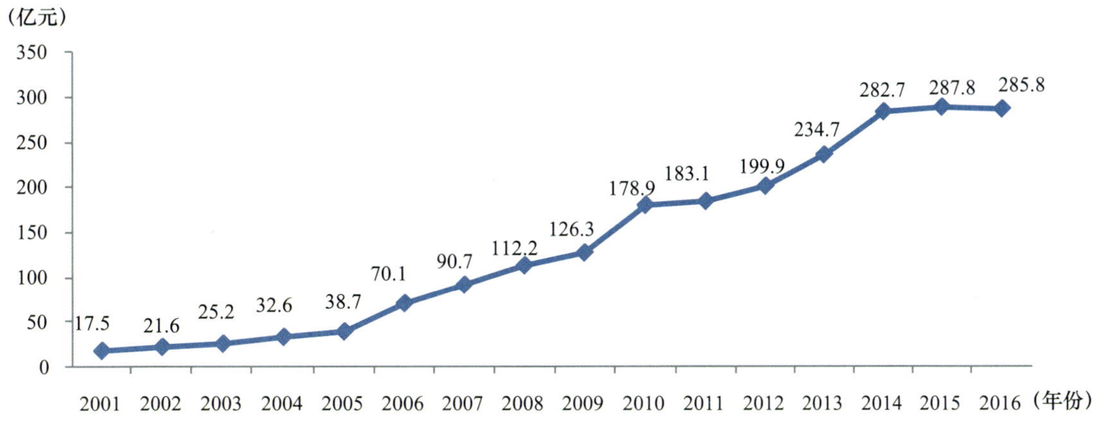

图 2－16　北京财政科技经费变化趋势（2001—2016）

数据来源：2002—2017 年地方财政科学技术支出调查数据，科技部。

根据科技部公布的统计数据，2016 年全国有 10 个省（市）地方财政科技经费超过 100 亿元，超百亿元省（市）地方财政科技经费的总额 2863.4 亿元（表 2－5），占全国地方财政科技经费总额①的 73.8%。

表 2－5　2015 年、2016 年地方财政科技经费超过 100 亿元的省（市）

2015		2016		
省（市）	经费额（亿元）	省（市）	经费额（亿元）	增幅（%）
广东省	569.5	广东省	743.0	30.5
江苏省	372.0	江苏省	381.0	2.4
北京市	287.8	上海市	341.7	25.7
上海市	271.9	北京市	285.8	－0.7
浙江省	250.8	浙江省	269.0	7.3
山东省	159.1	安徽省	259.5	75.5
湖北省	157.4	湖北省	190.1	20.8
安徽省	147.9	山东省	167.0	5.0
天津市	120.8	天津市	125.2	3.6
		四川省	101.1	4.6

数据来源：2002—2017 年地方财政科学技术支出调查数据，科技部。

（二）财政科技投入强度稳定

财政科技投入强度，即财政科技经费占财政支出的比重，体现了政府对科技事业的支持力度。地方财政科技经费支出占地方财政总支出的比重表示地方财政支出中有多少用于科技活动，即每一元财政支出中有多少用于科技经费支出，说明政府对科技活动的重视程度。而科技活动是创新的源

① 2016 年全国各省市地方财政科技拨款总额为 3877.9 亿元。

泉，因此，财政科技经费占财政支出的比重也表明政府对创新的重视程度。2001 年以来，北京市财政科技经费占财政支出的比重出现几次小幅下滑，整体呈现增长趋势。2016 年北京市财政科技经费占财政支出的比重为 4. 46%，比上一年下降 0. 56 个百分点（图 2－17）。

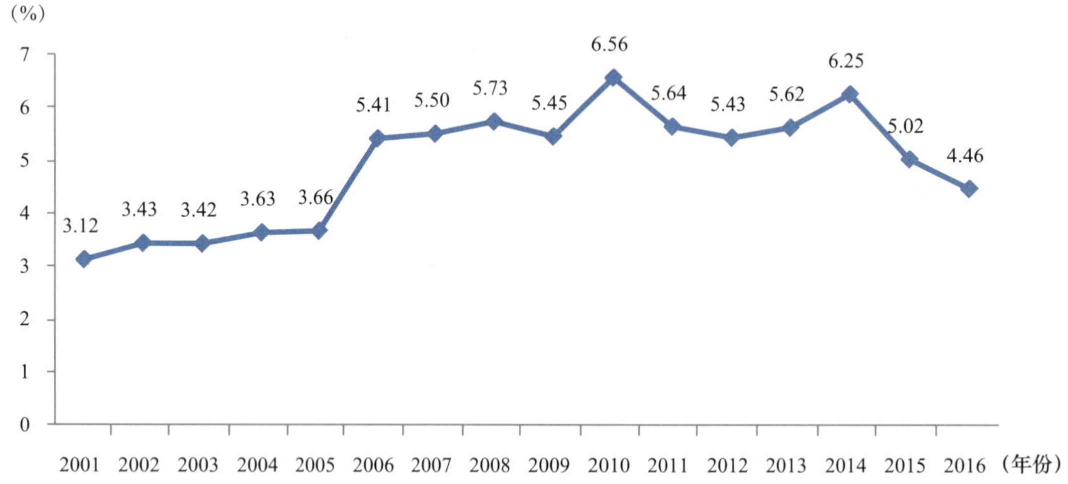

图 2－17 北京市财政科技经费占财政支出比重情况（2001—2016）

数据来源：2002—2017 年地方财政科学技术支出调查数据，科技部。

（三）市本级财政科技投入力度较大，区级财政科技投入处于全国中等水平

2016 年北京市本级财政科技拨款为 244. 1 亿元，占全市财政科技经费的 85. 4%。市本级财政科技经费占市本级财政支出的比重达 9. 05%，比上一年下降 2. 01 个百分点，高出全市比重 4. 59 个百分点（图 2－18）。

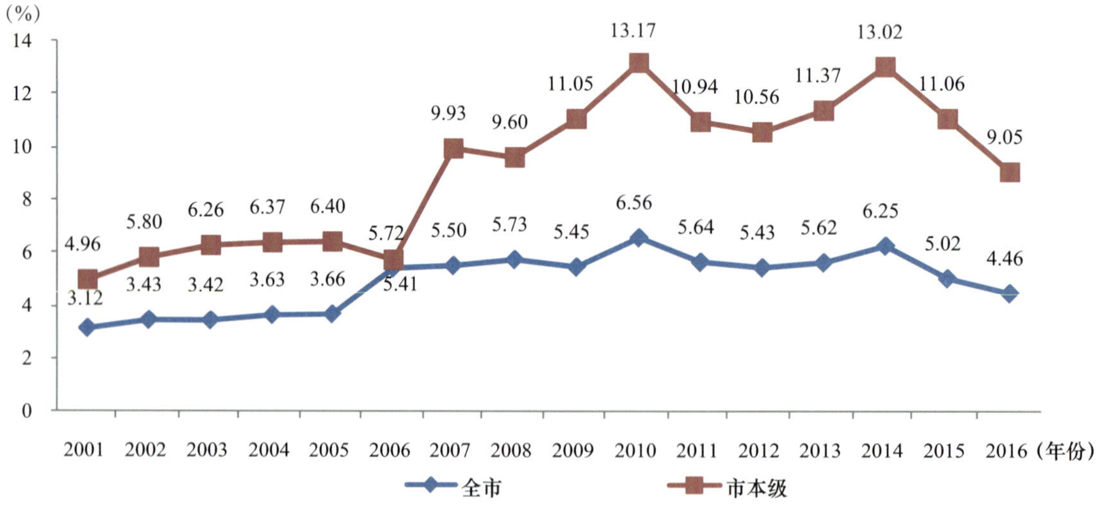

图 2－18 全市与市本级财政科技投入强度变化情况（2001—2016）

数据来源：2002—2017 年地方财政科学技术支出调查数据，科技部。

二、北京市财政科技经费结构

2007 年我国进行了财政收支分类改革，建立了全新的政府支出功能分类体系，更加客观清晰地反映了政府所关心的重点领域和目标取向。财政科技经费支出科目随之改革，财政科技经费支出界定在科学技术支出科目，同政府收支分类科目 206 相同。2015 年财政科技经费支出分类包括科学技术支出科目下的科学技术管理事务、基础研究、应用研究、技术研究与开发、科技条件与服务、社会科学、科学技术普及、科技交流与合作、科技重大专项、核电站乏燃料处理处置基金支出、其他科学技术支出。基础研究经费、应用研究经费包括用于从事基础研究、应用研究机构的运行费、重点基础研究规划、自然科学基金、重点实验室及相关设备、重大科学工程、社会公益研究、高技术研究经费等；技术研究与开发经费包括应用技术研究与开发、产业技术研究与开发以及科技成果转化与扩散等经费。

从支出结构看，相较于基础研究、应用研究等科学研究，北京市财政科技经费更侧重于支持技术研究与开发，但从变化趋势看，基础研究、应用研究的增长速度高于技术研究与开发，占财政科技经费的比重逐年提高（图 2－19、图 2－20），两者所占比重由 2007 年的 5. 7% 提高至 2016 年的 11. 4%，反映了北京市政府对科学研究的重视。

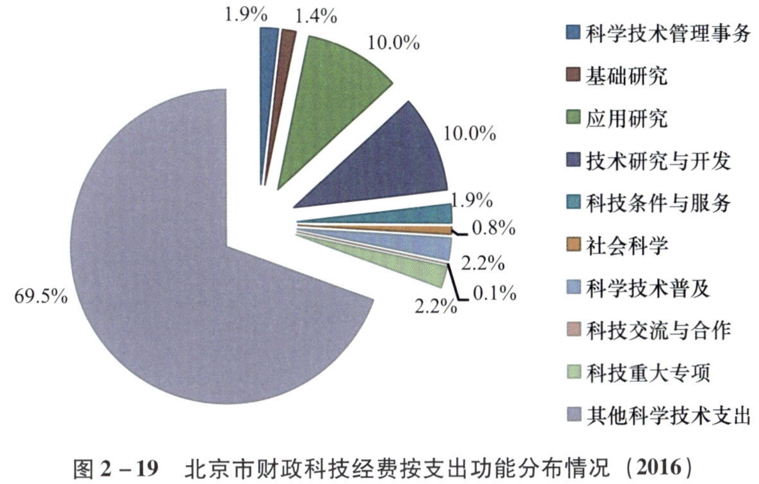

图 2－19　北京市财政科技经费按支出功能分布情况（2016）

数据来源：2017 年地方财政科学技术支出调查数据，科技部。

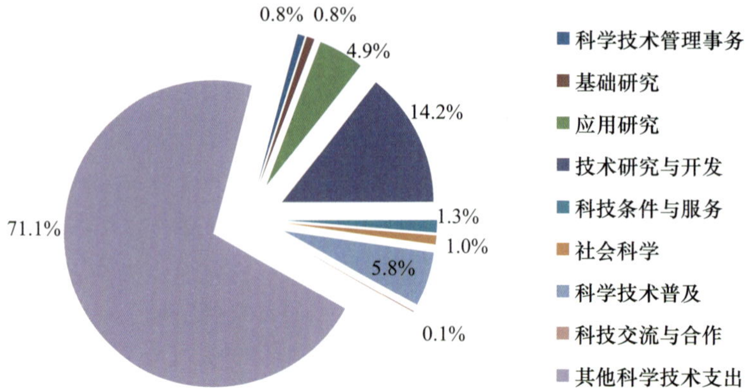

图 2－20　北京市财政科技经费按支出功能分布情况（2007）

数据来源：2008 年地方财政科学技术支出调查数据，科技部。

第三章　科技基础条件

科技基础条件是保障科学发展和社会进步的重要支撑，是开展科技活动的物质基础。现代科技基础条件已成为促进基础研究和前沿技术研究的重要环节，是现代科技创新的重要组成部分。改革开放以来，我国的科技事业蓬勃发展，取得了举世瞩目的巨大成就，整体科技水平已有较大提升，有些科研领域达到国际先进水平。在科技不断发展进步的过程中，国家不断加大对科技基础条件的投入，开展了国家科技基础条件平台、国家重点实验室、国家工程技术研究中心建设工作，以支持基础研究、共性关键技术研究、科技成果转化等。

第一节　北京大型科研仪器平台资源

大型科研仪器平台是国家科技基础条件平台重点内容之一。大型科研仪器包括科学仪器中心、科学仪器服务单元和单台/套价值在50万元及以上的科学仪器设备等。其中，科学仪器设备可以分为分析仪器、物理性能测试仪器、计量仪器、电子测量仪器、海洋仪器、地球探测仪器、大气探测仪器、特种检测仪器、激光器、工艺试验仪器、计算机及其配套设备、天文仪器、医学科研仪器、核仪器、其他仪器15类。

本节依照国家科技基础条件资源调查收集整理的大型科研仪器相关信息，对2008年至2016年北京地区（含北京市属单位及中央在京单位）高等学校和科研机构的大型科研仪器的发展情况进行了分析，并与全国（含中央部门属机构所属科研机构、高等学校及31个省、自治区、直辖市所属科研机构和高等学校）大型科研仪器情况进行对比分析。

一、北京大型科研仪器资源丰富

为了加强我国科技基础条件平台建设，全面掌握我国科技基础条件资源状况，2008年3月，科技部和财政部联合启动了国家重点科技基础条件资源调查工作。国家科技资源调查工作首先在中央部门和直属机构所属科研机构、高等学校试点启动，自2009年开始，调查范围覆盖到全国31个省（自治区、直辖市）、新疆建设兵团、5个计划单列市和10个副省级城市。2016年，国家科技资源调查的标准时点是2016年12月31日，时期资料为2016年度。

北京市依照国家科技资源调查的统一安排，连续9年对北京的科技资源调查数据进行更新。2016年，北京科技资源调查工作共涉及319家单位，其中市属单位91家、部门属单位228家。国家科技资源调查工作将设备原值在50万元（含50万元）以上、纳入本单位资产管理的单台科研仪器设备界定为大型科研仪器。北京科技资源调查工作共收集整理了18505台/套大型科研仪器的基本信息。

（一）北京地区大型科学仪器建设规模逐年增大

在国家政策及财政投入的大力支持下，自“十五”开始，北京大型科研仪器数量增长迅速。截至2016年年底，北京地区高等学校和科研机构大型科研仪器共有18505台/套，原值合计294.8亿元，占当年调查全国大型科研仪器总量（85263台/套）的21.7%，原值占全国（1231.2亿元）的23.9%，所占比重均居全国第一位。2008—2016年，北京地区高等学校和科研机构的大型科研仪器的数量和原值均呈现增长趋势。与上一年相比，2016年北京地区大型科研仪器总量增长15.3%，原值增长17.0%（图3－1、图3－2）。其中，北京市属高校和科研机构大型科研仪器总量为2898台/套，原值合计40.7亿元。

图3－1 北京地区高校和院所大型科研仪器数量变化（2008—2016）

数据来源：2008—2016年北京科技基础条件资源调查统计数据，下同。

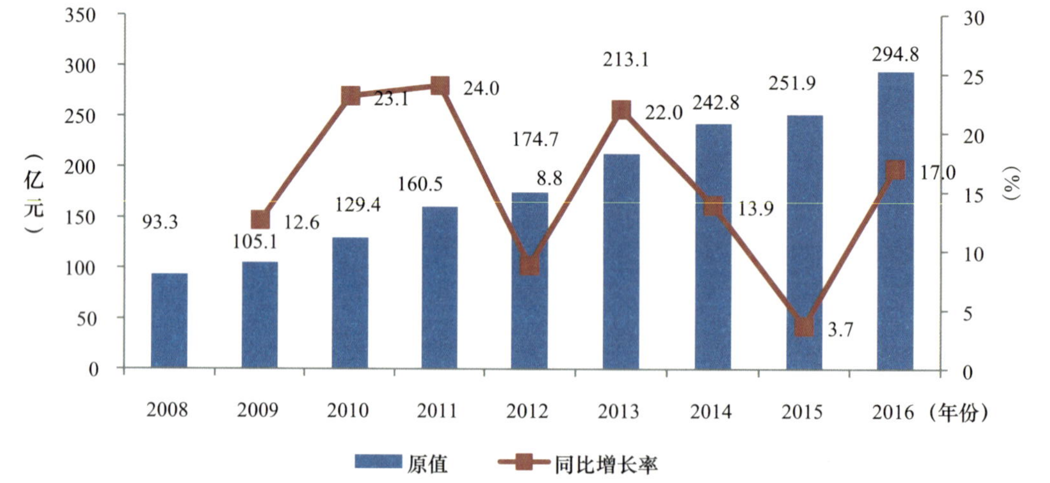

图3－2 北京地区高校和院所大型科研仪器原值变化（2008—2016）

（二）以分析仪器为代表的通用仪器是建设重点

从仪器分类情况来看，2016 年北京地区 18505 台/套仪器主要以分析仪器、工艺实验设备、计算机及其配套设备、物理性能测试仪器为主，四类仪器分别为 8177 台/套、1776 台/套、1531 台/套和 1526 台/套，四者合计占仪器总量的近七成；海洋仪器以及天文仪器两种设备的数量均不足 100 台/套（表 3－1）。当今分析仪器的应用领域涉及科研、工业、农业、食品、环境、医疗等各个环节，几乎无处不在，2016 年北京地区分析仪器占总量的比重为 44.2%，为仪器建设的主要类型，分析仪器的发展将向在线分析倾斜，并向综合、联用、信息网络化发展，同时更趋微型化和智能化，而中国日益发展的医药、生化、环保等产业，为现代化的分析仪器创造了巨大的市场空间。

表 3－1　大型科研仪器分类情况（2016）

仪器类型	数量（台/套）	比重（%）	原值（亿元）	比重（%）
总计	18505	100	294.8	100
分析仪器	8177	44.2	117.8	40.0
工艺实验设备	1776	9.6	48.7	16.5
计算机及其配套设备	1531	8.3	24.9	8.4
物理性能测试仪器	1526	8.2	19.7	6.7
电子测量仪器	1414	7.6	23.3	7.9
其他仪器	1140	6.2	19.1	6.5
计量仪器	936	5.1	12.4	4.2
医学诊断仪器	563	3.0	8.9	3.0
激光器	402	2.2	4.6	1.6
大气探测仪器	277	1.5	3.4	1.2
地球探测仪器	257	1.4	4.1	1.4
特种检测仪器	204	1.1	3.7	1.3
核仪器	188	1.0	2.4	0.8
海洋仪器	84	0.5	1.1	0.4
天文仪器	30	0.2	0.6	0.2

数据来源：2008—2016 年北京科技基础条件资源调查统计数据，下同。

（三）中央属单位仪器规模具有绝对优势

从隶属关系来看，隶属于中央单位的大型科研仪器占绝大多数，其中数量和原值占比分别为 84.3%、86.2%。从近几年的变化来看，市属单位也加大了对大型科研仪器的投入力度，从数量和原值所占比重来看呈现逐年增长趋势，但市属单位的大型仪器依旧不足两成（表 3－2）。

表 3-2 大型科研仪器数量和原值占比（2008—2016）

年份	中央				市属			
	大型仪器数量（台/套）	大型仪器数量占比（%）	大型仪器原值（亿元）	大型仪器原值占比（%）	大型仪器数量（台/套）	大型仪器数量占比（%）	大型仪器原值（亿元）	大型仪器原值占比（%）
2008	5646	89.3	84.5	90.6	676	10.7	8.8	9.4
2009	6353	87.2	94.0	89.4	934	12.8	11.1	10.6
2010	7566	86.1	115.7	89.4	1222	13.9	13.7	10.6
2011	8663	83.5	139.8	87.1	1714	16.5	20.7	12.9
2012	9777	82.9	150.6	86.2	2017	17.1	24.1	13.8
2013	10950	82.5	185.0	86.8	2323	17.5	28.1	13.2
2014	12760	83.6	211.8	87.2	2496	16.4	31.0	12.8
2015	13847	86.3	221.7	88.0	2200	13.7	30.2	12.0
2016	15607	84.3	254.1	86.2	2898	15.7	40.7	13.8

二、大型科研仪器以中低端仪器为主

（一）高等学校所属大型科研仪器超六成

2016 年，北京地区高等学校所拥有的大型科研仪器为 6830 台/套，占总量的 36.9%；科研机构所拥有的仪器设备总量为 10390 台/套，占总量的 56.1%（表 3-3）。

表 3-3 大型科研仪器所属单位分布（2016）

单位属性	仪器数量（台/套）	比重（%）	原值总额（亿元）	比重（%）
总计	18505	100.0	294.8	100.0
高等学校	6830	36.9	92.7	31.4
科研机构	10390	56.1	152.7	51.8
其他	1285	7.0	49.4	16.8

（二）大型科学仪器原值集中在 50 万～100 万元

从大型科研仪器单台原值分段情况看，单台原值主要集中在 50 万～100 万元，共计 10313 台/套，占比 55.7%，而在 500 万～800 万元以及 800 万元以上两区间的仪器设备分别为 356 台/套、264 台/套，占比仅为 1.9% 和 1.4%（表 3-4）。

表 3-4 大型科研仪器原值分布（2016）

原值区间	数量（台/套）	比重（%）	原值合计（亿元）	比重（%）
总计	18505	100	294.8	100.0
50 万～100 万元	10313	55.7	72.0	24.4

续表

原值区间	数量（台/套）	比重（%）	原值合计（亿元）	比重（%）
100 万～200 万元	5042	27.2	70.9	24.0
200 万～500 万元	2530	13.7	75.1	25.5
500 万～800 万元	356	1.9	21.8	7.4
大于 800 万元	264	1.4	55.1	18.7

三、大型科研仪器国产化水平较低

（一）获取大型科学仪器的主要渠道为购置

调查数据显示，购置仍然是获取大型科学仪器的主要方式。一直以来，北京地区通过购置方式获取的设备占比始终保持在 90.0% 以上。2016 年，北京地区的 18505 台/套大型科学仪器中，有 17723 台/套通过购置方式获得，占比高达 95.8%，与上一年增速持平；2016 年，购置的大型科学仪器的原值总计 279.2 亿元，占比为 93.7%。而研制、赠送和其他方式获得的仪器数量占比非常低，分别为 3.2%、0.7% 和 0.3%。以上数据显示，北京地区大型科学仪器的获取方式较为单一，这种情况与全国整体状况一样。

大型科学仪器的购置经费主要来源于财政资金。2016 年，有 14312 台/套仪器是由财政资金资助的，占购置仪器总量的 80.7%，比 2015 年（76.3%）增长了 4.4 个百分点。在所有财政资金购置的仪器设备中，有 12237 台/套仪器是由中央财政资金资助购置的，占全部仪器总量的 69.0%。仅有 1420 台/套仪器是由单位自有资金购置的，占仪器总量的 8.0%（表 3－5）。

表 3－5 购置大型科学仪器数量和原值资金来源（2016）

项目类型	数量（台/套）	比重（%）	仪器原值（亿元）	比重（%）
总计	17723	100.0	279.2	100.0
中央财政资金	12237	69.0	174.0	62.3
地方财政资金	2075	11.7	26.9	9.6
单位自有资金	1420	8.0	27.5	9.8
其他	1991	11.2	50.8	18.2

（二）仪器国产化比例仍然较低

从调查情况来看，北京地区的大型科研仪器主要依赖进口。2016 年，有 14133 台/套仪器是从外国引进的，设备原值合计 207.1 亿元，占比分别为 76.4% 和 70.3%。其中分析仪器中，92.0% 为进口仪器，激光仪器、医学诊断类仪器及地球探测仪器进口数量占比均超过 80%（表 3－6）。

表 3-6 大型仪器设备中进口仪器设备的数量、原值及占比情况（2016）

仪器类型	仪器总数量（台/套）	进口仪器数量（台/套）	占比（%）	仪器原值（亿元）	进口仪器原值（亿元）	占比（%）
总计	18505	14133	76.4	294.8	207.1	70.3
分析仪器	8177	7519	92.0	117.8	110.5	93.8
工艺实验设备	1776	1011	56.9	48.7	22.4	46.0
电子测量仪器	1531	1144	74.7	24.9	13.0	52.1
物理性能测试仪器	1526	1046	68.5	19.7	13.3	67.8
其他仪器	1414	635	44.9	23.3	9.2	39.3
计算机及其配套设备	1140	563	49.4	19.1	8.3	43.2
计量仪器	936	708	75.6	12.4	9.4	76.3
医学诊断仪器	563	477	84.7	8.9	7.8	87.8
激光器	402	348	86.6	4.6	3.9	84.9
大气探测仪器	277	176	63.5	3.4	2.0	58.6
地球探测仪器	257	209	81.3	4.1	3.3	81.0
核仪器	204	122	59.8	3.7	1.9	52.2
特种检测仪器	188	124	66.0	2.4	1.6	64.8
海洋仪器	84	43	51.2	1.1	0.4	37.2
天文仪器	30	8	26.7	0.6	0.1	21.8

数据显示，进口设备的产地集中度较高，从美国进口的大型科研仪器原值占进口设备原值总额的48.4%，美国是大型科研仪器第一进口国；其次分别为德国和日本，进口设备原值分别占进口设备原值总额的18.0%和10.4%（图3-3）。

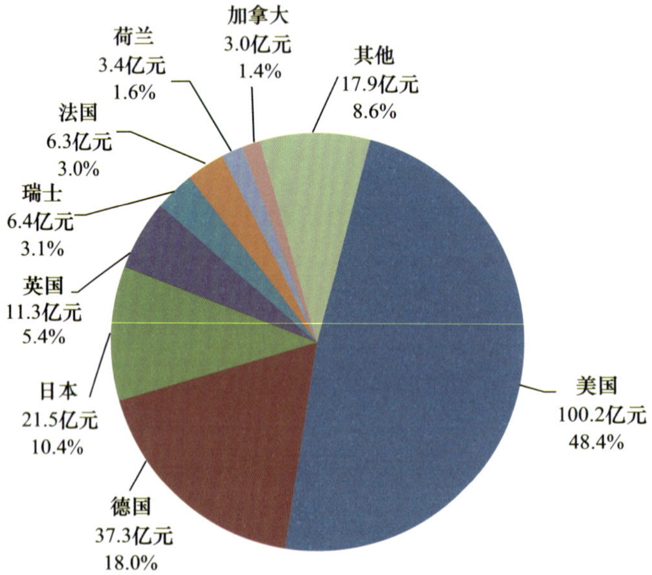

图 3-3 大型科研仪器按进口国分布（2016）

近年来，国家高度重视国产科研仪器的自主开发，在各项政策和专项资金的拉动下取得了一定的成效。2016 年，国产化大型科研仪器总量为 4372 台/套，占总量的 23.6%，原值为 87.7 亿元，占总量的 29.7%。从总体来看，国产化水平依然较低。从国产化仪器的类型看，工艺实验设备数量较多，为 765 台/套，占比 17.5%；其次为分析仪器 658 台/套，占比 15.1%（表 3－7）。

表 3－7　国产大型科研仪器分类情况（2016）

仪器类型	数量（台/套）	比重（%）	原值（亿元）	比重（%）
总计	4372	100	87.7	100
工艺实验设备	765	17.5	26.3	30.0
分析仪器	658	15.1	7.4	8.4
计算机及其配套设备	577	13.2	10.8	12.4
物理性能测试仪器	480	11.0	6.3	7.2
电子测量仪器	387	8.9	11.9	13.6
计量仪器	228	5.2	2.9	3.3
大气探测仪器	101	2.3	1.4	1.6
医学诊断仪器	86	2.0	1.1	1.2
核仪器	82	1.9	1.8	2.0
特种检测仪器	64	1.5	0.9	1.0
激光器	54	1.2	0.7	0.8
地球探测仪器	48	1.1	0.8	0.9
海洋仪器	41	0.9	0.7	0.8
天文仪器	22	0.5	0.5	0.5
其他仪器	779	17.8	14.2	16.2

四、大型科研仪器利用及共享水平有所提高

（一）大型科研仪器利用率有显著提高

大型科研仪器的利用率是指大型科研仪器使用的年有效工作机时占额定机时（通常以 1600 小时为年额定机时）的比率。利用率反映了仪器设备的被利用程度与使用效率。国家大型科研仪器购置与查重评议工作中，充分利用了这一指标，以此判断仪器申请购置单位是否需要新购置同类仪器，有效避免了大型科研仪器的重复购置，节约了财政资金。

为了更科学地分析大型科研仪器的利用情况，准确反映北京地区大型科研仪器的运行状况，本部分数据剔除了待修、待报废及计算机配套设备。从调查数据来看，2016 年北京地区共有 16861 台/套大型科研仪器，年有效总工作机时为 2204 万小时，平均每台仪器设备年有效工作机时为 1307.2 小时，利用率为 81.7%。从历年的变化趋势来看，有效机时和利用率在 2009—2011 年都呈现下降趋势，但 2012 年快速增长达到高峰，之后又呈现下降趋势，2015 年仅为 76.7%，2016 年有所上升（图 3－4）。

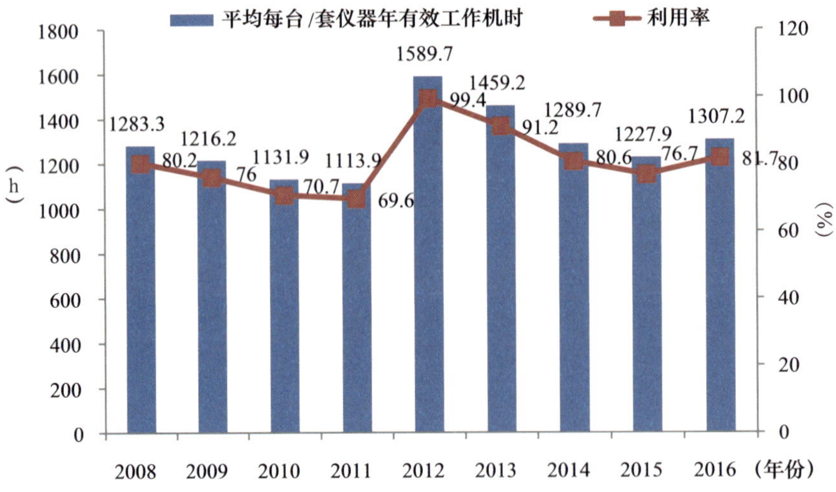

图 3－4 大型科研仪器有效工作机时和利用率（2008—2016）

从隶属关系来看，北京地区的隶属于中央单位的大型科研仪器利用情况要远远高于北京市属单位。从年有效工作机时和利用率两个方面对比分析，2016 年，地方单位平均每台/套仪器的年有效工作机时和设备利用率均有明显提高，但仍低于中央单位的利用情况。2016 年，隶属于中央单位的大型科研仪器的平均年有效工作机时和利用率为 1369. 3 小时和 85. 6%，这反映出北京地区隶属于中央单位的大型科研仪器运行情况良好（图 3－5）。

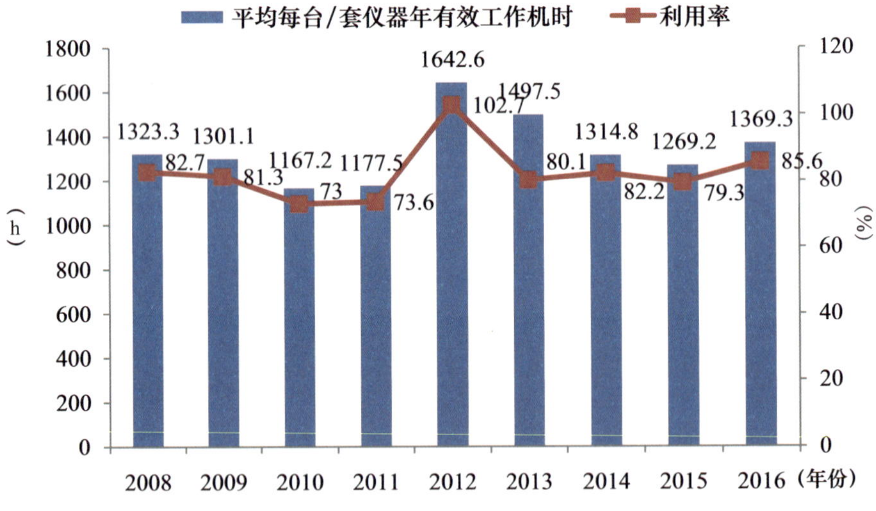

图 3－5 中央单位大型科研仪器有效工作机时和利用率（2008—2016）

（二）仪器设备共享效率有所提高

大型仪器设备的开放率是指参与开放共享的大型科研仪器占全部大型科研仪器数量的比率，计算公式为开放率 =（外部共享仪器数量 + 内部共享仪器数量）/仪器总数量。我国为加强大型科研仪器的利用水平，鼓励大型科研仪器的开放共享，采取了多种措施引导仪器设备的开放共享，如对参与开放共享的仪器设备给予一定的补贴等。2008 年，北京参与共享的大型仪器设备有 4088 台/套，占全部大型仪器设备的 62.3%。随着北京地区出台了有关鼓励科研仪器共享的相关政策，大型科研仪器的开放率水平提高幅度较大，到 2016 年，参与共享的仪器增加了将近 2 倍，达到 16261 台/套，但与全国的平均水平相比，还有一定差距。2016 年，为落实国务院 70 号文，即《国务院关于国家重大科研基础设施和大型科研仪器向社会开放的意见》，北京市出台了《进一步加强首都科技条件平台建设，促进重大科研基础设施和大型科研仪器向社会开放的实施意见》，有效推动了大型科研仪器共享，北京市属单位共享情况在 2016 年达到 99.9%（表 3-8）。

表 3-8　大型科研仪器共享情况（2008—2016）

		2008		2010		2012		2014		2016	
		数量（台/套）	比重（%）	数量（台/套）	比重（%）	数量（台/套）	比重（%）	数量（台/套）	比重（%）	数量（台/套）	比重（%）
北京地区共享仪器数量	总计	4088	62.3	6614	75.5	9433	80.0	12021	78.8	16261	87.9
	中央	3516	84.6	5713	73.7	7740	79.2	9949	78.0	13364	85.6
	市属	572	64.7	901	75.3	1693	83.9	2072	83.0	2897	99.9
全国同类比重		18722	76.2	27942	80.2	40169	83.4	56379	83.8	76958	90.3

从不同原值区间的仪器设备开放共享情况看，2016 年 200 万～500 万元的大型科研仪器的开放率最高，为 91.1%；800 万元以上的大型科研仪器开放率最低，为 76.5%（表 3-9）。

表 3-9　不同原值区间的仪器设备共享情况（2016）

原值区间	50 万～100 万元	100 万～200 万元	200 万～500 万元	500 万～800 万元	800 万元以上	总计
共享数量（台/套）	9020	4421	2305	313	202	16261
共享率（%）	87.5	87.7	91.1	87.9	76.5	87.8

第二节　科技创新基地

国家科技创新基地是围绕国家目标，根据科学前沿发展、国家战略需求以及产业创新发展需要，开展基础研究、行业产业共性关键技术研发、科技成果转化及产业化、科技资源共享服务等科技创新活动的重要载体，是国家创新体系的重要组成部分。2018 年，科技部、财政部、国家发改委发布《关于印发〈国家科技创新基地优化整合方案〉的通知》（国科发基〔2017〕250 号），推进国家创新基地的建设。方案根据国家战略需求和不同类型科研基地功能定位，对现有国家级基地平台进行分类梳理，归并整合为科学与工程研究、技术创新与成果转化和基础支撑与条件保障三类进行布局建设。

一、国家重点实验室

国家重点实验室已经成为我国国家科技创新体系的重要组成部分，是我国组织高水平研究、聚集和培养优秀科学家、开展高层次学术交流的重要基地。国家重点实验室取得了一批创新成果，促进了相关学科的建设和发展；拥有了一批先进的仪器设备，并向全国开放和共享；促进了国内外科学技术交流和合作，已经成为我国重要的学术交流活动中心。

截至2016年年底，北京地区正在运行的国家重点实验室共255个。

（一）领域分布

北京聚集了全国绝大部分自然科学领域的国家重点实验室。2016年，北京的国家重点实验室有81个，占全国依托高校建立国家重点实验室（255个）的31.8%。所涉及的领域较广，包含材料科学、地球科学、工程科学、化学科学、信息科学等，基本覆盖了基础学科的各个领域。

从各学科领域的国家重点实验室分布来看，在京国家重点实验室数量所占比例相对较高。2016年，在京的数理科学领域国家重点实验室11个，占全国数理科学领域国家重点实验室总数的68.8%；地学领域、生命科学领域、信息科学领域在京的国家重点实验室分别为17个、16个和10个，分别占相应各学科领域国家重点实验室总数的38.6%、36.4%和30.3%。北京地区在基础学科领域具有明显优势，对推动北京乃至全国的基础科学事业的发展发挥着重要作用（图3-6）。

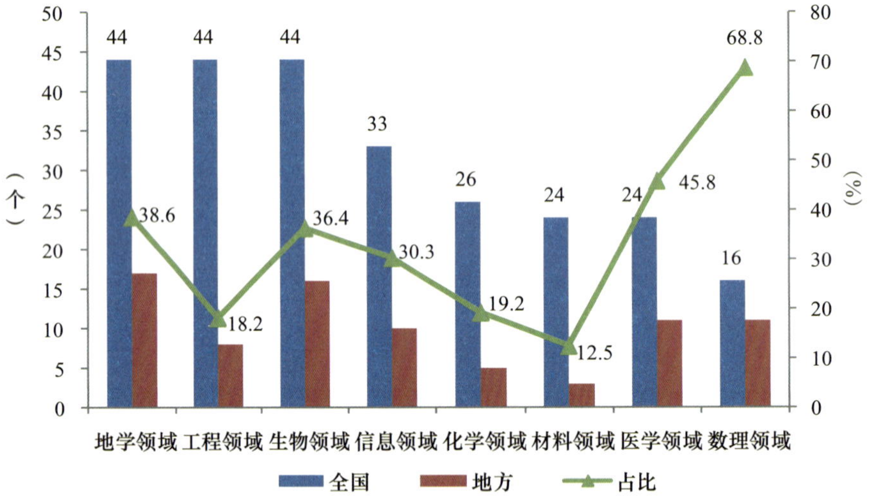

图3-6 国家重点实验室的学科领域分布（2016）

（二）行政主管部门

在北京的国家重点实验室分属11个主管部门管理，主要集中在中国科学院和教育部，分别有33个和30个，占在京国家重点实验室总数的40.7%和37.0%，两者合计占北京地区国家重点实验室总数的77.7%。卫计委5个、农业部2个、工信部3个（图3-7）。

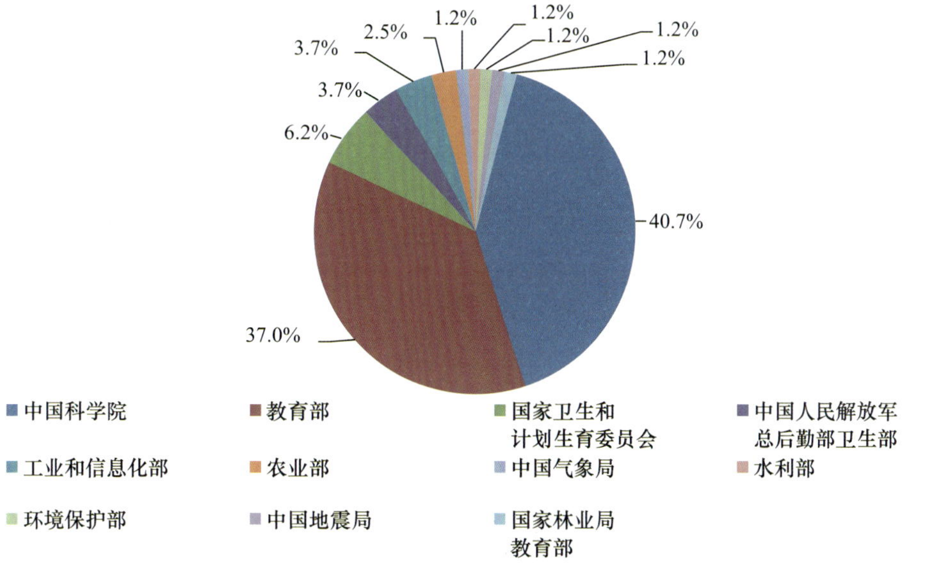

图 3－7 国家重点实验室行政主管部门分布（2016）

三、北京市重点实验室

北京市自 2010 年 8 月启动建设北京市重点实验室，现已累计培育北京市重点实验室 457 个。2016 年，按照“搭平台、聚人才、接任务、出成果”的工作思路，北京市重点实验室加强基础研究和应用基础研究，取得了一批国际先进水平的创新成果，聚集和培养了一批高端创新人才，同时坚持“开放、流动、联合、竞争”运行机制，加强开放交流，影响力显著提升，成为北京建设全国科技创新中心的重要组成部分（图 3－8）。

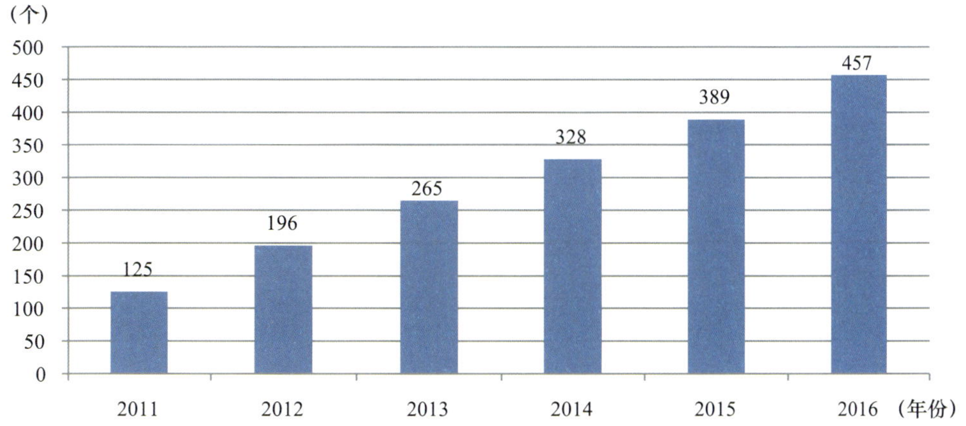

图 3－8 北京市重点实验室数量（2011—2016）

（一）领域分布

截至 2016 年年底，正在运行的北京市重点实验室共 457 个，分布在 14 个领域。其中，医疗卫生领域107个，占比23.41%；生物医药领域55个，占比12.04%；新一代信息技术领域53个，占比11.60%；节能环保领域50个，占比10.94%；新材料领域45个，比9.85%；高端装备制造领域23个，占比5.03%；新能源领域12个，占比2.63%；汽车与交通运输领域15个，占比3.28%；航空航天领域13个，占比2.84%（图3-9）。

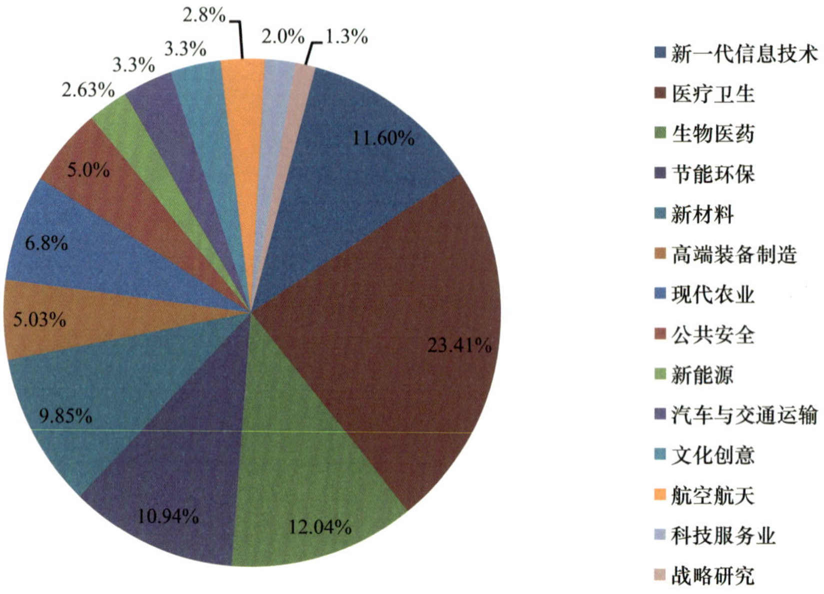

图3-9 北京市重点实验室领域分布（2016）

（二）地域分布

北京市重点实验室分布在北京13个区，其中海淀区229个、朝阳区60个、西城区59个、丰台区30个、东城区24个、昌平区25个、大兴区17个、石景山区5个、通州区3个、顺义区2个，怀柔区、房山区、延庆区各1个（表3-10）。

表3-10 国家重点实验室地域分布（2016）

所属地区	数量（个）	所属地区	数量（个）
海淀区	229	大兴区	17
朝阳区	60	石景山区	5
西城区	59	通州区	3
丰台区	30	房山区	1
怀柔区	1	顺义区	2
昌平区	25	延庆区	1
东城区	24		

（三）依托单位分布

北京市重点实验室主要依托高等院校、科研院所、医院、企业等建设。其中，依托高等院校建设的共180个，占比39.39%；依托科研院所建设的共108个，占比23.63%；依托企业建设的共70个，占比15.32%；依托医院建设的共88个，占比19.26%；依托其他类型单位建设的共11个，占比2.4%。

（四）人才建设

截至2016年年底，北京市重点实验室聚集“两院院士”62人，“长江学者”98人，“千人计划”专家114人，“万人计划”专家13人，“国家杰出青年科学基金”获得者112人，“海聚工程”人才46人，“科技北京百名领军人才”51人，“北京市科技新星”303人（图3－10）。截至2016年年底，北京市重点实验室共有专职人员17027人，其中副高级以上职称9820人，占比56.7%。2016年职称晋升1241次。

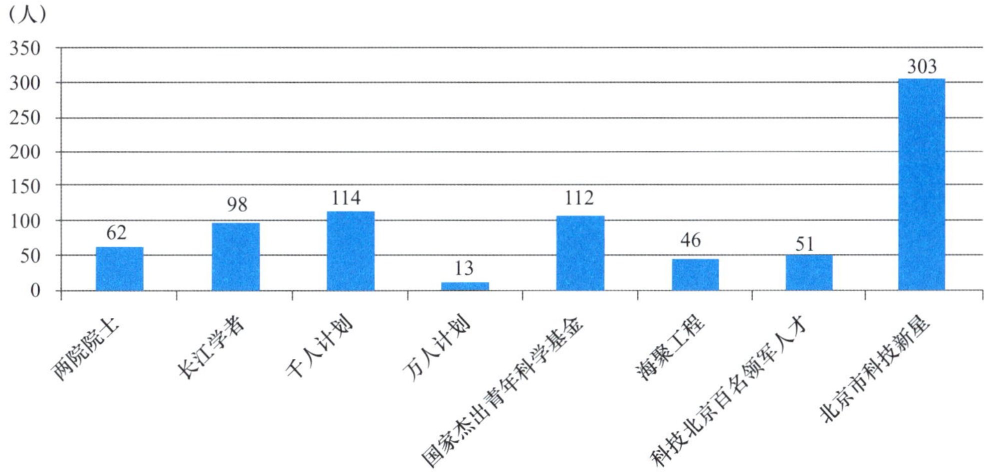

图3－10 北京市重点实验室高端人才分布（2016）

（五）科研产出

2016年，北京市重点实验室共承担国家级科技计划项目2497项，获得科研经费45.96亿元；共承担省部级科技计划项目2196项，获得科研经费27.05亿元。

2016年，北京市重点实验室共发表论文10664篇，其中核心期刊论文4504篇，占比42.2%；SCI收录论文6610篇，占比62.0%。在*Nature*和*Science*及其子刊等刊物发表论文23篇。

2016年，北京市重点实验室主持/参与制（修）订各类技术标准752项。其中，国际标准31项，占比4.12%；国家标准240项，占比31.91%；行业标准418项，占比55.59%；地方标准63项，占比8.38%（图3－11）。

2016年，北京市重点实验室共申请发明专利2371项，其中国内2344项、PCT（专利合作协定）27项；获得发明专利授权1882项，其中国内发明专利授权1858项、国际发明专利授权44项。此外，北京市重点实验室申请实用新型专利76项，获得实用新型专利授权152项，获得软件著作权授权106项。

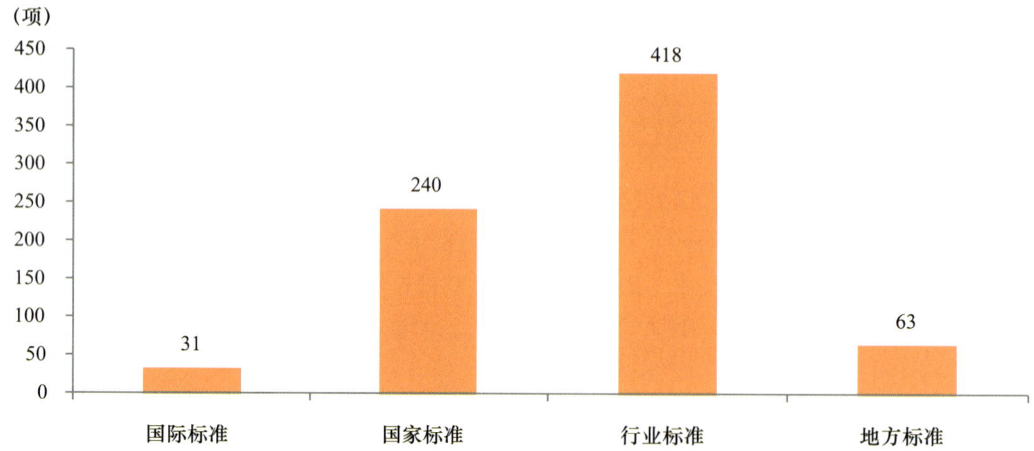

图 3－11 北京市重点实验室制（修）订标准分布（2016）

第三节 工程技术研究中心

一、国家工程技术研究中心

（一）领域分布

在北京建立的国家工程技术研究中心 67 个，占全国国家工程技术研究中心总数的 18.6%。在北京的国家工程技术研究中心分布于农业、能源、制造业、信息与通信、生物技术、材料、建设与环境保护、资源开发、轻纺、医药卫生等诸多领域，形成了科研开发、技术创新和产业化基地，对提高科技成果转化水平起着积极作用。北京的自主创新能力和工程化应用开发能力进一步提升，基本实现了人才培养、技术创新和经济效益的良性循环（表 3－11）。

表 3－11 在京国家工程技术研究中心按领域分布及占全国比重情况（2016）

	在京国家工程技术研究中心数量（个）	全国国家工程技术研究中心数量（个）	北京占全国比重（%）
总计	67	360	18.6
材料	9	53	17.0
电子信息	11	37	29.7
高技术服务	2	6	33.3
航空遥感	2	6	33.3
建筑	3	7	42.9
能源	4	17	23.5
轻工纺织	2	16	12.5
生物医药	5	33	15.2
现代交通	2	26	7.7%

数据来源：国家工程技术研究中心网站。

（二）主管部门分布

在北京建立的国家工程技术研究中心主管部门主要分布在北京市和国资委，其中北京市 21 个、国资委 15 个、中国科学院 8 个（图 3－12）。

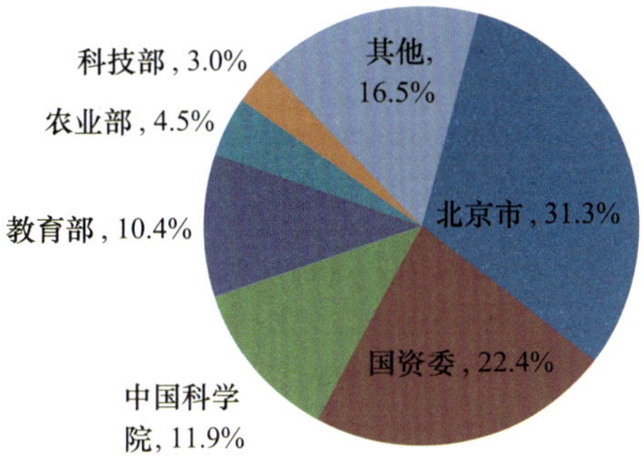

图 3－12　国家工程技术研究中心主管部门分布（2016）

二、北京市工程技术研究中心

北京市自 2010 年 8 月启动建设北京市工程技术研究中心，现已累计培育北京市工程技术研究中心 316 个，2016 年按照“搭平台、聚人才、接任务、出成果”的工作思路，北京市工程技术研究中心着力提升自主创新能力、工程化及产业化能力，推动传统产业技术水平提升，促进新兴产业崛起，培养工程技术人才队伍，加强研发、中试和产业化基地建设，取得了良好的经济效益和社会效益（图 3－13）。

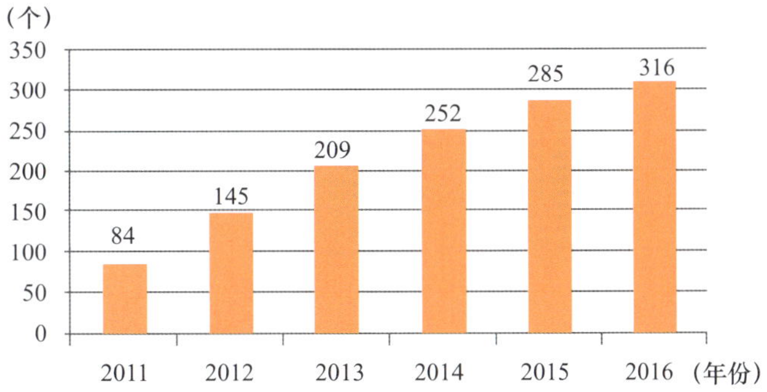

图 3－13　北京市工程技术研究中心数量

（一）领域分布

截至 2016 年年底，北京市工程技术研究中心共 316 个，分布在 13 个领域，其中高端装备制造领域 28 个、公共安全领域 16 个、航空航天领域 2 个、节能环保领域 35 个、科技服务业领域 3 个、汽车与交通运输领域 15 个、生物医药领域 32 个、文化创意领域 4 个、现代农业领域 19 个、新材料领域 31 个、新能源领域 9 个、新一代信息技术领域 47 个、医疗卫生领域 9 个（图 3－14）。

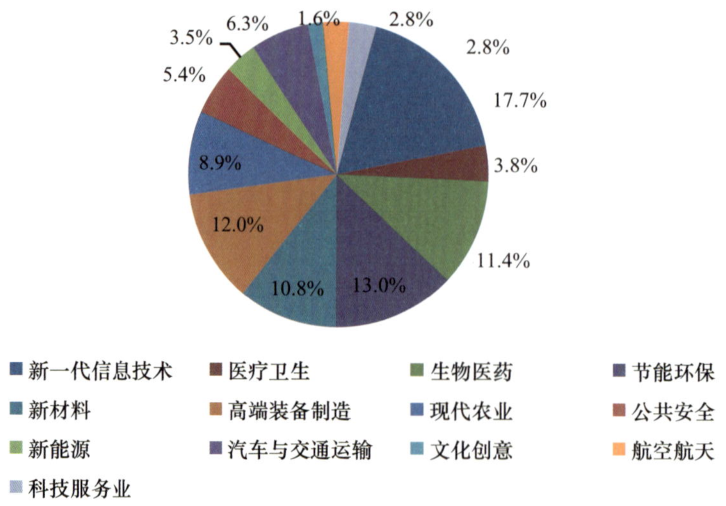

图 3-14　北京市工程技术研究中心领域分布（2016）

（二）地域分布

北京市工程技术研究中心的布局以海淀区、朝阳区、昌平区较为集中，分别为153个、55个、24个，大兴区22个（含经济技术开发区18个），东城区7个，丰台区18个，怀柔区1个，密云区1个，平谷区1个，石景山区8个，顺义区6个，通州区3个，西城区17个（表3-12）。

表 3-12　北京工程技术研究中心地域分布（2016）

所属地区	数量（个）	所属地区	数量（个）
海淀区	153	顺义区	6
朝阳区	55	东城区	7
昌平区	24	通州区	3
丰台区	18	平谷区	1
西城区	17	密云区	1
大兴区	22	怀柔区	1
石景山区	8		

（三）依托单位分布

北京市工程技术研究中心建设主要依托企业、高等院校、科研院所、医院及其他性质单位。其中，依托企业建设的北京市工程技术研究中心共200个，占比63.29%；依托高等院校建设的63个，占比19.94%；依托科研院所建设的41个，占比12.97%；依托医院建设的10个，占比3.16%。

（四）人才建设

截至2016年年底，北京市工程技术研究中心聚集“两院院士”20人，“长江学者”33人，“国家杰出青年科学基金”获得者33人，“千人计划”专家46人，“万人计划”专家23人，“海聚工程”人才39人，“科技北京百名领军人才”36人，“北京市科技新星”121人（图3－15）。

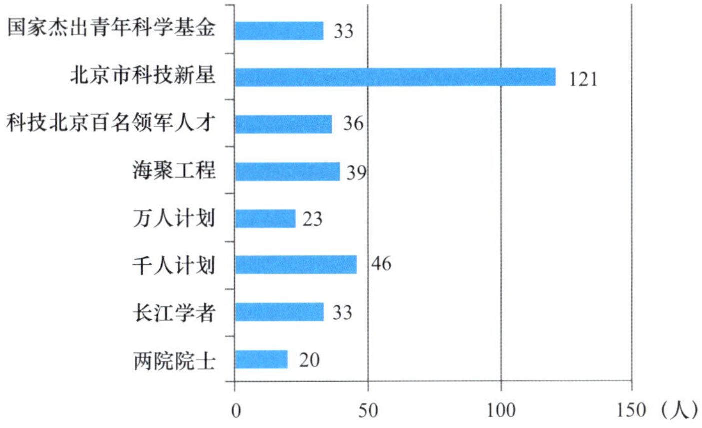

图3－15　北京市工程技术中心高端人才分布（2016）

截至2016年年底，北京市工程技术研究中心共有专职人员15045人，其中中级（含）以上职称为11913人，占比为79.18%。2016年职称晋升876人次。

（五）科研产出

在推动科技创新基地建设与发展的过程中，北京市科委持续促进优化科研资源的汇聚和整合，加快推进科技成果的转化与产业化，科技创新基地成果丰富且水平高。

2016年，北京市工程技术研究中心承担国家级科技计划项目823项，获得财政经费28.49亿元，承担省部级科技计划项目859项，获得财政经费16.12亿元。

2016年，北京市工程技术研究中心共主持/参与制（修）订技术标准227项，其中国际标准2项、国家标准66项、行业标准130项、地方标准29项。另参与制（修）订技术标准275项，其中国际标准11项、国家标准122项、行业标准119项、地方标准23项（图3－16）。

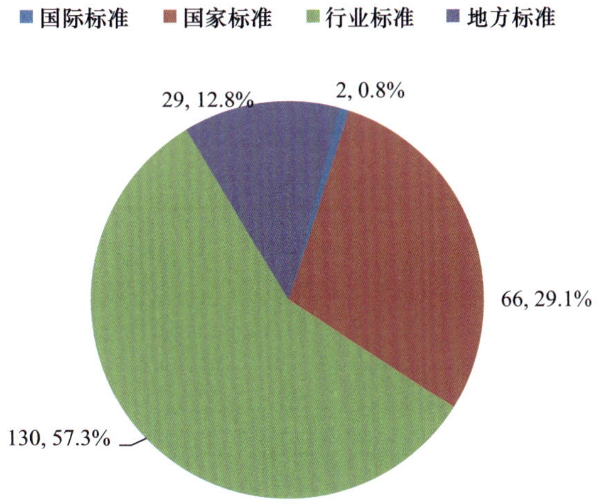

图3－16　北京市工程技术中心制（修）订标准分布（2016）

2016 年北京市工程技术研究中心共获得奖项 519 项，其中国家级一等奖 1 项、国家级二等奖 10 项、省部级特等奖 3 项、省部级一等奖 71 项、省部级二等奖 74 项、省部级三等奖 65 项、行业协会等其他奖项 290 项。

2016 年北京市工程技术研究中心共申请发明专利 2312 项，其中国内专利 2207 项、PCT（专利合作协定）专利 105 项。获得发明专利授权 2159 项，其中国内发明专利授权 1952 项、国际发明专利授权 207 项。此外，2016 年北京市工程技术研究中心申请实用新型专利 157 项，获得实用新型专利授权 374 项，获得软件著作权授权 195 项。

（六）成果推广

2016 年，北京市工程技术研究中心成果辐射扩散成绩显著，在技术交易、成果转化推广以及新技术新产品方面取得显著的社会效益和经济效益。2016 年，北京市工程技术研究中心共签订技术合同 2582 项，获得技术性收入 106.95 亿元，其中与在京单位签订的技术合同 1186 项，占比为 45.9%；获得技术性收入 66.66 亿元，占比为 62.3%。

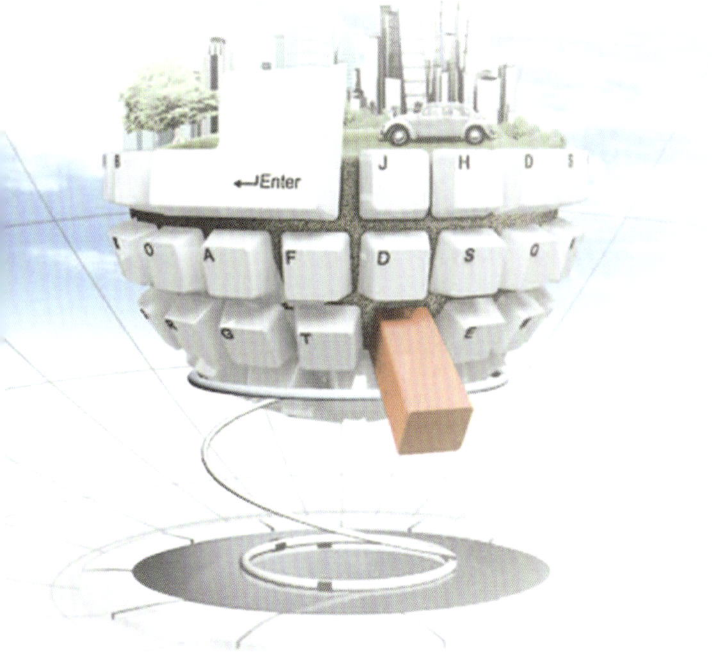

科技活动篇

第四章 政府研究机构的科技活动

政府研究机构指隶属于中央和地方政府部门，专门从事科学技术知识的产生、发展、传播和应用等系统性活动的独立科研院所，是国家创新体系的重要组成部分，是基础性、战略性和公益性研究的重要执行部门。

政府研究机构经过20多年的改革和发展，其功能、作用、规模和结构等都发生了巨大变化。在本章中，政府研究机构的统计范围是指自然科学和工程技术领域、社会科学与人文科学领域以及科技信息和文献领域的县以上政府部门所属研究机构，不包括国防科工委系统研究机构。转制研究机构的统计范围是指经过“九五”期末与“十五”期间政府研究机构管理体制改革时期，按企业化转制方式改革到位，以及公益类研究机构按分类管理方式改革到位的机构。

本章系统地反映了北京研究机构的改革与发展状况，深入分析了这些机构的科技资源、R&D活动、科技成果等的发展及其变化趋势等，内容包括政府研究机构和转制研究机构。

第一节 政府研究机构概况

政府研究机构是实现“提高自主创新能力、建设创新型国家”战略的重要力量，也是R&D活动的一支生力军。“十五”以来，北京地区政府研究机构资源配置逐步优化，研发能力不断提高，为经济建设和社会发展服务的意识进一步增强，已经成为一支能够为政府目标、社会发展提供有力支撑的科技队伍和骨干力量。

一、政府研究机构的构成

（一）研究机构的规模

“十五”期间是政府研究机构进行管理体制改革的重要时期，截至2005年年底，北京地区开发类研究机构的企业化转制和社会公益类研究机构的分类管理改革基本完成。因此，北京地区政府研究机构数量的发展分为两个阶段，2005年之前属于改革发展期，机构数量波动较大；从2006年开始，北京地区政府研究机构基本进入稳定发展期，机构数量稳步增长。据统计，2016年北京地区政府研究机构共计303个，占全国研究机构总数的8.4%，2006年以来年均增长1.3%（图4－1）。

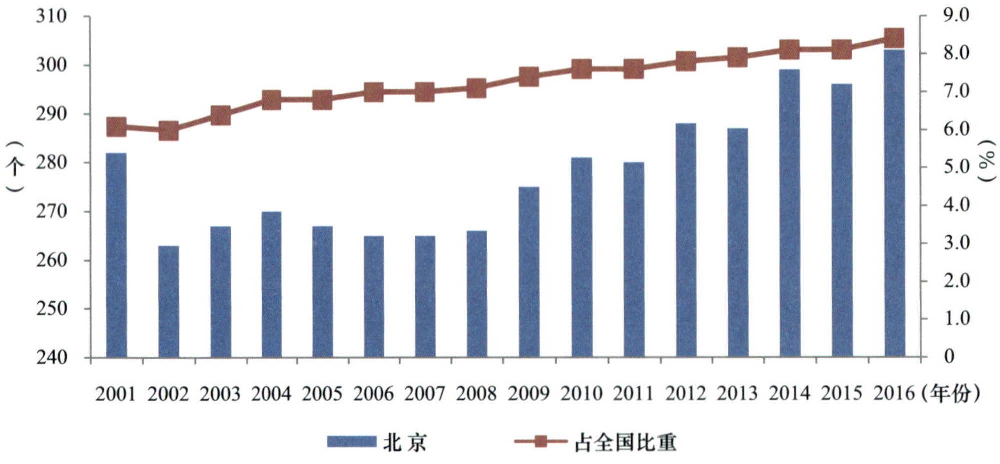

图 4－1 政府研究机构规模及占全国比重（2001—2016）

数据来源：科技部《科学研究与技术开发机构调查表》，北京科技统计信息中心整理。下同。

（二）研究机构的领域

政府研究机构从事的行业属于科学研究和技术服务业，作为公益性机构同时具有社会服务性功能。据统计数据，目前北京地区政府研究机构面向全社会提供服务的行业涉及 13 个行业门类，占国民经济行业全部 20 个行业门类的 65. 0%。从服务的国民经济行业来看，自 2001 年以来政府研究机构在服务科学研究和技术服务业、农林牧渔业、制造业等领域的机构增长较明显。

按照服务的领域，研究机构可分为综合科学研究类机构、农业类研究机构、专业技术服务类研究机构、社会事业类研究机构、产业类研究机构和社会人文领域研究机构。

目前，政府研究机构的资源主要分布在科学研究和社会公益性研究领域。据统计，2016 年，综合科学研究类机构有 56 个，其从业人员、科技活动人员和政府拨款分别占研究机构总量的 27. 3%、33. 0% 和 42. 2%。社会事业类研究机构有 65 个，其从业人员、科技活动人员和政府拨款分别占研究机构总量的 30. 9%、21. 5% 和 15. 8%。社会与人文领域机构有 96 个，其从业人员、科技活动人员和政府拨款分别占北京地区政府研究机构总量的 11. 4%、12. 3% 和 7. 8%（表 4－1）。

表 4－1 北京地区政府研究机构的资源分布（2016）

	机构		从业人员		科技活动人员	
	数量（个）	占比（%）	数量（人）	占比（%）	数量（人）	占比（%）
合计	303	100. 0	82478	100. 0	63688	100. 0
自然科学技术领域	207	68. 3	73072	88. 6	55858	87. 7
其中：农业类研究机构	30	9. 9	6437	7. 8	5779	9. 1
产业类研究机构	28	9. 2	10490	12. 7	8262	13. 0
综合科学研究类机构	56	18. 5	22533	27. 3	21024	33. 0
专业技术服务业类研究机构	28	9. 2	8088	9. 8	7113	11. 2
社会事业类研究机构	65	21. 5	25524	30. 9	13680	21. 5
社会人文领域	96	31. 7	9406	11. 4	7830	12. 3

综合科学研究类机构是在自然科学、工程技术、医学、农学以及社会人文科学领域主要从事科学研究即知识创新的研究机构，不以具体的国民经济行业为服务对象。这类研究机构以中国科学院为主体，集聚了我国最优秀和最高水平的研究机构，是基础科学研究和战略高技术领域研究的核心力量。

农业类研究机构是服务于农、林、牧、渔业等产业部门的研究机构。

产业类研究机构是服务于工业、建筑业、交通仓储、邮政以及信息传输与计算机服务等产业部门的研究机构。

专业技术服务业类研究机构是在气象、地震、海洋、测绘、地质勘查、技术检测、环境检测、工程技术与规划管理以及其他专业技术服务领域进行科研的研究机构。

社会事业类研究机构是在文化、教育、卫生和社会工作、公共管理、社会保障和社会组织等领域进行科研的研究机构。

社会人文领域研究机构以中国社会科学院为代表，是中国哲学社会科学研究的最高学术机构和综合研究中心。该类机构以社会科学和人文科学研究为主，探讨与人类利益有关的学问，或以社会现象为研究对象，如政治学、经济学等，研究并阐述各种社会现象及其发展规律。

（三）九成资源集中于中央部门属研究机构

中央部门属研究机构是北京地区政府部门研究机构的重要组成部分。2016 年，北京地区中央部门属机构有 254 个，占政府研究机构总数的 83.8%，占全国中央部门属机构总数的 34.6%；拥有从业人员 7.5 万人，占政府研究机构从业人员总数的 91.5%；从事科技活动人员总数占北京地区政府研究机构科技人员总数的 92.0%，具有科技人员队伍规模大、科技人力资源丰富的特点；来自于政府的拨款 420.6 亿元，占政府研究机构政府拨款总额的 92.5%（表 4－2）。由上可见，北京地区政府研究机构的九成资源集中在中央部门属研究机构。

表 4－2　政府研究机构科技活动人员、经费按隶属关系分布（2016）

	机构		从业人员		科技活动人员		政府拨款	
	数量（个）	占比（%）	数量（万人）	占比（%）	数量（万人）	占比（%）	金额（亿元）	占比（%）
合计	303	100.0	8.2	100.0	8.8	100.0	454.9	100.0
中央部门属	254	83.8	7.5	91.5	8.1	92.0	420.6	92.5
地方部门属	49	16.2	0.7	8.5	0.7	8.0	34.3	7.5

二、政府研究机构的科技资源

“十五”以来，政府研究机构科技人员素质逐渐提高，年龄结构趋于年轻化，在数量上，地方政府研究机构科技人员趋于稳定，中央政府机构科技人员稳步增长。

（一）科技人员数量和素质不断提升

2016 年，北京地区政府部门研究机构的科技活动人员①为 8.8 万人，比上一年增长 7.3%，2006 年以来年均增长 3.2%；其中大学本科以上学历人员 8.3 万人，占科技活动人员总数的 94.3%，比上一年增长 9.2%，2006 年以来年均增长 5.6%（图 4－2）。

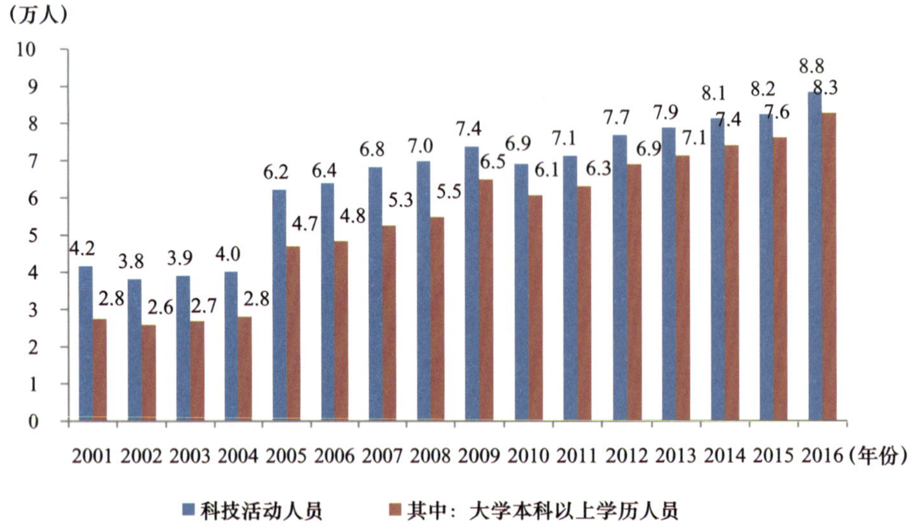

图 4－2　政府研究机构科技人员发展情况（2001—2016）

（二）科技人员整体趋于年轻化

政府研究机构科技人力资源的年龄结构，据 2004 年和 2014 年的调查数据，已经发生了显著变化，青年人才已经成为科技活动人员的主力。2014 年政府研究机构中 40 岁以下的科技人才占科技活动人员总数的 58.4%，与 2004 年相比高出 11.2 个百分点（图 4－3）。其中，40 岁以下具有中高级职称的人员占科技活动人员总数的 39.3%，与 2004 年相比高出 10.3 个百分点。结构特征表明，具有较高素质的青年人才已成为科技人才队伍的中坚力量。

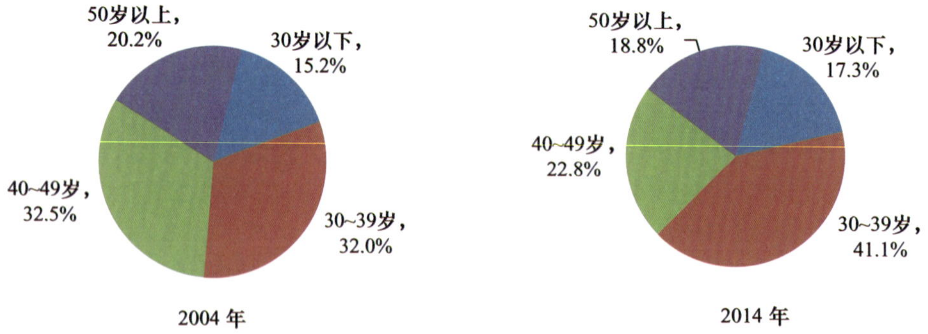

图 4－3　2004 年和 2014 年政府部门研究机构按年龄层次分布结构对比

① 政府部门研究机构科技活动人员的统计口径，2005 年以前仅为单位在职科技活动人员，从 2005 年起，除单位在职科技活动人员外，增加了外聘研究人员和在读研究生。

（三）政府资金是科技经费主要来源

政府经费是研究机构最重要的科技资源。由于在国家创新体系中的独特作用和功能，政府研究机构的运行和发展主要依靠政府资助。政府对研究机构的经费资助主要通过财政拨款、政府科研项目资金和科研基建资金3种方式。

2016年北京地区政府研究机构科技活动收入524.4亿元，是2001年的4.8倍；其中，政府资金占80.8%，比2001年增加24.4个百分点（图4-4）。

图4-4　政府研究机构科技活动收入情况（2001—2016）

现有政府研究机构多数为科研实力比较强的综合科学研究型、公益型的研究机构，政府对机构的资金投入持续增长。从科技活动收入的来源结构分析，2016年政府研究机构科技活动收入中来源于政府的资金占80.8%，比2001年提升1.5个百分点，政府研究机构的科技活动主要靠政府支持（图4-5）。

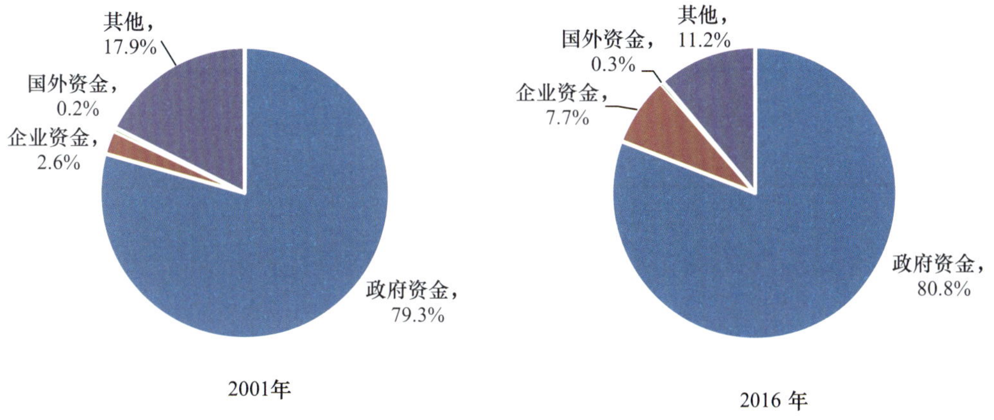

图4-5　政府研究机构科技活动收入按来源结构对比（2001年、2016年）

第二节 政府研究机构研究与发展活动

政府研究机构是我国国家创新系统的重要组成部分，是进行基础研究、战略高技术研究和社会公益研究的主要部门。随着科技体制改革的逐步深化，政府研究机构在国家创新体系中的地位显著提高。本节重点从政府研究机构投入的 R&D 人员、经费以及在研的 R&D 项目、R&D 成果产出等方面来反映政府研究机构研发活动的规模、结构和实力水平。

一、R&D 人员

2016 年，政府研究机构 R&D 人员 6.9 万人①，2006 年以来年均增长 6.4%。其中，大学本科以上学历人员 6.2 万人，占 R&D 人员总数的 88.9%，2006 年以来年均增长 6.6%；研究生及以上学历人员 4.9 万人，是 2001 年的 5.1 倍，占 R&D 人员总数的 71.0%，2006 年以来年均增长 9.3%。“十一五”期间 R&D 人员年均增速 11.4%，“十二五”期间 R&D 人员年均增速 3.6%，可见，政府研究机构 R&D 人员的增长逐渐趋于稳定。

（一）人员素质明显提高

2016 年，政府研究机构 R&D 人员中博士学历人员和硕士学历人员分别占 41.4% 和 29.0%，学历层次结构与 2001 年相比，博士学历人员和硕士学历人员的占比分别增长了 23.4 和 5.6 个百分点，人员素质有了很大提升（图 4-6）。

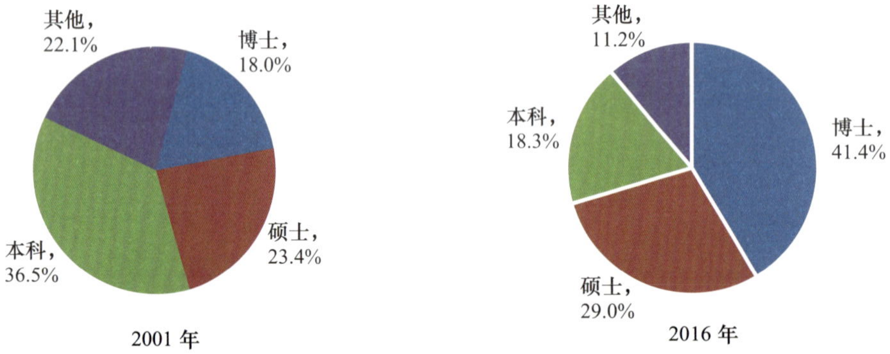

图 4-6 政府研究机构 R&D 人员学历结构对比（2001 年、2016 年）

（二）研究人员占六成

2016 年，政府研究机构 R&D 折合全时人员 5.6 万人年，其中研究人员 4.0 万人年，占 R&D 折合全时人员的 71.4%（图 4-7）。从 2001 年以来的统计数据来看，研究人员基本保持在六成左右，

① 政府部门研究机构 R&D 活动人员的统计口径，2005 年以前仅为单位在职参与 R&D 活动人员，从 2005 年起，增加了参加 R&D 活动的外聘研究人员和在读研究生。

呈现较稳定的研究体系结构。

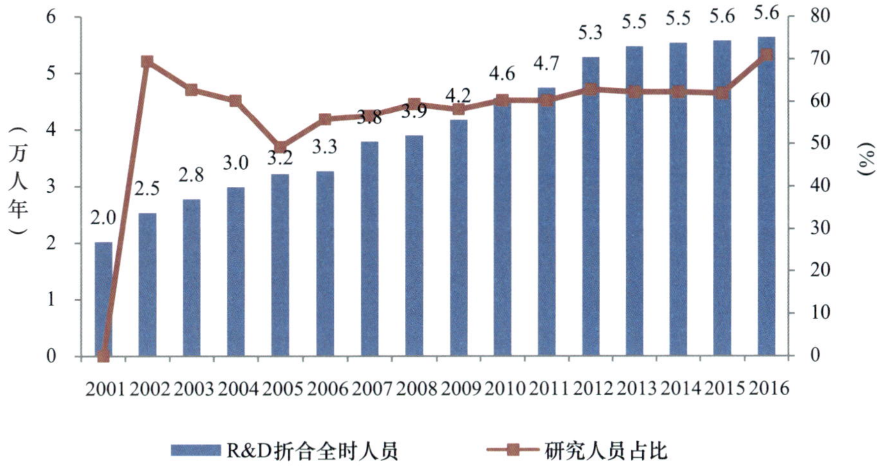

图 4-7 政府研究机构 R&D 折合全时人员及研究人员占比情况（2001—2016）

（三）科学研究和技术服务业 R&D 人员较集中

2016 年，政府研究机构 R&D 人员服务的行业六成集中在科学研究和技术服务业，其他相对较多的依次是卫生和社会工作、农林牧渔业、制造业，这四类行业的 R&D 人员之和占政府研究机构 R&D 人员总数的近九成。与 2005 年 R&D 人员服务行业的结构相比，发展结构较稳定（图 4-8）。

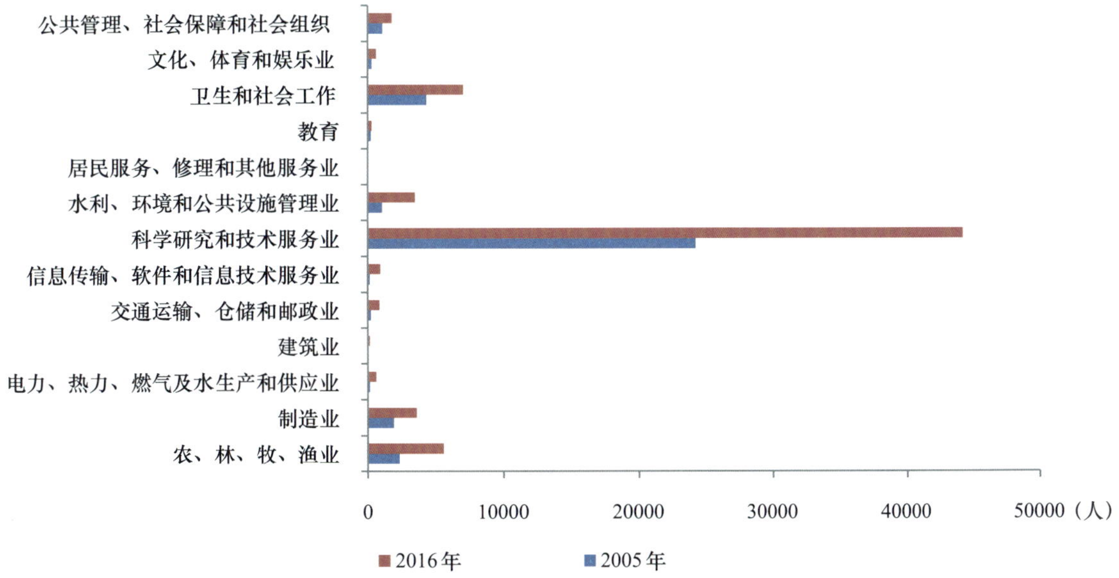

图 4-8 政府研究机构 R&D 人员按服务行业分布情况（2005 年、2016 年）

（四）活动类型结构稳定

2016 年，政府研究机构基础研究人员折合全时当量 2.5 万人年，2005 年以来年均增长 8.6%；

应用研究人员折合全时当量2.2万人年，2005年以来年均增长4.8%；试验发展人员折合全时当量1.0万人年，2005年以来年均增长0.7%。基础研究人员、应用研究人员和试验发展人员占政府研究机构R&D人员折合全时当量总数的43.9%、38.5%和17.6%，自2001年以来三类活动人员的比例结构相对比较稳定（图4-9）。

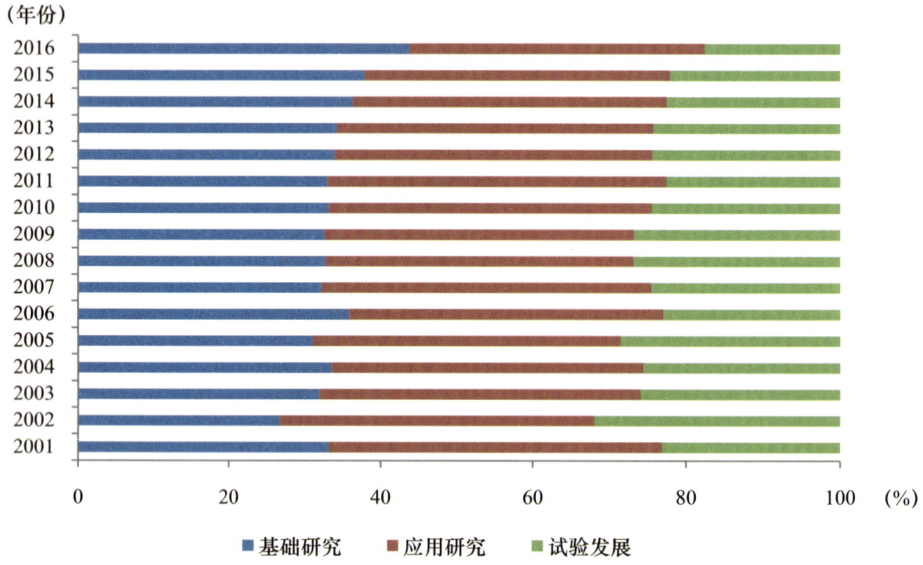

图4-9 研究机构R&D人员折合全时当量按活动类型分布结构（2001—2016）

二、R&D经费

《国家中长期科学和技术发展规划纲要（2006—2020）》对2006年后15年科技工作做出了总体部署，确定了“自主创新、重点跨越、支撑发展、引领未来”的指导方针，提出了建设创新型国家的总体目标。该规划纲要的出台，是政府研究机构自“十一五”发展以来重要的转折，研发活动开始了新的发展阶段。

（一）研发经费快速增长

2016年政府研究机构R&D经费内部支出301.5亿元，是2001年35.2亿元的8.6倍，年均增长15.4%（图4-10）。

（二）研发经费政府资金占八成

政府研究机构的R&D经费主要来自承担政府科研项目获得的政府经费以及政府的事业拨款，因此，政府拨款是政府研究机构R&D经费的主要来源。2016年，政府研究机构R&D经费中来自政府的资金投入达到262.1亿元，是2001年的8.7倍；占政府研究机构R&D经费总额的86.9%，比2001年增长1个百分点（图4-11）。统计数据表明，2001—2016年期间，政府研究机构研发经费中的政府资金绝对值不断加大，在政府研究机构R&D经费投入中的比重也在不断增长。

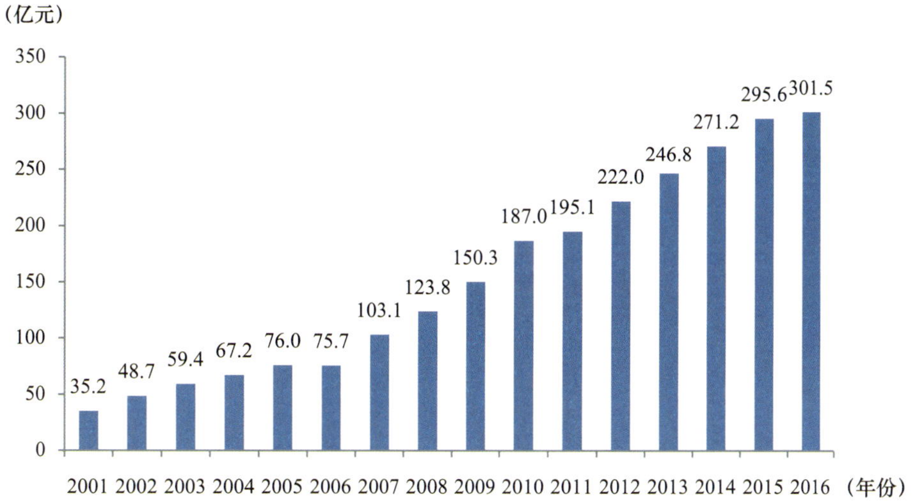

图 4-10 政府研究机构 R&D 经费分布（2001—2016）

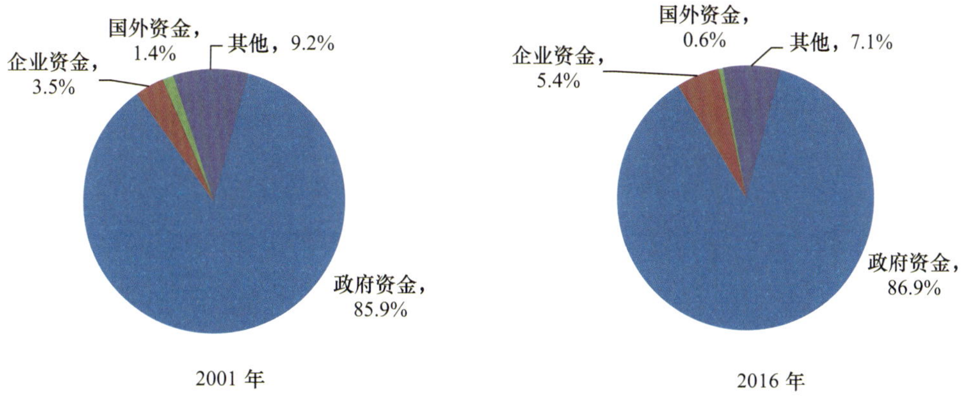

图 4-11 政府研究机构 R&D 经费来源结构对比（2001 年、2016 年）

（三）日常性支出占比下降

R&D 经费内部支出按支出用途分日常性支出和资产性支出。2016 年，政府研究机构 R&D 经费内部支出中用于日常性支出 240.6 亿元（表 4-3），占 R&D 经费内部支出的 79.8%，比 2001 年该指标的比重减少了 8.3 个百分点；日常性支出中用于人员劳务费的比重均占 1/3 左右，年人均劳务费 13.3 万元，是 2001 年的 3.1 倍。R&D 经费内部支出中用于资产性支出 60.9 亿元，占 R&D 经费内部支出的 20.2%，2001 年以来基本保持在 R&D 经费内部支出的 1/4 左右。

表 4-3 政府研究机构 R&D 经费内部支出按用途对比（2001 年、2016 年）

年份	日常性支出			资产性支出		
	总额（亿元）	人员劳务费（亿元）	占比（%）	总额（亿元）	仪器和设备（亿元）	占比（%）
2001 年	31.0	9.9	31.9	8.7	5.3	60.9
2016 年	240.6	92.3	38.4	60.9	44.5	73.1

（四）R&D 活动中科学研究逐渐加强

R&D 活动类型分为基础研究、应用研究、试验发展。“十五”以来，随着政府对科研活动的逐渐重视，政府研究机构的 R&D 经费也在不断上升。2016 年，政府研究机构基础研究经费支出 109.1 亿元，是 2001 年的 8.3 倍，年均增速 15.2%；应用研究经费支出 131.3 亿元，是 2001 年的 8.3 倍，年均增速 15.1%；试验发展经费支出 61.1 亿元，是 2001 年的 9.9 倍，年均增速 16.5%（图 4－12）。

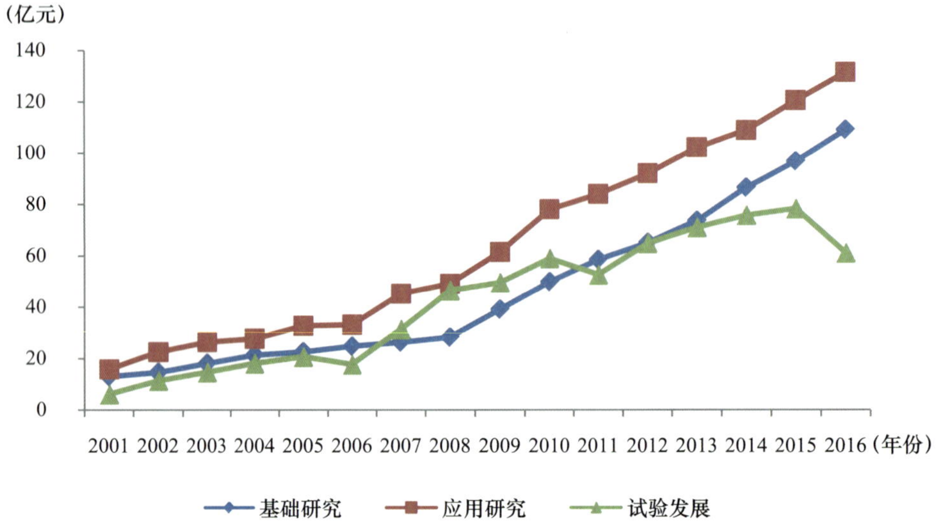

图 4－12 政府研究机构 R&D 经费内部支出按活动类型发展情况（2001—2016）

2016 年，政府研究机构基础研究经费支出、应用研究经费支出、试验发展经费支出分别占政府研究机构 R&D 经费总额的 36.2%、43.5% 和 20.3%（图 4－13）。“十五”期间，政府研究机构试验发展经费增长较快，经费比重由 2001 年的 17.6% 增长至 2005 年的 27.2%；“十一五”期间，政府研究机构基础研究经费支出有所减少，资金投入偏重于应用研究和试验发展；“十二五”初期，R&D 经费绝对值继续不断增长，但试验发展经费支出比重低于“十一五”，科学研究（指基础研究和应用研究之和）比“十五”和“十一五”期间比重略有增长。

（五）R&D 活动基础科学分布较广

在自然科学、工程与技术科学、医药、农业以及人文与社会科学五大学科领域中，政府研究机构的 R&D 活动主要集中在前两个领域。2016 年政府研究机构 R&D 经费内部支出为 301.5 亿元，其中自然科学领域 109.2 亿元，占 36.2%；农业科学领域 24.9 亿元，占 8.3%；医药科学领域 32.8 亿元，占 10.9%；工程与技术科学领域 115.3 亿元，占 38.2%；人文与社会科学领域 19.3 亿元，占 6.4%。

在 62 个一级学科分类中，按学科分布排在前 10 位的 R&D 经费累计支出占政府研究机构 R&D 经费支出总额的六成多，这些学科的构成反映了研究机构 R&D 活动主要集中在基础研究、前沿技术研究和社会公益性研究领域。从 2006 年和 2016 年的对比数据来看，地球科学、电子与通信技术、物理学仍然是 R&D 投入的重点学科（表 4 -4）。

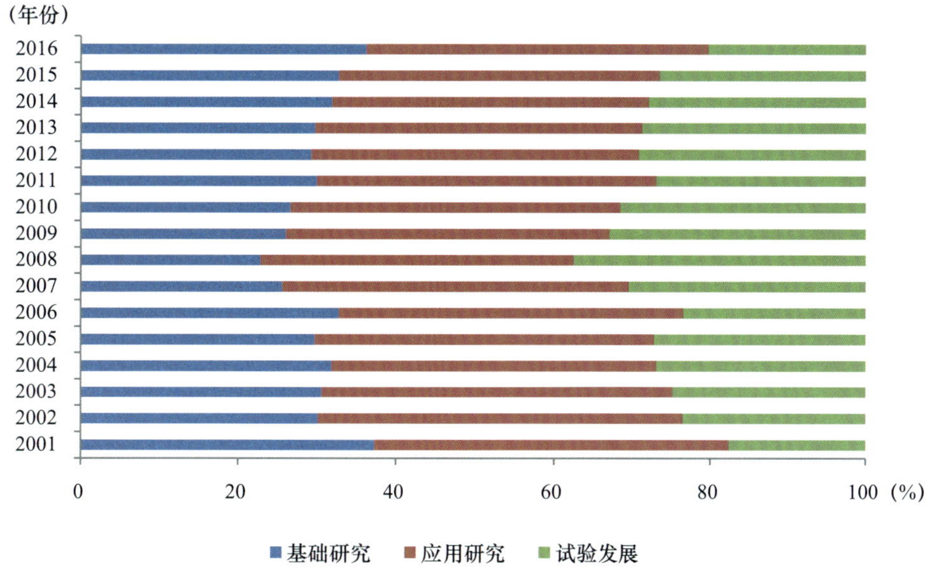

图 4 -13 政府研究机构 R&D 经费按科学研究与试验发展分布（2001—2016）

表 4 -4 政府研究机构 R&D 经费的学科分布（2006 年、2016 年）

单位：亿元

序号	学科	2006	学科	2016
1	地球科学	9. 6	地球科学	35. 8
2	物理学	8. 3	生物学	27. 6
3	电子、通信与自动控制技术	7. 6	电子与通信技术	26. 4
4	生物学	7. 2	物理学	23. 2
5	化学	3. 8	农学	16. 5
6	计算机科学技术	3. 7	工程与技术科学基础学科	12. 9
7	农学	3. 6	临床医学	12. 1
8	航空、航天科学技术	3. 4	航空、航天科学技术	12. 1
9	天文学	3. 0	计算机科学技术	10. 3
10	临床医学	2. 4	环境科学技术及资源科学技术	8. 1

三、R&D 项目

（一）研发项目稳定增长

政府研究机构 R&D 活动主要依托 R&D 项目开展。2016 年，政府研究机构承担 R&D 项目 2. 7 万项，项目投入人员折合全时当量 4. 7 万人年，项目经费内部支出 162. 0 亿元，2001 年以来年均增速分别为 8. 4%、6. 6% 和 15. 4%。项均投入人员基本保持在 2. 0 人年/项，项均经费支出由 2001 年的 23. 5 万元/项增加至 2016 年的 60. 0 万元/项，增长了近 3 倍（表 4 -5）。

表 4－5　政府研究机构承担 R&D 项目情况

年份	R&D 项目数（万项）	投入人员（万人年）	项均投入人员（人年/项）	当年经费支出（亿元）	项均经费支出（万元/项）
2001	0.8	1.8	2.3	18.8	23.5
2002	1.0	1.8	1.8	26.8	26.8
2003	1.0	1.8	1.8	30.5	30.5
2004	1.1	1.9	1.7	36.5	33.2
2005	1.1	2.0	1.8	39.9	36.3
2006	1.2	3.0	2.5	39.5	32.9
2007	1.5	3.5	2.3	57.2	38.1
2008	1.6	3.6	2.3	70.9	44.3
2009	1.8	3.8	2.1	87.1	48.4
2010	2.0	4.1	2.1	107.2	53.6
2011	2.0	4.3	2.2	115.0	57.5
2012	2.3	4.9	2.1	142.7	62.0
2013	2.4	5.0	2.1	156.8	65.3
2014	2.6	5.0	1.9	161.0	61.9
2015	2.7	5.0	1.9	173.5	64.3
2016	2.7	4.7	1.7	162.0	60.0

（二）研发任务主要来自政府部门

政府研究机构 R&D 活动的研究任务主要来自政府部门，其中中央政府部门的比例较高。2016 年，政府研究机构的 R&D 项目总经费中，来自中央政府部门的比重为 65.5%，地方政府部门的比重为 10.1%，合计为 75.6%；企业委托课题比重较低，仅为 6.0%。

从 2001—2016 年的变化趋势来看，来自政府的项目经费有所下降，由 2001 年的 84.0% 下降到 2016 年的 75.6%，下降了 8.4 个百分点。来自企业委托的项目经费呈现逐年上升趋势，由 2001 年的 2.9% 上升到 6.0%，上升了 3.1 个百分点（图 4－14）。究其原因，一方面国家经济实力不断增强，政府增加了对政府研究机构的经费投入，政府项目资金绝对值在不断增大；另一方面，国家不断推动产学研合作，实现资源的共享和有效利用，政府研究机构中来自企业委托的课题不断增多，使得 R&D 项目中企业委托课题的比重有了进一步提高。

（三）承担国家计划项目平稳增长

2016 年政府研究机构在研国家三大主体计划共计 1320 项，占政府研究机构当年在研 R&D 项目总数的 4.9%；计划投资总额 37.8 亿元，占政府研究机构当年在研 R&D 项目计划投资总额的 7.2%（表 4－6）。

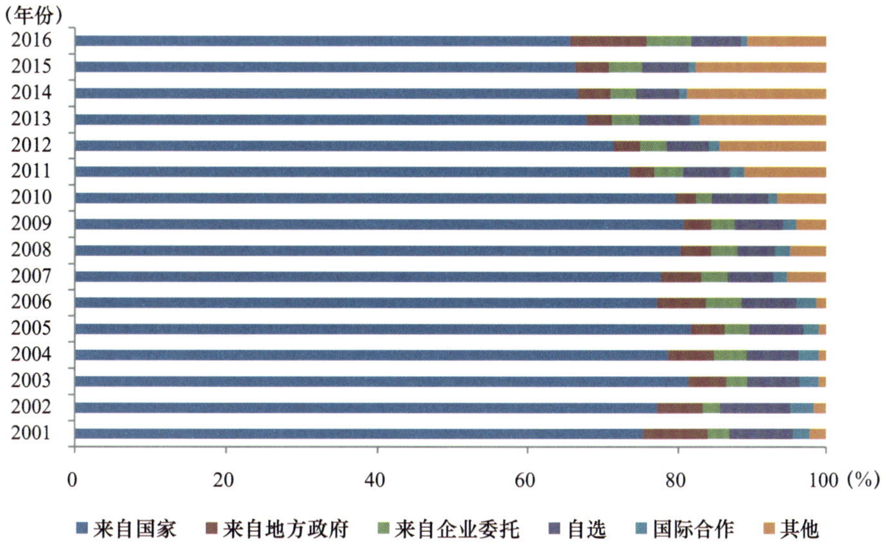

图 4－14 政府研究机构承担 R&D 项目经费支出按来源分布（2001—2016）

表 4－6 政府研究机构承担国家计划项目情况（2002—2016）

年份	项目数（项）			计划投资总额（亿元）		
	国家 863 计划	国家科技支撑	国家 973 计划	国家 863 计划	国家科技支撑	国家 973 计划
2002	612	412	487	8.8	5.4	10.6
2003	887	478	559	13.6	6.5	13.9
2004	768	411	621	14.9	6.4	14.2
2005	705	453	466	12.8	9.8	13.8
2006	302	256	461	7.6	4.1	11.0
2007	823	590	314	15.4	17.1	7.1
2008	1121	715	656	23.7	20.4	24.5
2009	1289	1002	775	33.8	31.8	23.8
2010	1018	959	915	27.3	29.5	28.2
2011	501	392	945	18.9	15.5	27.9
2012	624	626	931	23.5	24.5	28.4
2013	622	714	1076	22.5	25.9	32.7
2014	695	817	1082	23.2	26.6	32.3
2015	646	701	936	19.6	22.8	25.3
2016	373	327	620	9.2	10.4	18.2

四、R&D 成果

科技论文、专利作为知识和技术的载体，体现了 R&D 活动在知识创造和技术发明方面的成果，在一定程度上反映了研究机构在知识创新和原始性创新方面的成效。

（一）论文

2016 年，政府研究机构发表科技论文 5.0 万篇，占北京地区发表科技论文总数的 26.7%，是 2001 年的 2.1 倍，2001 年以来年均增长 5.0%；其中，国外发表 2.0 万篇，占发表论文总数的 40.0%，是 2001 年的 5 倍，2001 年以来年均增长 11.3%（图 4－15）。

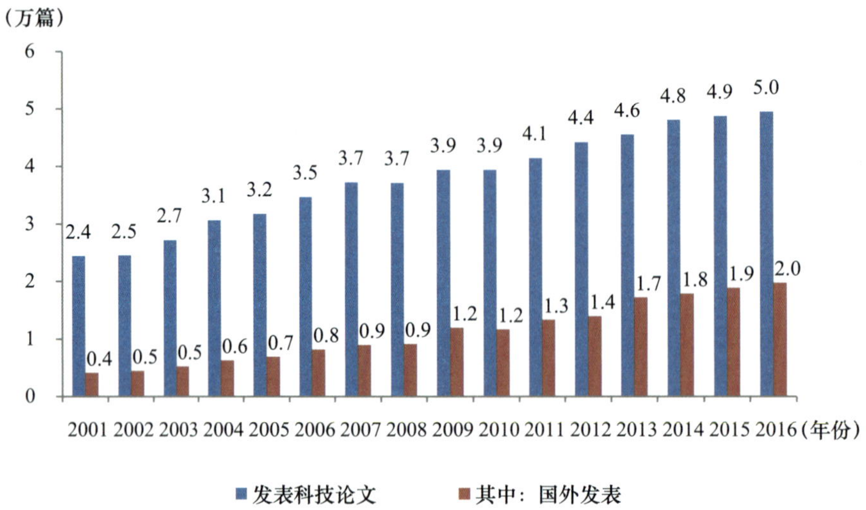

图 4－15　政府研究机构发表科技论文及国外发表情况（2001—2016）

据 SCI 数据库统计，2007—2016 年国际论文累计被引用篇数较多的前 20 所研究机构中，40.0% 分布在北京，这些机构又以中国科学院系统的研究机构为主（表 4－7）。

表 4－7　SCI 国际论文累计被引用篇数较多的前 8 位研究机构

排序	机构名称	被引用篇数	被引用次数
1	中国科学院化学研究所	7043	202264
2	中国科学院半导体研究所	6475	65505
3	中国科学院物理研究所	4923	101288
4	中国科学院生态环境研究中心	3597	68513
5	军事医学科学院	3452	35208
6	中国科学院地质与地球物理研究所	3191	48859
7	中国科学院过程工程研究所	2698	40543
8	中国科学院高能物理研究所	2577	30973

数据来源：《中国科技论文统计结果 2017——中国国际科技论文产出状况》。

（二）专利

1. 发明专利的申请与授权

2016 年，政府研究机构申请发明专利 5543 件，占政府研究机构专利申请总数的 83.3%，2001 年以来年均增长 16.4%；发明专利授权 4184 件，占政府研究机构专利授权总数的 75.8%，2001 年以来年均增长 24.9%（图 4－16）。

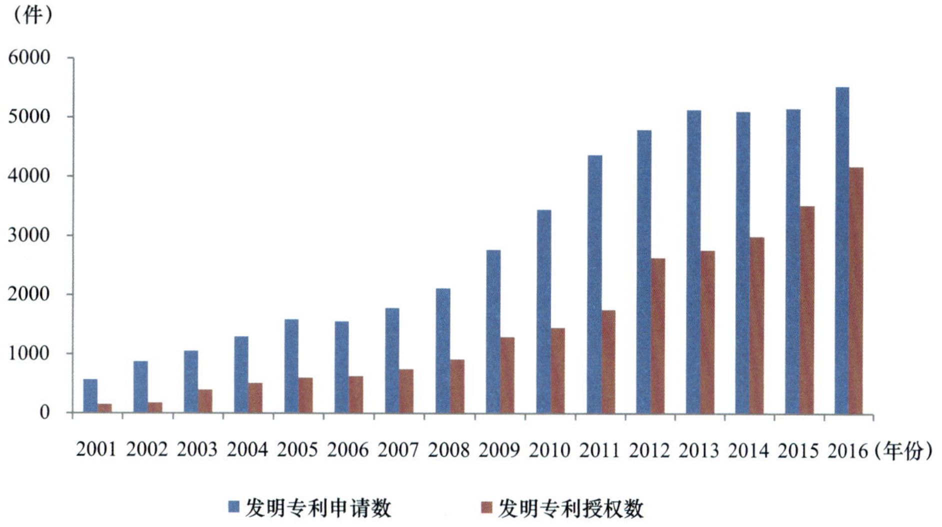

图 4－16　研究机构发明专利申请与授权情况（2001—2016）

2. 有效发明专利

2016 年北京地区政府研究机构拥有有效发明专利 2.1 万件，2001 年以来年均增长 22.4%。尤其是“十二五”以来，专利数量增长迅猛，与发明专利授权增长速度相当（图 4－17）。

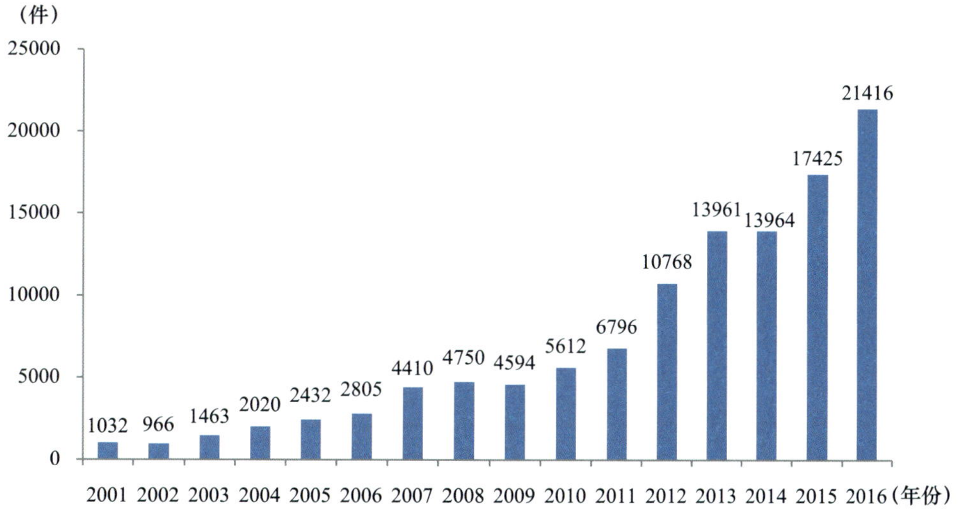

图 4－17　政府研究机构拥有有效发明专利数（2001—2016）

（三）科技奖励

1. 国家科技奖励

国家科学技术奖励是我国对科学技术成果和科学家给予奖励的最高等级。2001—2016 年期间，政府研究机构共获得国家科技奖励三项大奖 390 项，占北京地区获国家科技三项大奖总数的

34.9%，占全国获国家科技三项大奖总数的10.0%（表4－8）。

表4－8 政府研究机构获国家科学技术三项大奖分布情况（2001—2016年）

		科研机构		
		项目数（项）	北京地区（%）	全国占比（%）
获国家科技三项大奖总数		390	34.9	10.0
国家自然科学奖	总数	122	61.0	22.3
	一等奖	3	75.0	33.3
	二等奖	119	60.7	22.1
国家技术发明奖	总数	40	23.7	6.7
	一等奖	0	0.0	0.0
	二等奖	40	24.7	6.9
国家科学技术进步奖	总数	228	30.5	8.3
	特等奖	1	12.5	9.1
	一等奖	24	36.9	13.1
	二等奖	203	30.1	8.0

数据来源：国家科学技术奖励办公室。

2. 北京市科技奖励

北京市科学技术奖用于奖励北京市行政区域内对科学技术创新和发展做出突出贡献的组织和个人。2008—2016年期间，政府研究机构共获得北京市科技奖励494项，占北京地区北京市科技奖励总数的26.8%。从历年获奖项目政府研究机构的占比来看，始终保持在1/3左右（表4－9）。

表4－9 政府研究机构获北京市科技奖励情况（2008—2016）

		2008	2009	2010	2011	2012	2013	2014	2015	2016
北京合计	项目数（项）	149	283	225	183	184	233	220	188	180
科研机构	项目数（项）	47	62	65	53	54	66	60	51	36
	比重（%）	31.5	21.9	28.9	29.0	29.3	28.3	27.3	27.1	20.0

数据来源：2008年至2016年《北京市科学技术奖获奖公告》，北京市科学技术奖励工作办公室。

第三节 转制研究机构

转制机构是指政府部门属技术开发类研究机构按企业化转制方式改革到位的机构和公益类研究机构按分类管理方式改革到位的机构。

“九五”期末与“十五”期间是政府研究机构进行管理体制改革的重要时期。在中央部门属研究机构改革的带动下，北京地区研究机构的企业化转制和分类管理改革也全面启动并稳步推进，

2005 年年底各类机构改革任务基本完成。

完成转制后的政府研究机构（以下简称转制机构），在新的管理体制和环境下，科技活动仍然以较高的速度增长，不但继续承担政府的科技项目，而且充分发挥科技特长，为企业的发展进行研发和技术创新活动。

一、机构的发展

（一）机构改革模式

截至 2016 年年底，北京政府研究机构实现企业化转制和分类管理改革到位的转制机构共有 109 家①，其中原属中央政府部门的转制机构有 68 家，占 62.4%。按改革的模式划分，转制机构中有 84 家机构以各种形式转为或进入了企业，占 77.1%；其余机构或并入高校，或转为科技咨询、科技中介机构（表 4－10）。

表 4－10　转制机构按改革的模式分类（2016）

	转制机构（个）		
	总数	中央属	地方属
合计	109	68	41
进入企业或企业集团	42	31	11
转为中央或省直属大型科技企业	10	10	0
成为科技型企业	27	4	23
转为企业型科技咨询、科技中介、技术推广等单位	5	3	2
成为科技咨询、科技中介、技术推广的事业单位	18	16	2
并入高校	1	1	0
其他	6	3	3

从转制机构从事行业的分布来看，2005 年以来机构的行业发展比较稳定，机构从事行业涉及广泛，包括采矿业、建筑业、金融业等 11 个行业门类，占 20 个国民经济行业门类的一半以上，其中制造业及科学研究和技术服务业领域相对比较集中。

（二）科技活动人员近七成

2016 年，转制机构从业人员达 5.4 万人，其中科技活动人员 3.4 万人，占从业人员总数的 63.0%；其中博士、硕士学历人员总数 1.4 万人，占科技活动人员总数的 41.2%。R&D 人员 2.4 万人，占转制机构科技活动人员总数的 70.6%。

按转制机构所在的行业来划分，科学研究和技术服务业、租赁和商务服务业的转制机构人员较多，从业人员分别为 4.1 万人和 0.6 万人，分别占全部转制机构从业人员总数的 75.9% 和 11.1%；科技活动人员分别为 2.6 万人和 0.3 万人，分别占全部转制机构科技活动人员总数的 76.5% 和

① 2016 年统计调查范围为独立法人单位，受统计口径影响，相比 2015 年数据波动较大。

8.8%；其中硕士及以上学历人员均占本行业科技活动人员总数的35%以上（表4-11）。

表4-11 转制机构人员按行业分布（2016）

行业	从业人员（人）	科技活动人员（人）			R&D人员（人）
		总计	博士	硕士	
合计	53528	33746	2467	11367	23716
其中：采矿业	1398	1102	101	472	502
制造业	2585	825	31	184	559
建筑业	51	43	0	6	29
交通运输、仓储和邮政业	173	152	5	57	0
信息传输、软件和信息技术服务业	2198	1643	64	819	1177
租赁和商务服务业	6317	3491	107	1123	3787
科学研究和技术服务业	40777	26470	2159	8696	17662
水利、环境和公共设施管理业	17	8	0	5	0
教育	12	12	0	5	0

2016年，转制机构R&D人员中硕士及以上学历人员1.2万人，占转制机构R&D人员的50%，与2005年相比，硕士及以上学历人员占比提高了12.5个百分点，人员素质稳步提高。

（三）机构经费收入持续增长

2016年，转制机构总收入达473.8亿元，是2005年的3.1倍，2005年以来年均增速10.8%。从2005年以来的整体发展情况来看，基本保持稳步增长的趋势（图4-18）。

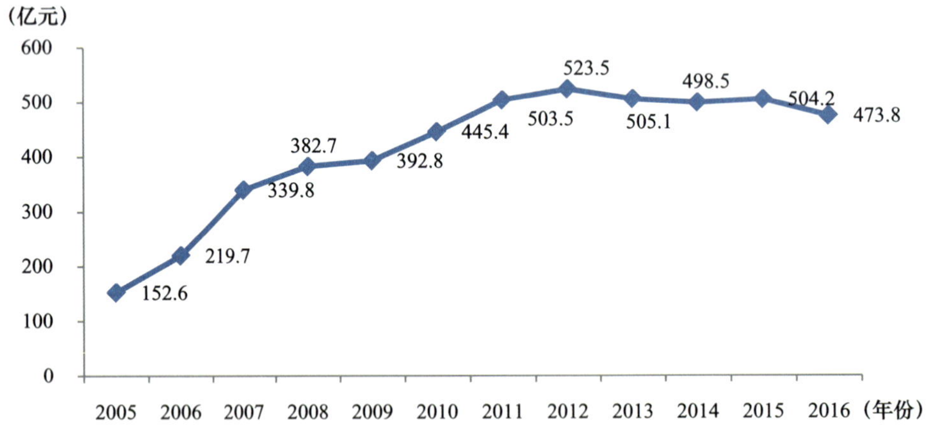

图4-18 转制机构总收入情况（2005—2016）

2016年，转制机构生产经营收入408.2亿元，是2005年的5.1倍，占转制机构总收入的86.2%。2005年以来，转制机构的总收入中一半以上来自生产经营收入。从统计数据来看，转制机构的总体经营状况基本向好，由于近些年受经济发展环境影响较大，生产经营收入呈现小幅波动（图4-19）。

图 4－19 转制机构生产经营收入情况（2005—2016）

二、技术创新活动

(一) 研发活动近年呈下降趋势

2005—2016 年期间，转制机构研发投入呈先增后减趋势，尤其是 2014 年以来 R&D 经费内部支出逐年下降。2016 年，转制机构 R&D 经费内部支出 51.5 亿元，是 2005 年的 2.4 倍，2005 年以来年均增长 8.3%（图 4－20）。

图 4－20 转制机构 R&D 经费内部支出情况（2005—2016）

2016 年，转制机构 R&D 经费内部支出中基础研究支出 6.9 亿元，占 13.4%；应用研究支出 17.5 亿元，占 34.0%；试验发展支出 27.1 亿元，占 52.6%。从 2005 年以来转制机构 R&D 经费内部支出按活动类型分布结构发展较稳定，R&D 活动以试验发展为主（图 4 - 21）。

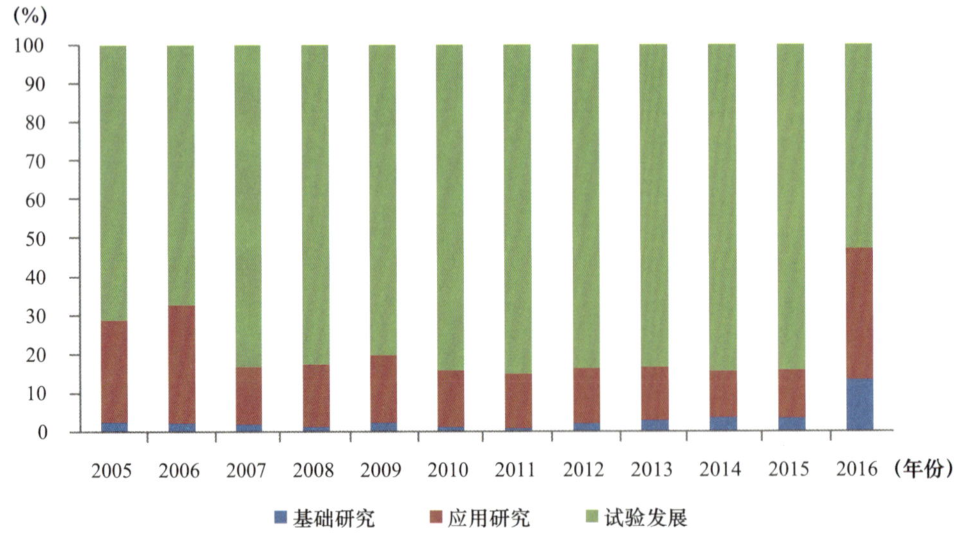

图 4 - 21　转制机构 R&D 经费内部支出按活动类型分布（2005—2016）

（二）R&D 项目主要来源于企业

2016 年，转制机构共承担 R&D 项目 2669 项；项目投入人员折合全时当量 1.3 万人年；项目经费内部支出 21.1 亿元，是 2005 年的 1.6 倍，2005 年以来年均增长 4.1%（图 4 - 22）。

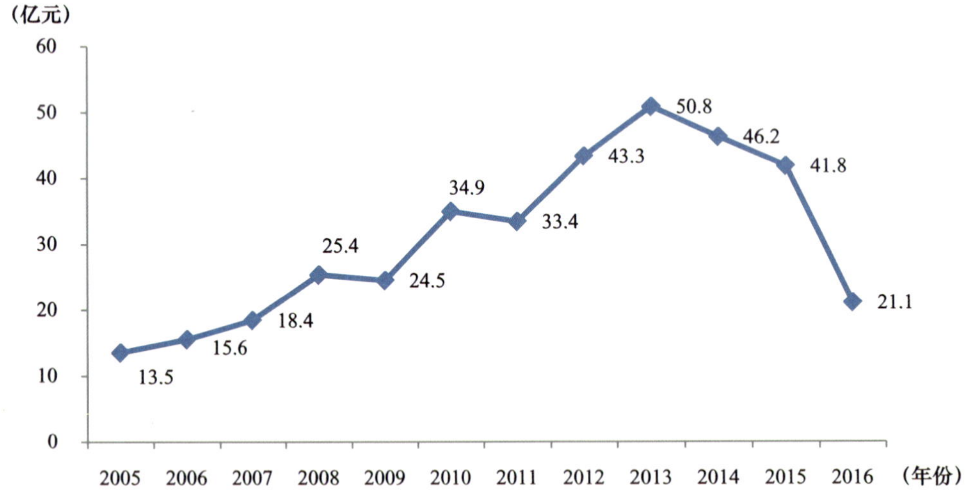

图 4 - 22　转制机构 R&D 课题经费内部支出情况（2005—2016）

从 R&D 项目经费内部支出按项目来源分布来看，2016 年，转制机构 R&D 项目经费内部支出中来自国家和地方政府的项目占 36.3%，来自企业的项目占 32.4%，来自国际合作项目、企业自选及其他类项目共占 31.3%。与 2005 年相比，企业课题比重逐步增大，这与机构企业化管理相符合，有利于促进科技成果转化和快速实现产业化发展（图 4 - 23）。

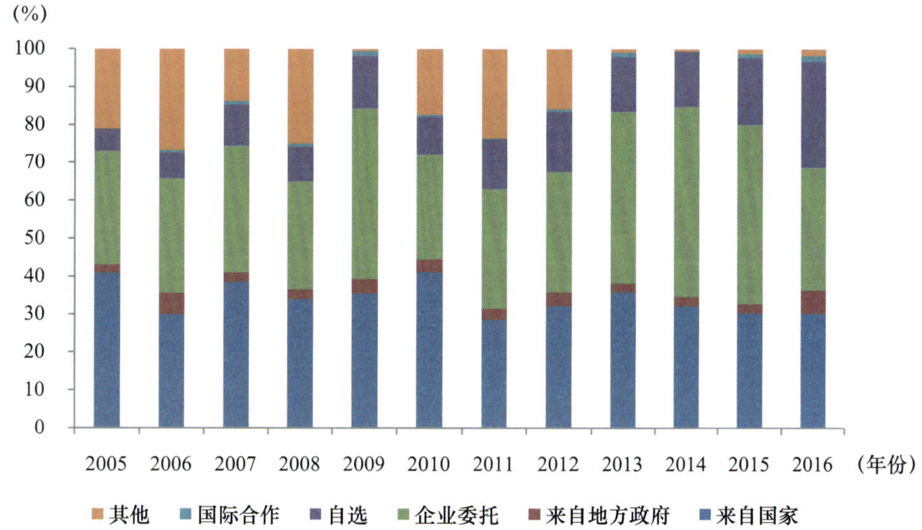

图 4－23 转制机构 R&D 项目经费内部支出按来源分布结构（2005—2016）

（三）发明专利申请与授权占六成以上

2005—2016 年期间，转制机构发明专利申请增长明显。2016 年，转制机构共申请发明专利 2481 件，占转制机构专利申请总量的 71.9%，2005 年以来年均增长 15.7%；发明专利授权 1390 件，占转制机构专利授权总量的 62.0%，2005 年以来年均增长 13.9%（图 4－24）。

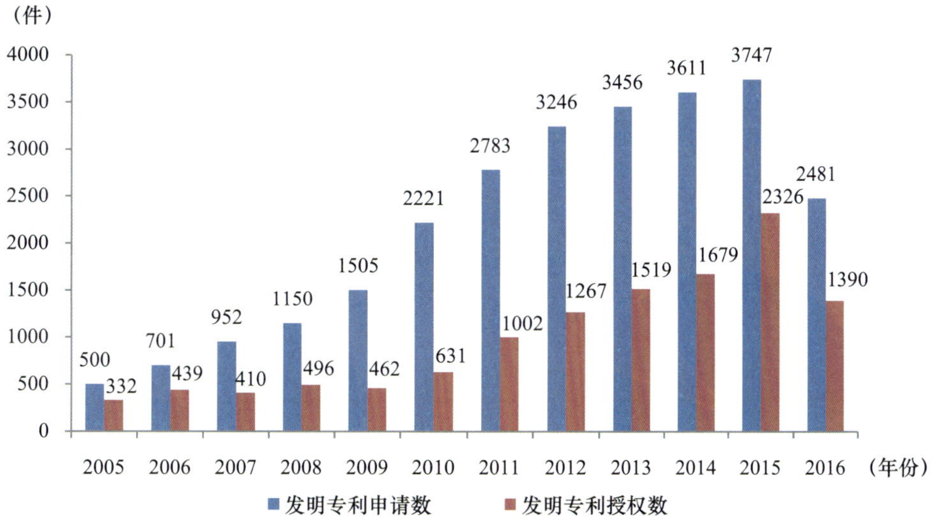

图 4－24 转制机构发明专利申请与授权情况（2005—2016）

（四）产品创新能力提升

科技体制改革以来，转制机构中科研活动与经济活动相互促进，技术创新能力不断增强。2015 年，转制为企业的机构新产品产值为 71.3 亿元，是 2002 年的 16.6 倍；新产品销售收入为 55.8 亿元，是2002年的14.0倍；其中出口销售收入1.2亿元，是2002年的6倍（表4－12）。

表4－12 转制机构新产品开发情况（2015年）

	新产品产值（亿元）	新产品销售收入（亿元）	
		总额	出口销售收入
合计	71.3	55.8	1.2
进入企业或企业集团	29.5	29.7	0.5
转为中央或省直属大型科技企业	33.3	17.2	0.5
转为科技型企业	5.7	7.3	0.3
转为企业型科技咨询、科技中介、技术推广等单位	2.7	1.7	0

注：自2016年起转制机构新产品产出情况不再统计。

第五章　高等学校的 R&D 活动

高等学校是 R&D 活动的重要载体，是国家创新体系的重要组成部分。本章从 R&D 人员、R&D 经费和 R&D 产出三个方面描述北京地区高等学校 R&D 活动现状，并通过国内外对比分析，发现北京地区高等学校 R&D 活动的优势和不足。

第一节　高等学校及校属 R&D 机构概况

本节通过分析高等学校数量、专任教师数量、在校研究生数量和高等学校属 R&D 机构数量等存量指标数据，揭示了北京高等学校在培养科技人才、为 R&D 活动提供科研储备方面的总体概况。

一、中央属高校比重较大

2000 年以来，北京地区高等学校①数量稳步增长，2016 年达到 91 所，是 2001 年的 1.5 倍（图 5－1），其中中央属高校②长期稳定在 37 所，接近全国的 1/3。这一时期，北京市属高校数量大幅提升。由 2001 年的 26 所达到现在的 54 所，15 年间翻了一番。北京各类高校专任教师③和在校研究生数量也有大幅提升。2001 年北京高等学校专任教师人数为 3.6 万人，2016 年增至 7.0 万人，15 年间几近翻番。2001 年在校研究生人数约为 7.9 万人，2016 年增至 28.4 万人，是 2001 年的 3.6 倍。

二、R&D 机构数量不断增长

为了长期稳定地进行重大科学研究，形成先进的科研、教学基地，高等学校有重点地设立了相对稳定的 R&D 机构，成为高等学校科技创新体系的重要部分。2001—2016 年，北京高等学校属 R&D 机构数量稳步增长，特别是“十一五”时期实现快速增长，年均增长率达到 10.8%，“十二五”期间增速放缓至 6.2%，截至 2016 年 R&D 机构为 905 个，是 2001 年的 2.2 倍（图 5－2）。

① 本章涉及高等学校的概念均使用《中国统计年鉴》中普通高等学校的统计口径。普通高等学校指按国家规定的设置标准和审批程序批准举办的，通过全国普通高等学校统一招生考试、招收高中毕业生为主要培养对象、实施高等学历教育的全日制大学、独立设置的学院和高等专科学校、高等职业学校及其他机构（独立学院和分校、大专班）。

② 北京普通高等学校数量均来源于北京市统计局、国家统计局北京调查总队 2017 年的《北京统计年鉴》；北京地区中央属高等学校数量数据来源于北京市教委信息公开数据《北京教育事业发展统计概况》（2006 学年至 2016 学年）；全国中央属高等学校数量数据来源于来自国家统计局 2002 年到 2017 年的《中国统计年鉴》。

③ 本章中涉及专任教师概念，采用《中国统计年鉴》口径，指主要从事教育工作的人员，包括临时（一年以内）调去帮助做其他工作的教学人员。不包括调离教学岗位，担任行政领导工作或其他工作的原教学人员；不包括兼任教师和代课教师。

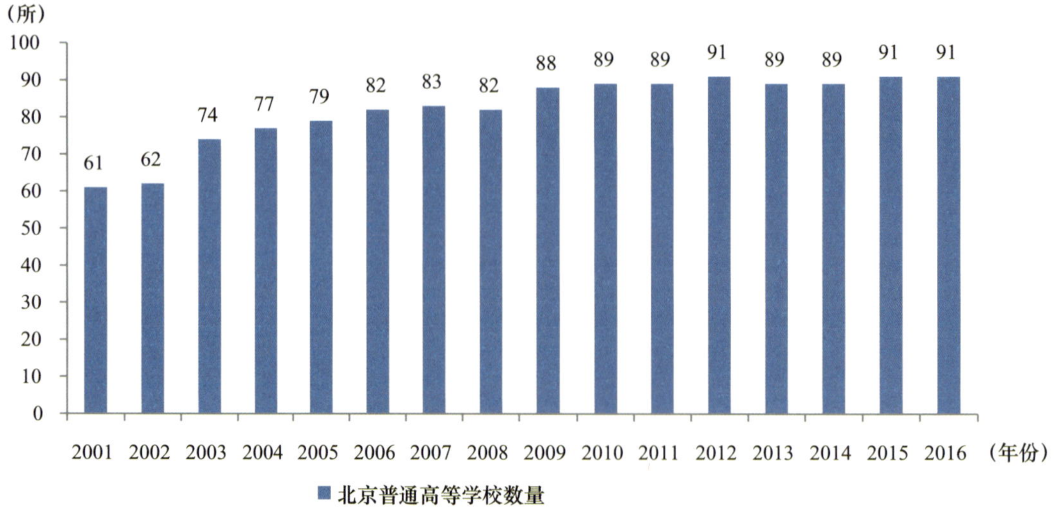

图 5－1 北京高等学校数量变化情况（2001—2016）

资料来源：2002 年至 2017 年《中国科技统计年鉴》国家统计局、科学技术部

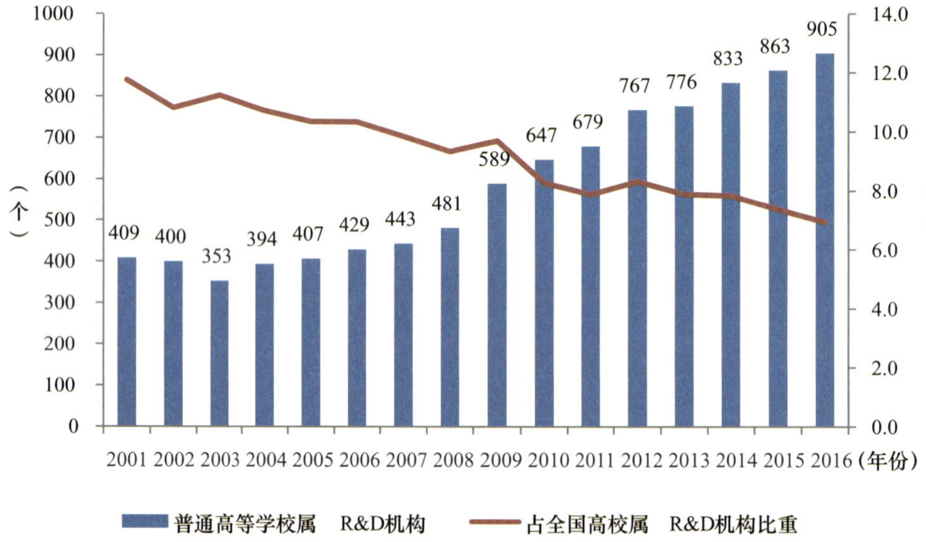

图 5－2 北京高等学校属 R&D 机构数量变化情况（2001—2016）

资料来源：全国普通高等学校属 R&D 机构数量数据来源于国家统计局、科学技术部 2002 年至 2017 年《中国科技统计年鉴》；北京普通高等学校数量属 R&D 机构数量数据来源于北京市统计局、国家统计局北京调查总队 2002 年至 2017 年《北京统计年鉴》。

第二节 R&D 人员

高等学校拥有的科技人力资源，是开展 R&D 活动的有利条件。本节通过分析北京高等学校的

R&D 人员规模、活动类型、学历结构、学科分布，并通过与外省市高校和国外高校的对比研究，客观评价北京高等学校参与 R&D 活动的人力资源情况。

一、R&D 人员规模

（一）R&D 人员总量收紧

北京地区高等学校 R&D 人员规模居全国首位，约占全国高校 R&D 人员的 1/10。2016 年，参与 R&D 活动的人员折合全时当量为 3.2 万人年，是 2001 年的 1.8 倍，年均增速 3.9%。2001 年以来，北京地区高等学校 R&D 人员增速持续放缓，“十五”期间、“十一五”期间、“十二五”期间年均增长率分别为 7.8%、3.7%、3.4%，2016 年 R&D 人员折合全时当量出现负增长。

（二）占北京 R&D 人员比重下降

从全社会 R&D 人员分布来看，2001—2016 年，北京地区高等学校 R&D 人员数量占北京 R&D 人员总量的份额呈下降态势（图 5－3），2016 年为 12.8%，较 2001 年降低了 6.3 个百分点。

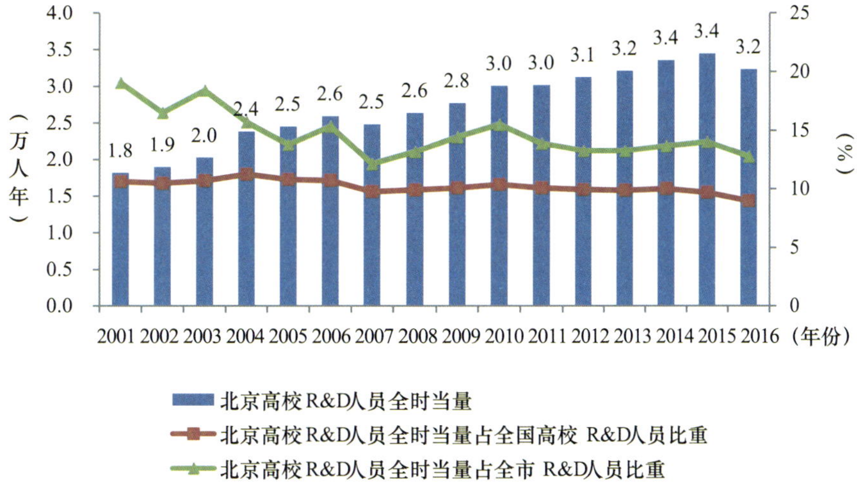

图 5－3　北京地区高等学校 R&D 人员（2001—2016）

资料来源：2002 年至 2017 年《中国科技统计年鉴》，国家统计局、科学技术部。

二、R&D 人员活动类型分布

高校 R&D 人员主要从事科学研究。

从 2006—2016 年北京高等学校 R&D 人员的活动类型分布看（图 5－4），从事科学研究活动的人员比重逐年加大，2016 年达到 97.4%。其中，基础研究人员 1.3 万人年，占 R&D 人员比重超过四成，较 2006 增加了 3816 人年；应用研究人员比重呈波动增长态势，占比为 56.4%，试验发展人员占比呈下降趋势，2016 年仅为 2.6%。

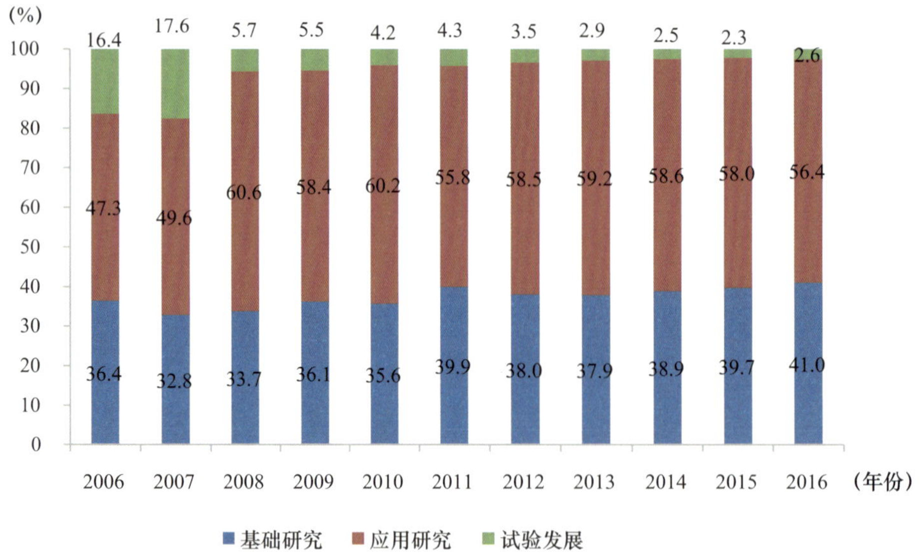

图 5－4　北京地区高等学校 R&D 人员按活动类型分布（2006—2016）

资料来源：2009—2016 年数据来自国家统计局、科学技术部 2010 年至 2017 年《中国科技统计年鉴》；2006—2008 年数据来自北京市统计局、国家统计局北京调查总队 2007 年至 2009 年《北京统计年鉴》

三、研发人员学历结构

高等学校 R&D 人员受教育程度进一步提升。

高等学校 R&D 人员受教育程度普遍较高，本科及以上毕业人员比重逐年上升，2016 年已达到 92.4%，研究生以上学历的人员占 70.9%。研发人员的学历结构一直保持稳定合理的比例关系，本硕博之比保持在 2.5∶3∶4（图 5－5）。

四、R&D 人员学科分布

R&D 人员集中在工程、医学和人文社科领域。

高等学校承担的大量 R&D 活动主要通过 R&D 课题的形式来组织和实施。2016 年北京高等学校投入 R&D 课题的人员为 3.2 万人年，主要集中在工程技术科学、医药科学和人文与社会科学三大领域，分别占比 31.2%，27.4% 和 24.3%（图 5－6），三者合计占 82.9%。与 2006 年相比，医学科学领域增速最快，2016 年是 2006 年的 2.1 倍，年均增速 7.6%，超过人文与社会科学，成为仅次于工程与技术科学的第二大学科领域。

五、国内外现状对比

（一）北京高校 R&D 人员数量最多

北京地区高等学校 R&D 人员数量一直位居全国首位，与高等学校相对集中的省市相比，北京优势地位较为稳固，江苏省 R&D 人员数量位居第二，上海市和广东省并列第三位，其他省市发展规模相对薄弱。从2006—2016年各地高等学校R&D人员规模的增长情况来看，湖南、广东、浙江、山东4个高校科技资源密集省份的人员规模增长较快，年均增长率分别达到6.9%、6.8%、5.4%和5.3%，北京和上海增速略低，分别为2.2%、3.4%（图5-7）。

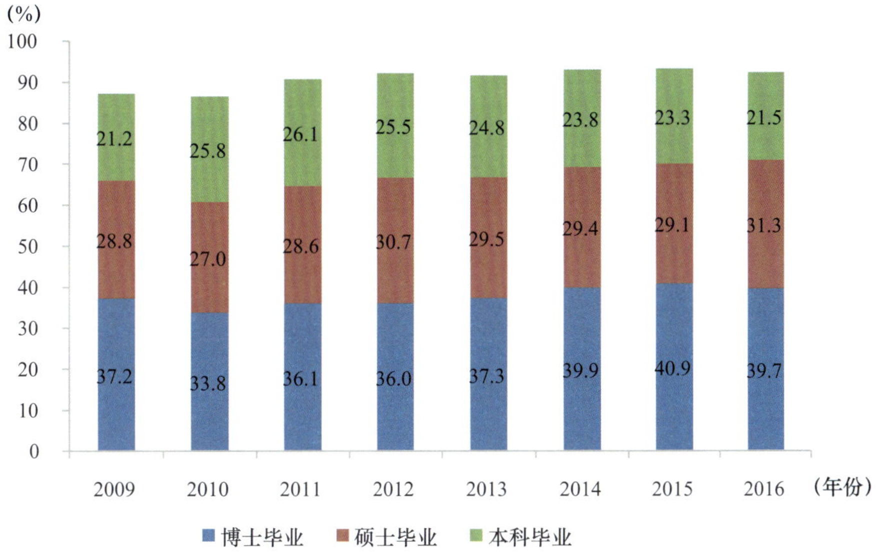

图5-5　北京地区高等学校R&D人员按学历结构分布（2009—2016）

资料来源：2010年至2017年国家统计局、科学技术部《中国科技统计年鉴》。

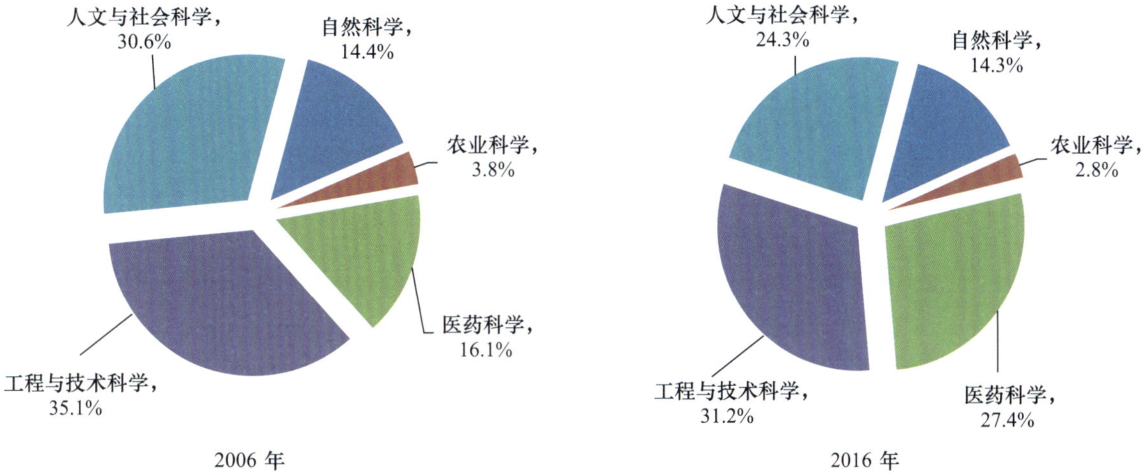

图5-6　北京地区高等学校R&D课题人员按学科分布（2006年与2016年对比）

资料来源：北京市教育委员会。

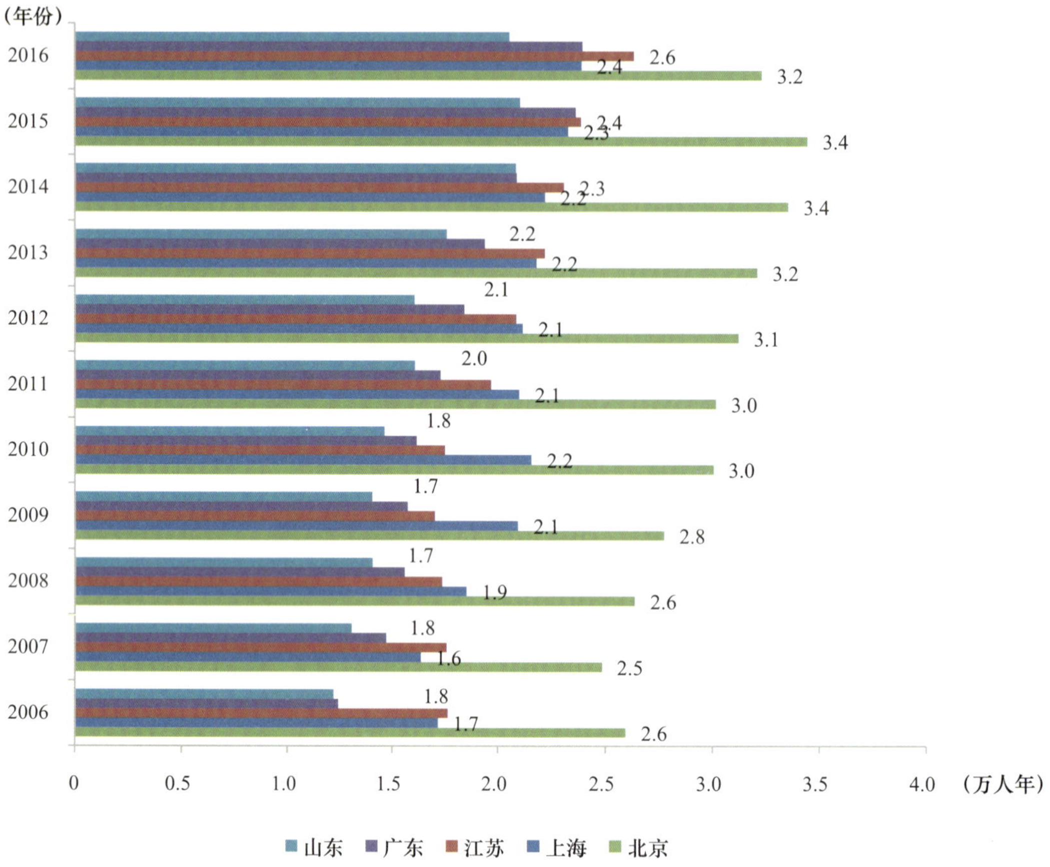

图 5-7　北京高校 R&D 人员与外省市比较（2006—2016）

资料来源：2007 年至 2017 年《中国科技统计年鉴》，国家统计局、科学技术部。

（二）与发达国家相比仍然处于较低水平

从高等学校长远发展的视角和国家创新体系建设全局来看，北京高校 R&D 人员占北京全社会 R&D 人员份额与发达国家相比，仍然处于较低水平（图 5-8）。2016 年全国高校 R&D 人员占全社会比重仅为 9.3%，而同年英国、日本、德国的比重分别为 45.2%、24.2% 和 21.9%，多数 OECD 国家高校 R&D 人员占比均在 20% 以上。R&D 人员在不同执行部门的分布情况可以体现一国科技资源布局，与当前该国的科技发展战略息息相关。我国现阶段 R&D 人员主要分布在企业（2016 年企业占比 77.7%），高校 R&D 人员所占份额不足 10%，即使在中央科教资源相对集中的北京，高校 R&D 人员占全社会比重也仅为 12.8%，与 OECD 国家仍存在一定差距。

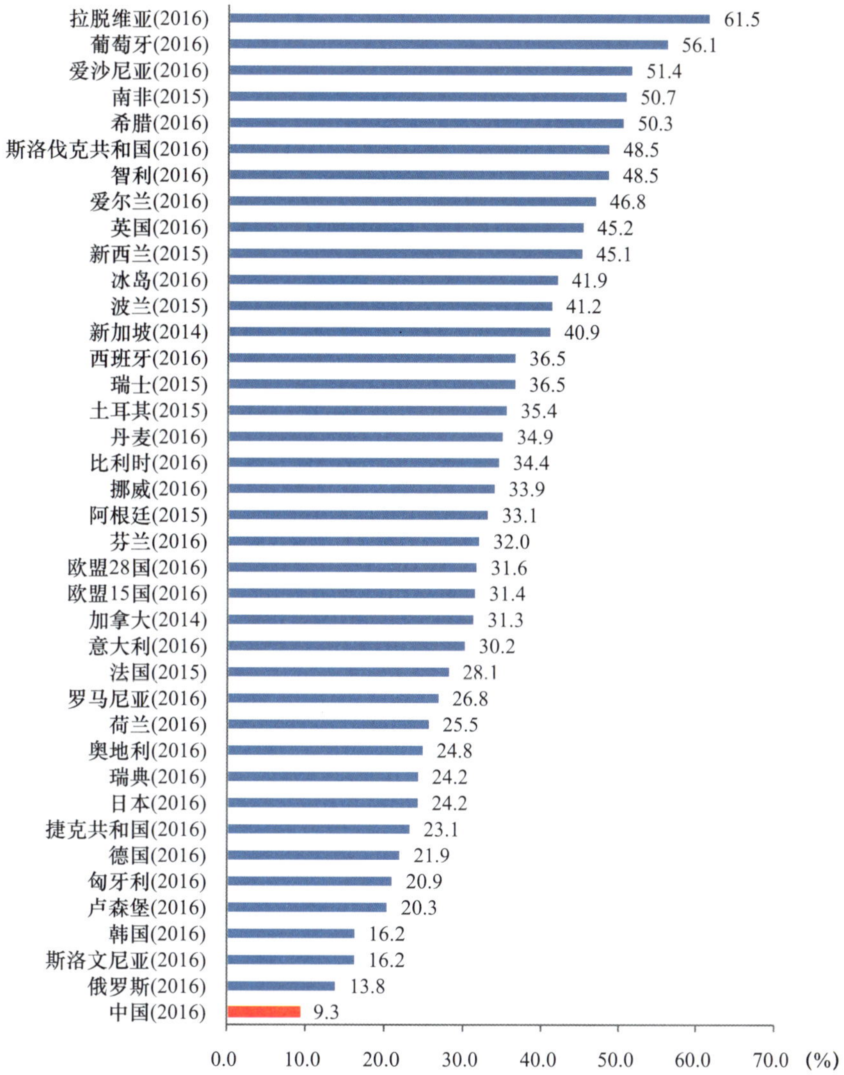

图 5－8　部分国家（地区）高校 R&D 人员占全社会比重

资料来源：OECD，Main Science and Technology Indicators 2017－2。

第三节　R&D 经费

R&D 经费是高等学校开展 R&D 活动的重要物质保障。本节通过分析北京高等学校的 R&D 经费总量、变化趋势、人均投入强度、资金来源、活动类型、课题经费的学科分布，并通过与京外高校的对比研究，客观评价北京高等学校的 R&D 活动在全市科技创新体系中的地位。

一、R&D 经费规模

R&D 经费规模持续扩大和增速放缓并存。

2016 年北京高等学校用于开展 R&D 活动的经费支出为 160.4 亿元，是 2001 年的 7.7 倍，年均增速 14.6%。从不同时期的增速来看，北京高等学校 R&D 经费在“十一五”时期增长最快，2010 年达到 57.3% 的峰值，“十二五”期间增速放缓，进入平稳发展阶段（图 5－9）。

图 5－9 北京地区高等学校 R&D 经费历年变化情况（2000—2016）

资料来源：2001—2017 年《中国科技统计年鉴》，国家统计局、科学技术部。

从所占份额看，2016 年北京高校 R&D 经费占全国高校 R&D 经费的 15.0%，低于 2001 年 5.4 个百分点，在 2001—2016 年间呈现出先下降后波动上升的变化趋势；与占全国比重变化相似，北京高校 R&D 经费占全社会 R&D 经费总量的比重在 2001—2016 年间也呈波动变化趋势（图 5－10）。

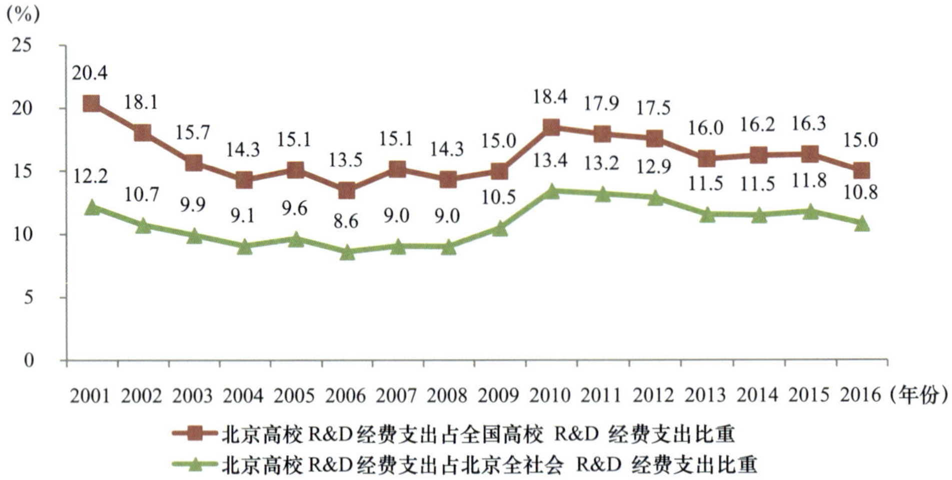

图 5－10 北京地区高等学校 R&D 经费在全市和全国的比重（2001—2016）

资料来源：2002—2017 年《中国科技统计年鉴》，国家统计局、科学技术部。

二、R&D 经费来源

（一）政府资金是北京高校 R&D 经费的主要资金来源

2016 年，北京高校 160.4 亿元的 R&D 经费支出中，来自政府的 R&D 资金为 108.0 亿元，占 67.3%，所占比重从 2002 年的 59.3% 上升了 8 个百分点，近几年趋于稳定；来自企业的 R&D 资金为 47.3 亿元，占 29.5%，较 2002 年下降了 3.2 个百分点；来自国外机构的 R&D 资金为 3.4 亿元，占 2.1%，较 2002 年上升了 0.9 个百分点；来自其他渠道的 R&D 经费为 1.7 亿元，占 1.1%，较 2002 年降低了 5.7 个百分点（图 5－11）。

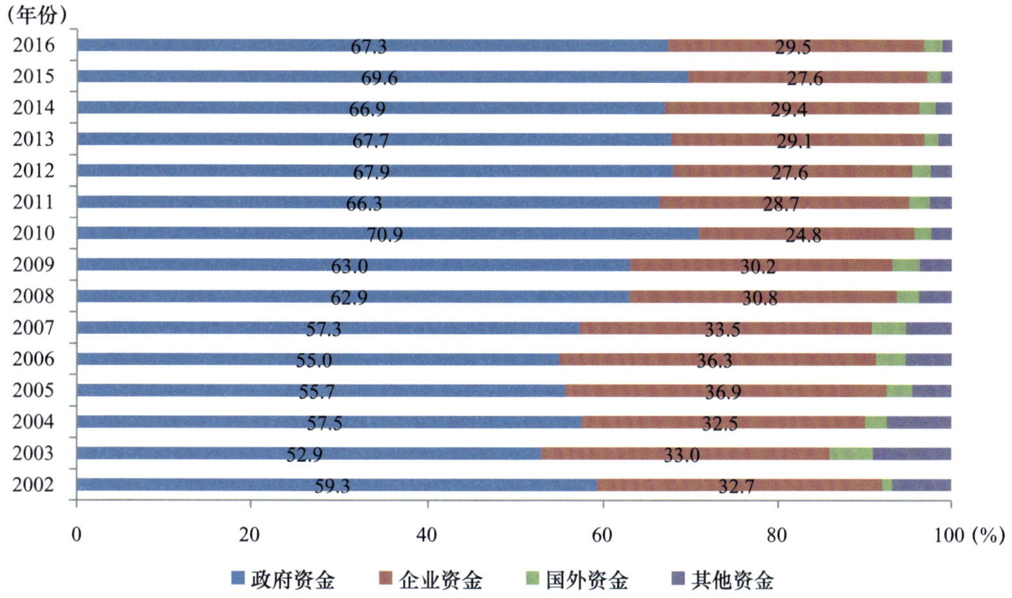

图 5－11　北京地区高等学校 R&D 经费来源分布（2002—2016）对比图

资料来源：2003—2017 年《中国科技统计年鉴》，国家统计局、科学技术部。

高等学校 R&D 经费的来源结构，在很大程度上取决于研究任务的来源性质。北京高校的研究任务主要来自政府部门，且绝大多数来自中央政府部门。以第二次全国 R&D 资源清查数据为例，2009 年，北京高校 R&D 项目总经费中，来源于政府 R&D 项目的经费比例为 63.1%，其中国家科技项目的经费所占比例为 57.8%。可见，北京高等学校的主要 R&D 职责是服务于国家目标，围绕国民经济和社会发展的重大需求和科学技术前沿问题开展国家基础性、战略性和公益性研究。

（二）企业资金占高校 R&D 经费总量的比重稳定在三成

高校 R&D 经费来源于企业的资金比重在一定程度上反映出产学研合作的情况。2002—2016 年，北京地区高校 R&D 经费持续增长，其中来源于企业的经费年均增长 13.9%。来源于企业经费占高校 R&D 经费总量的比重在“十五”期间保持增长，“十一五”期间持续下滑，2010 年跌至低谷，仅为 24.8%，随后小幅上升，保持在 30% 左右，趋势平稳（图 5－12）。

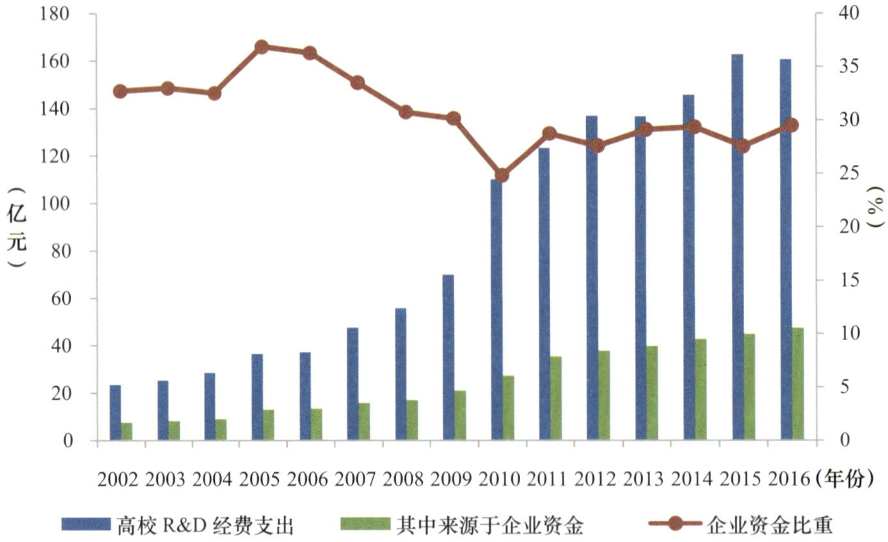

图 5－12　北京地区高校 R&D 经费中来源于企业情况（2002—2016）

资料来源：2003—2017 年《中国科技统计年鉴》，国家统计局、科学技术部。

三、R&D 经费活动类型分布

R&D 经费主要投向应用研究，基础研究增长明显。

2016 年北京高等学校的 R&D 经费支出中，基础研究经费占 40.2%，应用研究经费占 53.0%，试验发展经费占 6.8%。北京高校用于科学研究（基础研究和应用研究）的经费稳定增长，2008 年以来一直保持 90% 以上的份额。特别是用于基础研究的经费增长显著，与 2001 年相比，基础研究年均增速达 20.2%，分别高于应用研究和试验发展 6.3 和 13.6 个百分点（图 5－13）。

从全市基础研究布局来看，高等学校作为仅次于科研机构的第二大研究主体，基础研究经费支出占全市基础研究经费支出总额的比重近年来保持在三成左右，2016 年为 30.6%，较 2002 年提升了 6.6 个百分点。从 R&D 经费按活动类型的国际比较看，美国大学承担了全国 50% 以上的基础研究工作，2006—2015 的 10 年间，美国大学用于 R&D 经费的总支出达到 7335.8 亿美元，其中用于基础研究的经费占 R&D 经费总支出的 52.9%①。相比之下，北京地区高校基础研究经费占比还有一定差距。

四、R&D 课题经费学科分布

R&D 课题经费五成用于工程技术科学。

北京高等学校投入 R&D 课题的经费五成用于工程技术科学，医药科学的 R&D 课题经费不足 10%。2016 年，北京高等学校 R&D 课题经费为 121.9 亿元，比上一年减少 2.6%，2006 年以来的年均增长率为 7.3%。其中，工程技术科学领域 R&D 课题经费为 60.4 亿元，占 49.5%（图 5－14）；

① 数据来源：science and engineering indicators 2018。

自然科学领域为31.6亿元，占25.9%；人文与社会科学领域为12.9亿元，占10.6%；农业科学和医药科学均不足10%。

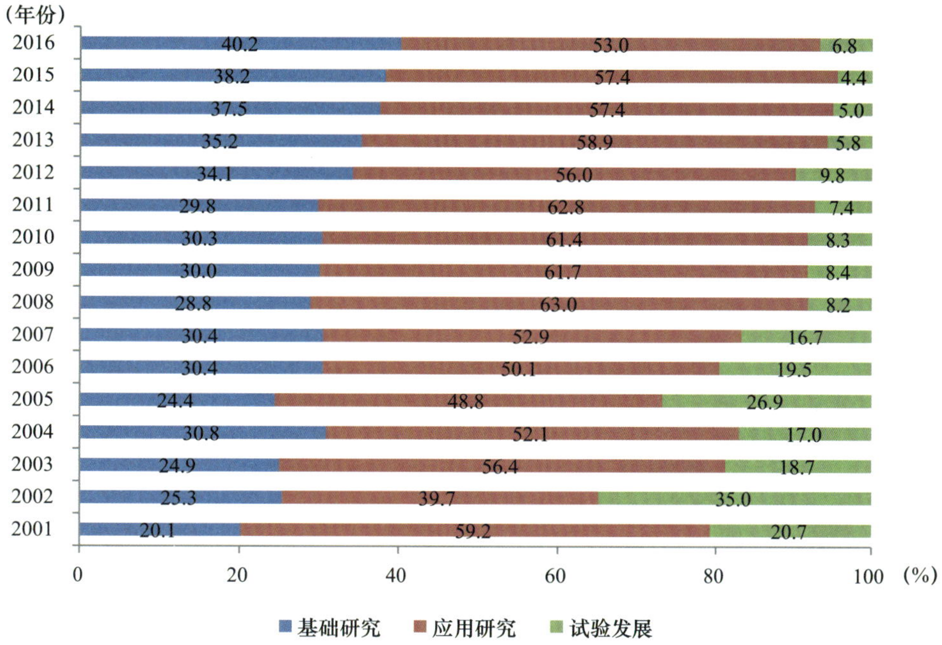

图5－13　北京地区高等学校R&D经费按活动类型分布（2001—2016）

资料来源：2002—2017年《中国科技统计年鉴》，国家统计局、科学技术部。

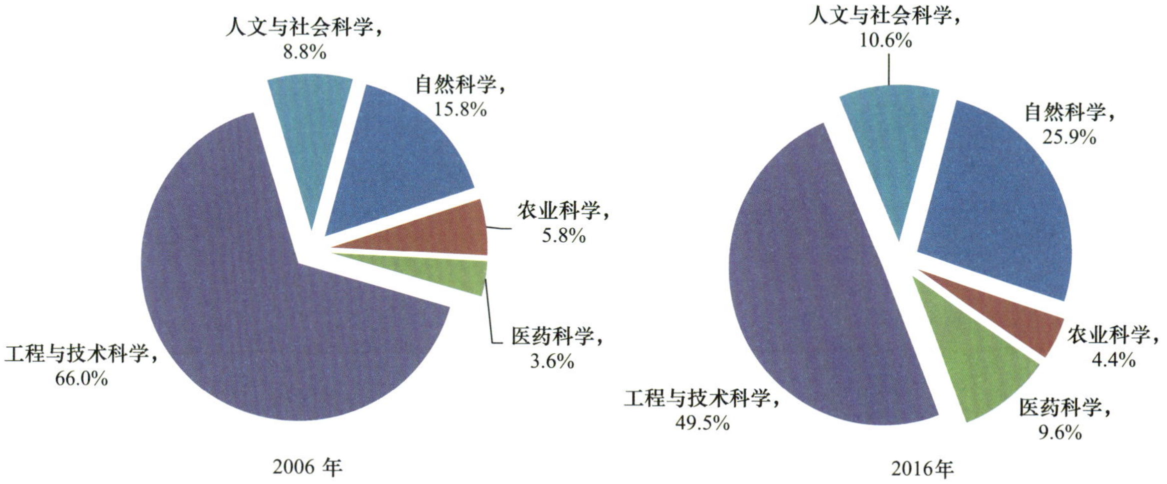

图5－14　北京地区高等学校R&D课题经费按学科分布（2006年和2016年对比）

资料来源：北京市教育委员会。

五、R&D 经费国内外对比

（一）北京高校 R&D 经费支出稳居全国首位

2016 年北京地区高等学校 R&D 经费内部支出为 160.4 亿元，占全国高校 R&D 经费内部支出总额的 15.0%，稳居全国首位（图 5－15）。广东和江苏位居第二、第三，分别为 108.1 亿元和 100.0 亿元，2006 年以来广东年均增长率均达到 22.2%，高于北京（15.7%）6.5 个百分点。

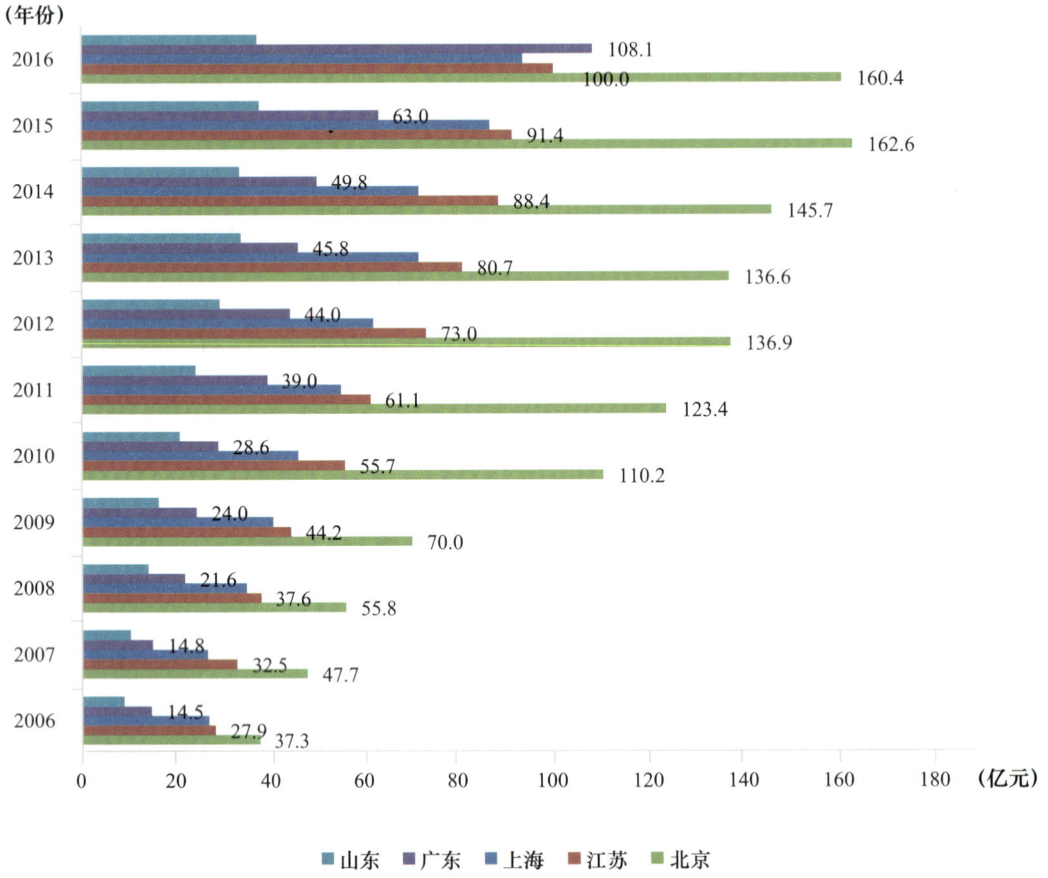

图 5－15　北京高校 R&D 经费内部支出与外省市比较（2006—2016）

资料来源：2007—2017 年《中国科技统计年鉴》，国家统计局、科学技术部。

（二）与发达国家相比，仍然处于较低水平

从高等学校 R&D 经费在全社会创新布局中的位置来看，北京高校 R&D 经费占北京全社会份额与发达国家相比，仍然处于较低水平（图 5－16）。2016 年全国高校 R&D 经费占全社会比重仅为 6.8%，而同年加拿大、英国、德国、美国的比重分别为 41.3%、24.2%、18.3% 和 13.2%，多数 OECD 国家高校 R&D 经费占全社会份额均在 20% 以上。R&D 经费在不同执行部门的分布情况可以体现一国科技资源布局，与该国科技经济社会的发展阶段密切相关。我国现阶段 R&D 经费主要分布在企业（2016 年企业占比 77.5%），高校 R&D 经费所占份额不足 10%，即使在科教资源相对集

中的北京，高校 R&D 经费占全社会份额也仅为 10.8%，仅高于韩国和俄罗斯，与 OECD 国家仍存在较大差距。

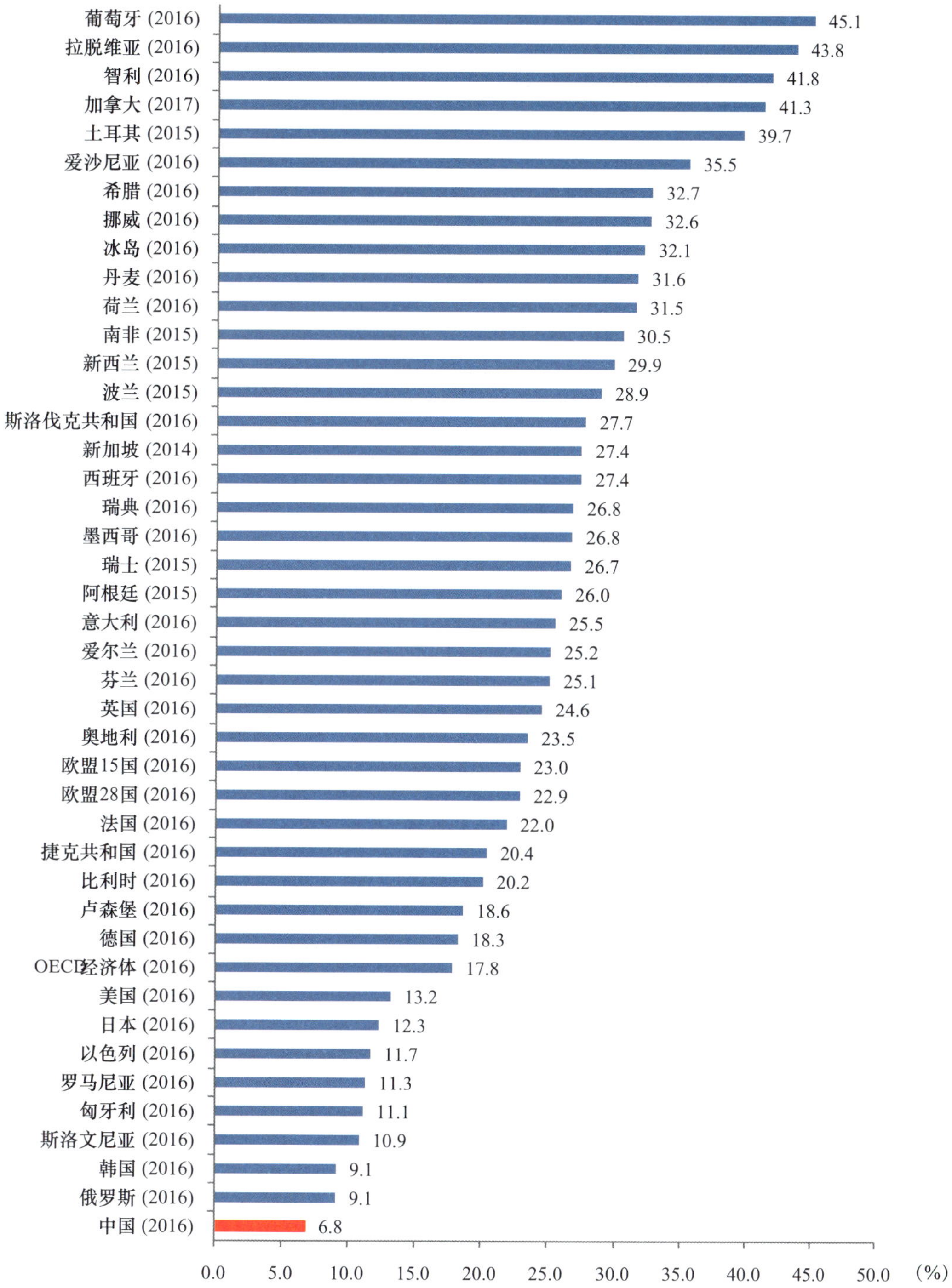

图 5－16 部分国家（地区）高校 R&D 经费占全社会比重

资料来源：OECD，Main Science and Technology Indicators 2017－2。

第四节　R&D 活动产出

R&D 活动产出是指 R&D 活动所产生的各种形式的成果，科技论文、专利和科技奖励是这种成果的主要表现形式。

一、论文

SCI 论文数量持续稳定增长，篇均被引次数高于全国平均水平。

近年来，北京高等学校基础科学研究实力的国际竞争力不断上升，集中表现在北京高等学校发表的科技论文被 SCI 索引的数量呈持续稳定增长态势，2015 年达到 3.2 万篇，是 2003 年的 5.9 倍，年均增速 16.0%（图 5－17）；从人均论文产出数量角度看，北京高等学校平均每人年产出 SCI 论文数逐年递增，2015 年高达 0.9 篇/人年，远高于全市平均水平（0.2 篇/人年）；从 R&D 经费投入产出强度视角看，北京高等学校每百万元 R&D 经费产出论文数量小幅下降，2015 年为 2.0 篇/百万元，较 2003 年减少了 0.1 篇/百万元。

图 5－17　北京地区高等学校发表 SCI 论文情况（2003—2015）

资料来源：中国科学技术信息研究所《中国科技论文与引文数据库》。

据 SCI 数据库统计，2006—2015 年（截至 2015 年 12 月）北京高等学校科技人员累计发表论文 17.7 万篇，累计被引用 193.6 万次，篇均被引用 10.9 次，高于全国平均水平（8.6 次），与国际平均水平（11.5 次）的差距进一步缩小。

二、专利

专利申请、授权均快速增长，发明专利占比较高。

2001—2016 年，北京高等学校形成并拥有知识产权数量大幅增加，累计申请专利数达 108924 件，累计授权量达 61665 件。2016 年申请专利 14960 件，是 2001 年的 24.2 倍，年均增速 23.7%；专利授权 9026 件，是 2001 年的 37.6 倍，年均增速达 27.4%（图 5－18）。

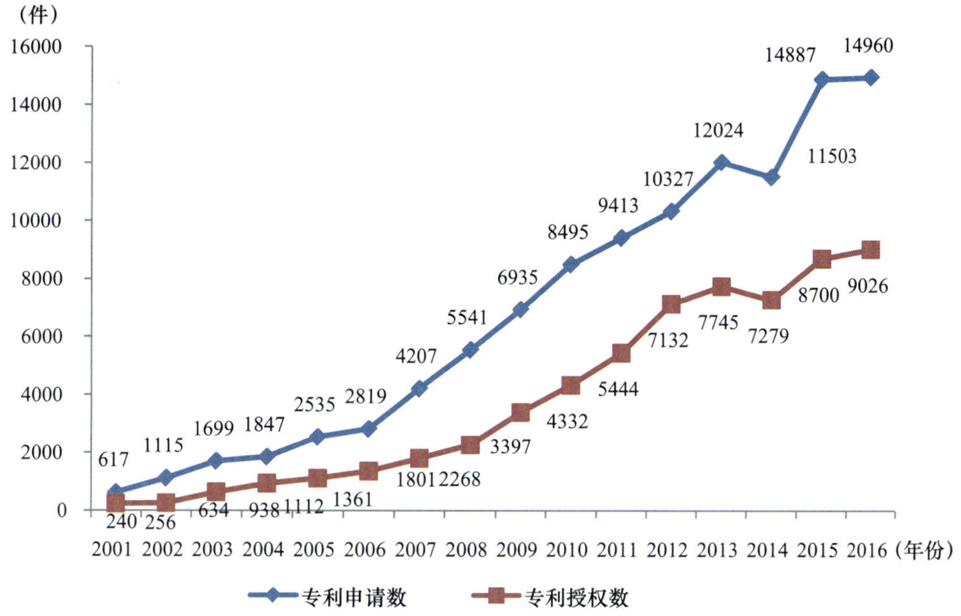

图 5－18　北京地区高等学校专利申请及授权情况（2001—2016）

资料来源：2002—2017 年《北京统计年鉴》，北京市统计局、国家统计局北京调查总队。

从专利质量角度来看，北京高等学校申请的专利中八成以上是发明专利；同时，有效发明专利数增长较快（图 5－19），说明北京高等学校的专利申请由重数量向重质量、重发明专利方向发展，高等学校的科技创新实力得到体现。

三、科学技术奖励

国家科技奖励是对国家级科技创新重大成果的集中展示。多年来，北京地区高等学校产生的科技成果获得国家科学技术奖的数量始终位居榜首，带动了一批高科技成果在北京落地和产业化，在促进首都科学发展的同时，为创新型国家建设做出了重要贡献。

科技成果在国家技术发明奖励领域表现突出。

从获奖数量分布情况看，2001—2016 年，高等学校作为第一完成人获得国家自然科学奖 74 项，占北京地区授奖总数（200 项）的 37.0%；高等学校作为第一完成人获得国家技术发明奖 101 项（通用项目），占北京地区授奖总数（169 项）的 59.8%；高等学校作为第一完成人获得国家科技进步奖 192 项，占北京地区授奖总数（770 项）的 24.9%（表 5－1）。由此可见，北京地区高等学校产出的科技成果在国家技术发明奖励领域表现突出，说明高校在运用科学技术做出产品、工艺、材料及其系统等重大技术发明方面成为北京地区重大原创性成果和技术攻关的主要力量。

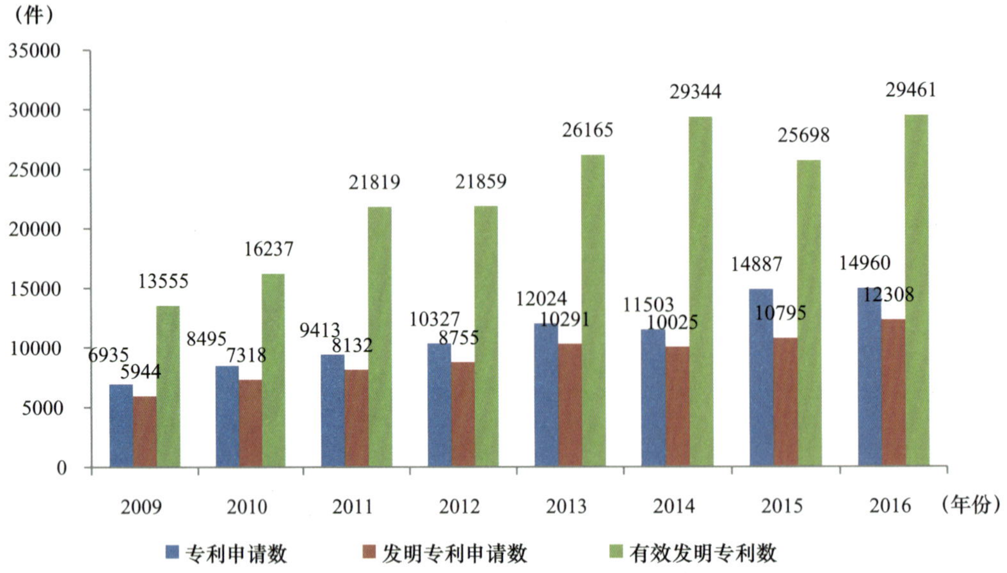

图 5－19　北京地区高等学校专利指标（2009—2016）

资料来源：2010—2017 年《中国科技统计年鉴》，国家统计局、科学技术部。

表 5－1　北京高校获国家科学技术三项大奖项目按第一完成单位的分布（2001—2016）

年份	国家自然科学奖（项）			国家技术发明奖（项）			国家科技进步奖（项）			
	合计	一等奖	二等奖	合计	一等奖	二等奖	合计	特等奖	一等奖	二等奖
2001	6	0	6	1	0	1	7	0	0	7
2002	0	0	0	4	0	4	11	0	1	10
2003	2	0	2	3	0	3	12	0	1	11
2004	4	0	4	4	0	4	10	0	1	9
2005	4	0	4	4	0	4	9	0	0	9
2006	2	0	2	8	0	8	15	0	1	14
2007	4	0	4	6	0	6	12	0	0	12
2008	5	0	5	10	1	9	15	0	0	15
2009	3	0	3	7	1	6	14	0	0	14
2010	3	0	3	6	0	6	23	0	1	22
2011	8	0	8	4	1	3	17	0	0	17
2012	4	0	4	13	2	11	13	0	0	13
2013	9	0	9	9	1	8	4	0	0	4
2014	7	1	6	7	0	7	8	0	0	8
2015	7	0	7	9	0	9	11	0	0	11
2016	6	0	6	6	0	6	9	1	0	8
合计	74	1	73	101	6	95	192	1	5	184

资料来源：根据国家科学技术奖励工作办公室提供的原始数据整理获得。

从人均专利产出视角看，北京高等学校平均每人年产出专利数逐年稳步提升，2016 年为 0.5 件/人年，是 2001 年的 13.6 倍；从 R&D 经费投入产出角度看，北京高等学校每百万元 R&D 经费产出专利授权数量逐年上升，2016 年为 0.56 件/百万元，较 2001 年提高了 0.45 件，说明北京高校专利产出效率有所提高。

四、科学技术奖励

国家科技奖励是对国家级科技创新重大成果的集中展示。多年来，北京地区高等学校产生的科技成果获得国家科学技术奖的数量始终位居榜首，带动了一批高科技成果在北京落地和产业化，在促进首都科学发展的同时，为创新型国家建设做出了重要贡献。

科技成果在国家技术发明奖励领域表现突出。

从获奖数量分布情况看，2001 至 2016 年，高等学校作为第一完成人获得国家自然科学奖 74 项，占北京地区授奖总数（200 项）的 37.0%；高等学校作为第一完成人获得国家技术发明奖 101 项（通用项目），占北京地区授奖总数（169 项）的 59.8%；高等学校作为第一完成人获得国家科技进步奖 192 项，占北京地区授奖总数（770 项）的 24.9%（表 5－2）。由此可见，北京地区高等学校产出的科技成果在国家技术发明奖励领域表现突出，说明高校在运用科学技术做出产品、工艺、材料及其系统等重大技术发明方面成为北京地区重大原创性成果和技术攻关的主要依靠力量。

表 5－2 北京高校获国家科学技术三项大奖项目按第一完成单位的分布（2001—2016）

年份	国家自然科学奖（项）			国家技术发明奖（项）			国家科技进步奖（项）			
	合计	一等奖	二等奖	合计	一等奖	二等奖	合计	特等奖	一等奖	二等奖
2001	6	0	6	1	0	1	7	0	0	7
2002	0	0	0	4	0	4	11	0	1	10
2003	2	0	2	3	0	3	12	0	1	11
2004	4	0	4	4	0	4	10	0	1	9
2005	4	0	4	4	0	4	9	0	0	9
2006	2	0	2	8	0	8	15	0	1	14
2007	4	0	4	6	0	6	12	0	0	12
2008	5	0	5	10	1	9	15	0	0	15
2009	3	0	3	7	1	6	14	0	0	14
2010	3	0	3	6	0	6	23	0	1	21
2011	8	0	8	4	1	3	17	0	0	17
2012	4	0	4	13	2	11	13	0	0	13
2013	9	0	9	9	1	8	4	0	0	3
2014	7	1	6	7	0	7	8	0	0	8
2015	7	0	7	9	0	9	13	0	0	13
2016	6	0	6	6	0	6	9	1	0	8
合计	74	1	73	101	6	95	192	1	5	184

资料来源：根据国家科学技术奖励工作办公室提供的原始数据整理获得。

第六章 工业企业的技术创新活动

工业是国民经济行业分类中采矿业，制造业，电力、燃气及水的生产和供应业 3 个门类 40 个大类的统称，其中制造业是主体。

2015 年 3 月 5 日，李克强总理在全国两会上做《政府工作报告》时首次提出“中国制造 2025”的宏大计划，指出“制造业是国民经济的主体，是立国之本、兴国之器、强国之基”，这是我国实施制造强国战略第一个十年的行动纲领，由此加快实现我国由工业大国向工业强国的转变。为落实“中国制造 2025”，北京市人民政府于 2015 年 12 月发布《〈中国制造 2025〉北京行动纲要》，其核心目标为把北京打造成为京津冀协同发展的增长引擎、引领中国制造由大变强的先行区域和制造业创新发展的战略高地。

本章从工业企业发展概况、R&D 活动、合作创新、专利产出、新产品开发和生产 5 个方面展开分析，揭示北京工业企业技术创新活动的现状及历史变化特征。

第一节 发展概况

随着经济的发展和产业结构的升级，服务业已经成为北京地区的主导产业，然而工业作为国民经济的主体，在北京经济发展中仍占据十分重要的地位。“十五”以来，北京工业企业数量大幅提高，在解决就业和促进地区经济增长方面做出了重要贡献。

一、工业企业规模及变化

（一）企业数量波动变化，从业人员规模整体下滑

2001—2015 年，工业企业数量波动变化，缓慢增长，从 23861 个上升至 26253 个，年均增速为 0.7%，从业人员数量从 145.7 万人降至 133.4 万人。2001 年以来，工业的发展大体可分为三个阶段：2001—2006 年为上升阶段，这个时期内工业企业的数量和从业人员数量都出现明显增长；2007—2012 年为平稳阶段，企业数量和从业人员数量保持相对平稳；2013 年开始进入下降阶段，随着北京地区产业结构调整的不断推进，一些高耗能、高污染的企业逐渐外迁，工业企业数量和从业人员规模均出现下滑趋势（图 6 - 1）。

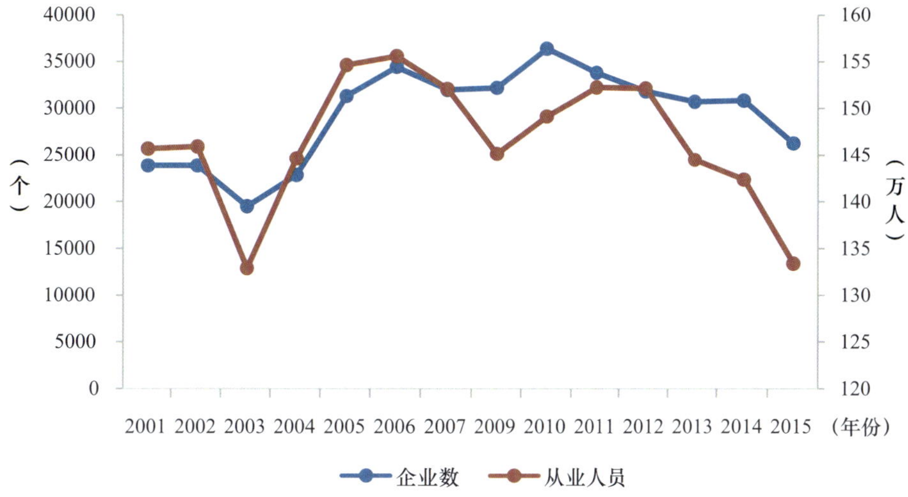

图 6－1　北京工业企业数量和从业人员变化情况（2001—2015）

数据来源：2002—2016 年《北京统计年鉴》，北京市统计局、国家统计局北京调查总队。

（二）工业总产值和人均产值不断攀升

2001—2015 年，工业企业总产值逐年增长，2015 年达到 1.8 万亿元，与 2001 年相比，年均增速达 12.5%；同期，从业人员人均产值从 23.8 万元/人增长至 134.9 万元/人，年均增长 13.2%（图 6－2）。

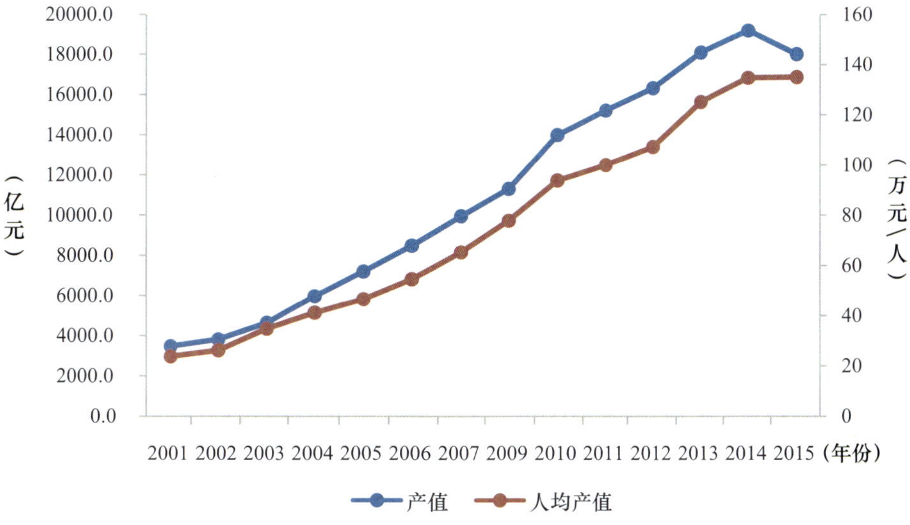

图 6－2　北京工业企业总产值和人均产值变化情况（2001—2015）

数据来源：2002—2016 年《北京统计年鉴》，北京市统计局、国家统计局北京调查总队。

二、规模以上工业企业的地位和作用

规模以上工业企业是工业企业的核心，其发展情况基本可以代表北京工业企业的整体水平，本章以下分析内容均围绕规模以上工业企业（以下简称“工业企业”）展开。

规模以上工业企业统计口径变化情况

2000年以来，规模以上工业企业统计口径历经两次调整，分别是2007和2011年，调整前后统计口径如下：2000—2006年为全部国有及年主营业务收入500万元及以上非国有企业；2007—2010年调整为年主营业务收入500万元及以上的全部法人工业企业；2011年及以后调整为年主营业务收入2000万元及以上的全部法人工业企业。

由从业人员和总产值两项指标看，规模以上工业企业是工业的核心。因此，本报告中以规模以上工业企业说明北京工业企业整体情况是可行的。此外，统计口径调整前后对统计数据的影响较小。因此，本报告中2001—2015年相关统计数据具有可比性，可以说明北京工业企业的发展变化情况（表6－1）。

表6－1 规模以上工业企业主要指标占全部工业企业比重情况（2001—2015）

单位:%

	企业数比重	从业人员比重	总产值比重
2001	18.3	74.1	94.3
2002	19.1	73.7	94.8
2003	20.6	75.8	95.4
2004	30.1	78.5	96.3
2005	20.1	75.7	96.6
2006	18.6	75.4	96.8
2007	20.0	78.4	97.1
2009	21.4	83.0	97.7
2010	18.9	83.2	98.0
2011	11.1	77.4	95.4
2012	11.6	79.0	95.7
2013	11.9	80.4	96.1
2014	12.0	81.9	96.2
2015	13.5	82.8	96.9

（一）企业数量和工业产值持续扩大

2001—2010年，工业企业由4356个增长到6885个，10年间增加了2529个，年均增速为5.2%。由于2011年对统计口径有较大调整，导致工业企业数量急剧下降，之后变化较为平稳，保持在3300～3800个。从工业总产值看，2001—2016年持续快速增长，年均增速达12.1%，2016年达到1.8万亿元（图6-3）。

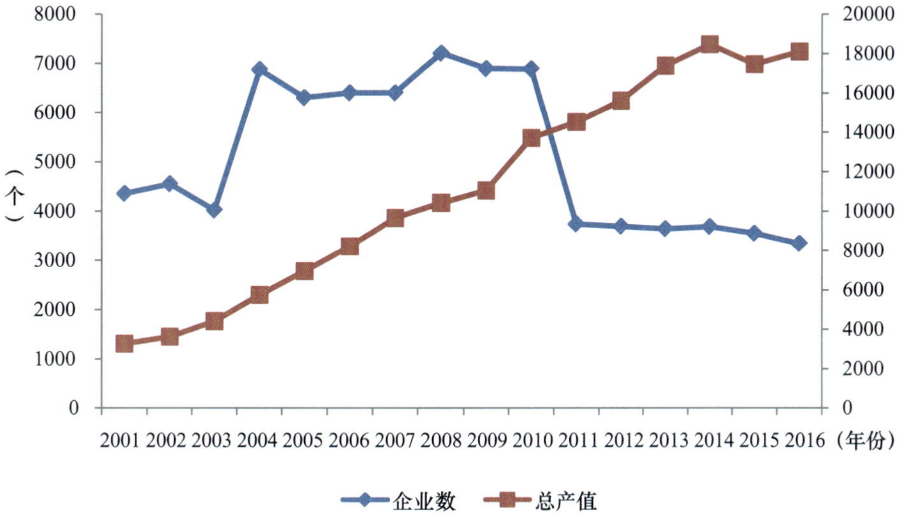

图6-3　北京工业企业数量及总产值情况（2001—2016）

数据来源：2002—2017年《北京统计年鉴》，北京市统计局、国家统计局北京调查总队。

（二）吸纳就业能力较为稳定

2001—2016年，工业企业从业人员数量经历了先升后降的过程，2011—2012年基本处于上升阶段，之后随着北京产业结构调整、淘汰落后产能、工业企业逐渐外迁，从业人员出现下降趋势，到2016年降至104.4万人，比2001年还要低。工业规模整体萎缩，服务业快速发展，导致工业企业从业人员占地区从业人员的比重逐年下降，2016年这一比重为8.6%，比2001年下降了8.6个百分点（图6-4）。

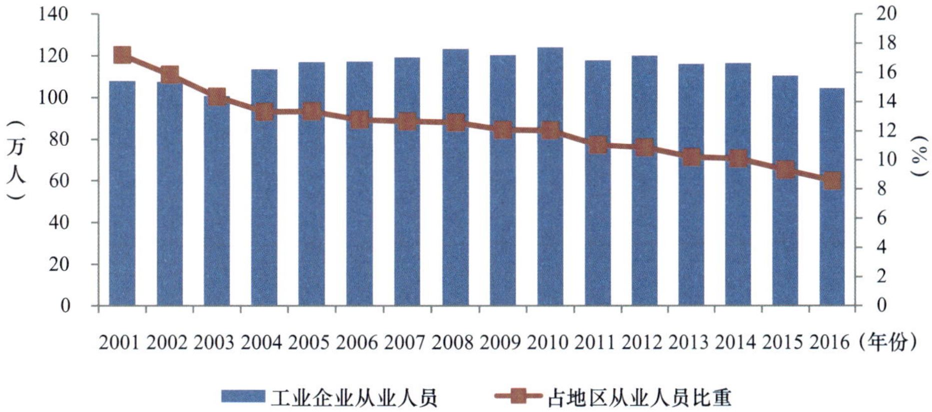

图6-4　北京工业企业从业人员及其占地区从业人员的比重（2001—2016）

数据来源：2002—2017年《北京统计年鉴》，北京市统计局、国家统计局北京调查总队。

（三）对地区生产总值贡献保持在 14% 以上

从经济产出来看，近年来工业企业一直处于良好发展态势，为首都经济增长做出了重要贡献。2016 年实现工业增加值 3748.7 亿元，与 2001 年相比年均增速达 10.3%。2001—2016 年，工业增加值占地区生产总值比重整体萎缩，2016 年为 14.6%，比 2001 年下降 8.4 个百分点。虽然这一比重在不断下滑，但基本保持在 14% 以上（图 6－5）。

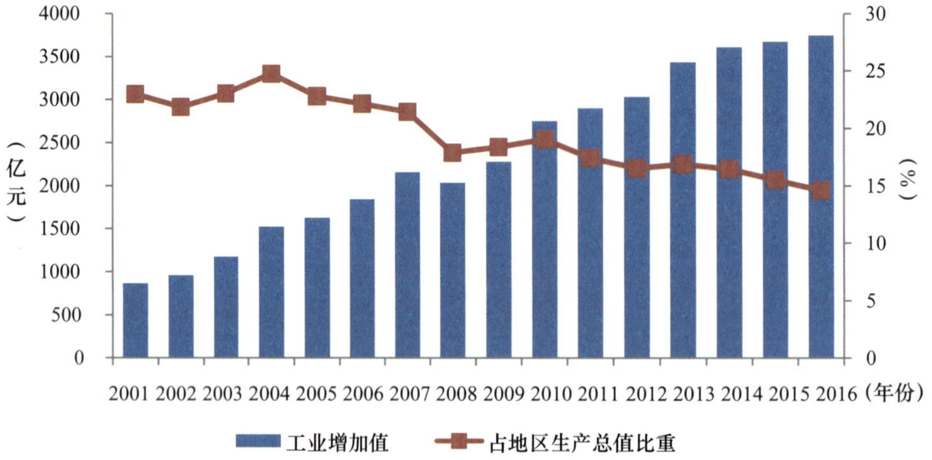

图 6－5 北京工业企业增加值及占地区生产总值的比重（2001—2016）

数据来源：2002—2017 年《北京统计年鉴》，北京市统计局、国家统计局北京调查总队。

三、工业企业结构

（一）集中在高技术产业和现代制造业领域

工业包括采矿业，制造业，电力、热力、燃气及水生产和供应业三个门类，其中制造业是工业的主体部分。从 2016 年各项主要指标看，制造业企业数占工业的比重超过 95%，用工人数比重超过 85%，工业总产值、增加值等主要经济指标占比均在 65% 以上（表 6－2）。

表 6－2 制造业主要指标及占工业比重情况（2016）

	企业数（个）	平均用工人数（万人）	总产值（亿元）	增加值（%）	主营业务收入（亿元）	利润总额（亿元）
制造业	3204	91.4	13240.4	2821.1	14743.1	1071.9
占工业比重	95.9	87.5	73.2	75.3	74.7	66.7

数据来源：2017 年《北京统计年鉴》，北京市统计局、国家统计局北京调查总队。

从行业分布看，工业企业主要集中在资本投入密集度较高的高技术产业和现代制造业领域。2016 年，企业数最多的前 10 个行业的增加值合计占工业企业增加值的 57.3%，平均用工人数占全部工业企业的 60.4%，企业数占全部工业企业的 66.1%。其中，汽车制造业工业增加值和平均用工人数最高（表 6－3）。

表 6－3　企业数最多的 10 个行业部分指标占全部工业企业比重（2016）

单位：%

	企业数量	增加值	平均用工人数
十大行业合计	66.1	57.3	60.4
专用设备制造业	8.6	3.5	5.9
计算机、通信和其他电子设备制造业	8.5	4.9	10.2
汽车制造业	7.2	25.3	14.5
电气机械和器材制造业	7.0	3.2	4.5
非金属矿物制品业	6.6	2.2	4.2
通用设备制造业	6.4	3.3	4.9
医药制造业	6.3	9.0	7.2
化学原料和化学制品制造业	5.5	2.1	2.9
金属制品业	5.4	1.8	3.1
仪器仪表制造业	4.7	2.0	2.9

数据来源：2017 年《北京统计年鉴》，北京市统计局、国家统计局北京调查总队。

（二）内资企业是工业的主体

从企业登记注册类型构成看，工业企业以内资企业数量居多，但港澳台商投资企业和外商投资企业则吸收了更多的从业人员、创造了更多的经济产出。2016 年，在 3340 个工业企业中，内资企业为 2594 个，占比超过 3/4，平均用工人数和实现的工业增加值所占比重均在 60% 左右，显然，内资企业是工业企业的主体。虽然港澳台商投资企业和外商投资企业的数量占比相对较低，但其平均用工人数和创造的工业增加值占比相对较高，尤其是外商投资企业的优势更为明显（表 6－4）。

表 6－4　北京工业企业按登记注册类型分布（2016）

单位：%

	企业数	平均用工人数	工业增加值
内资企业	77.7	67.5	59.9
港澳台商投资企业	5.4	8.1	4.4
外商投资企业	16.9	24.4	35.7

数据来源：2017 年《北京统计年鉴》，北京市统计局、国家统计局北京调查总队。

第二节　R&D 活动

工业企业是北京科技创新活动的重要主体之一，在构建“高精尖”经济结构、建设全国科技创新中心、落实创新驱动发展战略等方面发挥着重要作用。本节从 R&D 活动总体情况、人员和经费三个方面对北京工业企业的 R&D 活动特征进行深入分析。2009 年我国开展了第二次全国 R&D 资源清查，此次清查对我国科技统计指标体系进行了修订，与往年相比，着重突出能够反映自主创新能力的研究与试验发展（R&D）指标及其相关结构指标，同时删除了不能进行国际比较的科技活动人员、经费及相关指标。因此，本部分数据范围为2009—2016年。

一、R&D活动总体情况

（一）开展R&D活动企业比重显著提升

近年来，随着企业对创新的重视程度日益提高，工业企业中开展R&D活动的企业所占比重不断上升。2016年，3340个工业企业中，有R&D活动的企业为1155个，占34.6%，比2009年提高了18.4个百分点。与2016年全国工业企业中开展R&D活动的企业比重（23.0%）相比，北京高出11.6个百分点（图6-6）。

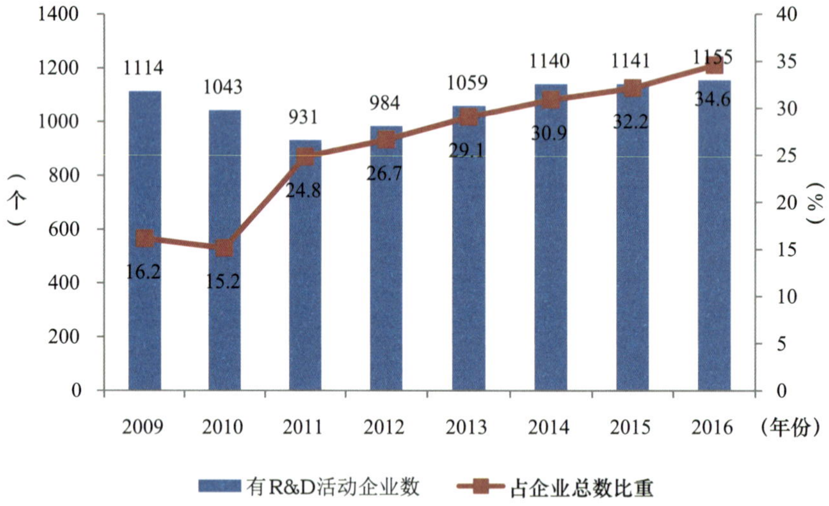

图6-6 北京工业企业开展R&D活动情况（2009—2016）

数据来源：2010—2017年《北京统计年鉴》，北京市统计局、国家统计局北京调查总队。

（二）设立研发机构工业企业比重高于全国平均水平

研发机构是企业实现研发活动制度化、常规化、组织化的重要保障，是企业进行工艺创新、产品创新的重要载体，是提升企业自主创新能力的重要平台。

2009年、2011—2016年，工业企业中设立研发机构的企业数量整体呈现上升趋势，2016年为607个，有研发机构企业数占工业企业总数的比重达到18.2%，这一比重比2009年的8.0%提高了一倍多。与全国工业企业平均水平相比，北京工业企业中设立研发机构的企业比重始终保持领先优势，2016年比全国平均水平（16.3%）高出1.9个百分点（图6-7）。

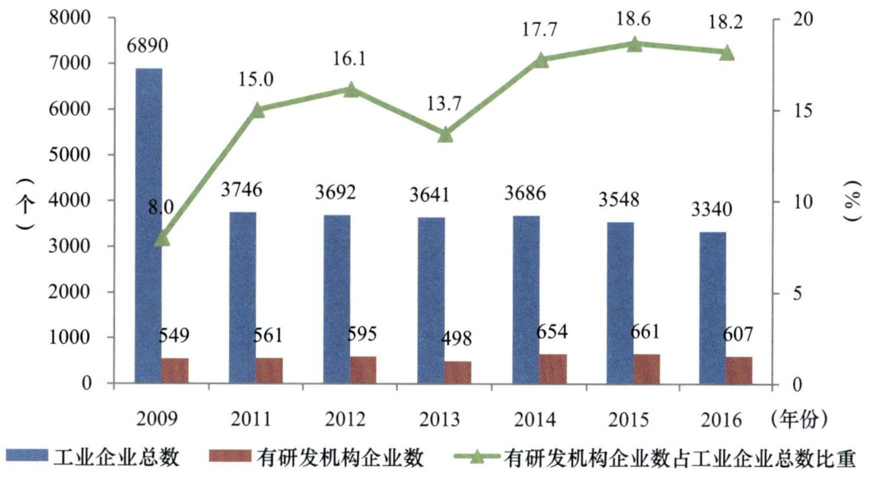

图 6－7　北京工业企业中有研发机构企业数情况（2009，2011—2016）

数据来源：2010—2017 年《中国科技统计年鉴》，国家统计局、科学技术部。

从工业企业设立研发机构数量看，2009 年以来保持在 600 家以上，2016 年达到 749 家，在企业研发机构中从事科技活动的人员为 5. 2 万人，企业研发机构经费支出额为 191. 3 亿元。

（三）R&D 活动集中在制造业企业

2016 年，制造业企业合计 3204 个，其中开展 R&D 活动的企业为 1137 个，占开展 R&D 活动工业企业总数的 98. 4%。其中，专用设备制造业开展 R&D 活动的企业数最多，达到 168 个。开展 R&D 活动企业数排在前 10 位的行业全部为制造业，这 10 个行业企业数合计 2105 个，占工业企业总数的 63. 0%；开展 R&D 活动的企业数合计 950 个，占全部开展 R&D 活动工业企业的比重为 82. 3%，是工业企业 R&D 活动的中坚力量（表 6－5）。

表 6－5　开展 R&D 活动企业数最多的 10 个行业分布（2016）

单位：%

行业	企业数占全部工业企业比重	开展 R&D 活动企业数占全部工业企业比重	开展 R&D 活动企业比重
10 个行业合计	63. 0	82. 3	45. 1
专用设备制造业	8. 6	14. 5	58. 5
计算机、通信和其他电子设备制造业	8. 5	13. 3	54. 2
医药制造业	6. 3	10. 7	59. 3
仪器仪表制造业	4. 7	8. 8	64. 6
电气机械和器材制造业	7. 0	8. 0	39. 5
通用设备制造业	6. 4	7. 5	40. 8
化学原料和化学制品制造业	5. 5	6. 1	38. 6
非金属矿物制品业	6. 6	4. 7	24. 7

续表

行业	企业数占全部工业企业比重	开展 R&D 活动企业数占全部工业企业比重	开展 R&D 活动企业比重
汽车制造业	7.2	4.7	22.5
铁路、船舶、航空航天和其他运输设备制造业	2.3	3.8	56.4

数据来源：2017 年《北京统计年鉴》，北京市统计局、国家统计局北京调查总队。

二、R&D 人员

（一）总量及地位

R&D 人员总量持续增长。2016 年，工业企业 R&D 人员折合全时当量为 5.1 万人年，比 2009 年增加了 9597 人年，年均增速为 3.0%。

工业企业 R&D 人员占北京地区 R&D 人员总量比重相对稳定。工业企业 R&D 人员是北京地区研发活动的重要力量，近几年工业企业 R&D 人员占北京全部企业 R&D 人员总量的比重基本保持在 45% 以上，占北京全部 R&D 人员的比重保持在 20% 以上，这两项比重在 2015 年开始出现下降趋势，这与北京产业结构调整密切相关（图 6－8）。

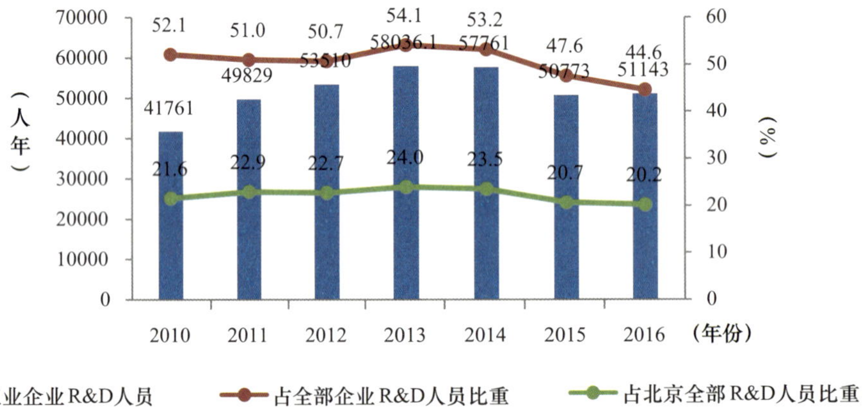

图 6－8　北京工业企业 R&D 人员情况（2009—2016）

数据来源：2011—2017 年《北京统计年鉴》，北京市统计局、国家统计局北京调查总队。

（二）R&D 人员结构

1. R&D 人员集中于试验发展领域

从活动类型看，2016 年工业企业 R&D 人员中，从事基础研究、应用研究和试验发展的人员所占比重分别为 0.09%、1.91% 和 98.0%，对科学研究（基础研究和应用研究）投入的人员比重仅为 2.0%，远低于对试验发展活动的投入。与 2009 年的 1.5% 相比，这一比重略有上升（图 6－9）。

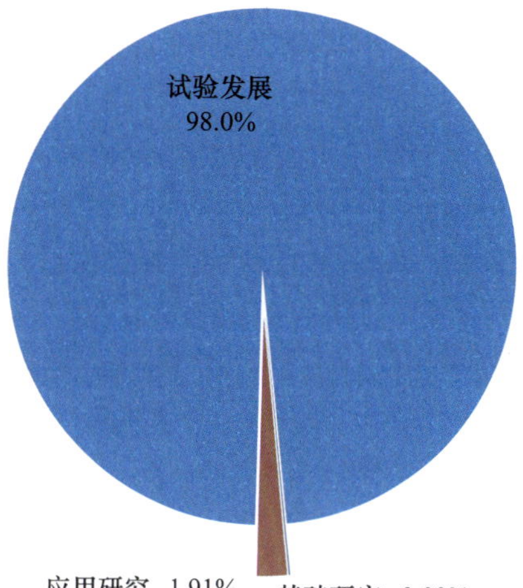

图6－9　北京工业企业R&D活动人员按活动类型分布（2016）

数据来源：2017年《北京统计年鉴》，北京市统计局、国家统计局北京调查总队。

2. R&D人员主要分布在资金技术密集行业

从行业分布看，工业企业R&D人员主要分布在技术和资金相对密集的制造业，人员最多的10个行业R&D人员合计达4.3万人年，占工业企业R&D人员总量的比重达84.5%。其中，计算机、通信和其他电子设备制造业R&D人员最多，达到9986人年，占工业企业全部R&D人员的19.5%（表6－6）。

表6－6　北京工业企业R&D人员最多的10个行业分布（2016）

行业	R&D人员（人年）	占工业企业比重（%）
10个行业合计	43220	84.5
计算机、通信和其他电子设备制造业	9986	19.5
汽车制造业	5934	11.6
医药制造业	5468	10.7
专用设备制造业	4701	9.2
铁路、船舶、航空航天和其他运输设备制造业	4373	8.6
电气机械和器材制造业	3649	7.1
通用设备制造业	3607	7.1
仪器仪表制造业	2759	5.4
化学原料和化学制品制造业	1373	2.7
非金属矿物制品业	1370	2.7

数据来源：2017年《北京统计年鉴》，北京市统计局、国家统计局北京调查总队

3. 近八成R&D人员集中在内资企业

从登记注册类型分析，2016年内资企业的R&D人员为4万人年，占工业企业全部R&D人员的比重为78.3%；港澳台商和外商投资企业的R&D人员为11088人年，合计占比21.7%。与2009年

相比，内资企业 R&D 人员占全部工业企业 R&D 人员比重下降了 4.6 个百分点（图 6－10）。

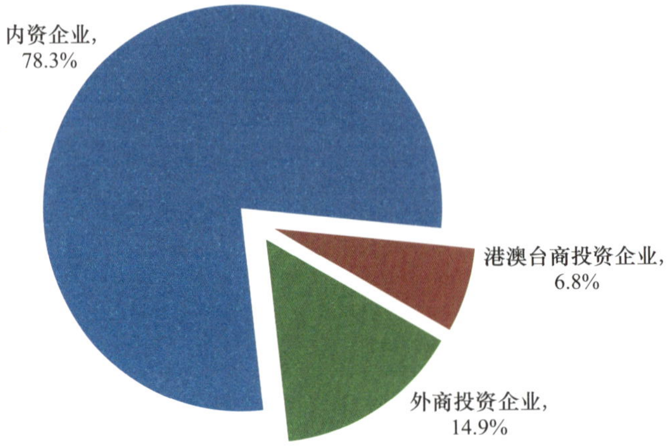

图 6－10　北京工业企业 R&D 活动人员按登记注册类型分布（2016）

数据来源：2017 年《北京统计年鉴》，北京市统计局、国家统计局北京调查总队。

三、R&D 经费

（一）总量及强度

1. R&D 经费投入持续增长，强度稳步提升

2001—2016 年，工业企业 R&D 经费内部支出稳步增长，2016 年达到 254.8 亿元。R&D 经费投入强度（R&D 经费占主营业务收入的比重）呈现稳中有升趋势，2011 年突破 1%，近几年基本保持平稳，2016 年达到 1.29%（图 6－11）。

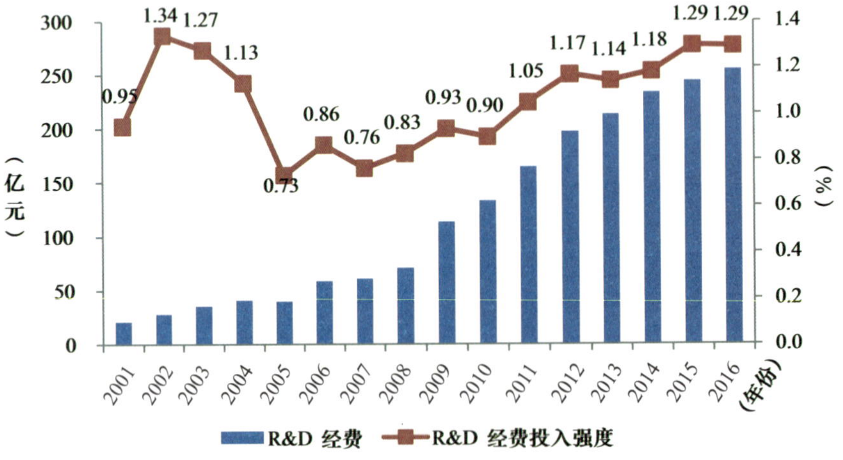

图 6－11　北京工业企业 R&D 经费及强度（2001—2016）

数据来源：2002—2017 年《北京统计年鉴》，北京市统计局、国家统计局北京调查总队；2002 年《中国科技统计年鉴》，国家统计局、科学技术部。

注：2001—2008 年数据口径为大中型工业企业，2009—2016 年数据口径为规模以上工业企业。

2. 工业企业 R&D 经费占全部企业经费的一半

工业企业在北京企业研发活动中占据重要地位，是北京地区研发活动的一支主要力量。2009—2016 年，工业企业 R&D 经费内部支出占北京企业 R&D 经费总额的比重、占北京地区全社会 R&D 经费总额的比重平稳发展，2016 年分别达到 45.5% 和 17.2%，比 2009 年提高 2.2 和 0.2 个百分点。在企业技术创新活动中，工业企业发挥着重要作用，要提高北京地区企业的技术创新能力，进一步完善以企业为主体的技术创新体系，应进一步加强工业企业的作用和地位（图 6－12）。

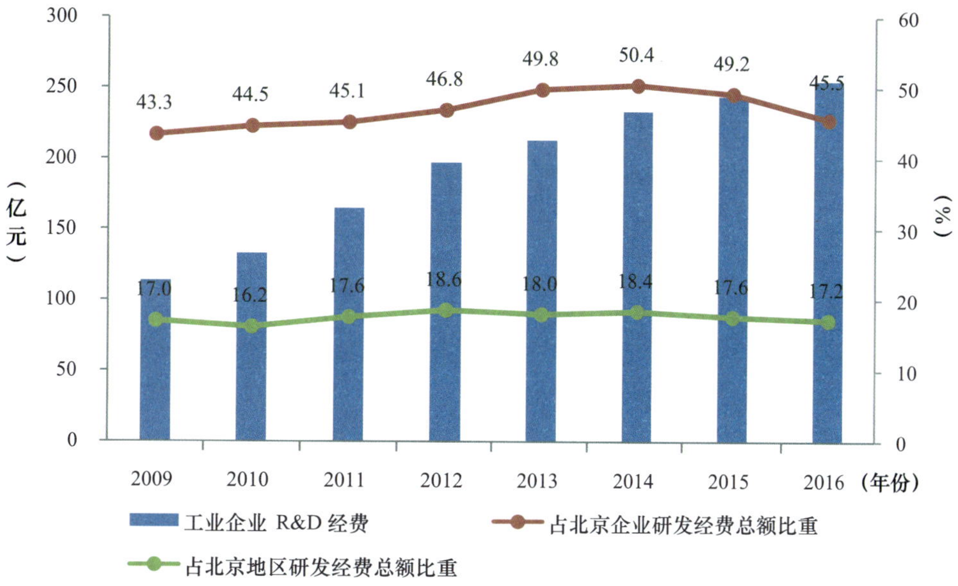

图 6－12　工业企业 R&D 经费及其占北京企业和北京地区 R&D 经费的比重（2009—2016）

数据来源：2010—2017 年《北京统计年鉴》，北京市统计局、国家统计局北京调查总队。

3. 12 个行业 R&D 投入强度超平均值

2016 年，工业企业 R&D 投入强度为 1.29%，比全国工业企业 R&D 投入强度（0.94%）高出 0.35 个百分点。从各行业 R&D 投入强度看，共 12 个行业超过平均值，这些行业包括一些高技术产业，如专用设备制造业，医药制造业，计算机、通信和其他电子设备制造业等；包括北京重点发展的现代制造业，如铁路、船舶、航空航天和其他运输设备制造业，电气机械和器材制造业等；还包括北京地区具有长期技术积累的重点传统产业，如有色金属冶炼和压延加工业等（表 6－7）。

表 6－7　北京工业企业 R&D 经费超过平均值的 12 个行业（2016）

行业	R&D 经费（亿元）	R&D 经费/主营业务收入（%）
铁路、船舶、航空航天和其他运输设备制造业	21.4	5.27
有色金属冶炼和压延加工业	2.6	3.35
仪器仪表制造业	10.0	3.28
专用设备制造业	19.9	3.28

续表

行业	R&D 经费（亿元）	R&D 经费/主营业务收入（%）
电气机械和器材制造业	22.8	3.08
计算机、通信和其他电子设备制造业	71.8	2.65
医药制造业	20.6	2.55
通用设备制造业	12.6	2.38
开采辅助活动	2.3	1.91
化学原料和化学制品制造业	4.8	1.47
木材加工和木、竹、藤、棕、草制品业	0.3	1.33
其他制造业	1.3	1.87

数据来源：2017 年《北京统计年鉴》，北京市统计局、国家统计局北京调查总队。

（二）经费支出结构

1. R&D 经费主要集中于试验发展领域

2016 年，工业企业 R&D 经费内部支出中对科学研究（包括基础研究和应用研究，下同）的投入比重为 1.27%。同年，北京全部企业、全国企业、全国工业企业这一比例分别为 7.13%、3.25% 和 2.71%。可见，北京工业企业对科学研究的投入力度与北京企业整体水平和全国水平都存在一定差距（表 6－8）。

表 6－8　R&D 经费按活动类型分布对比情况（2016）

单位：%

	基础研究	应用研究	试验发展
北京工业企业	0.01	1.26	98.73
北京企业	0.48	6.65	92.87
全国企业	0.21	3.04	96.75
全国工业企业	0.17	2.54	97.29

数据来源：2017 年《中国科技统计年鉴》，国家统计局、科学技术部。

北京工业企业 R&D 经费高度集中在试验发展领域，而基础研究、应用研究经费比例过低，制约了工业企业原始创新能力的提升。当今世界科学技术发展迅猛，技术发展越来越依赖于自主创新。因此，在 R&D 经费投入不断增长的同时，应注意引导企业 R&D 资源向科学研究领域投入，改善 R&D 资源配置结构，提高企业的原始创新能力，缩短与世界先进水平的差距。

2. 近七成经费由内资企业执行

从登记注册类型分析，2016 年内资企业的 R&D 经费为 168.9 亿元，占工业企业全部 R&D 经费的比重为 66.3%；港澳台商和外商投资企业的 R&D 经费为 86.0 亿元，占 33.7%（图 6－13）。

（三）企业资金是 R&D 经费首要来源

从工业企业 R&D 经费来源看，企业资金始终是主要来源，政府资金次之。与 2009 年相比，

2016 年 R&D 经费中企业资金比重提高了 4.4 个百分点，政府资金比重降低了 4.2 个百分点（图 6－14）。

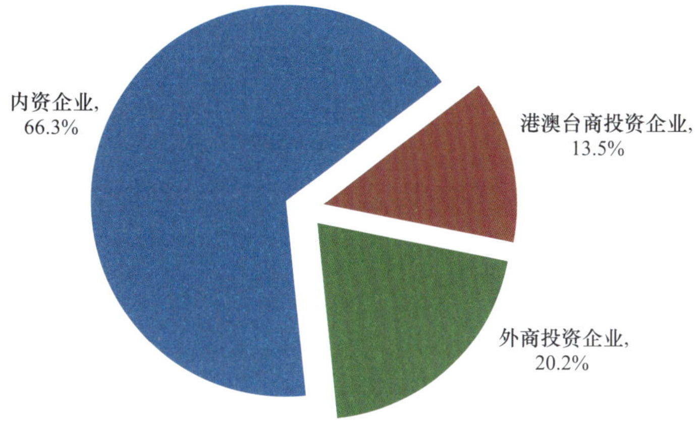

图 6－13　北京工业企业 R&D 经费支出按企业登记注册类型分（2016）

数据来源：2017 年《北京统计年鉴》，北京市统计局、国家统计局北京调查总队。

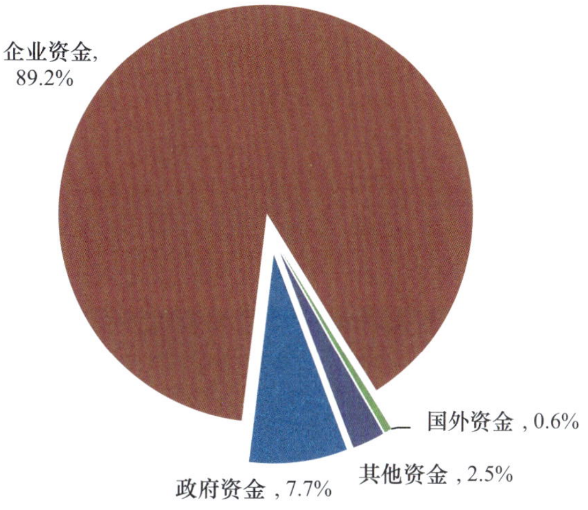

图 6－14　北京工业企业 R&D 经费来源（2016）

数据来源：2017 年《北京统计年鉴》，北京市统计局、国家统计局北京调查总队。

第三节　合作创新

企业科技创新活动从组织形式上主要有自主创新和合作创新两种形式，本节从技术获取和产学研合作两方面对工业企业的合作创新活动进行分析。本节数据时间范围为 2009—2016 年，调整理由同第二节。

一、技术获取

企业除了依靠自主研发进行技术创新外，还可以通过获取外部技术来提高自身技术水平。当获取外部技术的成本低于自主研发成本时，购买和引进外部技术可以有效缩短创新周期，提高企业创新能力。按照技术来源，技术获取分为引进国外技术和购买国内技术两种类型。

（一）与全国相比，北京工业企业对外部技术依赖程度较高

2009 年以来，工业企业引进技术经费和购买国内技术经费整体上涨，（引进技术经费 + 购买国内技术经费）/R&D 经费之值呈现先升后降态势，2016 年为 14.8%，比 2009 年提高 1.7 个百分点。2009 年、2011—2016 年，全国工业企业（引进技术经费 + 购买国内技术经费）/R&D 经费分别为 16.6∶100、11.2∶100、8.3∶100、7.3∶100、6.5∶100、6.4∶100、6.2∶100，呈明显下降趋势。与全国工业企业整体水平相比，北京工业企业对外部技术的依赖程度相对较高，整体趋势也与全国工业企业的下降趋势不一致。这一方面在于北京科技水平处于全国前列，很多先进技术需从国外引进；但另一方面也反映出北京工业企业对国外技术的依赖程度相对较高（图 6－15）。

图 6－15　北京工业企业引进技术经费和购买国内技术经费情况（2009，2011—2016）

数据来源：2010—2017 年《中国科技统计年鉴》，国家统计局、科学技术部。

（二）与全国相比，北京工业企业“重引进轻吸收”现象较为严重

消化吸收经费与引进技术经费之比是反映企业对引进技术进行消化吸收再创新的经费投入水平的重要指标之一。2009 年以来，北京工业企业引进技术经费逐年增长，而消化吸收经费的变化幅度相对较小，消化吸收经费与引进技术经费之比在 2016 年为 22.4∶100。2009 年、2011—2016 年，全国工业企业消化吸收经费与引进技术经费之比分别为 43.1∶100、45.0∶100、39.8∶100、38.2∶100、36.9∶100、26.2∶100、23.0∶100，虽然近几年也呈现下降趋势，但整体水平远高于北京工业企业水平。

北京工业企业对引进技术的消化吸收投入与全国水平相比存在一定的差距，阻碍了自主创新能力的提升。技术引进只能解决时间和短期效率问题，无法从根本上提高创新能力，只有在技术引进的基础上，通过扎实的消化、吸收、再创新，才能切实提高自主创新能力，实现跨越式发展。因此，要引导企业在进行技术引进的同时，加大对消化、吸收、再创新的投入，通过技术引进的手段达到提升创新能力的目标（图6－16）。

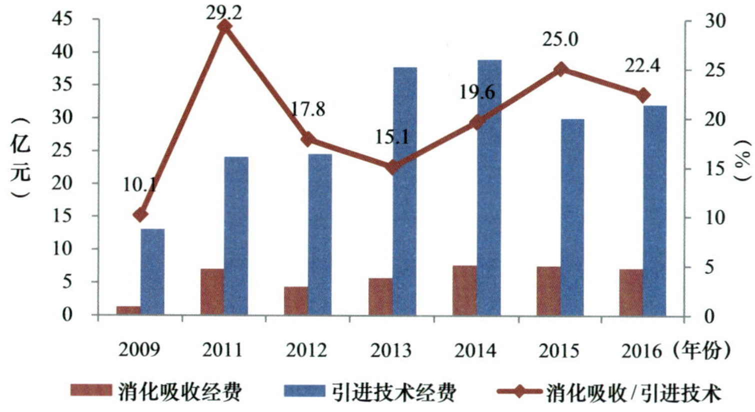

图6－16　北京工业企业消化吸收和引进技术经费情况（2009，2011—2016）

数据来源：2010—2017年《中国科技统计年鉴》，国家统计局、科学技术部。

（三）与全国相比，北京工业企业购买国内技术经费比例较低

2009—2016年，北京工业企业购买国内技术经费和引进技术经费均有不同程度的上升，购买国内技术经费与引进技术经费之比在2013年大幅下降，2016年回升至17.6∶100。与全国工业企业整体水平相比，北京工业企业对购买国内技术的投入相对较低，更偏向于引进国外技术。2009年、2011—2016年，全国工业企业购买国内技术经费与引进技术经费之比分别为48.2∶100、49.1∶100、51.2∶100、54.4∶100、55.1∶100、55.5∶100、43.8∶100，远高于北京工业企业，并且呈现稳定的上升趋势。北京是全国科技资源最为丰富、科技创新水平最高的地区之一，对国内其他地区起到引领、辐射作用，属于国内主要的技术输出地，这是北京购买国内技术经费比例相对较低的重要原因之一（图6－17）。

二、产学研合作

产学研合作创新既能有效打破企业自身创新能力不足的限制，又能推动高校和科研机构的科技成果向产业转化，从而实现科技资源的优化配置，搭建研发与产业之间的沟通桥梁。本部分从R&D经费外部支出角度分析工业企业的产学研合作情况。

R&D经费外部支出指委托外单位或与外单位合作进行R&D活动而拨给对方的经费。其中，对研究机构和高校的外部经费支出是反映产学研合作紧密程度的重要指标。近几年，工业企业对研究机构和高校的R&D经费外部支出总量呈现上升态势，但二者占外部经费总量的比重却略有下降。

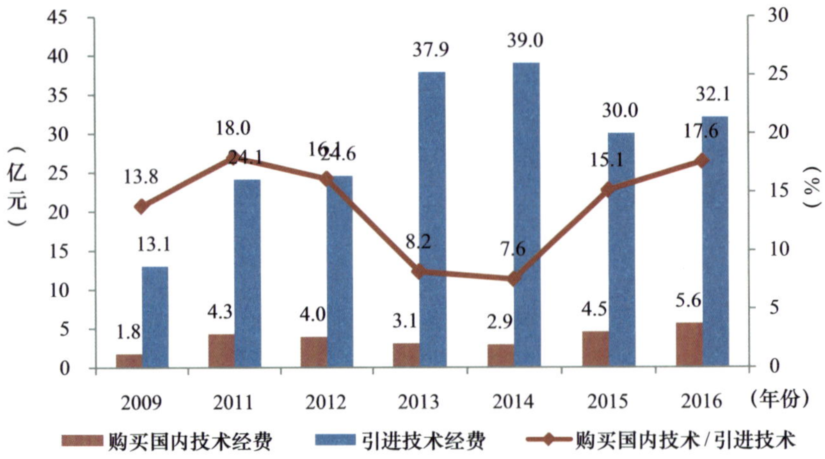

图 6－17　北京工业企业购买国内技术和引进技术经费情况（2009，2011—2016）

数据来源：2010—2017 年《中国科技统计年鉴》，国家统计局、科学技术部。

2009 年、2011—2016 年，工业企业 R&D 经费外部支出总量整体呈上升趋势，从 15. 2 亿元增长至 25. 8 亿元。从工业企业 R&D 外部经费支出结构看，研究机构和高校合计占比由 2009 年的 85. 9% 降至 2016 年的 55. 6% 。其中，对研究机构支出的比重先降后升，2013 年跌至最低值 44. 7% ，2016 年又回升至 53. 2% ，对高校支出整体保持平稳趋势，始终在 10% 以下（图 6－18）。

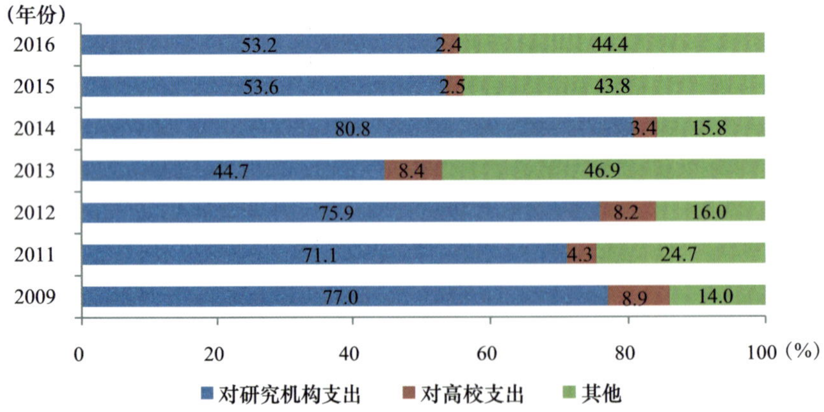

图 6－18　北京工业企业 R&D 经费外部支出情况（2009，2011—2016）

数据来源：2010—2017 年《中国科技统计年鉴》，国家统计局、科学技术部。

第四节　专利产出

企业申请专利数量在一定程度上代表了其创新能力及创新活跃程度，企业有效专利数量的多少，尤其是技术含量相对较高的发明专利数量的多少，在很大程度上显示了其技术力量的强弱和市场竞争优势的高低。本节从专利角度对北京工业企业的科技活动产出情况进行分析。由于数据来源限制，本节数据口径如下：2001—2007 年数据口径为大中型工业企业；2008—2016 年数据口径为规模以上工业企业。

一、专利申请量快速增长，发明专利比重下降

2001—2016 年，工业企业专利申请量整体呈现增长趋势，2016 年达到 20065 件，其中发明专利 9392 件。从发明专利申请量占专利申请总量的比重看，近几年在 50% 上下波动，2015 年为 51.3%。上述分析从一个侧面说明工业企业创新活动的活跃程度在不断提高，但发明专利比重的停滞也反映出创新成果质量没有明显提升（图 6－19）。

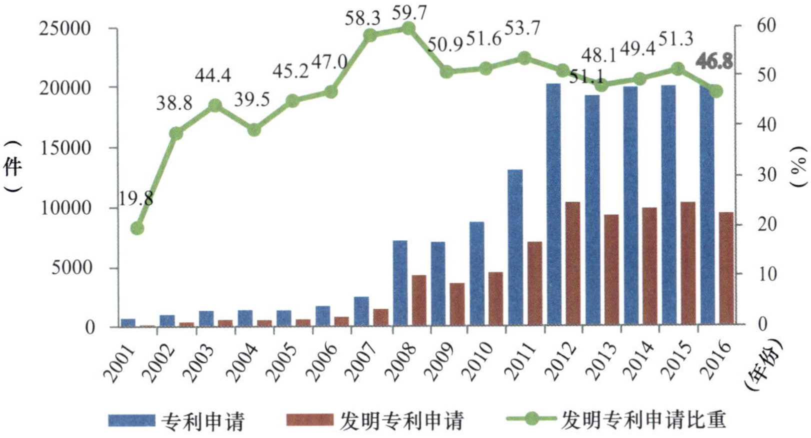

图 6－19　北京工业企业专利申请和发明专利申请量（2001—2016）

数据来源：2002—2017 年《中国科技统计年鉴》，国家统计局、科学技术部。

二、专利分布结构

（一）计算机、通信和其他电子设备制造业发明专利申请量占 1/3

从行业看，工业企业专利分布的一个最鲜明特征是计算机、通信和其他电子设备制造业十分突出，其专利申请量占全部工业企业的比重近 1/4，发明专利申请量所占比重更是超过全部工业企业的 30%，远高于其他行业的水平（表 6－9）。

表 6－9　北京工业企业专利按行业分布情况（2016）

单位:%

	专利申请量所占比例	发明专利申请量所占比例
计算机、通信和其他电子设备制造业	22.2	30.5
汽车制造业	16.4	10.8
专用设备制造业	10.8	10.7
电气机械和器材制造业	9.7	7.9
通用设备制造业	8.3	8.0
电力、热力生产和供应业	6.9	7.3
其他行业	25.7	24.8

数据来源：2017 年《北京统计年鉴》，北京市统计局、国家统计局北京调查总队。

（二）内资企业专利申请量占七成

从登记注册类型看，2016 年，内资企业的专利申请量、发明专利申请量所占比重均高于港澳台商和外商投资企业。但是与内资企业的数量所占比例（77.7%）相比较而言，其专利产出，尤其是发明专利产出，并没有显著优势（表 6－10）。

表 6－10 北京工业企业专利按登记注册类型分布情况（2016）

单位：%

	专利申请量所占比例	发明专利申请量所占比例
内资企业	72.9	73.2
港澳台商和外商投资企业	27.1	26.8

数据来源：2017 年《北京统计年鉴》，北京市统计局、国家统计局北京调查总队。

三、有效发明专利实现跨越式增长

2001—2016 年，工业企业有效发明专利数不断增加，2016 年达到 28290 件，其中 2004 年、2007 年和 2012 年出现跨越式增长，同比增速分别达到 1.7 倍、3.4 倍和 91.4%。有效发明专利数量的大幅提升说明工业企业进行技术储备的意识在不断增强，技术力量和竞争力逐步得到提高（图 6－20）。

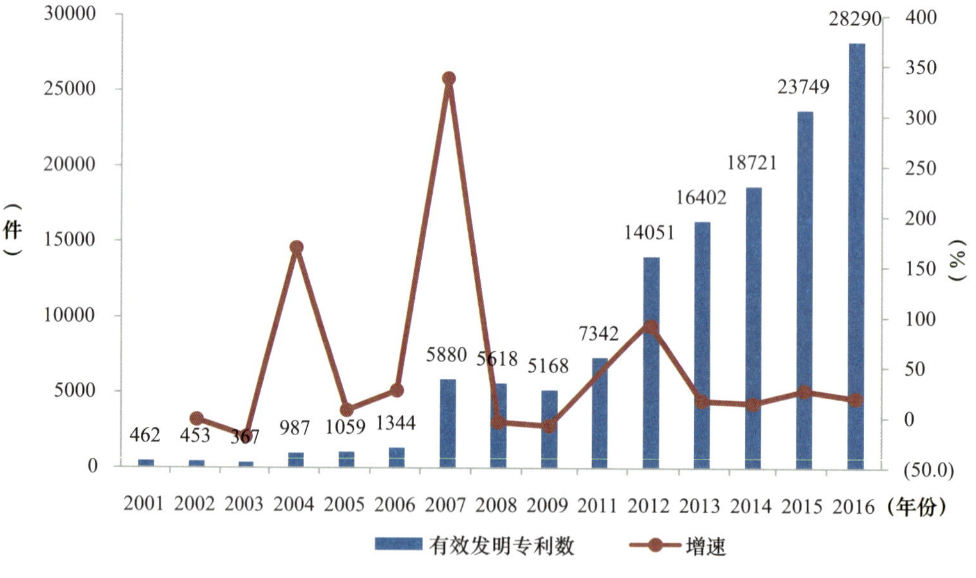

图 6－20 北京工业企业有效发明专利数变化情况（2001—2016）

数据来源：2002 年至 2017 年《中国科技统计年鉴》，国家统计局、科学技术部。

注：由于未获取 2010 年规模以上工业企业有效发明专利统计数据，无法计算 2010 年和 2011 年两年增速值。

第五节 新产品开发和生产

产品创新活动是企业最主要的创新活动，新产品产出是将企业创新活动转化为现实生产力的重要标志。本节从新产品开发和产出两个方面对北京工业企业的产品创新活动进行分析。由于数据来源限制，本节数据口径如下：2001—2007 年、2010 年数据口径为大中型工业企业；2008—2009 年、2011—2016 年数据口径为规模以上工业企业。

一、新产品开发经费投入规模和强度大幅提升

“十五”以来，工业企业新产品开发经费投入规模持续增长，2016 年达到 322.6 亿元。新产品开发经费占主营业务收入的比重能直接反映企业新产品开发投入强度。2001 年以来，工业企业新产品开发投入强度整体呈现增长趋势，2009 年突破 1%，到 2016 年达到 1.64%（图 6－21）。

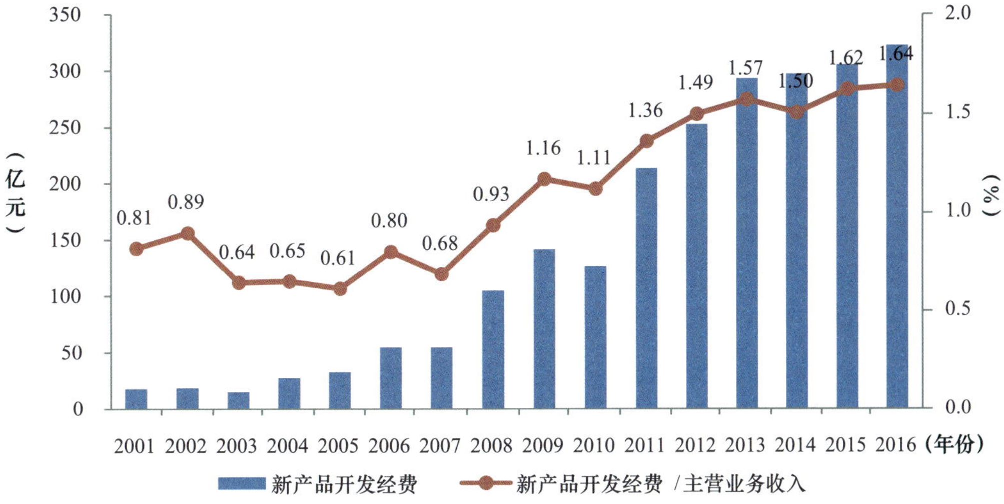

图 6－21 北京工业企业新产品开发经费及投入强度（2009—2016）

数据来源：2010—2017 年《北京统计年鉴》，北京市统计局、国家统计局北京调查总队；2010—2017 年《中国科技统计年鉴》，国家统计局、科学技术部。

二、新产品产出

（一）新产品销售收入总量整体呈增长趋势

2001 年以来，工业企业新产品销售收入整体呈现增长趋势，2016 年达到 4085.9 亿元。新产品销售收入占主营业务收入比重是衡量产品创新对整个销售收入贡献的重要指标，也可在一定程度上反映产品创新周期、更新换代频率和市场竞争力等情况的优劣，2001 年以来，工业企业这一指标整体呈下降趋势，近几年相对平稳，2016 年为 20.7%（图 6－22）。

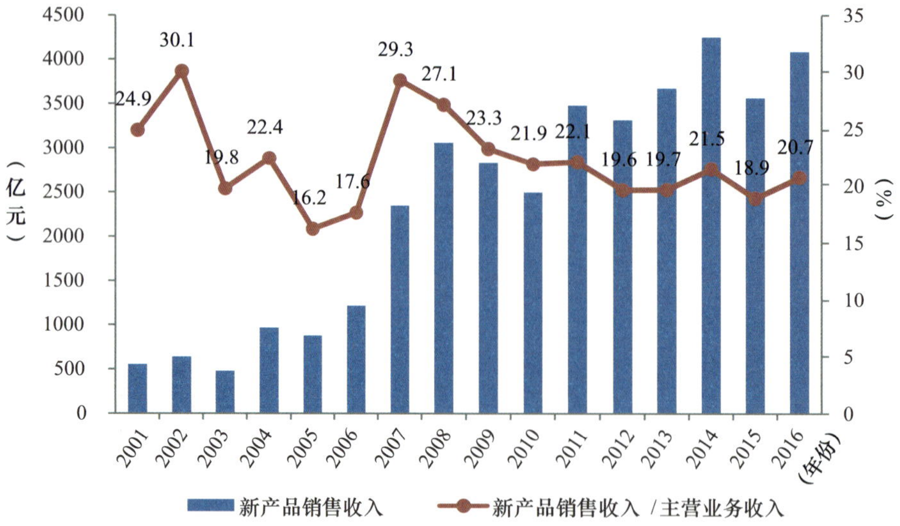

图 6－22　北京工业企业新产品销售收入及占主营业务收入比重（2001—2016）

数据来源：2002—2017 年《北京统计年鉴》，北京市统计局、国家统计局北京调查总队；2002—2017 年《中国科技统计年鉴》，国家统计局、科学技术部。

（二）新产品销售收入行业分布较为集中

工业共包含 40 个行业大类，其中 10 个行业集中了九成的新产品销售收入。2016 年，新产品销售收入排在前 10 位的行业新产品销售收入合计 3749.7 亿元，占全部工业企业新产品销售收入的比重达到 91.8%，是工业新产品创新的重要力量。其中，计算机、通信和其他电子设备制造业新产品销售收入最高，占工业企业新产品销售收入总量的近 1/3（表 6－11）。

表 6－11　新产品销售收入最高的 10 个行业分布（2016 年）

行业	新产品销售收入（亿元）	占全部工业企业新产品销售收入比重（%）
10 个行业合计	3749.7	91.8
计算机、通信和其他电子设备制造业	1317.1	32.2
汽车制造业	900.0	22.0
电气机械和器材制造业	379.4	9.3
专用设备制造业	222.5	5.4
通用设备制造业	194.0	4.7
非金属矿物制品业	186.0	4.6
医药制造业	173.9	4.3
铁路、船舶、航空航天和其他运输设备制造业	169.0	4.1
仪器仪表制造业	139.4	3.4
化学原料和化学制品制造业	68.3	1.7

数据来源：2017 年《北京统计年鉴》，北京市统计局、国家统计局北京调查总队。

（三）新产品出口规模及占全国比重均呈下降趋势

2009—2016 年，工业企业新产品出口总量整体呈下降趋势，2016 年为 277.3 亿元，与 2009 年相比，年均降幅为 11.9%。同期，工业企业新产品出口占全国工业新产品出口的比重也逐年下降，2016 年为 0.8%，比 2009 年下滑了 5.0 个百分点，说明北京工业企业创新产出在全国的地位不断下降。新产品出口情况能够反映企业在国际市场上竞争力的强弱，从目前的情况看，北京工业企业要进一步提升在国际市场的地位还需要进一步加快技术创新的步伐。

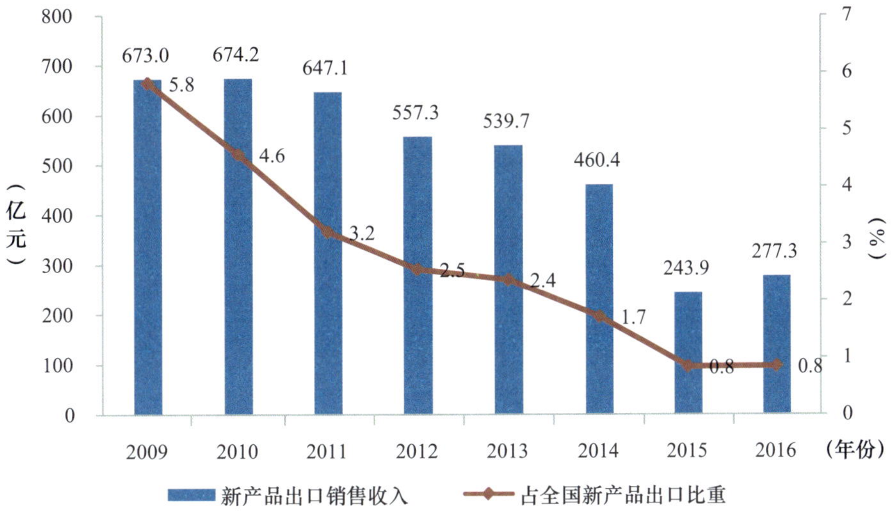

图 6-23　北京工业企业新产品出口及占全国比重情况（2009—2016）

数据来源：2010—2017 年《中国科技统计年鉴》，国家统计局、科学技术部。

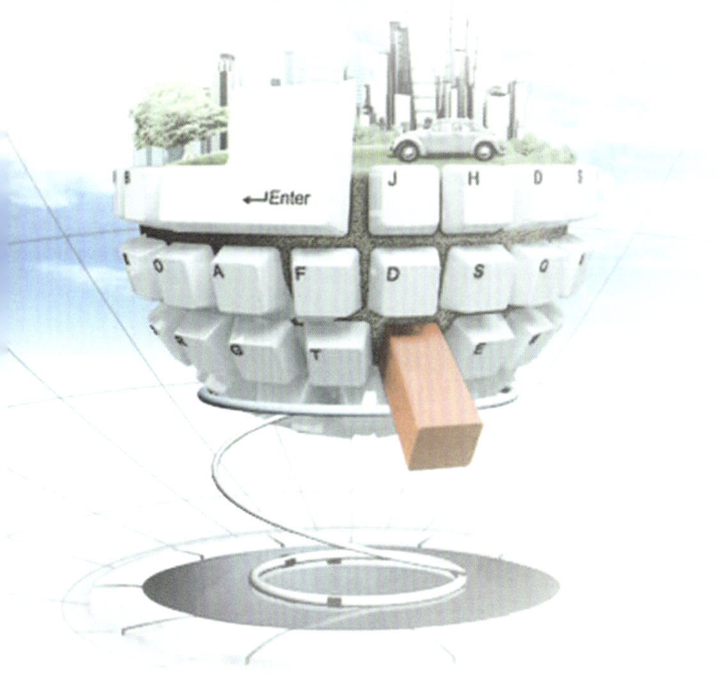

科技成果篇

第七章 科技论文

科技论文作为科技工作者开展科学研究的系统总结和理论结晶，是衡量创新活动特别是基础研究活动的主要指标。本章利用 SCI、EI、CPCI 检索系统和中国科技论文与引文数据库收录的论文数据，从国际国内科技论文发表篇数、学科分布、机构分布、论文被引用情况 4 个角度，分析北京在科技论文产出方面的现状。

国内科技论文是指我国科技工作者在国内重要科技期刊上发表的论文，本章所用的数据来源于中国科学技术信息研究所建立的，以中国科技论文统计源期刊为基础的《中国科技论文与引文数据库》（CSTPCD）。

中国科技论文与引文数据库（CSTPCD）统计源期刊

《中国科技论文与引文数据库》选择的期刊称为中国科技论文统计源期刊。统计源期刊是经过严格的同行评议和定量评价选取的各学科领域中较重要的、能反映本学科发展水平的科技期刊，每年调整一次。科技部自 1987 年开始支持《中国科技论文与引文数据库》建设，并由中国科学技术信息研究所每年发布基于中国学术期刊的科技论文统计数据。

国际科技论文是指我国科技工作者在国际重要科技期刊上发表的论文，本章采用的数据来源于被 SCI（科学引文索引）、EI（工程索引）、CPCI（科学技术会议录索引，以前称为 ISTP）3 个检索系统收录的我国科技人员发表的论文总和。

三大检索系统

《科学引文索引》（SCI）由美国科学情报研究所（ISI，现为汤森路透集团，Thomson Reuters）创制，主要收录自然科学领域基础研究方面的科技论文，其收录论文情况是衡量一个国家或地区基础研究水平的重要指标，现已作为各国文献计量学研究和应用的科学评估工具。《工程索引》（EI），是世界著名的工程技术领域的综合性检索工具，收录的工程和应用科学领域的期刊多达 5100 多种。《科学技术会议录索引》（CPCI），也由汤森路透集团编辑出版，从 2008 年开始替代 ISTP，主要收录重要国际会议文献，涉及自然科学、农业科学、医学和工程技术等领域。在科研产出中，科技会议论文是对期刊文献的重要补充，所反映的是学科前沿性、发展迅速的研究成果，一些新的创新思想和概念往往先于期刊出现在会议文献中，从会议文献可以了解最新概念的出现和发展，并可掌握某一学科最新的研究动态和趋势。

第一节 科技论文概况

一、科技论文总量稳定增长

2015 年，北京发表国内科技论文和国际科技论文数量分别达到 66096 篇和 93502 篇，是 2001 年的 2.1 倍和 6.4 倍，年均增长 5.5% 和 14.2%，国际科技论文增长快于国内科技论文（图 7－1）。科技论文数量的快速增长反映出北京在科技创新领域的投入取得了明显成效。从国际国内论文比的角度看，2013 年北京发表的国际论文数首次超过国内论文数，国际国内论文比为 1.08，标志着北京基础研究领域开始更多地参与国际学术竞争。

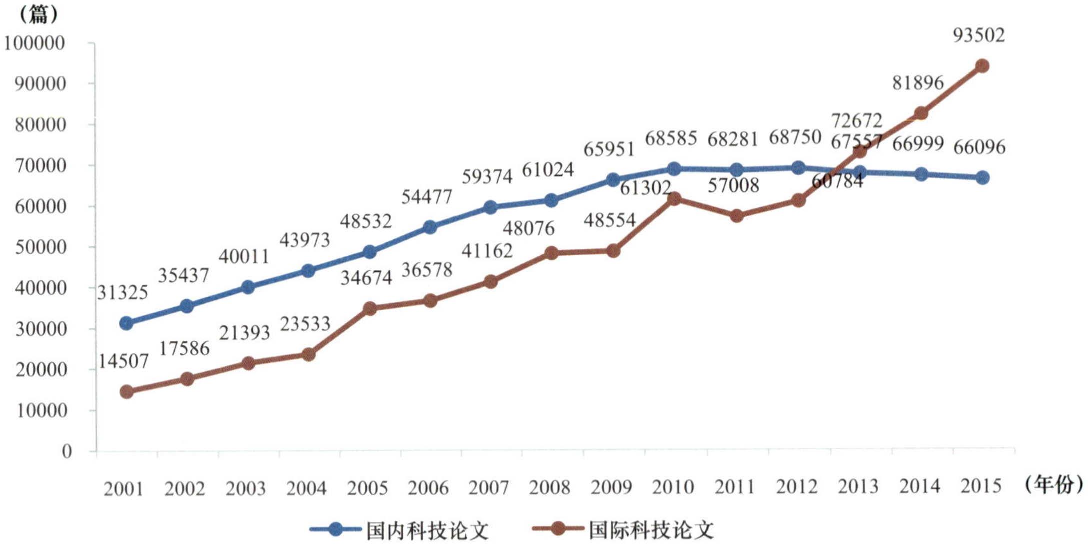

图 7－1 北京发表的国内、国际科技论文总量（2001—2015）

数据来源：2002—2016 年《中国科技论文统计与分析》，中国科学技术信息研究所。下同。

二、科技论文总量稳居全国首位，占全国比重呈下降趋势

2015 年，北京发表国内科技论文和国际科技论文占全国科技论文比重分别为 13.4% 和 18.5%。与其他省（市）比较，北京发表科技论文的优势明显，其他省（市）发表国内、国际科技论文篇数占全国比重均在 11% 以下（表 7－1、表 7－2）。

表 7－1 国内科技论文前 5 名省（市）（2015）

省（市）	国内科技论文（篇）	占全国比重（%）
北京	66096	13.4
江苏	44718	9.1

续表

省（市）	国内科技论文（篇）	占全国比重（%）
广东	29751	6.0
上海	28980	5.9
陕西	27247	5.5

表 7－2 国际科技论文前 5 名省市（2015）

省（市）	国际科技论文（篇）	占全国比重（%）
北京	93502	18.5
江苏	51602	10.2
上海	42902	8.5
陕西	28572	5.6
湖北	26789	5.3

2001—2015 年，北京发表的国内、国际科技论文数占全国比重均呈现下降态势，2015 年北京发表国内、国际科技论文占全国比重分别为 13.4% 和 18.5%，较 2001 年分别下降了 2.0 和 10.6 个百分点（图 7－2）。

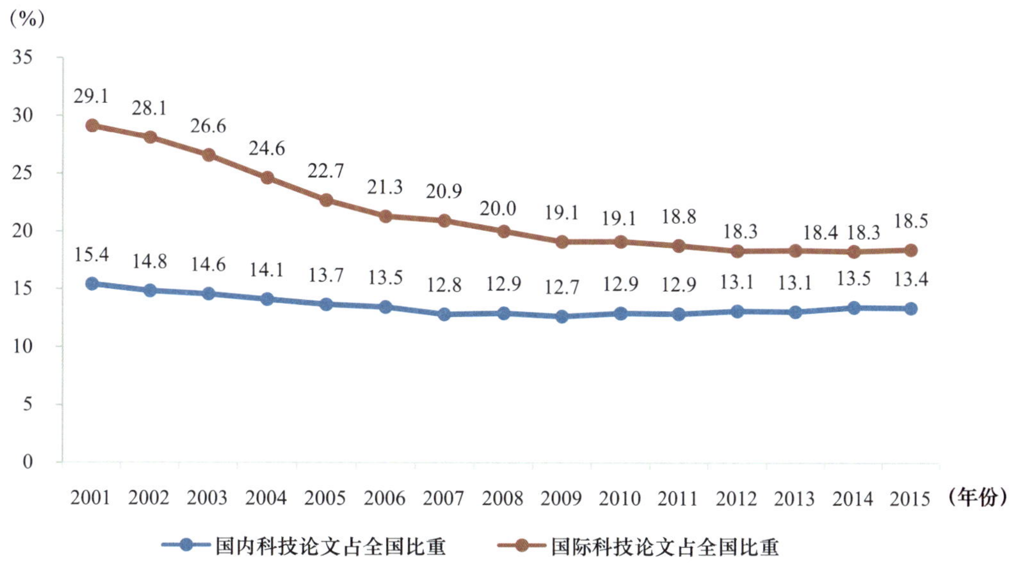

图 7－2 北京发表的国内、国际科技论文占全国比重（2001—2015）

第二节 国内科技论文

一、国内科技论文主要集中在医药卫生和工业技术学科①领域

2015 年，北京发表医药卫生和工业技术学科的国内科技论文分别为 26697 篇和 25685 篇，占各学科论文总量的 40.4% 和 38.9%；基础学科和农林牧渔学科的论文分别为 7340 篇和 3209 篇，占 11.1% 和 4.9%；其他学科 3165 篇，占 4.8%。从各学科增长变化看，医药卫生和农林牧渔两个学科增速较快，2001—2015 年的年均增速在 7.5% 以上；工业技术和基础学科的年均增速分别为 4.6% 和 0.1%（图 7-3）。

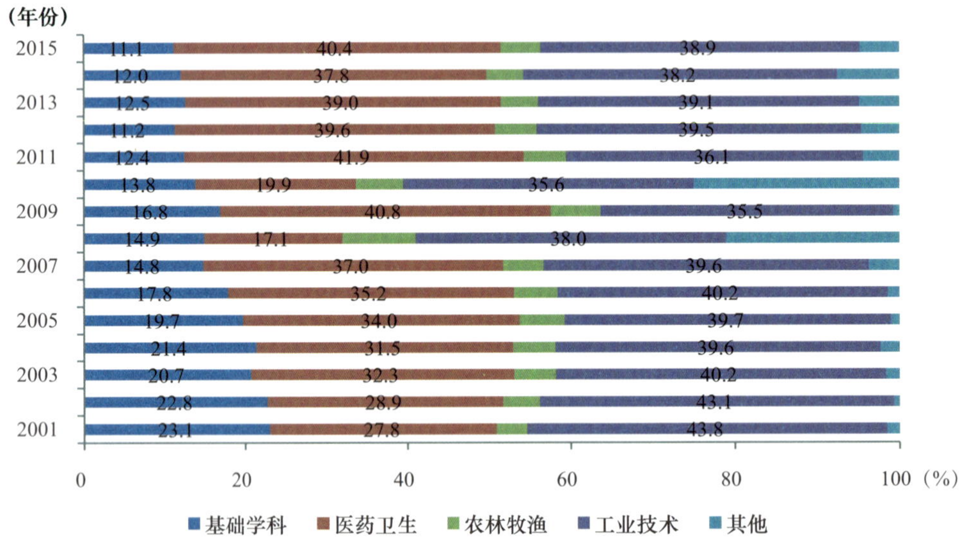

图 7-3 北京发表的国内科技论文按学科分布（2001—2015）

二、国内科技论文主要集中在高等学校，科研机构是第二大论文发表主体

2015 年，高等学校发表国内科技论文 35232 篇，占北京发表国内科技论文总数的 53.3%；科研机构发表 16173 篇，占 24.5%；医疗卫生机构发表 8374 篇，占 12.7%；企业发表论文 2669 篇，占 4.0%（图 7-4）。

① 该学科分类是由中国科学技术信息研究所依据《中华人民共和国学科分类与代码国家标准》并结合工作实际制定的，用于论文统计的学科分类体系，共设基础学科、医药卫生、农林牧渔、工业技术和其他 5 个门类、58 个一级学科、573 个二级学科和近 6000 个三级学科。

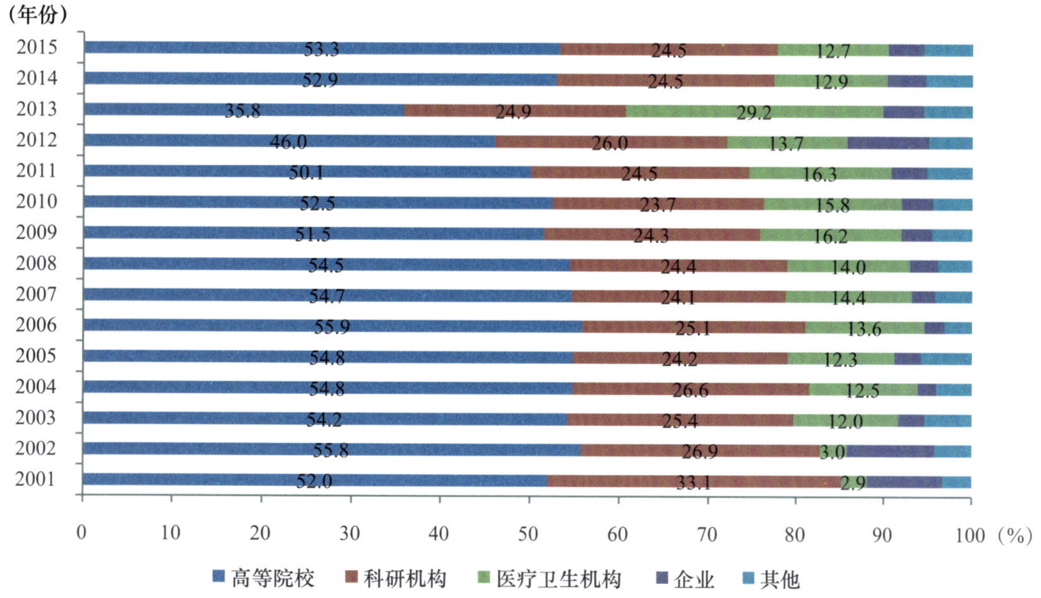

图 7－4　北京发表的国内科技论文按机构分布（2001—2015）

注：医疗卫生机构论文数不包括高等学校附属医院的数据。

从增速变化情况来看，2001—2015 年医疗卫生机构发表国内科技论文篇数增长最快，年均增速为 17.2%；高等院校年均增速为 5.7%，发表论文篇数在 2010—2013 年呈下降趋势，2013 年达到谷底，仅为 24158 篇（图 7－5）；科研机构年均增速为 3.2%，企业出现负增长。从各类机构占比变化情况来看，高等学校在 2012 年以前发表的国内科技论文数量占各类机构总量的比重一直保持在 50.0% 以上，2013 年下降至 35.8%，2014 年开始回升，2015 年达到 53.3%；医疗卫生机构占比快速上升，由 2001 年的 2.9% 升至 2013 年的 29.2%，2015 年回落至 12.7%；科研机构和企业占比总体呈下降趋势。

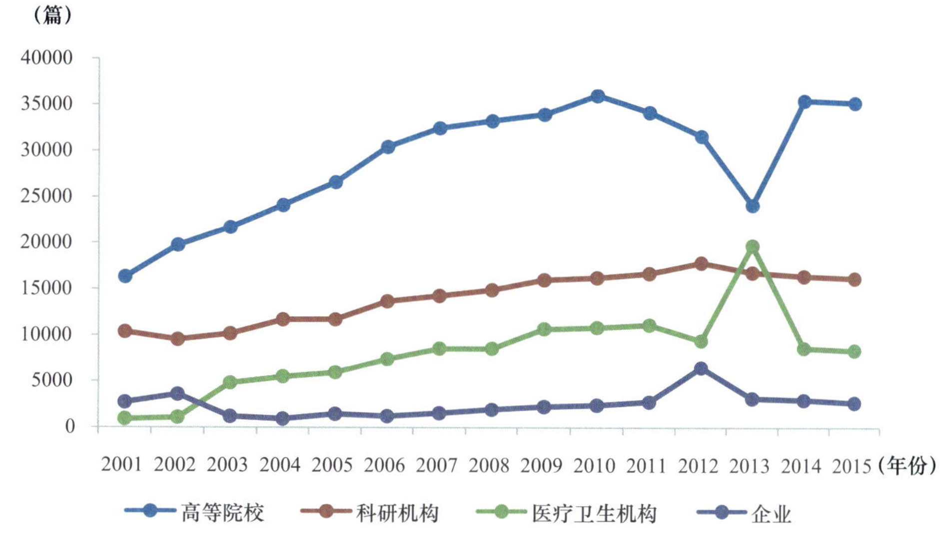

图 7－5　四类机构发表的国内科技论文数量变化（2001—2015）

三、国内科技论文被引篇数和被引频次均居全国首位

论文发表后被引用数据，一直被国际学术界视作评价一篇论文影响力的重要指标。根据2006—2015年CSTPCD数据库收录的中国科技论文在2015年度被引论文篇数、总被引频次和篇均被引次数3个指标的全国排名情况，北京均居首位（表7－3），说明北京发表的国内科技论文有较大影响力。

表7－3 CSTPCD数据库2006—2015年收录的论文在2015年被引用情况——TOP10省（市）

	地区	CSTPCD收录论文总篇数（篇）	被引论文篇数（篇）	总被引频次（次）	篇均被引次数（次）
1	北京	66096	176050	335130	1.90
2	江苏	44718	104764	173201	1.65
3	广东	29751	76481	121479	1.59
4	上海	28980	70191	113484	1.62
5	陕西	27247	56139	91067	1.62
6	湖北	25236	54411	86485	1.59
7	四川	22772	45399	72521	1.60
8	山东	22176	50783	80242	1.58
9	浙江	21565	53896	86508	1.61
10	辽宁	20078	42107	65920	1.57

第三节 国际科技论文

一、三大检索系统收录的北京论文数量均居全国首位，SCI、EI论文数量增长较快

2015年北京发表国际科技论文93502篇，其中SCI、EI和CPCI－S分别为46179篇、38460篇和8863篇，占国际科技论文比重为49.4%、41.1%和9.5%。从占全国份额角度看，三大检索系统收录的北京发表的论文数量多年来一直稳居全国首位，SCI、EI和CPCI－S占全国比重分别为17.4%、18.8%和24.0%。从增长速度来看，SCI和EI论文数量呈稳步上升趋势，CPCI－S论文数量年度波动性较大，三者在2001—2015年的年均增速分别为13.9%、21.2%和5.1%（图7－6）。

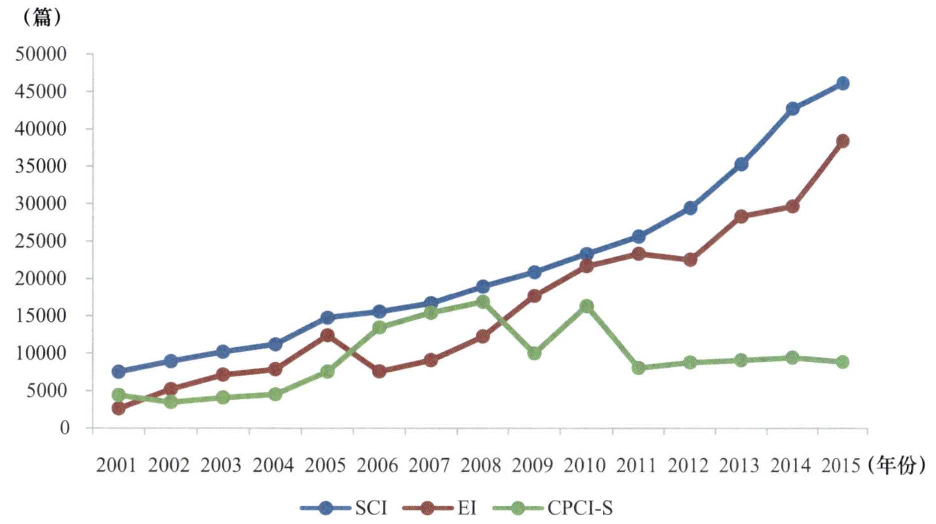

图7－6 三大检索系统收录的北京科技论文数量变化（2001—2015）

二、国际科技论文主要集中在工业技术和基础学科领域

2015年北京发表的工业技术和基础学科领域的国际科技论文分别为51233篇和30529篇，占论文总数的54.8%和32.7%；医药卫生和农林牧渔领域的论文分别为10342篇和1295篇，占11.1%和1.4%；其他学科103篇，占0.1%。从学科分布的历年变化来看，2001—2015年间，各学科论文数量总体呈增长趋势（图7－7）。其中，医药卫生域论文数量增长最快，年均增速为22.6%，所占比重比2001年提升了7.0个百分点；其次是农林牧渔领领域，年均增长速度达19.9%，所占比重提升了0.7个百分点；基础学科和工业技术领域由于论文基数大，增长速度相对缓慢，年均增速分别为10.7%和15.9%。

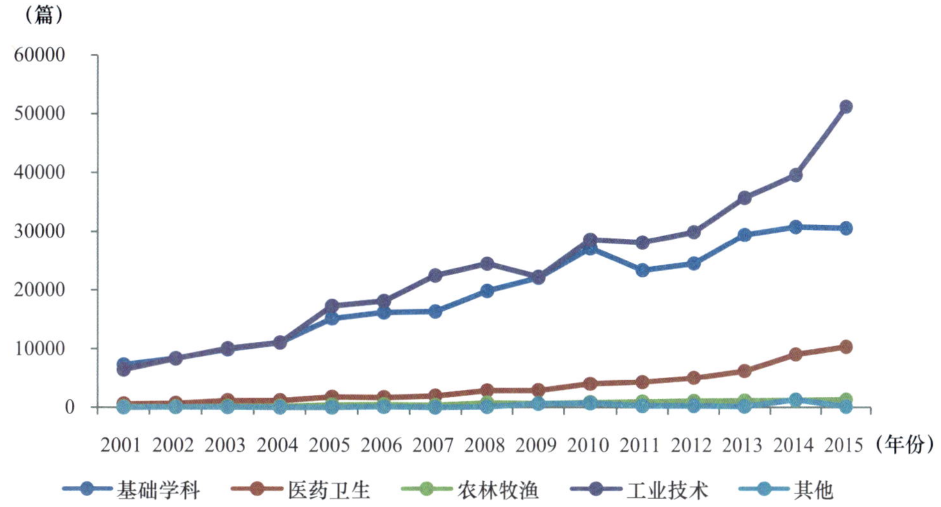

图7－7 北京发表的国际科技论文按学科分布（2001—2015）

从一级学科论文分布情况看，北京发表的国际科技论文在40个一级学科中，有36个学科的论文数量排在全国首位。从学科分布的历史变化来看，2015年三大检索系统收录北京论文数量居前10位的学科论文共计65544篇，占各学科论文总量的70.1%，比2001年下降了8个百分点，北京发表国际科技论文的学科集中度稳中有降。其中，物理、化学、电子、通信与自动控制、材料科学和计算技术5个学科发表国际科技论文篇数占各学科总量的比重下降较快，以物理学为例，2011年发表国际科技论文3210篇，位居各学科首位，占比22.1%，2015年发表6681篇，但占比下降至7.1%，位次降至第5位。与此同时，环境科学、生物学、土木建筑和临床医学4个学科位次有所提升，其中环境科学首次进入十大论文学科并且居各学科首位（表7－4）。

表7－4 北京发表的国际科技论文数量最多的10个学科变化（2015年与2001年对比）

	2015			2001			位次变化趋势
	篇数	位次	比重（%）	篇数	位次	比重（%）	
环境科学	7980	1	8.5	60	26	0.4	↑
生物	7512	2	8.0	748	6	5.2	↑
化学	6794	3	7.3	1916	2	13.2	↓
土木建筑	6698	4	7.2	201	16	1.4	↑
物理	6681	5	7.1	3210	1	22.1	↓
电子、通信与自动控制	6432	6	6.9	1499	3	10.3	↓
临床医学	6185	7	6.6	215	14	1.5	↑
地学	5963	8	6.4	625	8	4.3	—
计算技术	5766	9	6.2	799	5	5.5	↓
材料科学	5533	10	5.9	915	4	6.3	↓
合计	65544	—	70.1	10188	—	70.2	

三、国际科技论文主要集中在高等院校

2015年，高等学校发表国际科技论文61682篇，占北京发表国际科技论文总数的66.0%；科研机构发表23456篇，占25.1%；医疗卫生机构发表3391篇，占比3.6%；企业发表论文2113篇，占2.3%（图7－8）。

从增速变化情况来看，2001—2015年医疗卫生机构发表国际科技论文篇数增长最快，年均增速为24.1%；企业发表国际论文的年均增速为23.6%，高等院校和科研机构的年均增速分别为15.0%和11.0%。从各类机构占比变化情况来看，高等学校、医疗卫生机构和企业发表国际科技论文所占份额持续上升，科研机构所占份额逐年下降。

高等学校发表的国际科技论文主要集中在清华大学、北京大学、北京航空航天大学等中央属高等学校（表7－5）；科研机构发表的国际科技论文主要集中在以中科院化学研究所、物理研究所为代表的中科院属研究所和中国工程物理研究院、军事医学科学院等中央单位（表7－6）。

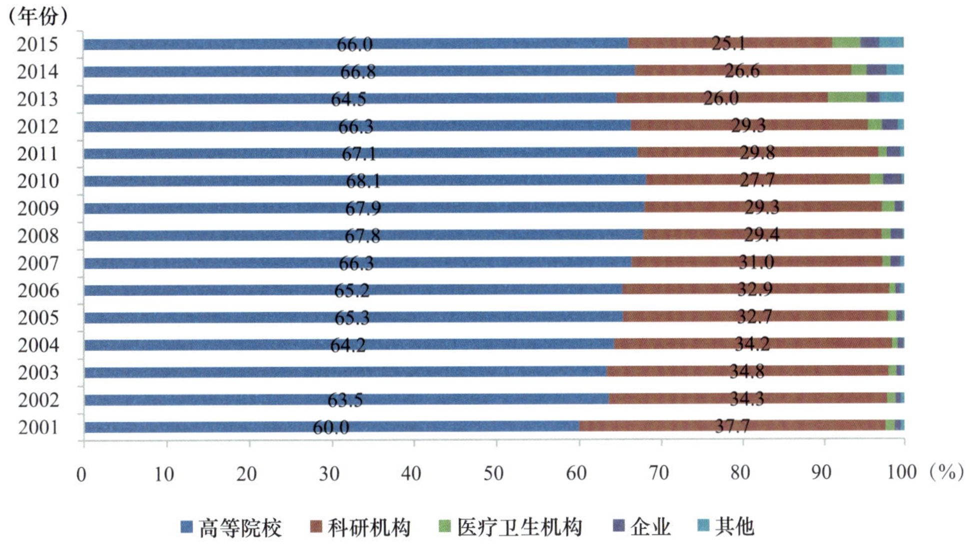

图 7－8　北京发表的国际科技论文按机构分布（2001—2015）

表 7－5　2015 年北京发表国际科技论文数量居前 5 位的高等学校

SCI			EI			CPCI－S		
位次	单位	篇数	位次	单位	篇数	位次	单位	篇数
1	清华大学	4769	1	清华大学	5089	1	清华大学	755
2	北京大学	4201	2	北京航空航天大学	3024	2	北京航空航天大学	642
3	北京航空航天大学	2299	3	北京科技大学	2447	3	北京大学	593
4	首都医科大学	1764	4	北京理工大学	2283	4	北京理工大学	534
5	北京理工大学	1721	5	北京大学	1782	5	北京交通大学	406

表 7－6　2015 年北京发表国际科技论文数量居前 5 位的科研机构

SCI			EI			CPCI－S		
位次	单位	篇数	位次	单位	篇数	位次	单位	篇数
1	中国科学院化学研究所	717	1	中国科学院化学研究所	546	1	中国工程物理研究院	155
2	中国科学院物理研究所	510	2	中国科学院过程工程研究所	359	2	中国科学院自动化研究所	116
3	中国科学院生态环境研究中心	503	3	中国科学院物理研究所	355	3	中国科学院信息工程研究所	111
4	中国科学院地理科学与资源研究所	439	4	中国科学院生态环境研究中心	339	4	中国医学科学院肿瘤医院	75
5	军事医学科学院	415	5	中国科学院半导体研究所	310	5	中国科学院光电技术研究所	73

四、SCI 论文被引篇数和被引频次均居全国第一位

SCI 提供的引文分析数据是国际上通用的评价科研成果水平的重要标准，我国学术界已逐渐接

受由 SCI 提供的引文分析数据是一种比较客观、公允和定量的评价方式，被广泛应用于高等学校、科研机构，乃至科研人员的学术能力评价体系。根据 2006—2015 年 SCI 收录的中国科技论文在 2015 年度被引用情况的全国排名，北京的被引论文篇数和总被引频次排在全国第一位，篇均被引次数落后于吉林、福建、安徽和上海 4 个省（市）（表 7 -7）。

表 7 -7 SCI 2006—2015 年网络版收录的中国科技论文 TOP10 省（市）在 2015 年被引用情况

	SCI 收录论文总篇数		被引论文篇数		总被引频次		篇均被引次数	
	地区	篇数	地区	篇数	地区	频次	地区	频次
1	北京	273956	北京	211678	北京	2723969	吉林	11.64
2	上海	151510	上海	119693	上海	1582577	福建	10.64
3	江苏	141487	江苏	108456	江苏	1205401	安徽	10.51
4	广东	84442	浙江	64171	广东	739552	上海	10.45
5	浙江	82715	广东	63962	浙江	721634	北京	9.94
6	湖北	75528	湖北	58701	湖北	695696	甘肃	9.81
7	山东	70030	山东	52959	辽宁	559267	天津	9.62
8	陕西	69920	陕西	52348	山东	523082	辽宁	9.39
9	辽宁	59534	辽宁	45907	吉林	484342	湖北	9.21
10	四川	59208	四川	43235	陕西	462473	广东	8.76

第八章　专　利

专利作为专利权的简称，是指为了保护、鼓励发明创造，推动科学技术进步和经济发展，法律授予发明创造者的一种独占性的知识产权。专利是技术创新和科学技术发明创造活动的产物。因此，专利的申请量和授权量可以从一个侧面反映出一个国家或地区的科技水平和创新能力。

专利的类型

我国专利分为发明专利、实用新型专利和外观设计专利三种。发明专利是对产品、方法或者对其改进所提出的新技术方案；实用新型专利是针对产品的形状、构造或者其结合所提出的适于实用的新技术方案；外观设计专利是对现有产品的形状、图案、色彩或其任意结合所做出的富有美感并适于工业应用的新设计。发明专利可以是有形或无形的新产品，也可以是一个新流程或方法，而实用新型专利只能针对现存的有形产品做出宏观结构上的改进；外观设计专利则侧重为增加产品的美感而对其外表做出的装饰性或艺术性设计。

本章主要依据国家知识产权局发布的《专利统计年报》历年的统计数据，从总体情况、专利类别、机构分布等角度对北京地区专利情况进行分析。

第一节　专利总体情况

专利是反映技术发展活动是否活跃的重要标志，是反映科技创新的发明人是否有谋求专利保护的积极性，专利的申请数量越多，表示一个社会的创新能力越高，社会就越有活力，科技创新能力就越强。

一、专利申请和授权

自1985年《中华人民共和国专利法》实施以来，专利事业迅速发展，公众的知识产权保护意识不断增强。近年来，专利的申请量和授权量呈现快速增长态势。

（一）北京地区专利申请和授权均保持两位数增长

2016年，北京地区专利申请189129件①，2001—2016年期间年均增长20.1%；专利授权100578件，2001—2016年期间年均增长20.4%（图8－1）。2001—2016年跨越了“十五”时期（2001—2005）、“十一五”时期（2006—2010）和“十二五”时期（2011—2015）。按年均增长率

① 指国家知识产权局受理的北京地区专利申请。

计算，北京地区国内专利申请量和授权量“十五”时期的年均增长率分别为16.7%和12.8%，“十一五”时期分别为21.2%和31.4%，“十二五”时期分别为19.0%和23.1%。

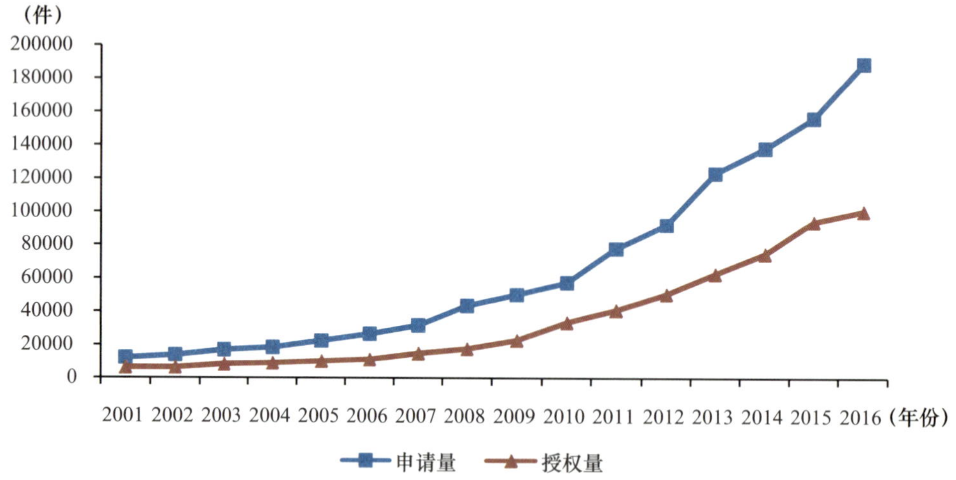

图8-1 北京地区专利申请量和授权量情况（2001—2016）

——北京地区发明专利申请和授权增长速率放缓

发明专利应当具备新颖性、创造性和实用性。与实用新型和外观设计专利申请只需要初步审查不同，发明专利申请要经过“实质审查”，在实质审查过程中对发明专利创造性的判断标准要高于实用新型和外观设计专利申请。因此，发明专利的科技含量较高，更能够在较大程度上反映一个国家、地区或企业的技术创新能力。

2016年，北京地区发明专利申请104643件，2001—2016年期间年均增长22.5%；发明专利授权40602件，2001—2016年期间年均增长28.5%（图8-2）。按年均增长率计算，北京地区国内发明专利申请量和授权量“十五”时期的增长率分别为24.8%和38.5%，“十一五”时期分别为23.8%和30.5%，“十二五”时期分别为18.5%和22.1%。

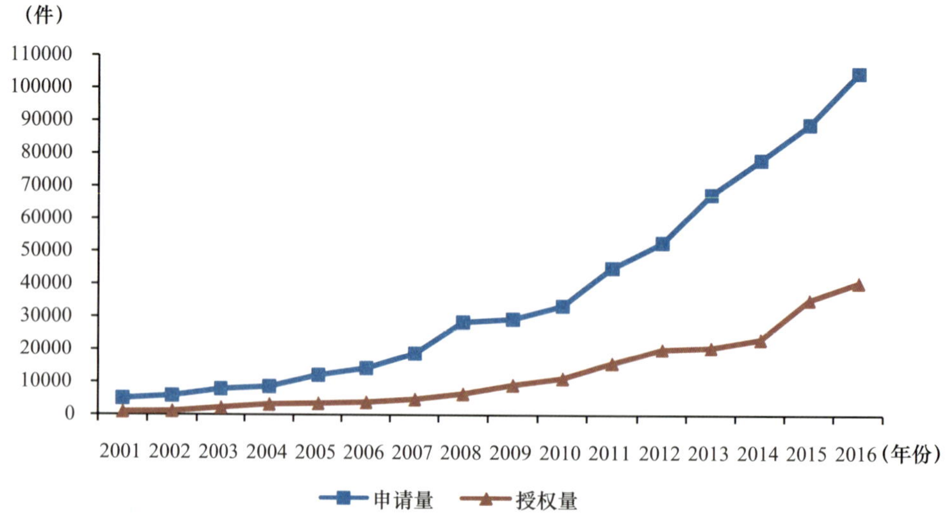

图8-2 北京地区发明专利申请量和授权量情况（2001—2016）

（二）发明专利申请量超过专利申请量的半数

随着专利申请量和授权量的快速增长，三类专利结构也在不断变化。发明专利所占比重整体呈上升趋势，实用新型、外观设计所占比重整体呈下降趋势。

2016 年，北京地区发明专利申请 104643 件，占专利申请的 55.3%；实用新型专利申请 64496 件，外观设计专利申请 19990 件，分别占 34.1% 和 10.6%。

2001—2016 年，发明专利申请所占比重整体呈上升趋势，由 2001 年的 40.9% 上升到 2016 年的 55.3%；实用新型和外观设计申请所占比重整体呈下降趋势，分别由 2001 年的 42.0% 和 17.1% 下降到 2016 年的 34.1% 和 10.6%。

2003 年，三种专利申请量发生了结构性变化，发明专利所占比重提高到 46.1%，首次超过了实用新型专利（39.2%）。2005 年，北京的发明专利在三种专利申请量中所占的比重首次突破 50%，达到 53.6%，此后这一比重一直维持在 50% 以上（图 8－3）。

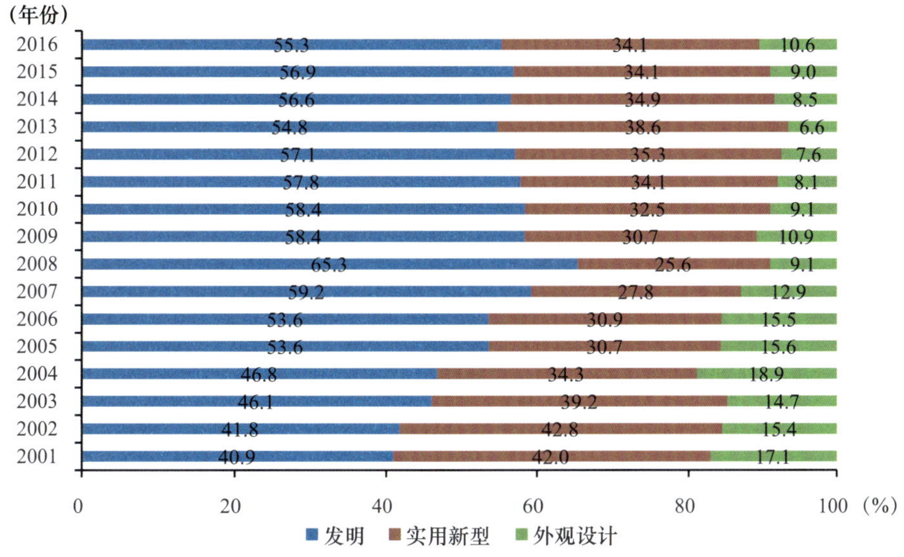

图 8－3　北京地区专利申请量中三种专利所占比重的变化（2001—2016）

从专利授权情况来看，2016 年，北京地区发明专利授权 40602 件，占专利授权的 40.4%；实用新型专利授权 44710 件，外观设计专利授权 15266 件，分别占 44.5% 和 15.2%。

2001—2016 年，发明专利授权所占比重整体呈上升趋势，由 2001 年的 15.1% 上升到 2016 年的 40.4%；实用新型授权、外观设计授权所占比重整体呈下降趋势，分别由 2001 年的 57.6% 和 27.2% 下降到 2016 年的 44.5% 和 15.2%（图 8－4）。

（三）北京地区专利申请量居全国第五位、授权量居全国第四位

2016 年北京地区专利申请 189129 件，占全国的 5.7%，居全国第五位。2016 年，专利申请居全国前 6 位的省（市）分别是江苏、广东、浙江、山东、北京、安徽，合计占全国的 60.1%。2001—2016 年，北京地区专利申请基本处于全国第五位（图 8－5）。

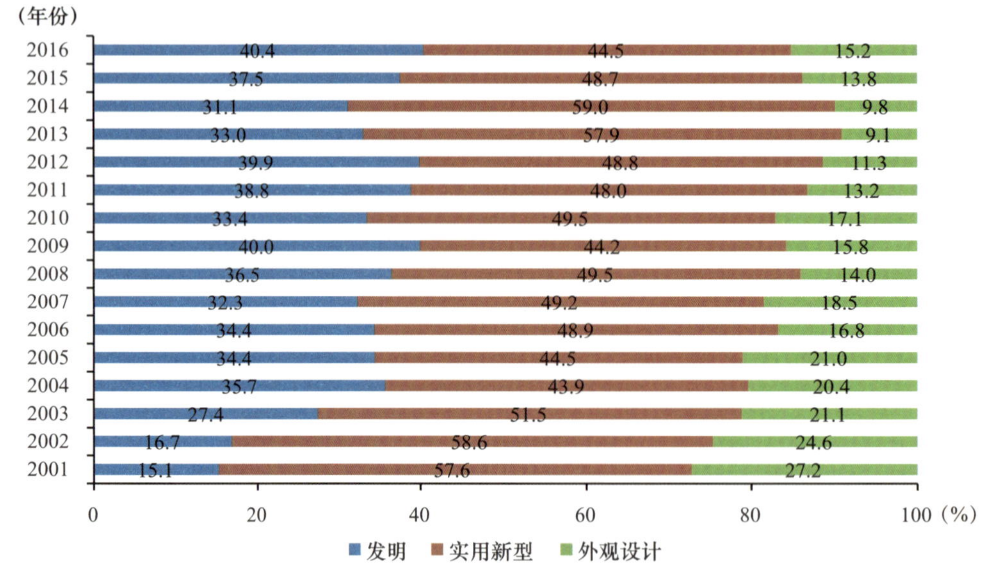

图 8－4 北京地区专利授权量中三种专利所占比重的变化（2001—2016）

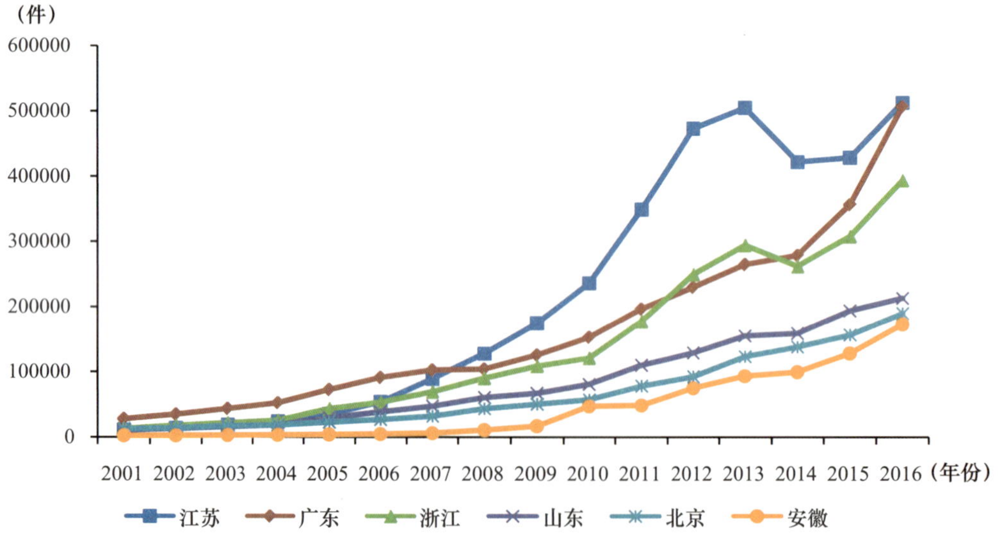

图 8－5 专利申请量居前 6 位省（市）情况（2001—2016）

2016 年北京地区授权专利 100578 件，占全国的 6.2%，居全国第四位。2016 年，专利授权居全国前 6 位的省（市）分别是广东、江苏、浙江、北京、山东、福建，合计占全国的 60.0%。2001—2016 年北京地区专利授权在全国所处位置略有提高，由原来的第五位，至近 3 年与山东并列处于全国第四位（图 8－6）。

从专利的申请授权率来看，2016 年江苏、广东、浙江、山东、北京的专利申请授权率分别为 45.1%、51.2%、56.3%、46.1%、53.2%，北京的专利申请授权率在 5 省（市）中居于第二位，略低于浙江。

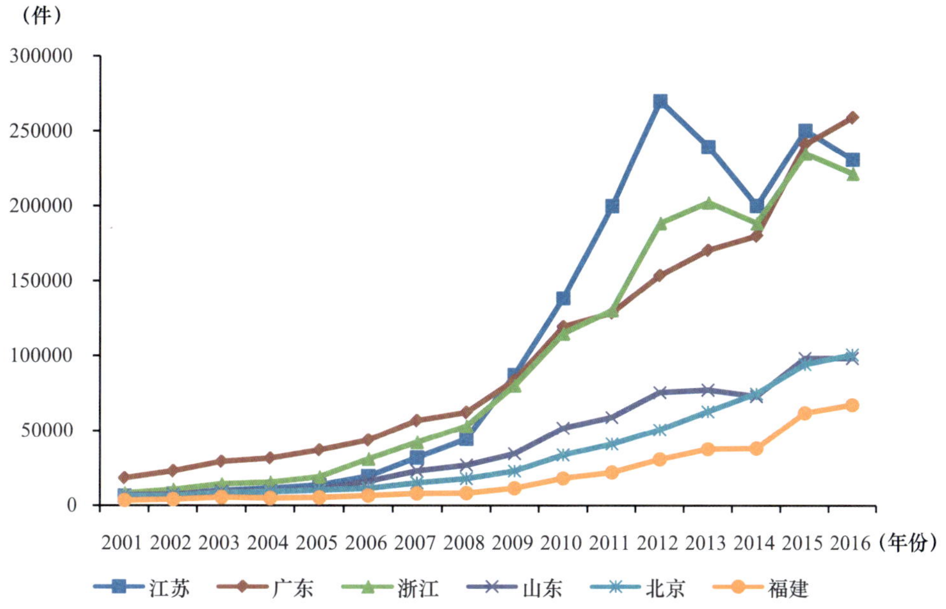

图 8－6 专利授权量居前 6 位省（市）情况（2001—2016）

——北京地区发明专利申请量居全国第三位、授权量居全国第二位

2016 年，北京地区发明专利申请 104643 件，占全国的 8.7%，居全国第三位。2016 年，发明专利申请居全国前 6 位的省（市）分别是江苏、广东、北京、安徽、浙江、山东，合计占全国的 60.0%。2001—2016 年北京地区发明专利申请在全国所处位置略有降低，由 2001 年的第一位下降到 2016 年的第三位（图 8－7）。

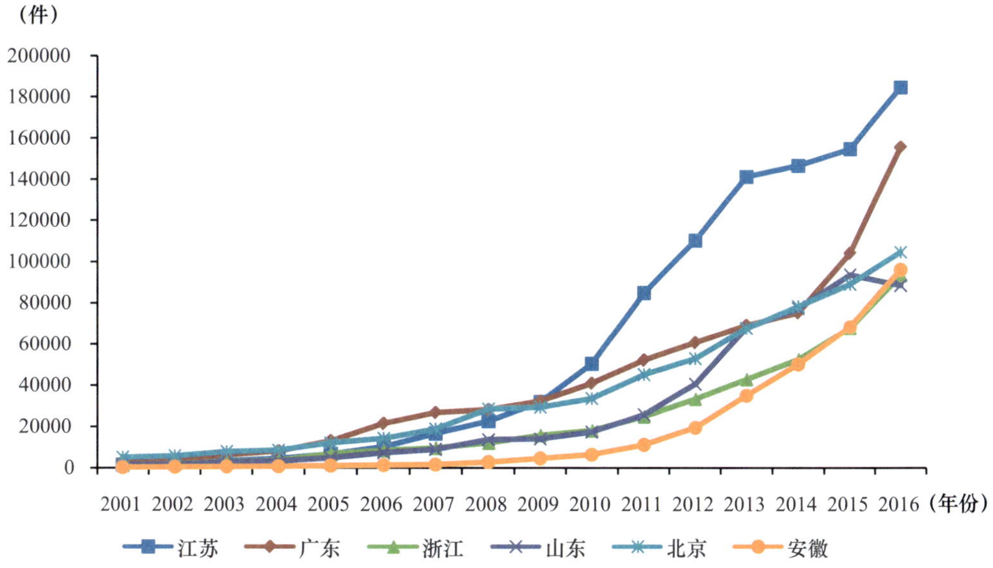

图 8－7 发明专利申请量居前 6 位省（市）情况（2001—2016）

2016年，北京地区发明专利授权40602件，占全国的13.4%，居全国第二位。2016年，发明专利授权居全国前6位的省（市）分别是江苏、北京、广东、浙江、上海、山东，合计占全国的61.6%。2001—2016年北京地区发明专利在全国所处位置比较稳定，一直居于全国第一位或第二位（图8-8）。

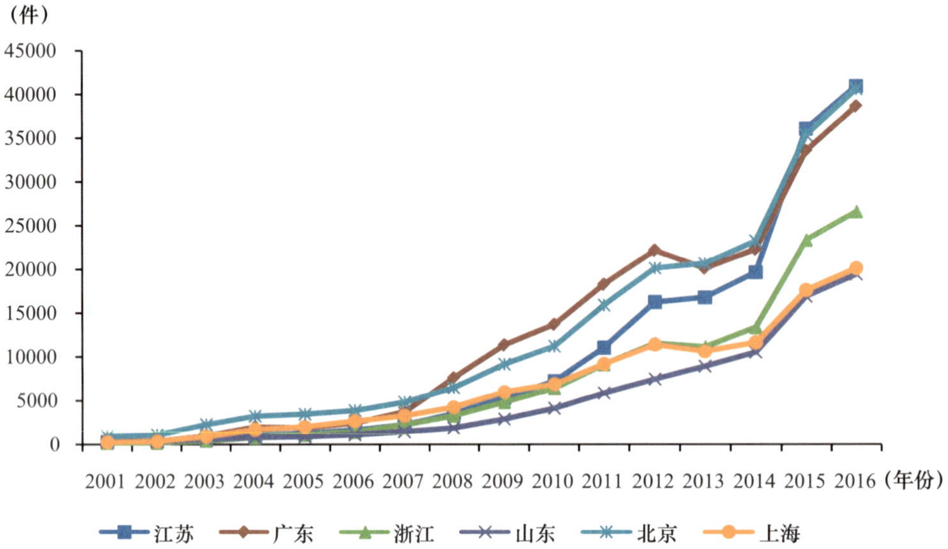

图8-8 发明专利授权量居前6位省（市）情况（2001—2016）

从发明专利的申请授权率来看，江苏、广东、浙江、山东、北京的发明专利申请授权率分别为22.2%、24.8%、28.5%、22.0%和38.8%，北京的发明专利申请授权率在5省（市）中居第一位。

二、有效专利

有效专利是指仍在生效的授权专利。得到授权的专利必须定时缴纳年费维持专利有效性。2009年10月1日起施行的《全国人民代表大会常务委员会关于修改〈中华人民共和国专利法〉的决定》（以下简称《专利法》）第四十二条规定："发明专利权的期限为20年，实用新型专利权和外观设计专利权的期限为10年，均自申请日起计算。"在统一的专利保护期限内，专利权人可以根据本专业技术发展的周期以及专利技术的实施状况，自行决定其保护期的长短。因此，维持时间长的专利，通常是技术价值和经济价值较高的专利。有效专利是反映一个地区技术创新能力和市场竞争力的重要指标。

截至2016年年底，北京地区有效专利总量为41.8万件，按专利类型来看，发明、实用新型和外观设计所占比重分别为39.9%、48.7%和11.4%。权利稳定、技术含量较高的发明专利16.7万件，在三类有效专利中占四成，与全国21.0%的平均水平相比，具有明显优势，如图8-9所示。

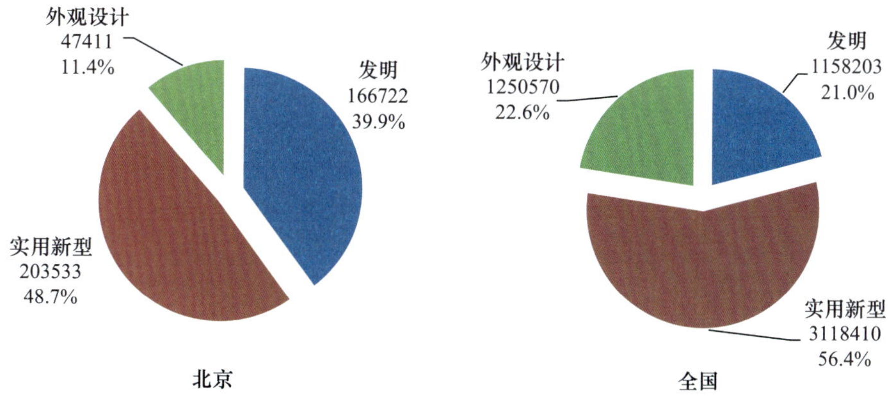

图 8－9　2016 年北京地区和全国有效专利按专利类型的分布（单位：件）

第二节　职务专利

一、职务与非职务专利的申请和授权

关于职务与非职务专利的界定，我国《专利法》第六条明确规定："执行本单位的任务或者主要是利用本单位的物质技术条件所完成的发明创造为职务发明创造。职务发明创造申请专利的权利属于该单位；申请被批准后，该单位为专利权人。非职务发明创造，申请专利的权利属于发明人或者设计人；申请被批准后，该发明人或者设计人为专利权人。"

（一）职务专利占主导地位

2016 年，北京地区职务专利申请 169826 件，占北京地区专利申请的 89.8%。从增长率来看，2001—2016 年职务专利申请年均增长 26.5%；2016 年，北京地区非职务专利申请 19303 件，占北京地区专利申请的 10.2%，从增长率来看，2001—2016 年非职务专利申请年均增长 6.8%（图 8－10）。综上，北京地区职务专利申请在所占比重和增长两方面均远远超过了非职务专利申请。

2016 年，北京地区职务专利授权 91739 件，占北京地区专利授权的 91.2%。从增长率来看，2001—2016 年职务专利授权年均增长 26.7%；2016 年，北京地区非职务专利授权 8839 件，占北京地区专利授权的 8.8%，从增长率来看，2001—2016 年非职务专利授权年均增长 6.2%（图 8－11）。

（二）职务发明专利申请量占职务专利申请量的六成，授权量占四成

2016 年，北京地区职务发明专利申请 98009 件，占北京地区职务专利申请的 57.7%，实用新型和外观设计申请 55186 件和 16631 件，分别占 32.5% 和 9.8%。

2001—2016 年，职务发明申请所占比重整体呈先扬后抑的趋势，第一阶段所占比重由 2001 年的 48.4% 增至 2008 年的 74.2%，第二阶段所占比重由 2009 年的 64.9% 降至 2016 年的 57.7%，基本维持在 60% 左右；实用新型职务专利申请所占比重呈先抑后扬的趋势，第一阶段所占比重由

2001 年的 31.9% 降至 2008 年的 19.9%，第二阶段所占比重由 2009 年的 26.5% 增至 2016 年的 32.5%，基本维持在 30% 左右；外观设计职务专利申请所占比重整体呈下降趋势，由 2001 年的 19.7% 降至 2016 年的 9.8%，基本维持在 10% 左右（图 8－12）。

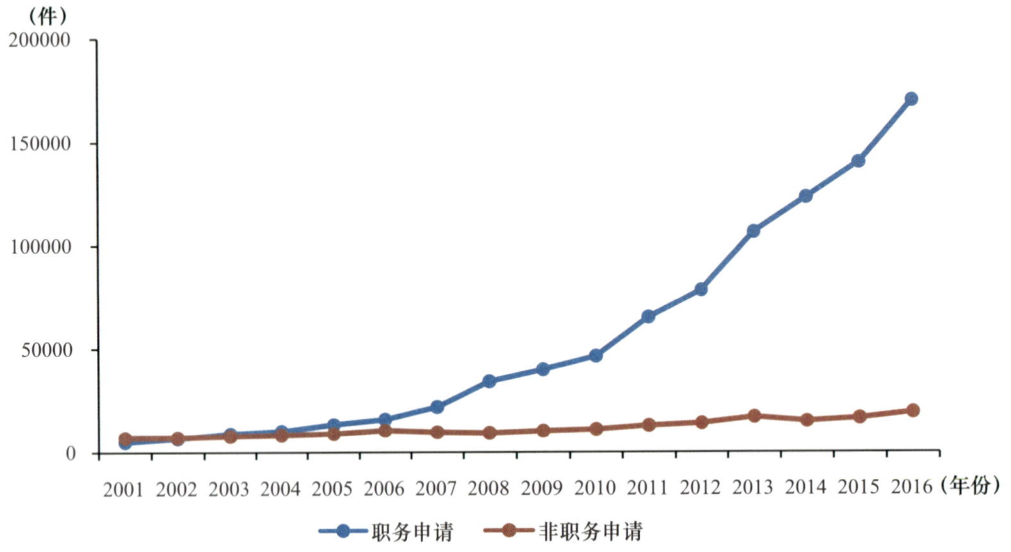

图 8－10　北京地区职务、非职务专利申请分布状况（2001—2016）

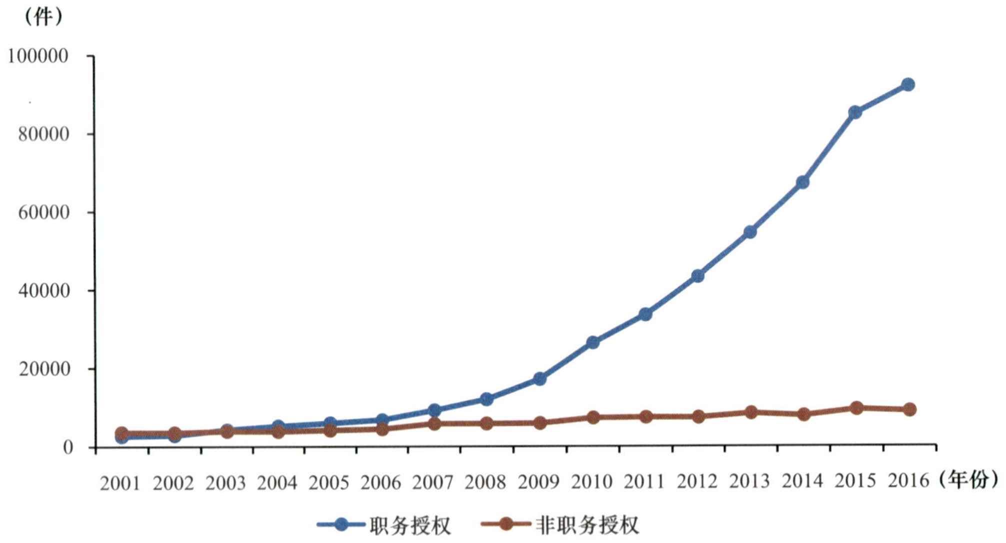

图 8－11　北京地区职务、非职务专利授权分布状况（2001—2016）

2016 年，北京地区职务发明专利授权 39033 件，占北京地区职务专利授权 42.5%，实用新型和外观设计申请 39768 件和 12938 件，分别占 43.3% 和 14.1%。

2001—2016 年，职务发明授权所占比重整体呈先扬后抑趋势，2001 年占 24.5%，2004 年达到 47.7%，首次超过实用新型所占比重，这一趋势保持到 2009 年，2010 年后所占比重有所降低，此后基本维持在40%左右；实用新型职务专利授权所占比重整体呈先抑后扬趋势，2001年占48.7%，2004年占35.3%，直到2009年一直保持在40%的比例，2010年之后占比在50%左右；外观设计职务专利授权所占比重变化整体呈下降趋势，由2001年的26.9%降低到2016年的14.1%，此后基本维持在10%左右（图8－13）。

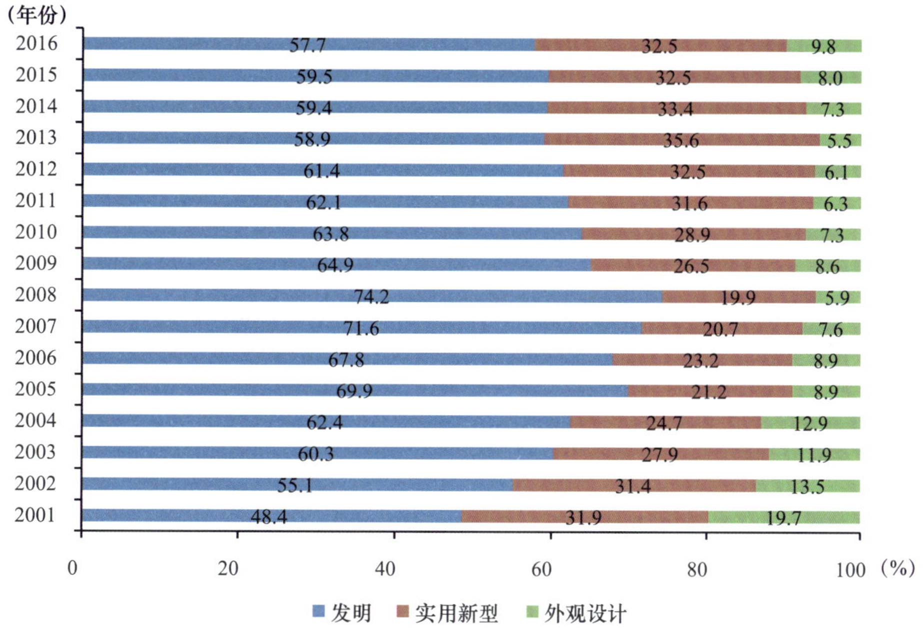

图8－12　北京地区职务专利申请中三种专利所占比重的变化（2001—2016）

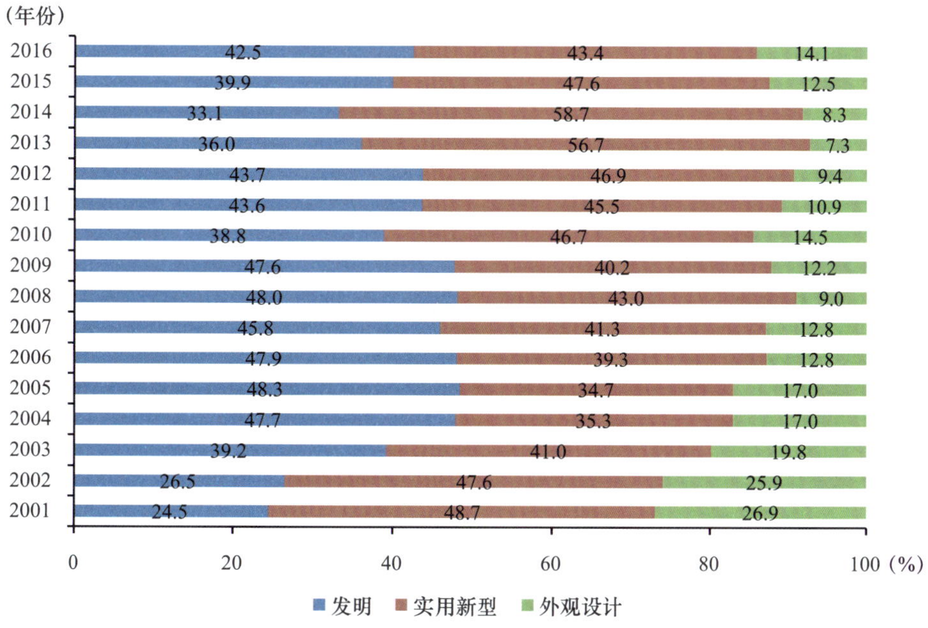

图8－13　北京地区职务专利授权中三种专利所占比重的变化（2001—2016）

二、职务专利的机构分布

企业作为技术创新的主体，在职务专利的机构分布中占据主导地位。

（一）企业在职务专利申请和授权中占近八成

2016 年，北京地区企业职务专利申请 131375 件，占职务专利申请的 77.4%，大专院校、科研单位和机关团体职务专利申请分别为 17805 件、17707 件和 2939 件，所占比重分别为 10.5%、10.4% 和 1.7%。企业在职务专利申请中占据绝对主导地位。

2001—2016 年，企业职务专利申请所占比重整体呈上升的趋势，2003 年所占比重最低，为 58.0%，之后持续上升到 2016 年的 77.4%；大专院校和科研单位职务专利申请所占比重整体呈下降趋势，分别由 2003 年的 18.8% 和 21.6% 下降到 2016 年的 10.5% 和 10.4%（图 8－14）。

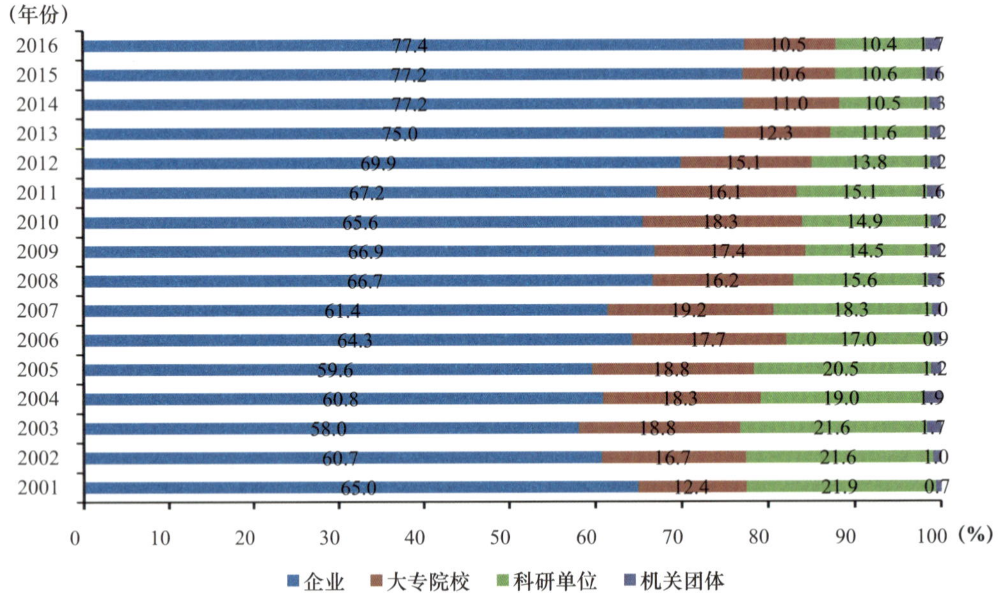

图 8－14　北京地区职务专利申请按机构类型分布（2001—2016）

2016 年，北京地区企业职务专利授权 72236 件，占职务专利授权的 78.7%，大专院校、科研单位和机关团体职务专利授权分别为 9026 件、9067 件和 1410 件，所占比重分别为 9.8%、9.9% 和 1.5%。企业在职务专利授权中同样占据绝对主导地位。

2001—2016 年，企业职务专利授权所占比重整体呈上升的趋势，2004 年所占比重最低，为 60.4%，之后持续上升到 2016 年的 78.7%；大专院校和科研单位职务专利申请所占比重整体呈下降趋势，分别由 2004 年的 18.1% 和 20.4% 下降到 2016 年的 9.8% 和 9.9%（图 8－15）。

（二）企业在职务发明专利申请中占七成，授权中占近六成

2016 年，北京地区企业职务发明专利申请 67839 件，占职务发明专利申请的 69.2%，大专院校、科研单位和机关团体职务发明专利申请分别为 14699 件、14246 件和 1225 件，所占比重分别为 15.0%、14.5% 和 1.2%。

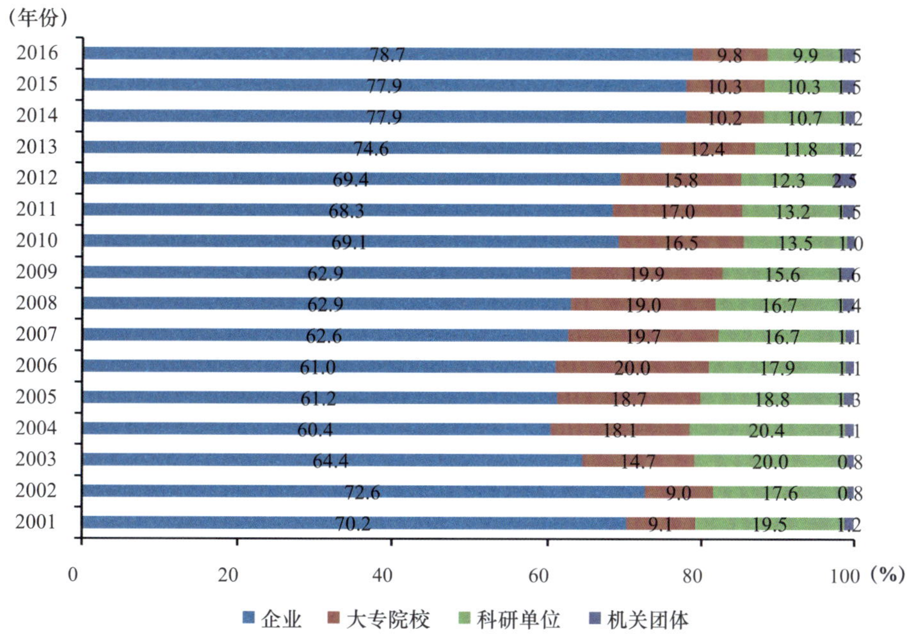

图 8-15 北京地区职务专授权按机构类型分布（2001—2016）

2001—2016 年，企业职务发明专利申请所占比重整体呈上升的趋势，由 2001 年的 44.6% 上升到 2016 年的 69.2%；大专院校和科研单位职务发明专利申请所占比重整体呈下降趋势，分别由 2001 年的 21.1% 和 33.5% 下降到 2016 年的 15.0% 和 14.5%（图 8-16）。

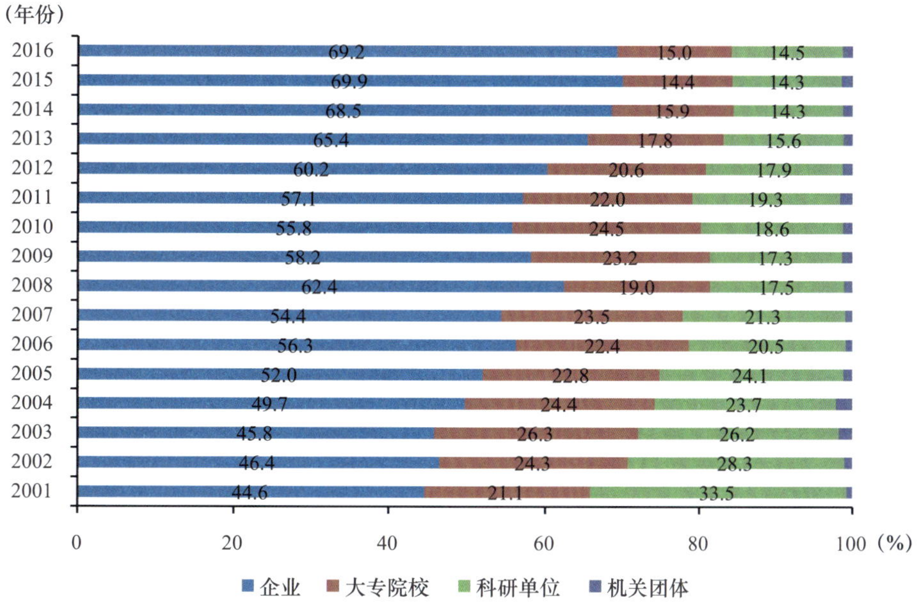

图 8-16 北京地区职务发明专利申请按机构类型分布（2001—2016）

2016 年，北京地区企业职务发明专利授权 24956 件，占职务发明专利授权的 63.9%，大专院校、科研单位和机关团体职务发明专利授权分别为 6942 件、6604 件和 531 件，所占比重分别为 17.8%、16.9% 和 1.4%。

2001—2016 年，企业职务发明专利授权所占比重整体呈上升的趋势，由 2001 年的 43.5% 上升到 2016 年的 63.9%；大专院校的职务发明专利授权所占比重整体呈先扬后抑的趋势，2004—2012 年所占比重保持在 30% 左右，之后有所回落，2016 年降至 17.8%；科研单位的职务发明专利授权所占比重整体呈下降趋势，由 2001 年的 33.3% 下降到 2016 年的 16.9%（图 8－17）。

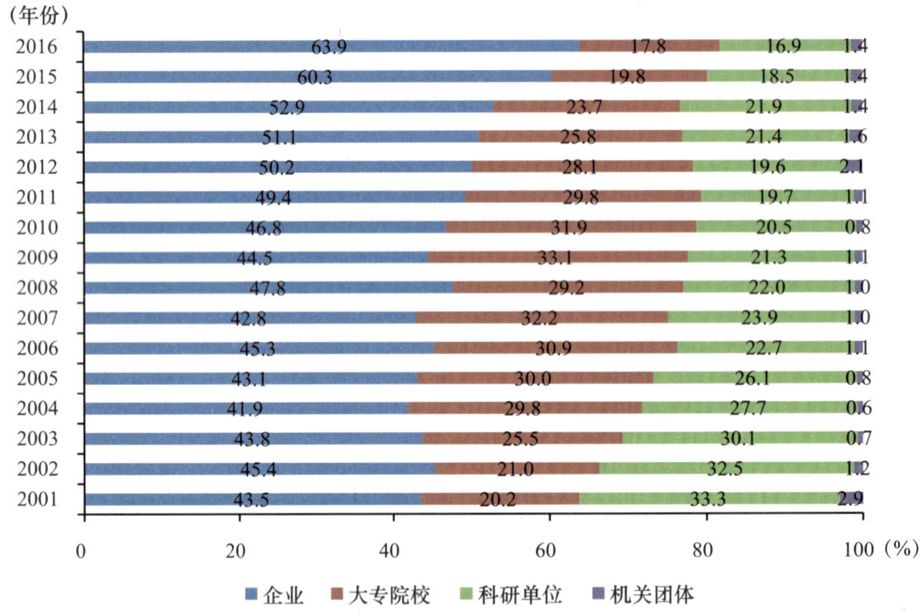

图 8－17 北京地区职务发明专利授权按机构类型分布（2001—2016）

第三节 PCT 专利

PCT 即 Patent Cooperation Treaty 的简称，译为专利合作条约，是专利领域一项重要的国际合作条约，该条约于 1970 年在华盛顿签署，并于 1978 年生效。专利申请人可以通过 PCT 途径递交国际专利申请，向多个国家申请专利，能节约向多个国家同时申请所花费的一部分精力，但是专利权仍由各国分别授予。我国于 1994 年 1 月 1 日起加入 PCT，成为 PCT 的正式成员国。同时中国国家知识产权局也成为 PCT 国际受理局、国际检索局和国际初审局。

一、北京地区 PCT 申请持续增长

2016 年，北京地区 PCT 申请 6651 件。2002—2016 年，北京 PCT 申请数量整体呈上升趋势。其中，2002—2009 年增长比较平缓，由 184 件增长到 694 件，年均增长 20.9%；2009—2016 增长迅

速，由694件增长到6651件，年均增长30.6%，增速提高（图8－18）。

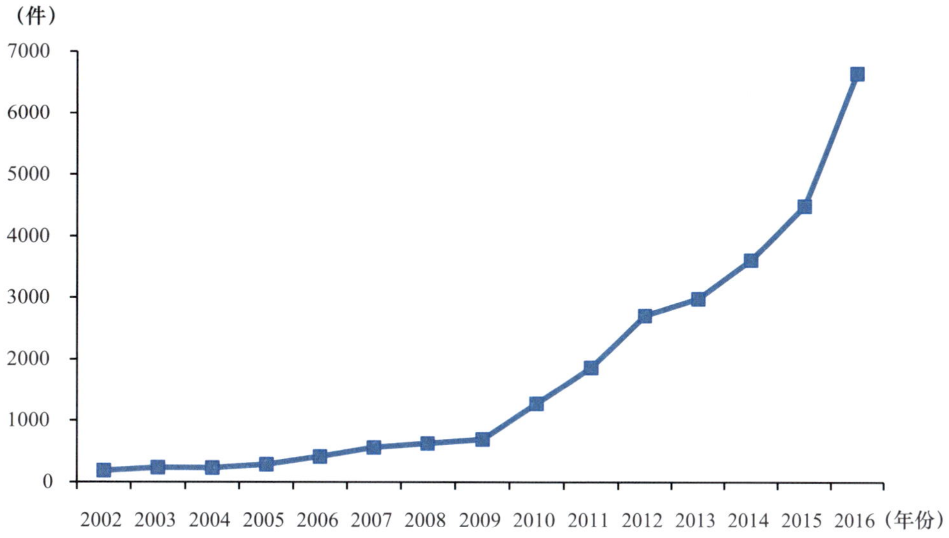

图8－18　北京地区PCT申请情况（2002—2016）

二、北京地区PCT申请居全国第二位

2016年，北京地区PCT申请6651件，占全国的15.8%，居全国第二位。2016年，PCT申请居全国前6位的省（市）分别是广东、北京、江苏、上海、山东、浙江，6省（市）合计占全国的89.2%（图8－19）。

“十二五”规划目标实现情况

2011年北京市政府颁布的《北京市“十二五”时期科技北京发展建设规划》提出了到2015年实现“每万人发明专利申请数（件）超过22件，每万人发明专利授权数（件）达到8件左右，每万人PCT国际专利申请量达到0.55件”。

表8－1　北京地区万人专利申请量和授权量与“规划”目标的对照

单位：件

	2011	2012	2013	2014	2015	2015年“规划”目标
万人发明专利申请量	22.3	25.5	31.9	36.3	41.0	22
万人发明专利授权量	7.9	9.7	9.8	10.8	16.3	8
万人PCT专利申请量	0.9	1.3	1.4	1.7	5.6	0.55

从表8－1可以看出，2011年万人发明专利申请量和万人PCT专利申请量即已达到了规划目标，2012年发明专利授权量也达到了规划目标。

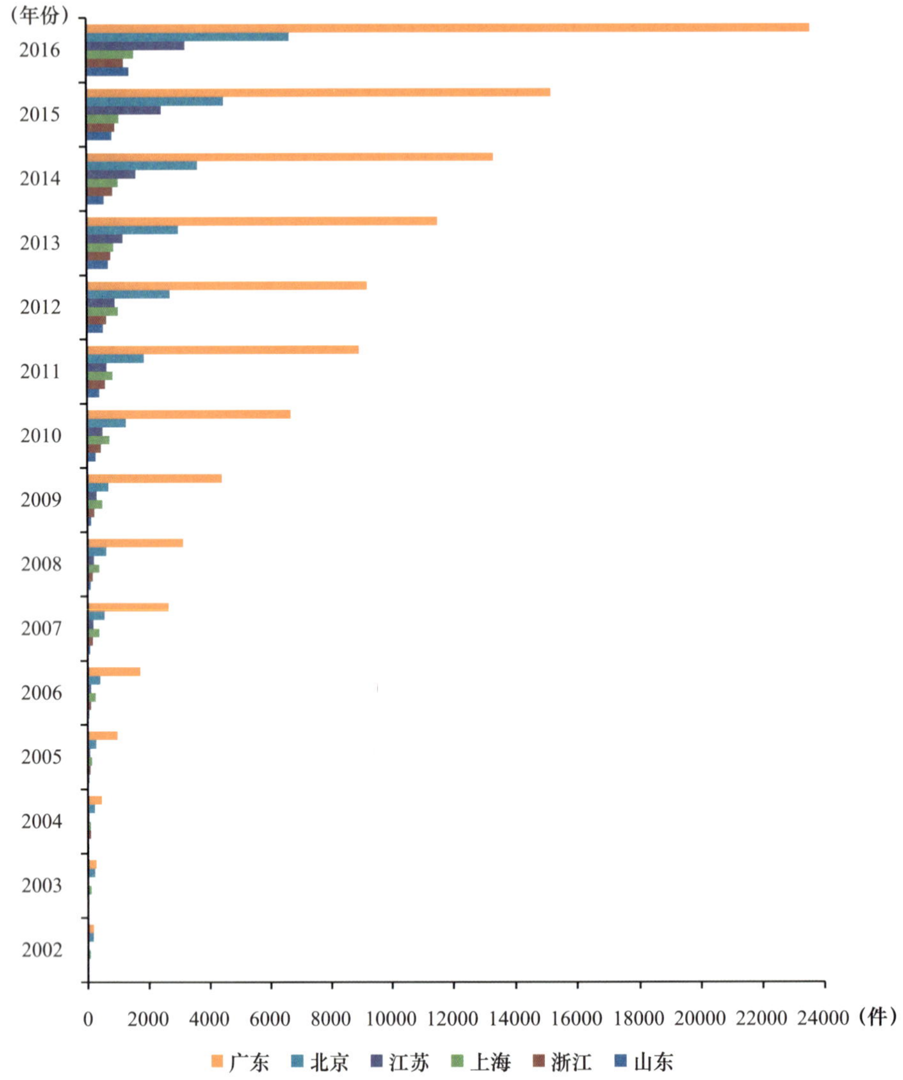

图 8－19　PCT 国际专利申请居于前 6 位的省（市）情况（2002—2016）

第九章　技术交易

技术交易是以技术成果或服务作为交换对象的一种经济活动，是科技活动的一部分。技术交易的过程实现了技术的转移、扩散和辐射，是科技与经济结合、转化为现实生产力的重要行为方式。

本章依据北京技术市场管理办公室历年发布的《北京技术市场统计年报》所提供的统计数据，分析北京技术交易的总体规模、技术合同的分类构成、不同领域的技术交易、不同主体的技术交易、技术交易的不同流向等，反映北京技术交易的现状与特点、技术创新的能力与水平以及科技创新在首都产业结构优化调整和经济社会全面发展中的引领推动作用。

第一节　基本情况

2006年以来，北京技术交易的规模和水平快速提升，技术交易在北京经济增长中的贡献作用日益显著，首都经济社会发展的创新驱动特征日益突出。

一、技术交易的总量

（一）活跃程度大幅提升

技术合同项数是反映技术交易活跃程度的重要指标。2006年以来，北京每年输出的技术合同项数稳定在5万项以上，远高于“十五”时期每年输出的技术合同项数，表明北京技术交易的活跃程度大幅提升。

2006年，北京输出技术合同51575项，是2001年北京输出技术合同项数的2.2倍。2016年，北京输出技术合同项数达到74965项，较2006年增长了45.4%，年均增长速度达3.8%（图9－1）。

（二）交易规模不断扩大

技术合同成交额是反映技术交易规模的重要指标。2006年以来，北京每年输出的技术合同成交额始终保持快速增长态势，反映出北京技术交易的规模不断扩大。

2006年，北京输出技术合同成交额697.3亿元，是2001年的3.7倍。2008年，北京输出技术合同成交额首次突破1000亿元，提前2年完成《北京市“十一五”时期科技发展与自主创新能力建设规划》目标。2011年，北京输出技术合同成交额达到1890.3亿元，提前4年完成《北京市“十二五”时期科技北京发展建设规划》目标。2016年，北京输出技术合同成交额高达3940.8亿元，较2006年增长了4.1倍，年均增长速度达18.9%（图9－1）。

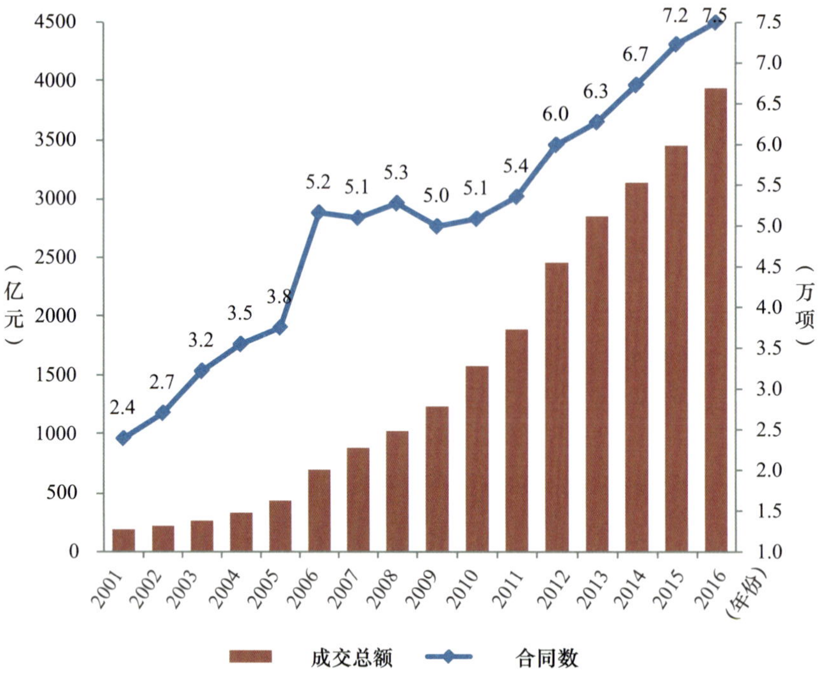

图 9－1 北京技术交易总量（2001—2016）

数据来源：2001—2016 年《北京技术市场统计年报》，北京技术市场管理办公室。

二、技术交易的影响

（一）在全国技术市场体系中的战略地位更加突出

一个地区的技术合同成交额在全国的占比情况，反映了其在全国技术市场体系中的地位和影响。

经过多年的发展，北京的技术合同成交额早已稳居全国首位，是全国最大的技术交易中心。2006 年以来，北京技术合同成交额占全国比重始终保持在 34% 以上，远高于“十五”时期的水平，表明北京技术交易活动对全国技术市场发展的影响愈加深入，在全国技术市场体系中的战略地位更加突出（图 9－2）。

（二）技术交易对经济发展的贡献更加显著

实现技术交易增加值占地区生产总值的比重是衡量技术交易对经济发展直接贡献的指标①。2006 年以来，北京实现技术交易增加值占地区生产总值的比重显著提升，反映出科技创新在首都经济发展中的推动作用更加突出。

① 北京技术市场发展报告编辑委员会．北京技术市场发展报告 2011［M］．北京：中国经济出版社，2012：62

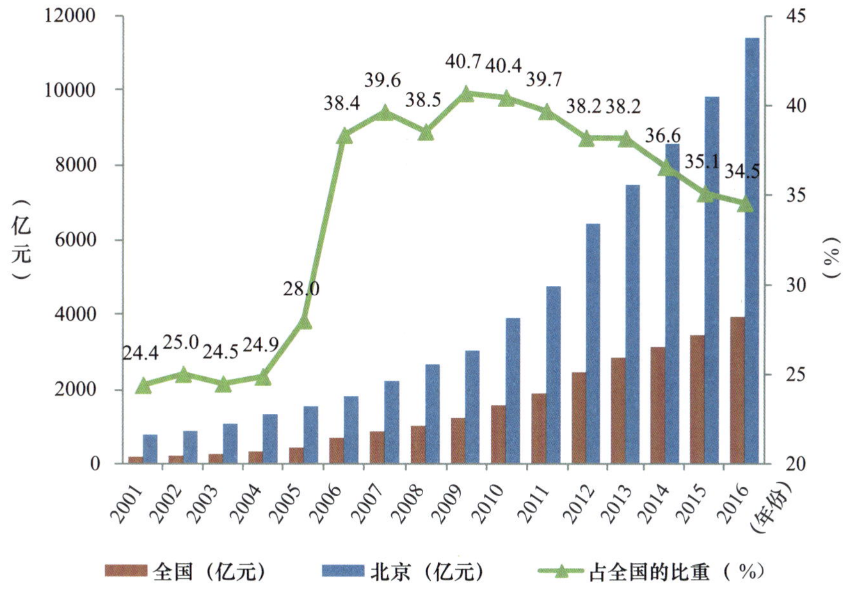

图 9－2　北京技术合同成交额及其占全国的比重（2001—2016）

数据来源：2001—2016 年《北京技术市场统计年报》，北京技术市场管理办公室；2001—2016 年《全国技术市场统计年度报告》，科技部发展计划司中国技术市场管理促进中心。

实现技术交易增加值

实现技术交易增加值是指技术交易额（即登记技术合同成交总额中明确规定属于技术交易的金额）中扣除原材料费、燃料及动力费、专用业务费和一二级管理费 4 份成本后的部分。其计算实质是从技术交易额反推科技研发生产过程形成的增加值。

用实现技术交易增加值占地区生产总值的比重，反映技术交易对经济发展的直接贡献作用，是北京技术市场管理办公室通过专家论证并经北京市统计局认可采用的计量方法。

2006 年，北京实现技术交易增加值 530.9 亿元，占同期地区生产总值的比重为 6.5%，远高于“十五”时期的水平。2016 年，北京实现技术交易增加值增长至 2365.3 亿元，较 2006 年增长了 3.5 倍，年均增长速度达 16.1%；实现技术交易增加值占地区生产总值的比重为 10.3%，较 2006 年又提高了 3.0 个百分点（图 9－3）。

三、重大技术交易活动的发展

重大技术交易活动是指技术合同成交额在 1000 万元以上的技术交易活动。由于单项技术合同成交额较高，此类技术交易活动在北京技术市场发展中的影响也往往更为突出，更为集中地反映了北京技术创新的水平和质量。2006 年以来，北京的重大技术交易活动得到了蓬勃发展，体现了首都技术创新水平的进一步提升。

（一）重大技术交易活动的活跃程度波动上涨

2006 年以来，北京重大技术合同项数呈现波动增长的发展态势，反映出北京重大技术交易活动的活跃程度在波动发展的同时有所提升。

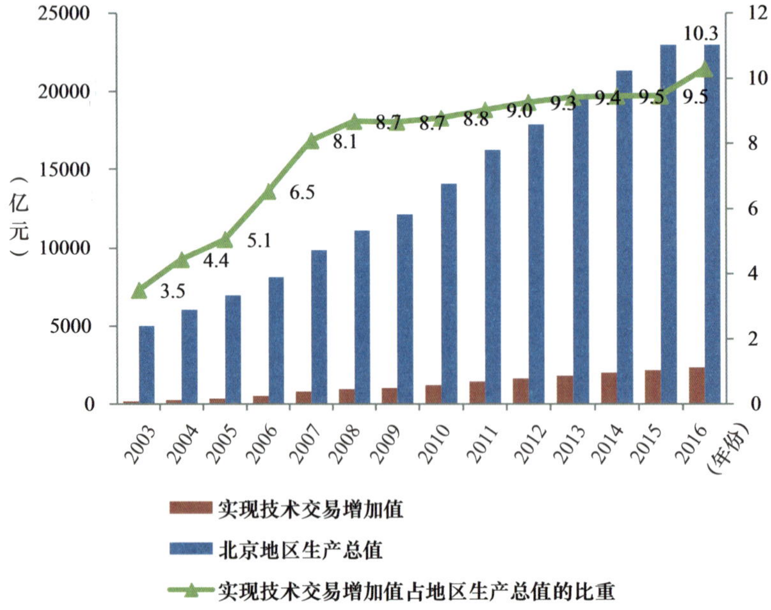

图 9-3　北京实现技术交易增加值对地区生产总值 GDP 的贡献（2003—2016）

数据来源：2003—2016 年《北京技术市场统计年报》，北京技术市场管理办公室；2003—2016 年《北京统计年鉴》，北京市统计局、国家统计局北京调查总队。

2006 年，北京重大技术合同项数为 755 项。2007—2011 年间，北京重大技术合同项数出现增长，并基本稳定在 1000～1300 项。2012 年，北京重大技术合同项数突然出现大幅上升，首次突破 2000 项大关，达到 2175 项。此后，北京重大技术合同项数出现小幅回落，并于 2015 年再次恢复增长态势。至 2016 年，北京重大技术合同项数已上涨至 2736 项，是 2006 年的 3.6 倍（表 9-1）。

（二）重大技术交易活动的规模和影响明显提升

2006—2016 年间，北京重大技术合同成交额始终保持快速增长，其在全市技术合同总成交额中占据的比重也越来越大，反映出北京重大技术交易活动的规模与影响显著提升。

2006 年，北京重大技术合同成交额为 348.0 亿元，占同期全市技术合同总成交额的比重为 49.9%。2016 年，北京重大技术合同成交额增长至 3224.8 亿元，是 2006 年的 9.3 倍，年均增长速度达 24.9%，在同期全市技术合同总成交额中的占比高达 81.8%，较 2006 年增长了 31.9 个百分点（表 9-1）。

表 9-1　北京重大技术合同（2006—2016）

年份	合同数（项）	成交额（亿元）	成交额占比（%）
2006	755	348	49.9
2007	928	544.8	61.7
2008	1070	641.1	62.4

续表

年份	合同数（项）	成交额（亿元）	成交额占比（%）
2009	1047	862.4	69.8
2010	1226	1167.6	73.9
2011	1026	1427.7	75.5
2012	2175	1908.9	77.6
2013	2085	2219	77.8
2014	2096	2464.5	78.6
2015	2458	2770.5	80.2
2016	2736	3224.8	81.8

数据来源：2006—2016 年《北京技术市场统计年报》，北京技术市场管理办公室。下同。

第二节　技术合同的分类构成

技术交易是以技术这一特殊商品作为交换对象的经济活动。在技术交易中，可以根据技术的性质、特点、交易方式等对技术合同进行各种分类。通过在各种分类条件下具体分析技术合同的构成情况，可以深入反映北京技术交易活动特点及发展动向，反映科技创新在社会、经济生活中所产生的作用和影响。

一、技术合同的类型构成

技术合同类型分为技术开发、技术转让、技术咨询和技术服务 4 类。技术服务和技术开发是北京技术交易的主要形式，技术转让和技术咨询合同的量额占比相对较小。

（一）总体结构变化

1. 技术开发合同项数占比明显上升

2006—2016 年间，技术服务合同在北京技术合同总数中的占比始终保持在五成以上，但其比例呈现一定下降趋势。

相较之下，技术开发类交易活动的活跃程度仅次于技术服务类交易活动，且其合同项数占比呈现明显上升趋势，从 2006 年的 22.6% 上升至 2016 年的 35.1%，增长了 12.5 个百分点，反映出北京技术开发类交易活动的蓬勃发展。

与此同时，技术咨询和技术转让合同的项数占比变化不大，其中技术咨询合同项数占比略呈萎缩趋势（图 9－4）。

2. 技术服务合同成交额占比高居首位

2006—2016 年间，北京技术服务合同的规模始终居于 4 类技术合同之首。

除 2006 年以外，技术服务合同在同期全市技术合同总成交额中的占比基本保持在 70% 左右，远远超过其他三类技术合同成交额所占比重之和，反映出技术服务类交易活动在北京技术市场体系发展中占据绝对主导地位（图9－5）。

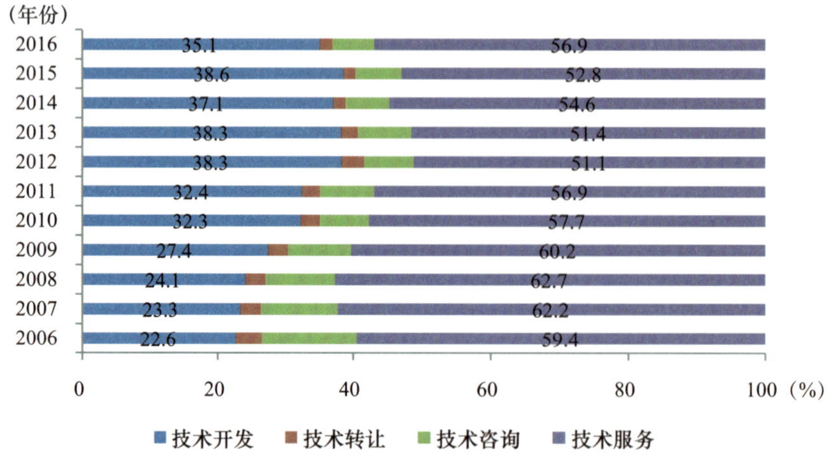

图9－4 北京技术合同项数的类型构成（2006—2016）

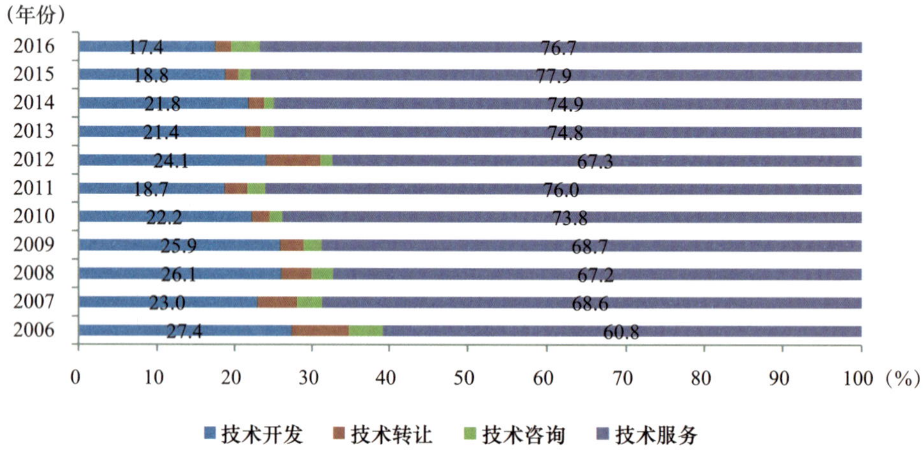

图9－5 北京技术合同成交额的类型构成（2006—2016）

（二）各类技术合同的发展

2006年以来，北京各类技术合同的数量和规模均发生了不同程度的变化。

1. 技术服务合同价值明显提升

2006年以来，北京的技术服务越来越向系统集成的高端服务模式转变，相关创新主体提供完善技术解决方案的服务能力不断增强，北京技术服务合同价值明显提升。

具体来看，技术服务合同成交额增长迅速，由2006年的423.8亿元增加到2016年的3022.9亿元，增长了6.1倍，年均增长速度达21.7%。同时，技术服务合同的平均单项技术合同成交额也由2006年的138.3万元增长到2016年的709.1万元，增长了4.1倍。

2. 技术开发合同量额快速增长

2006 年以来，北京技术开发合同呈现量额齐增的发展态势。

具体来看，技术开发合同项数由 2006 年的 11680 项增加到 2016 年的 26314 项，翻了一番多；成交额由 2006 年的 191.0 亿元增加到 2016 年的 687.1 亿元，增长了 2.6 倍，年均增长速度达 13.7%。

3. 技术转让与技术咨询合同平稳发展

相较于技术服务和技术开发合同的显著增长，技术转让与技术咨询合同的数量和规模变化不大，基本保持了平稳发展，这对于促进北京技术市场的稳定繁荣同样具有重要意义（图 9－6）。

具体来看，技术转让合同项数从 2006 年的 1995 项波动下滑至 2016 年的 1460 项，减少了 26.8%；成交额则从 2006 年的 52.1 亿元上升至 2016 年的 84.5 亿元，增长了 62.3%。技术咨询合同项数从 2006 年的 7255 项波动下滑至 2016 年的 4559 项，减少了 37.2%；成交额则从 2006 年的 30.5 亿元上升至 2016 年的 146.3 亿元，增长了 3.8 倍。

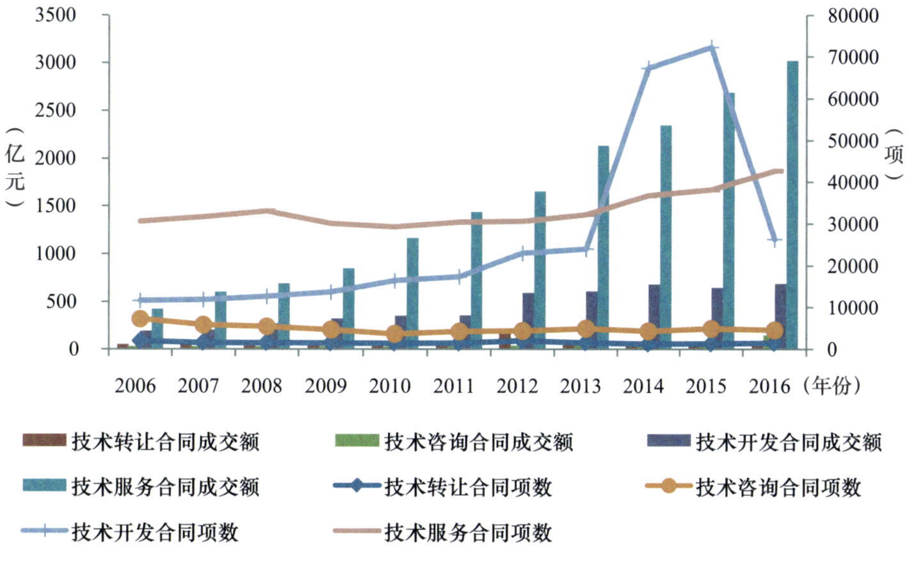

图 9－6　北京四类技术合同的发展变化（2006—2016）

二、技术合同的知识产权构成

知识产权技术合同分为技术秘密、专利、计算机软件、动植物新品种、集成电路布图、生物医药新品种、设计著作权 7 类，其中设计著作权是 2013 年新设立的知识产权类型。当年，北京设计著作权类技术合同 359 项，成交额 9.8 亿元，仅占同期北京技术合同总成交额的 0.3%；2016 年，北京设计著作权类技术合同 1289 项，成交额 98.5 亿元，占同期北京技术合同总成交额的 2.5%。

（一）总体结构变化

1. 知识产权技术合同项数占比稳定在五成左右

2006 年以来，知识产权技术合同在北京技术合同项数中的占比基本保持在五成左右，反映了北京技术交易合同的技术价值基本稳定（图 9 - 7）。

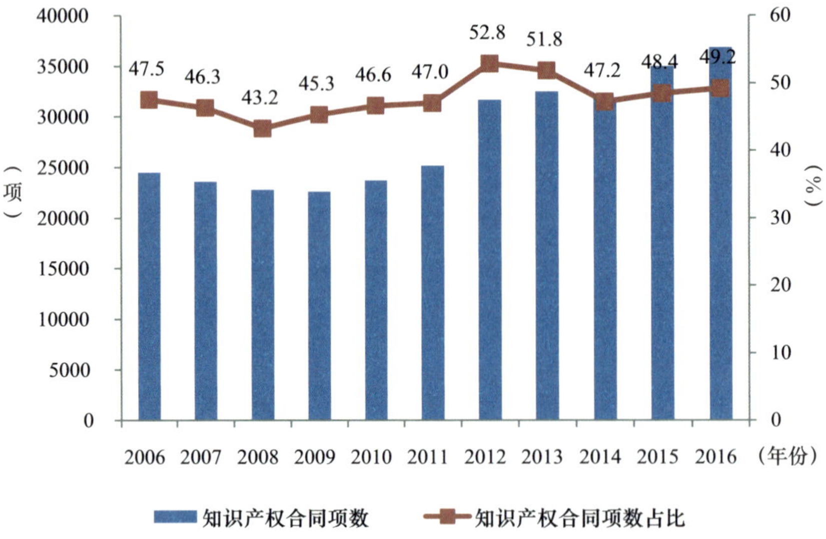

图 9 - 7　北京知识产权技术合同的项数变化（2006—2016）

2. 知识产权技术合同成交额占比明显下滑

尽管知识产权技术合同的项数占比总体稳定，然而知识产权技术合同在北京技术合同中的总成交额占比却呈现出波动下滑的发展态势，且下滑趋势较为明显。具体来看，知识产权合同的成交额占比从 2006 年的 60.2% 下降至 2016 年的 47.0%，减少了 13.2 个百分点（图 9 - 8）。

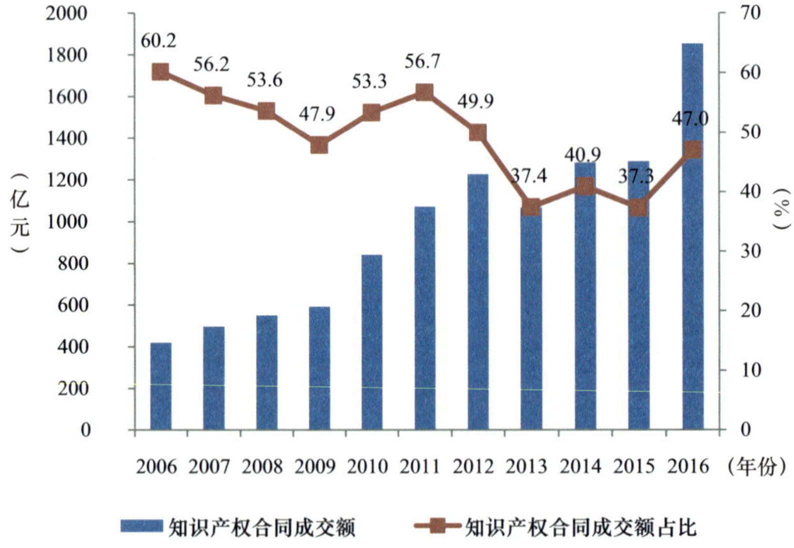

图 9 - 8　北京知识产权合同的成交额变化（2006—2016）

3. 技术秘密、计算机软件和专利是知识产权技术合同的主要类型

总体来看，北京的知识产权技术合同主要集中于技术秘密、计算机软件和专利三种类型。

从合同数的角度来看，2006—2016 年间，计算机软件类技术合同在北京知识产权技术合同总数中的占比快速增长，从 2006 年的 30.7% 上升至 2016 年的 56.6%，增长了 25.9 个百分点，成为北京最为常见的技术合同知识产权类型，这一点符合近些年来北京电子信息产业快速发展的产业结构特点。与此同时，技术秘密类技术合同在北京知识产权技术合同总数中的占比有所下降，从 2006 年的 64.6% 下降至 2016 年的 32.0%，减少了 32.6 个百分点。其他类别的知识产权技术合同所占比重变化不大（图 9－9）。

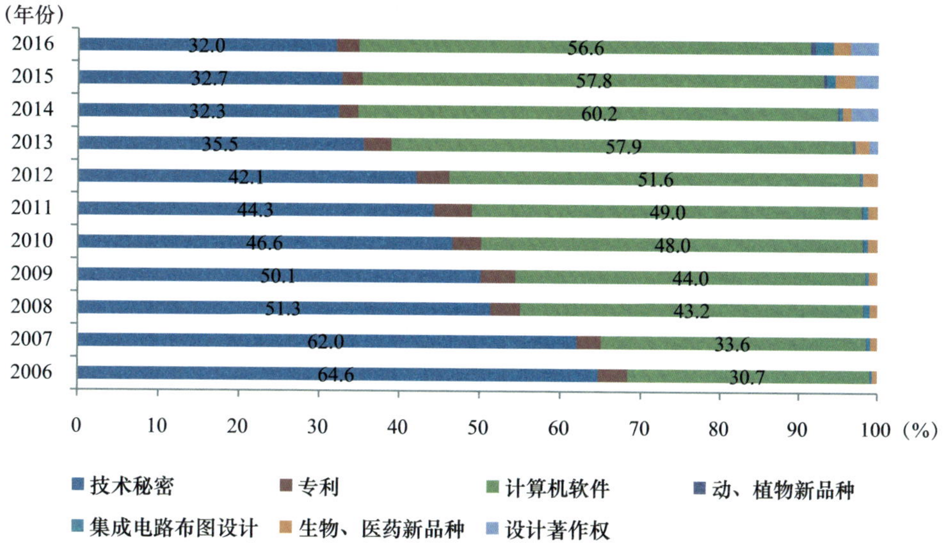

图 9－9　北京知识产权技术合同项数的基本构成（2006—2016）

从成交额的角度来看，2006—2016 年间，技术秘密类技术合同在北京知识产权技术合同总成交额中的占比呈现波动下滑趋势，但在 2016 年之前技术秘密类合同始终是北京规模最大的技术合同知识产权类型。计算机软件和专利类技术合同在北京知识产权技术合同中的规模占比也较为突出。其中，计算机软件类技术合同的成交额占比始终在 20% 上下显著波动，专利类技术合同的成交额占比则呈现波动上升趋势，并在 2016 年一跃成为北京规模最大的知识产权技术合同类型，占比高达 41.7%（图 9－10）。

（二）知识产权技术合同主要类别的发展

1. 专利类技术合同的成交额与价值明显提升

专利作为一种重要的创新产出，其质量和数量往往是衡量一个地区科技创新水平的重要指标。因此，专利技术交易也能够在一定程度上反映一个地区的科技创新能力。

2006 年以来，尽管北京专利技术合同的项数波动不定，然而专利技术合同成交额增长显著，从 35.7 亿元增长到 2016 年的 772.9 亿元，增长了 20.6 倍，年均增长速度达 36.0%。同时，专利类技术合同的质量也得到明显提升，突出表现在平均单项专利技术合同价值显著提高，其平均单项技术合同成交额从 2006 年的 392.3 万元增加到 2016 年的 7548.0 万元，增长了 18.2 倍（表 9－2）。

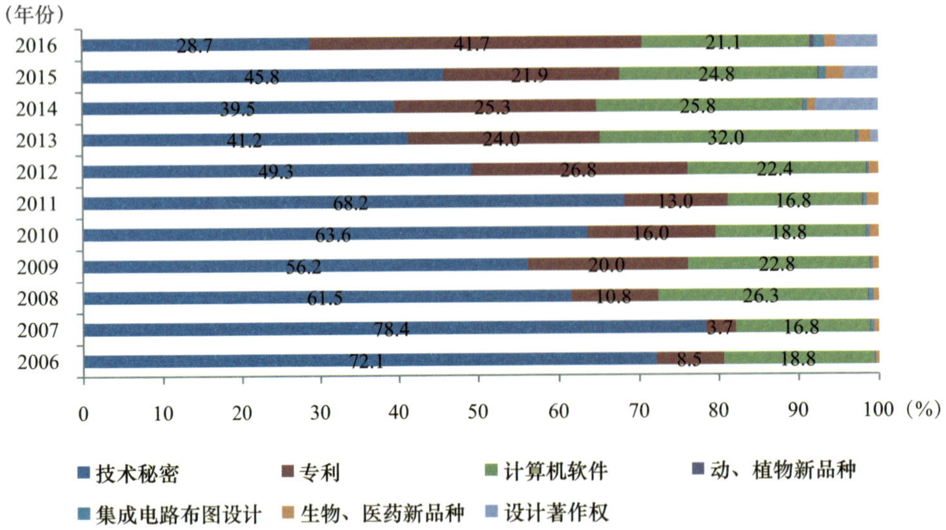

图 9－10　北京知识产权技术合同成交额的基本构成（2006—2016）

表 9－2　北京专利技术合同（2006—2016）

年份	合同数（项）	成交额（亿元）	平均单项成交额（万元）
2006	911	35.7	392.3
2007	692	18.2	263.4
2008	846	59.6	704.9
2009	974	118.1	1212.8
2010	839	134.7	1606
2011	1169	139	1189.2
2012	1283	329.5	2568.1
2013	1130	255.9	2264.6
2014	762	324.5	4258.1
2015	876	282.4	3224
2016	1024	772.9	7548

2. 计算机软件类技术合同保持量额齐增的发展势头

随着北京电子信息产业的持续繁荣，计算机软件类技术合同始终保持量额齐增的发展势头。

具体来看，计算机软件类技术合同从 2006 年的 7533 项增长到 2016 年的 20848 项，合同数增长了 1.8 倍；成交额从 2006 年的 78.9 亿元增长到 2016 年的 390.6 亿元，增长了 3.9 倍，年均增长速度达 17.3%。

3. 技术秘密类技术合同的发展势头明显减缓

无论是从合同数还是从成交额的角度来看，技术秘密类技术合同在北京的知识产权技术合同中都占据了较大份额，是一种非常重要的技术合同知识产权类型。

然而，2006 年以来，北京技术秘密类技术合同项数出现明显下滑，从 2006 年的 15837 项下滑至 2016 年的 11801 项，减少了 25.5%，反映出这一类型的技术交易活跃程度有所下降。尽管如此，技术秘密类技术合同的成交额总体呈现波动上涨趋势，从 2006 年的 302.5 亿元上升至 2016 年的 532.6 亿元，增长了 76.1%，年均增长速度 5.8%，增长势头有所减缓。

4. 生物、医药新品种类技术合同增长势头迅猛

随着北京生物医药产业的蓬勃兴起，生物、医药新品种类技术合同虽然在北京技术合同总量中所占比重不大，但其近几年来的增长势头十分迅猛。合同数从 2006 年的 158 项上升到 2016 年的 807 项，增长了 4.1 倍；成交额从 2006 年的 1.6 亿元上升到 2016 年的 24.1 亿元，增长了 14.1 倍，年均增长速度达 31.2%。

三、技术合同的计划类别构成

长期以来，北京承担了大量的科技计划项目，并取得了丰硕的成果。其中一大批技术成果通过技术市场渠道转移转化，实现了技术成果在更大范围内的应用与扩散，有效促进了社会经济发展。

对应于技术成果来源，技术合同的计划项目类别包括国家计划，部门计划，省、自治区、直辖市及计划单列市计划和地市县计划 4 类。

（一）总体结构变化

1. 计划内技术合同项数近两年来显著下降

2006—2012 年间，北京计划内技术合同在同期全市技术合同项数中的占比基本稳定在 12% ~ 14%，波动变化幅度不大。然而，自 2013 年以来，无论是计划内技术合同项数，还是计划内技术合同在同期全市技术合同项数中的占比，均呈明显下降趋势，反映出计划内技术成果转移转化的活跃程度有所降低（图 9 - 11）。

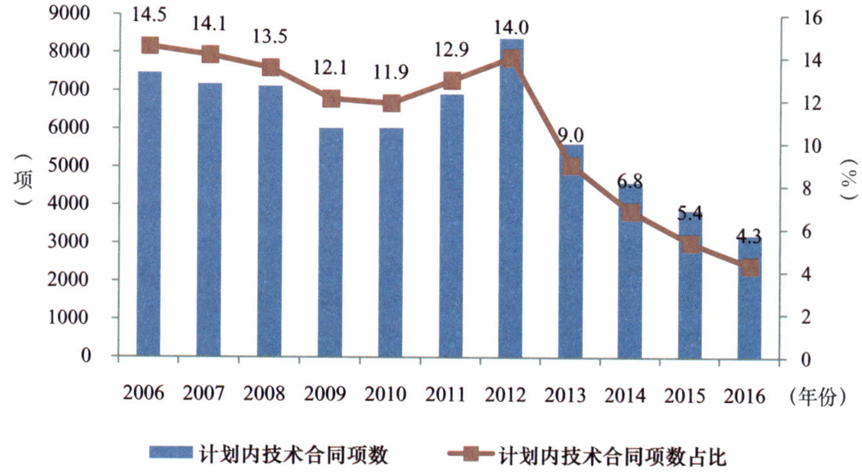

图 9 - 11　北京计划内技术合同的项数变化（2006—2016）

2. 计划内技术合同成交额变化波动显著

2006 年以来，计划内技术合同成交额及其在同期全市技术合同总成交额中的占比变化波动显

著。2010 年，计划内技术合同成交额及其占比达到峰值，分别为 473. 7 亿元和 30. 0%；然而，在 2015 年，计划内技术合同成交额跌至谷底，仅有 124. 2 亿元，且在全市技术合同成交额中的占比仅为 3. 6%；最高值与最低值之间的差距十分显著。2016 年，计划内技术合同成交额略有回升，但也仅为 169. 8 亿元，在全市技术合同成交额中的占比为 4. 3%（图 9－12）。

图 9－12　北京计划内技术合同的成交额变化（2006—2016）

3. 计划内技术合同项数与成交额变化呈现不同结构特点

计划内技术合同的类别构成在合同数和成交额两个角度呈现出非常不同的结构特点。

从合同数的角度来看，2007—2013 年间，部门计划类技术合同在北京计划内技术合同总量中的占比始终居于各类计划内技术合同的首位，且基本稳定在四成以上，2013 年后降低至三成以下。与此同时，省、自治区、直辖市及计划单列市计划类技术合同的数量占比也相对较高，且呈现一定上升趋势，从 2006 年的 27. 6% 上升至 2016 年的 49. 4%，增长了 21. 8 个百分点。相对而言，国家计划类技术合同的数量占比较低，除 2006 年以外，均不足 20%，反映出北京国家计划项目成果的转移转化工作尚存在较大发展空间（图 9－13）。

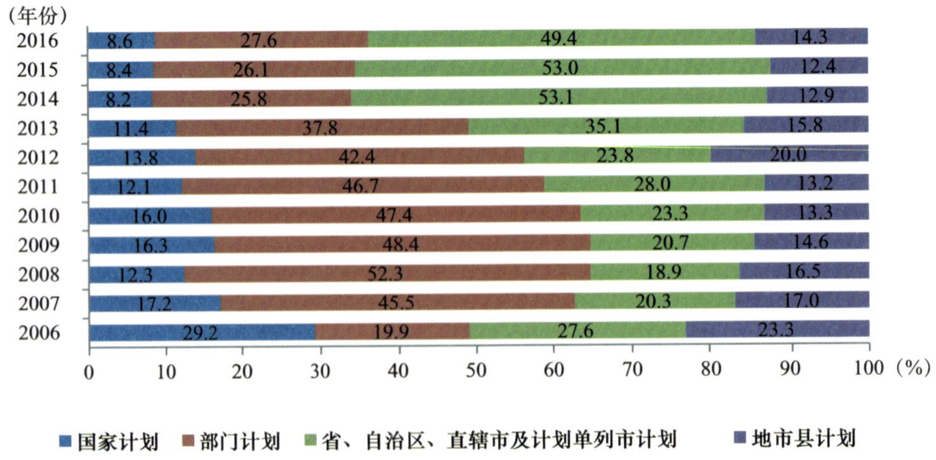

图 9－13　北京计划内技术合同项数的计划类别构成（2006—2016）

从成交额的角度来看，2006—2016 年间，各类计划内技术合同的成交额占比波动明显，这或许与计划项目成果交易的周期性特征有关。总体来看，2006—2010 年之间，部门计划和国家计划是北京计划内技术合同的主要类别，一定程度上反映了这两类计划项目技术成果的质量较高。自 2011 年以来，省、自治区、直辖市及计划单列市计划类技术合同的成交额占比增长显著，2016 年达到 44.4%，较 2006 年增长了 15.6 个百分点，反映出此类计划项目技术成果的质量有所提升（图 9－14）。

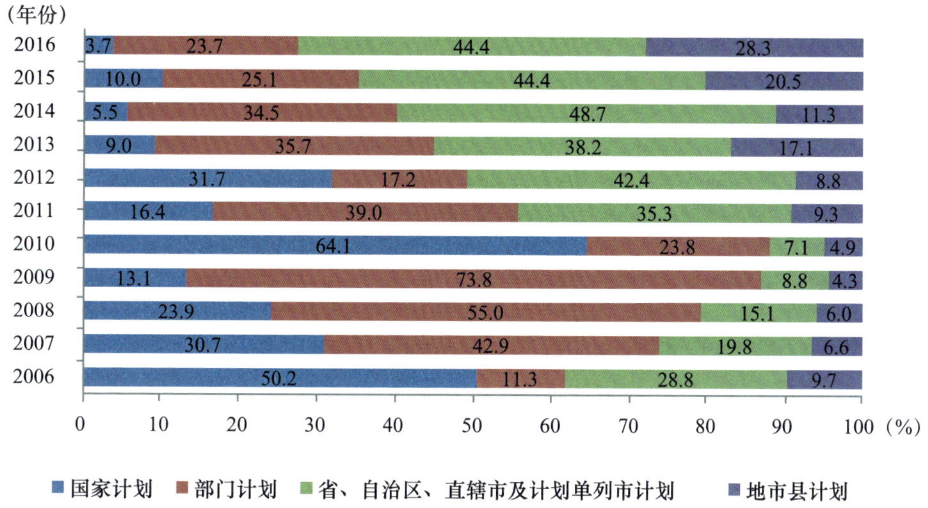

图 9－14 北京计划内技术合同成交额的计划类别构成（2006—2016）

（二）计划内技术合同主要类别的变化波动不定

2006 年以来，各类计划内技术合同的数量和规模均呈现波动不定的发展态势（图 9－15）。

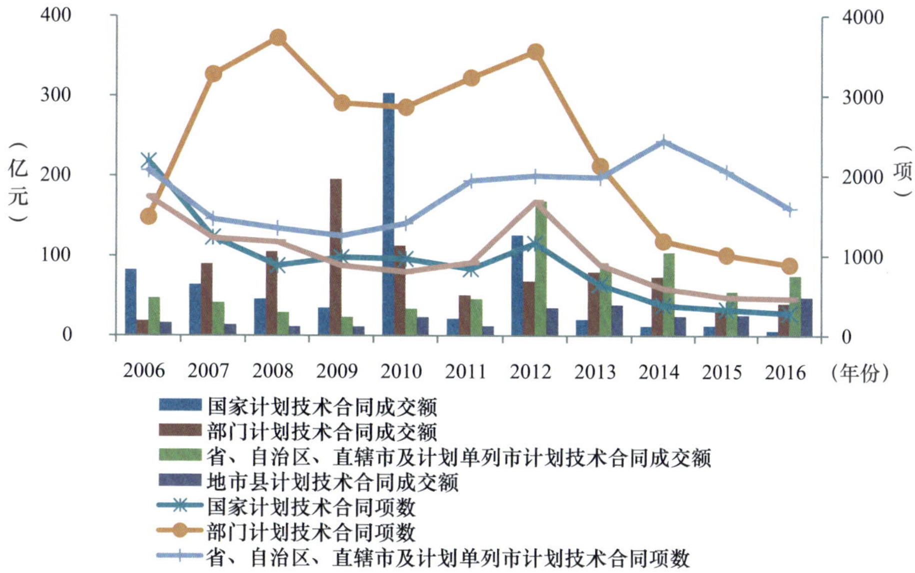

图 9－15 北京计划内技术合同的发展变化（2006—2016）

具体来看，国家计划类技术合同项数在2006年为最高值，达到2185项，2016年则跌落至278项；成交额在2010年达到最高值，为303.8亿元，2016年的成交额则仅为6.2亿元。部门计划类技术合同项数在2008年达到最高值，为3724项，2016年则仅有890项，为历年来最低水平；成交额在2009年达到最高值，为195.78亿元，2016年的成交额则仅为40.2亿元，与峰值水平差距巨大。

计划内技术合同数量和规模的显著波动，反映了各类计划项目成果转化转移的不稳定性和复杂性。

第三节　不同领域的技术交易

技术交易的过程实现了技术的转移、扩散和辐射。2006年以来，伴随着首都产业结构调整，北京不同领域的技术交易呈现出不同的发展特点，技术要素在支撑传统产业升级的同时，不断向新兴产业聚集，成为首都产业发展新的增长点。

一、技术领域分布基本情况

（一）集中于电子信息技术和现代交通领域

2006年以来，北京技术交易集中于电子信息技术和现代交通领域。这两个领域的技术合同成交额之和始终占到了同期全市技术合同总成交额的五成左右。

其中，电子信息技术领域的成交额占比总体呈现下降趋势，从2006年44.5%下降至2016年的25.3%，下降了19.2个百分点；现代交通领域的成交额占比在波动同时呈现总体上升趋势，从2006年的10.8%上升至2016年的22.3%，增长了11.5个百分点（图9－16）。

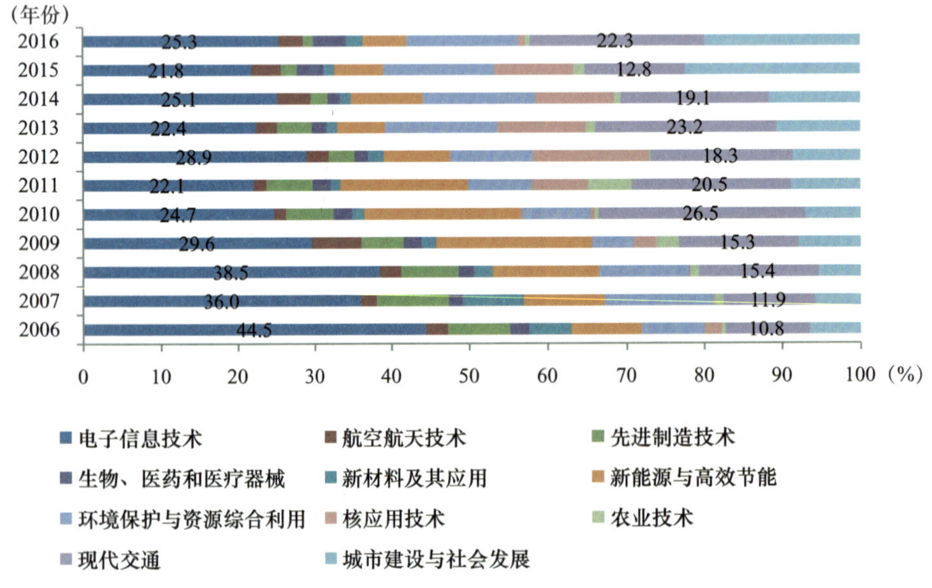

图9－16　北京技术交易成交额的领域分布（2006—2016）

（二）重点产业领域的成交额占比呈现下降趋势

从北京市重点发展的产业领域来看，电子信息、新能源、生物医药、新材料、现代交通等战略性新兴产业领域的输出技术合同成交额占比总体下降。2006 年，上述产业领域的输出技术合同成交额为 502.9 亿元，占同期全市技术合同总成交额的 72.1%。2016 年，上述产业领域的输出技术合同成交额共计 2357.6 亿元，仅占全市总成交额的 59.8%，下降了 12.3 个百分点。

二、北京重点产业领域的技术交易

（一）电子信息领域技术交易的活跃程度与规模发展稳中有升

2006 年以来，北京电子信息产业领域的技术合同项数和成交额均呈现稳中有升的发展态势（图 9－17）。

2006—2011 年间，电子信息产业领域的技术合同项数和成交额基本稳定。2012 年起，该领域的技术合同项数和成交额双双出现大幅上涨。2016 年，合同项数达到 44220 项，成交额达 998.3 亿元，是 2006 年的 3.2 倍。

电子信息产业领域技术合同项数与成交额的发展变化，反映出该领域技术交易的活跃程度与规模稳中有升。

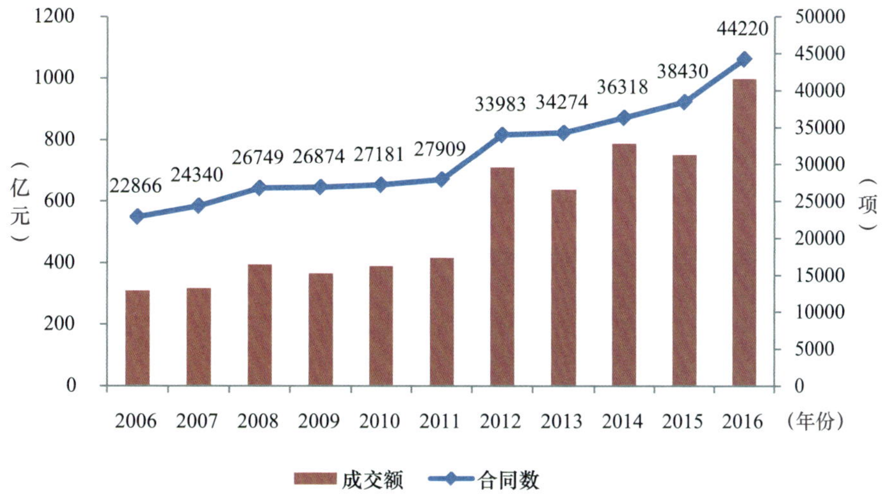

图 9－17 北京电子信息产业领域的技术交易（2006—2016）

（二）新能源领域技术交易活跃度下降，交易规模波动明显

2006 年以来，北京新能源产业领域的技术交易总体呈现波动发展趋势。其中，技术合同项数波动下滑，成交额则在 2010 年间达到峰值之后明显下滑，2014 年达到 4647 项的小高峰，随后两年连续下滑（图 9－18）。

2006 年，新能源领域的技术合同数 5591 项；2016 年，合同数下降至 4144 项，减少了 25.9%。2006 年，新能源领域的技术合同成交额 62.0 亿元；2010 年达到最高值，为 319.2 亿元，是 2006 年的 5.1 倍；2016 年，成交额 224.1 亿元，是 2006 年的 3.6 倍。

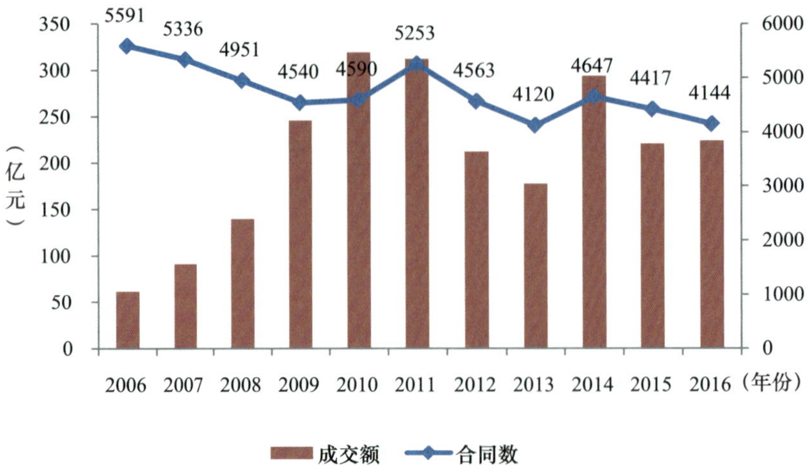

图 9 - 18　北京新能源产业领域的技术交易（2006—2016）

（三）生物医药领域技术交易活跃度与规模发展均呈上升趋势

2006 年以来，北京生物医药产业领域的技术交易活动总体呈现上升趋势。合同数在 2007 年小幅下滑之后平稳回涨；除 2012 年以外，成交额保持一路上涨态势（图 9 - 19）。

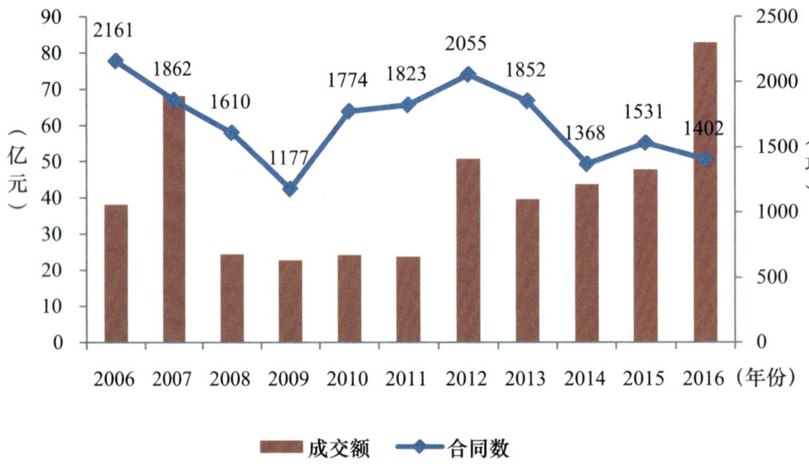

图 9 - 19　北京生物医药产业领域的技术交易（2006—2016）

2006 年，生物医药领域的技术合同数为 3356 项；2016 年，合同数上升至 4769 项，较 2006 年增长了 42.1%。2006 年，生物医药领域的技术合同成交额为 16.7 亿元；2015 年，成交额上涨至 173.7 亿元，是 2006 年的 10.4 倍，年均增长速度 26.4%。

（四）新材料领域技术交易活跃度波动明显，交易规模波动上升

2006 年以来，北京新材料领域的技术交易活动波动显著，合同项数一路下滑，在 2009 年降至谷底之后开始缓慢回升，交易规模总体呈现波动上升（图 9 - 20）。

2006 年，新材料领域的技术合同数 2161 项；2009 年，合同数降至 1177 项，达到最低值；2016

年，合同数回升至1402项，较2006年仍然减少了35.1%。2006年，新材料领域的技术合同成交额38.1亿元；2009年，成交额降至22.8亿元，达到最低值；2016年，成交额回升至82.8亿元，是2006年的2.2倍。

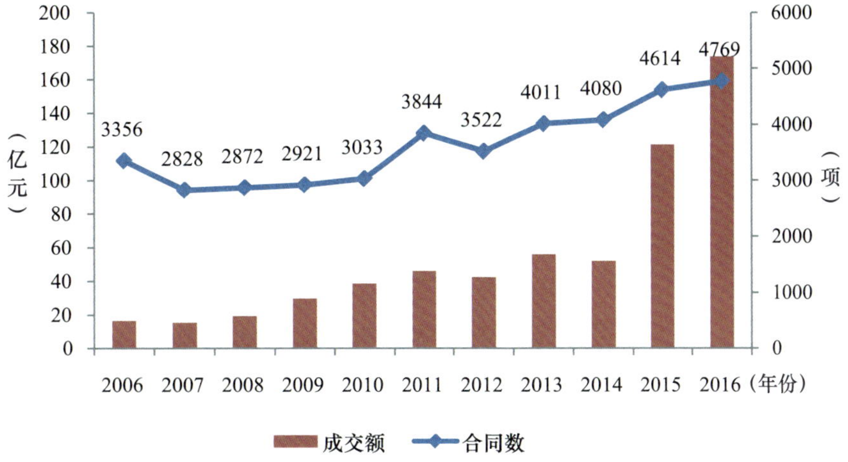

图9-20　北京新材料产业领域的技术交易（2006—2016）

（五）现代交通领域技术交易活跃度波动明显，交易规模显著提升

2006年以来，北京现代交通产业领域的技术合同数波动较为明显，但成交额总体实现了显著增长（图9-21）。

2006年，现代交通领域的技术合同成交额75.5亿元。2016年，成交额上升到878.7亿元，是2006年的11.6倍，年均增长速度高达27.8%。

现代交通产业领域合同数与成交额两者之间不同的变化趋势反映出该领域技术合同价值（即平均单份技术合同成交额）明显提高。

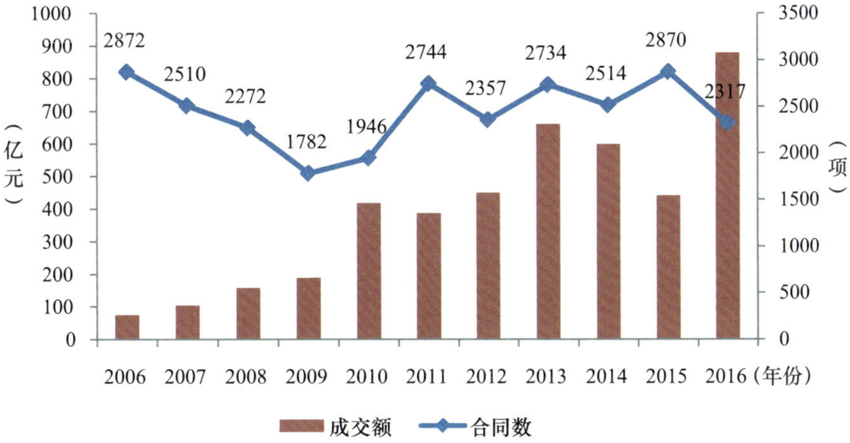

图9-21　北京现代交通产业领域的技术交易（2006—2016）

第四节 不同主体的技术交易

在北京技术市场的发展过程中，企业、科研机构和高等学校是北京技术交易的主要力量，其中企业不仅是最大的技术需求方，而且早已取代科研机构和高等学校成为北京技术市场最大的技术供应方。近些年来，伴随着首都经济和科技的快速发展，不同主体的技术创新能力都在不断提升，其技术交易的规模和水平也得到了新的发展。

一、企业输出和吸纳技术

（一）企业技术输出与吸纳均延续快速增长态势

2006 年以来，企业输出技术和吸纳技术都延续了之前的快速增长态势，技术交易的质量和水平不断提升（表 9－3）。

企业输出技术由 2006 年的 41271 项增加到 2016 年的 62646 项，成交额由 2006 年的 648.4 亿元增加到 2016 年的 3712.5 亿元，增长了 4.7 倍，年均增长速度 19.1%。

企业吸纳技术由 2006 年的 39021 项增加到 2016 年的 49049 项，成交额由 2006 年的 578.9 亿元增加到 2016 年的 2970.7 亿元，增长了 4.1 倍，年均增长速度 17.8%。

从技术合同成交额的平均规模来看，输出技术由 2006 年的 157.1 万元增加到 2016 年的 592.6 万元，增加了 2.8 倍；吸纳技术由 2006 年的 148.4 万元增加到 2016 年的 605.7 万元，增加了 3.1 倍。

企业输出技术和吸纳技术的增长速度大致相当；而且总体来看，企业输出技术的规模仍大于吸纳技术的规模。这在一定程度上说明企业不仅注重自身技术能力的提升，不断吸纳外界科技资源，同时通过技术创新，企业切实实现了自身竞争力的不断提升，具备了较强的技术供给能力。

表 9－3 北京企业技术输出和技术吸纳（2006—2016）

年份	输出技术			吸纳技术		
	合同数（项）	成交额（亿元）	平均规模（万元/项）	合同数（项）	成交额（亿元）	平均规模（万元/项）
2006	41271	648.4	157.1	39021	578.9	148.4
2007	41154	839.8	204.1	37514	702.9	187.4
2008	42018	974.0	231.8	39500	771.7	195.4
2009	40998	1175.9	286.8	37791	859.6	227.5
2010	42224	1513.0	358.3	38402	1267.4	330.0
2011	43520	1816.4	417.4	39525	1409.1	356.5
2012	49285	2356.3	478.1	45600	2075.1	455.1
2013	52388	2746.0	524.2	45448	2182.8	480.3
2014	56069	3023.3	539.2	48527	2523.0	519.9
2015	57727	3071.3	532.0	49678	2661.4	535.7
2016	62646	3712.5	592.6	49049	2970.7	605.7

（二）企业作为技术输出方的影响更为凸显

2006 年以来，以企业作为卖方的技术输出合同成交额在同期全市技术输出合同总成交额中所占比重不断提高，由 2006 年的 93.0% 增加到 2014 年的 96.4%，提高了 3.4 个百分点，反映出企业作为技术供应方正在北京的技术市场发展中发挥更大影响。然而，该比重在 2015 年突然下降，仅为 89.0%；尽管在 2016 年又有所回升，但也仅为 94.2%，与 2006 年水平大致相当（图 9－22）。

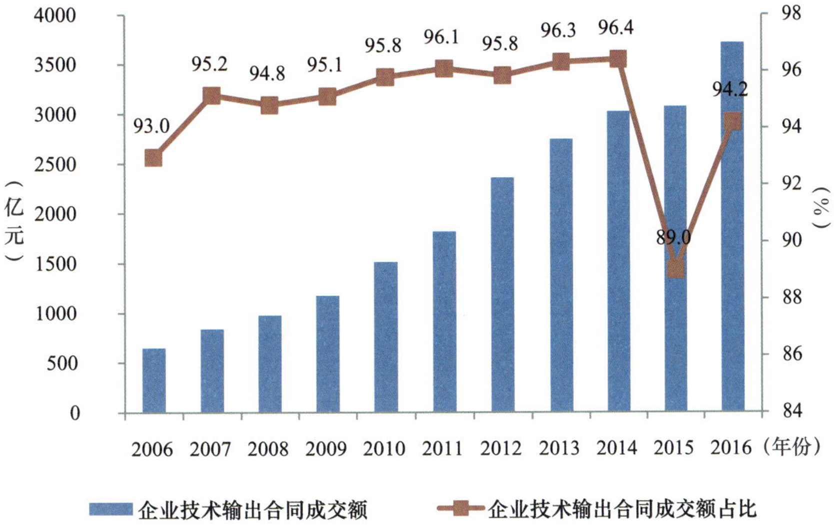

图 9－22　北京企业技术输出合同成交额及占比（2006—2016）

二、科研机构和高等院校的技术输出

（一）科研机构技术输出合同规模增长较为显著

2006 年以来，科研机构技术输出活跃度有所波动，但其技术输出合同规模总体实现了快速增长（图 9－23）。

具体来看，2006 年，科研机构技术输出合同项数 7019 项；2010 年，技术输出合同项数跌至谷底，仅为 4278 项；2016 年，技术输出合同项数回升至 8401 项，是 2006 年的 1.2 倍。2006 年，科研机构技术输出合同成交额 38.0 亿元；2007 年，技术输出合同成交额小幅下滑，此后迅速恢复上涨趋势；2016 年，技术输出合同成交额 114.9 亿元，较 2006 年增长了 2.0 倍，年均增长速度 11.7%。

（二）高等院校技术输出交易情况稳中有升

相较于科研机构的技术交易发展状况，高等院校的技术输出合同数和规模变化较为平稳，并略微呈现增长态势（图 9－24）。

具体来看，2006—2016 年间，高等院校的技术输出合同项数基本稳定在 3000 项左右，2016 年技术输出合同项数为 3611 项，略高于 2006 年的水平。2006—2012 年间，高等院校的技术输出合同成交额不断上涨；2013 年，技术输出合同成交额出现小幅下滑；2016 年，技术输出合同成交额回升达到 28.7 亿元，是 2006 年的 3.1 倍，年均增长速度 12.0%。

图 9-23 北京科研机构技术输出变化情况（2006—2016）

图 9-24 北京高等院校技术输出变化情况（2006—2016）

第五节 技术交易的不同流向

北京作为全国的科技创新中心，创新资源丰厚，研发实力强大，北京的技术输出与吸纳交易量均稳居全国首位，在全国技术市场体系中发挥着重要影响。

一、技术输出的流向分布

（一）技术输出基本格局

2006—2016 年间，北京技术输出的流向分布格局大致稳定。无论是从合同数，还是从成交额的角度来看，北京的技术输出都主要流向外省（市）。然而，在数量和规模两个不同的角度下，落地北京和流向国外的技术合同分布情况有所区别。

1. 技术输出合同项数分布格局大致稳定

2006—2014 年间，北京技术输出合同的项数流向分布结构大致稳定。其中每年有半数以上的技术合同流向外省（市），且此类合同的项数占比基本保持稳定；同时，每年有近五成的技术合同落地北京，且此类合同的项数占比自 2010 年之后略有下降；而流向国外的技术合同项数占比总体不高（图 9－25）。

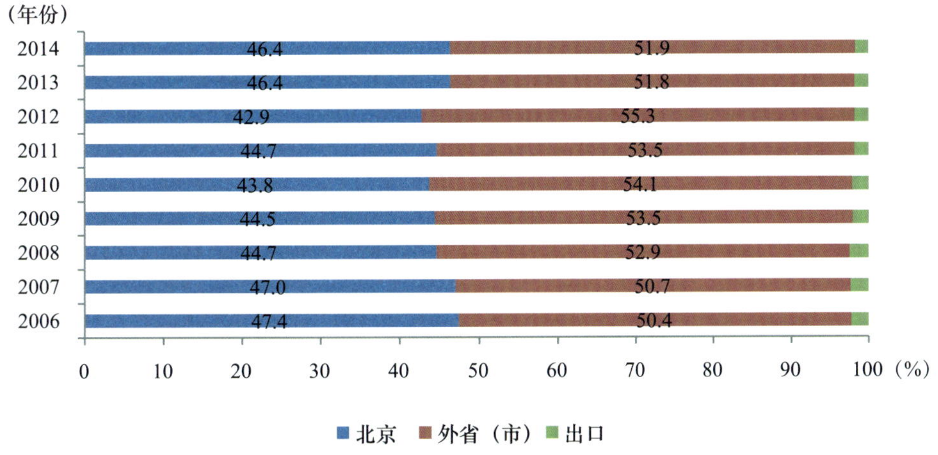

图 9－25　北京技术输出合同的项数分布（2006—2014）

2. 流向外省（市）和国外的技术合同成交额占比较高

2006—2016 年间，北京技术输出合同中流向外省（市）和国外的技术合同成交额均占据了较大比重；但总体而言，技术输出合同的成交额流向分布结构变化波动明显，且落地北京的技术合同成交额占比总体呈现下降趋势，从 2006 年的 38.9% 下降至 2016 年的 28.7%，下降了 10.2 个百分点（图 9－26）。

技术流向的分布格局在数量和规模方面的显著差别反映出流向国外的技术合同价值水平较高。

（二）落地北京的技术合同量额波动上扬

2006 年以来，落地北京的技术合同数量和规模在波动同时总体呈现增长趋势。合同数由 2006 年的 24670 项增长至 2016 年的 34759 项，增长了 40.9%；相较之下，成交额的增长较为明显，由 2006 年的 271.4 亿元增长至 2016 年的 1131.3 亿元，是 2006 年的 4.2 倍，年均增长速度 15.3%（图 9－27）。

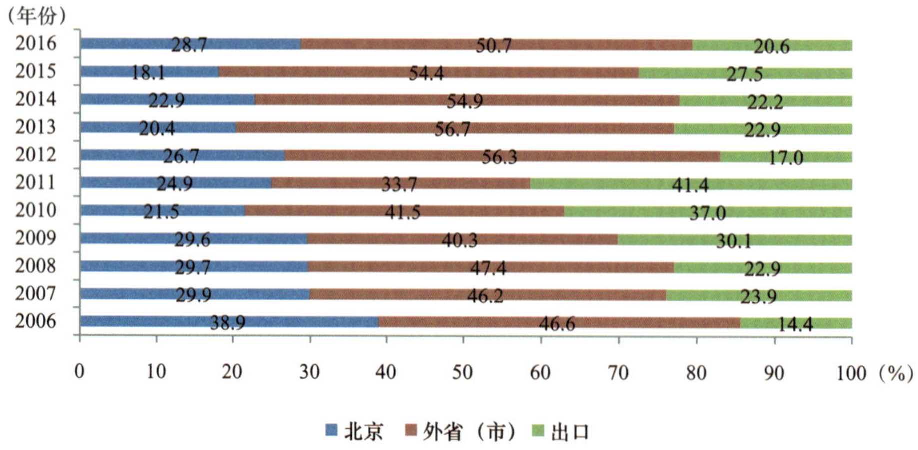

图 9-26 北京技术输出合同的成交额分布（2006—2016）

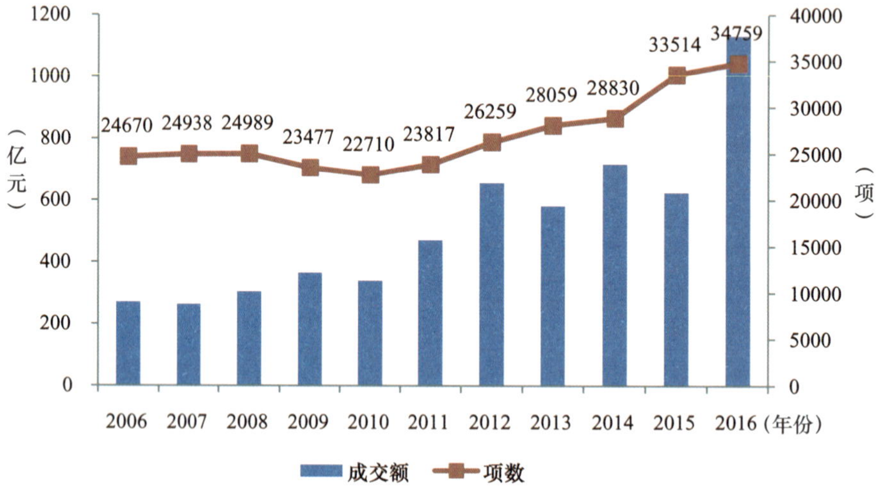

图 9-27 输出到北京的技术合同项数和成交额（2006—2016）

（三）输出到外省（市）的技术合同发展情况

1. 输出到外省（市）的技术合同量额齐增

输出到外省（市）的技术合同在北京技术输出合同中占据主导地位。2006 年以来，输出到外省（市）的技术合同呈现量额齐增的发展态势。合同数从 2006 年的 25965 项增长至 2016 年的 38928 项，增长了 49.9%；成交额从 2006 年的 325.3 亿元增长至 2016 年的 1997.2 亿元，增长了 5.1 倍，年均增长速度高达 19.9%（图 9-28）。

2. 技术输出合同较多流向东部地区

总体来看，北京技术输出合同较多流向东部地区。从具体省（市）分布来看，输出到广东、上海、江苏等地的技术合同项数始终居于各省（市）前列，而输出到各省（市）的技术合同成交额在不同年份之间的变化较大（表 9-4）。总体来看，输出到广东、福建、江苏等地的技术合同规模较大，2006—2016 年间，上述 3 个省份均多次进入当年的技术合同成交额排名榜前 5 名。这些结构特征反映出，北京与广东省、江苏省的技术交易活动量多且规模较大，与上海市的技术交易活跃但规模有限，与福建省较多开展规模较大的技术交易活动。

图 9－28　输出到外省市的技术合同项数和成交额（2006—2016）

表 9－4　北京输出到外省（市）、自治区的技术合同成交额排行榜（2006—2016）

年份		1	2	3	4	5
2006	省、市、自治区	广东省	浙江省	上海市	河北省	河南省
	成交额（亿元）	42.7	20.5	19.3	18.7	18.6
2007	省、市、自治区	河北省	山西省	广东省	山东省	江苏省
	成交额（亿元）	64.0	32.0	26.0	24.9	21.4
2008	省、市、自治区	内蒙古自治区	河北省	辽宁省	山西省	山东省
	成交额（亿元）	73.4	41.0	38.1	35.8	29.1
2009	省、市、自治区	天津市	广东省	内蒙古自治区	山西省	福建省
	成交额（亿元）	72.4	41.5	34.8	34.2	29.0
2010	省、市、自治区	湖北省	河北省	辽宁省	江苏省	广东省
	成交额（亿元）	82.2	77.6	72.1	53.2	47.2
2011	省、市、自治区	辽宁省	天津市	山西省	江苏省	广东省
	成交额（亿元）	236.6	45.6	41.2	29.8	29.5
2012	省、市、自治区	浙江省	广东省	福建省	海南省	辽宁省
	成交额（亿元）	193.2	155.9	127.1	119.3	77.9
2013	省、市、自治区	福建省	广西壮族自治区	辽宁省	四川省	新疆维吾尔自治区
	成交额（亿元）	304.7	109.4	98.5	89.8	89.5
2014	省、市、自治区	福建省	广东省	山东省	内蒙古自治区	江苏省
	成交额（亿元）	292.0	100.0	83.6	83.1	81.9

续表

年份		1	2	3	4	5
2015	省、市、自治区	江苏省	福建省	广东省	贵州省	内蒙古自治区
	成交额（亿元）	277.5	208.0	179.0	125.0	97.5
2016	省、市、自治区	广东省	重庆市	湖北省	四川省	贵州省
	成交额（亿元）	173.4	142.7	129.6	123.0	114.5

（四）输出到国外的技术合同规模有所增长

2006 年以来，输出到国外的技术合同数量大致稳定，规模有所增长。2016 年，输出到国外的技术合同成交额为 812.3 亿元，较 2006 年增长了 7.1 倍，年均增长速度达 23.2%（图 9－29）。

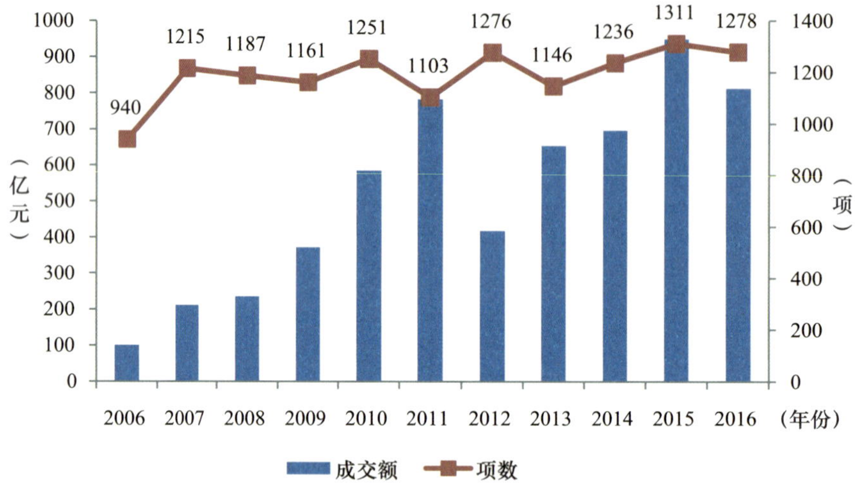

图 9－29 输出到国外的技术合同项数和成交额（2006—2016）

二、技术吸纳的来源分布

（一）技术吸纳总量发展

1. 技术吸纳的活跃度和规模平稳上升

2006 年以来，无论是从项数角度还是从成交额角度来看，北京所吸纳的技术合同都呈现一定的增加趋势，表明北京技术吸纳的活跃度与规模平稳上升。其中技术吸纳合同项数从 2006 年的 30782 项增长到 2016 年的 56019 项，增长了 82.0%；成交额从 2006 年的 380.0 亿元增长到 2016 年的 1901.9 亿元，增长了 4.0 倍，年均增长速度达 17.5%（图 9－30）。

2. 技术吸纳总量的全国占比呈现一定的下降趋势

尽管北京的技术吸纳合同总量总体呈现增长势头，但其成交额在全国技术吸纳合同总成交额中的占比却呈现一定的下降趋势，反映出北京的技术吸纳规模较全国其他省（市）而言有所下滑。

具体来看，北京技术吸纳合同成交额在全国技术吸纳合同总成交额中的占比从 2006 年的

20.9%下降到2016年的16.7%，下降了4.2个百分点（图9-31）。

图9-30　北京技术吸纳合同项数与成交额（2006—2016）

图9-31　北京技术吸纳合同成交额及其占全国的比重（2006—2016）

（二）从本市吸纳技术的活跃度稳定规模上升

2006—2012年间，北京从本市吸纳的技术合同项数基本稳定在25000项左右，2012年之后呈现小幅上涨趋势，2016年达到34759项，是2006年的1.4倍。相较之下，从本市吸纳的技术合同成交额增长较为显著，从2006年的271.4增长至2016年的1131.3亿元，翻了两番多，年均增长速度达15.3%（图9-32）。

图 9-32 北京从本市吸纳的技术合同项数与成交额（2006—2016）

（三）从外省市吸纳的技术合同发展情况

1. 从外省（市）吸纳的技术合同量额齐增

2006 年以来，北京从外省（市）吸纳的技术合同项数和成交额增势显著。具体来看，项数从 2006 年的 6106 项增长至 2016 年的 20721 项，增长了 2.4 倍；成交额从 2006 年的 80.4 元增长至 2016 年的 621.9 亿元，增长了 6.7 倍，年均增长速度达 22.7%（图 9-33）。

图 9-33 北京从外省（市）吸纳的技术合同项数与成交额（2006—2016）

2. 技术吸纳的主要来源省（市）发生变化

2006—2016 年间，北京技术吸纳合同的主要来源发生了改变。突出表现在，2006—2011 年间，北京从上海、广东、天津等地吸纳了大量的技术合同，与这些省（市）达成的技术吸纳合同成交额始终位于当年技术吸纳合同成交额的前5位；2012年以来，北京从上述省（市）吸纳的技术合同成交额依旧保持了增长态势，然而其在北京从外省（市）吸纳的技术合同成交额排行榜中的排名明显下降，与此同时，湖北省与陕西省的排名显著上升（表9－5）。

这种变化反映出，北京近年来明显加强了对湖北、陕西等中西部地区的技术吸纳与引进。

表9－5　北京从外省（市）吸纳的技术合同成交额排行榜（2006—2016）

年份		1	2	3	4	5
2006	省（市）	上海市	广东省	辽宁省	天津市	湖南省
	成交额（亿元）	23.4	10.9	8.2	7.6	5.4
2007	省（市）	广东省	上海市	湖北省	天津市	江苏省
	成交额（亿元）	11.4	10.5	7.3	6.7	5.9
2008	省（市）	黑龙江省	上海市	天津市	广东省	山东省
	成交额（亿元）	11.7	10.4	9.0	8.1	7.6
2009	省（市）	天津市	上海市	广东省	黑龙江省	陕西省
	成交额（亿元）	18.3	15.2	13.9	9.0	8.3
2010	省（市）	重庆市	上海市	江苏省	天津市	广东省
	成交额（亿元）	26.3	21.8	17.4	16.0	14.2
2011	省（市）	江苏省	上海市	广东省	天津市	陕西省
	成交额（亿元）	39.0	28.8	21.6	21.1	18.1
2012	省（市）	湖北省	陕西省	江苏省	四川省	天津市
	成交额（亿元）	50.1	45.1	40.8	30.4	27.1
2013	省（市）	湖北省	陕西省	广东省	江苏省	天津市
	成交额（亿元）	71.4	50.5	39.6	36.4	31.7
2014	省（市）	湖北省	天津市	陕西省	江苏省	安徽省
	成交额（亿元）	94.3	81.6	80.7	52.7	31.0
2015	省（市）	天津市	湖北省	陕西省	辽宁省	四川省
	成交额（亿元）	97.4	90.6	59.0	46.8	46.1
2016	省（市）	湖北省	陕西省	天津市	山东省	吉林省
	成交额（亿元）	122.9	106.3	85.9	42.4	42.4

（四）技术进口交易活跃度下降规模波动

2006年以来，北京从国外吸纳的技术进口合同项数呈现明显下滑趋势，成交额则在30亿～40亿美元之间显著波动。其中，技术进口合同项数从2006年的1821项下降至2016年的539项，减少了70.5%，下滑幅度非常显著，反映出北京对于国外技术项目的引进热情大幅下降。

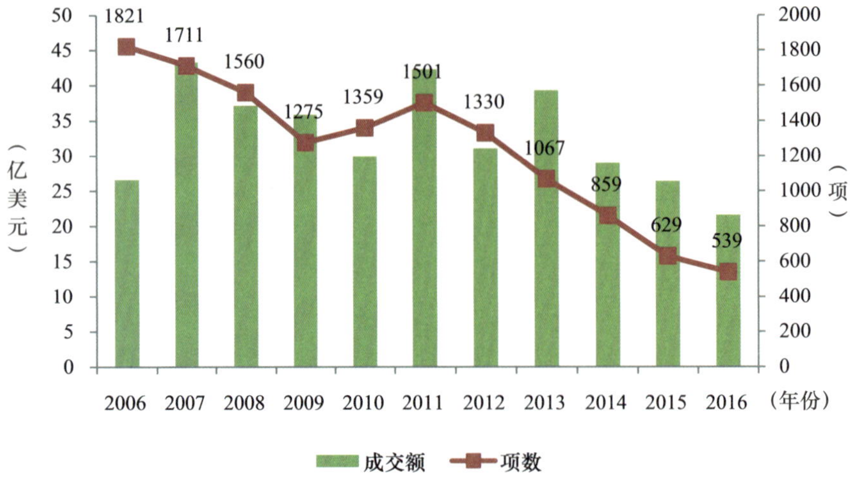

图 9－34 北京从国外吸纳的技术合同项数与成交额（2006—2016）

第十章　科学技术奖励

科学技术奖励是为了奖励在科学技术进步活动中做出突出贡献的公民、组织，调动科学技术工作者的积极性和创造性，加速科学技术事业的发展。旨在积极促进科学研究、技术开发与经济、社会发展相结合，促进科技成果转化为现实生产力，促进国家创新体系建设；营造鼓励创新的舆论环境，催生一流的科学家、科技领军人才、一线创新人才。

本章主要分析北京地区获得的国家科学技术奖励及北京市科学技术奖励情况，反映北京地区科技活动所取得的成就，相关资料主要来源于国家科学技术奖励工作办公室和北京市科学技术奖励工作办公室。

第一节　国家科学技术奖励

国家科学技术奖励是我国各级科学技术奖励中层次和水平最高的奖项，最具权威性和影响力。透过它我们可以了解到我国目前科技创新能力主要集中在哪些领域、哪些单位。研究某一地区获得的国家科学技术奖励情况，是衡量该地区科研水平、自主创新能力、在国家创新体系中位置的重要指标。

国家科学技术奖励

国家科学技术奖励是我国对科学技术成果和科学家给予奖励的最高等级。按照1999年国务院发布的《国家科学技术奖励条例》（国务院第265号）规定，国家科学技术奖分为国家最高科学技术奖、国家自然科学学奖、国家技术发明奖、国家科学技术进步奖和中华人民共和国国际科学技术合作奖5个奖项，每年评审一次。

2003年发布的《国务院关于修改〈国家科学技术奖励条例〉的决定》（国务院第396号），将国家自然科学奖、国家技术发明奖和国家科学技术进步奖在原设一等奖和二等奖两个级别的基础上，都增设了特别奖，专门表彰在具有特别重大意义的科学技术工程、计划、项目中做出突出贡献的公民和组织。

一、获得国家科学技术奖励的基本情况

本节分析北京地区获得的国家最高科学技术奖、国家自然科学奖、国家技术发明奖、国家科学

技术进步奖的情况①，其中“国家科学技术三项大奖”（国家自然科学奖、国家技术发明奖、国家科学技术进步奖）是分析重点。获奖项目基础信息来源于国家科学技术奖励办公室公布的获奖项目目录（通用项目）。

（一）获国家最高科学技术奖情况

1. 北京是获国家科学技术奖科学家最集中的地区

国家最高科学技术奖是授予“在当代科学技术前沿取得重大突破或者在科学技术发展中有卓越建树的科学家”以及“在科学技术创新、科学技术成果转化和高技术产业化中，创造巨大经济效益或者社会效益的科学家”。2000—2016 年，全国共有 27 位科学家获此殊荣，其中有 20 位是北京地区的科学家。

2. 获奖年龄集中在 80 ~ 90 岁

从科学家获奖年龄来看，20 位获奖科学家中 70 岁以下的只有 1 位，70 ~ 80 岁获奖的有 5 位，80 ~ 90 岁获奖的有 12 位，90 岁以上获奖的有 2 位。

3. 获奖科学家主要来自科研机构

从获奖科学家所属单位类型来看，来自科研机构的有 13 位，来自高校的有 3 位，来自企业的有 2 位，来自政府机关的有 2 位。

4. 获奖科学家研究领域主要是物理专业

从获奖科学家的学科领域来看，物理专业有 7 位，计算机、航天、医学、化学专业各 2 位，数学、力学、建筑、地球、农业各 1 位。

（二）获国家科学技术三项大奖情况

1. 获得国家科学技术三项大奖数量占全国近三成

2001—2016 年，北京地区共获得国家科学技术三项大奖 1139 项，占全国 3890 项获奖成果的 29. 3%。其中，获得自然科学奖 200 项，占全国 548 项自然科学奖获奖成果的 36. 5%；获得技术发明奖 169 项，占全国 597 项技术发明奖获奖成果的 28. 3%；获得科学技术进步奖 770 项，占全国 2745 项科学技术进步奖获奖成果的 28. 1%（表 10 - 1）。可见，北京地区的基础研究更占优势。

表 10 - 1 北京地区获国家科学技术三项大奖的情况（2001—2016）

单位：项

年份	自然科学奖	技术发明奖	科学技术进步奖	合计
2001	11	1	32	44
2002	10	5	49	64
2003	4	5	50	59
2004	13	6	43	62
2005	15	8	52	75
2006	9	13	61	83

① 中华人民共和国国际科学技术合作奖是授予对中国科学技术事业做出重要贡献的外国人或外国组织，本节不做分析。

续表

年份	自然科学奖	技术发明奖	科学技术进步奖	合计
2007	11	9	44	64
2008	15	12	47	74
2009	11	11	54	76
2010	8	11	53	72
2011	17	5	56	78
2012	15	22	53	90
2013	18	19	38	75
2014	18	15	49	82
2015	12	16	42	71
2016	13	10	47	70

数据来源：2002—2016 年《中国科学技术奖励年鉴》，国家科学技术奖励工作办公室；2002—2016 年《北京年鉴》，北京市地方志编撰委员会办公室，本节下同。

2. 获奖项目数量占有优势

2001—2015 年，全国获国家科学技术三项大奖总数超过 100 项的有 10 个省（市），这 10 个省（市）获得的国家科学技术三项大奖项目合计为 2753 项，占同期全国获奖总数的 75.0%。这些省（市）科技实力强，经济发达，获得国家科学技术三项大奖的情况反映了它们对国家科技进步和社会经济发展做出的重要贡献，如图 10－1 所示。其中，北京地区共获得国家科学技术三项大奖 1069 项，与居第二位的上海相比，高出 760 项。北京地区在获奖数量上的绝对优势，为其建设全国科技创新中心奠定了坚实的基础。

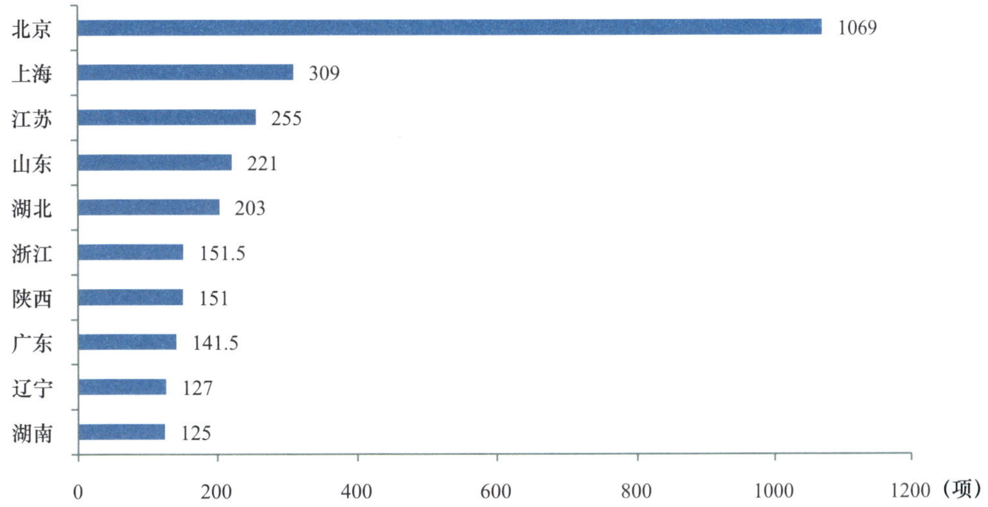

图 10－1　获国家科学技术三项大奖居前 10 位省（市）的获奖情况（2001—2015）

注：2016 年数据还未发布。

（三）获奖项目等级情况

获奖项目等级占有优势。

北京不仅是获国家科学技术奖励项目数最多的地区，而且在获奖项目等级上占有优势，反映出北京的项目层次、学术水平在全国均居于前列。

从国家自然科学奖来看，2001—2016 年，北京地区获得自然科学奖一等奖 4 项、二等奖 196 项，分别占同期全国的 44.4% 和 36.4%。

从国家技术发明奖来看，2001—2016 年，北京地区获得技术发明奖一等奖 7 项、二等奖 162 项，分别占同期全国的 50.0% 和 27.8%。

从国家科学技术进步奖来看，2001—2016 年，北京地区获得科学技术进步奖特等奖 8 项、一等奖 67 项、二等奖 695 项，分别占同期全国的 72.7%、36.6% 和 27.2%（表 10－2）。

表 10－2　北京地区获得国家科学技术三项大奖不同等级分布情况（2001—2016）

		特等奖	一等奖	二等奖	合计
自然科学奖	国家（项）	–	9	539	548
	北京（项）	–	4	196	200
	北京所占比重（%）	–	44.4	36.4	36.5
技术发明奖	国家（项）	–	14	583	597
	北京（项）	–	7	162	169
	北京所占比重（%）	–	50.0	27.8	28.3
科学技术进步奖	国家（项）	11	183	2551	2745
	北京（项）	8	67	695	770
	北京所占比重（%）	72.7	36.6	27.2	28.1

二、获奖项目的完成单位

完成单位大致分为高等学校、科研机构、企业和其他单位 4 类。

（一）获奖项目第一完成单位情况

1. 高等学校、科研机构、企业获奖合计占九成

2001—2016 年，北京地区获得的 1139 项国家科学技术三项大奖中，共有 1116 项标注了获奖者所属单位，其中高等学校独立完成或作为牵头单位完成的获奖项目共计 365 项，占北京地区获奖总数的 32.7%；科研机构独立完成或作为牵头单位完成的获奖项目共计 390 项，占 34.9%；企业独立完成或作为牵头单位完成的获奖项目共计 237 项，占 21.2%（表 10－3）。

表 10－3 北京地区获国家科学技术三项大奖项目按第一完成单位的分布（2001—2016）

	高等学校		科研机构		企业		其他单位		合计
	项目数	比重(%)	项目数	比重(%)	项目数	比重(%)	项目数	比重(%)	项目数
国家自然科学奖	74	37.0	122	61.0	3	1.5	1	0.5	200
国家技术发明奖	101	59.8	40	23.7	26	15.4	2	1.2	169
国家科学技术进步奖	190	25.4	228	30.5	208	27.8	121	16.2	747
获国家科学技术三项大奖总数	365	32.7	390	34.9	237	21.2	124	11.1	1116

注：其他单位包括医疗机构、政府下属事业单位、民间团体等。

2. 科研机构获得的国家自然科学奖所占比重超六成

2001—2016 年，北京地区获得的 200 项国家自然科学奖中，科研机构独立完成或作为牵头单位完成的获奖项目共计 122 项，占北京地区获得国家自然科学奖数的 61.0%；高等学校独立完成或作为牵头单位完成的获奖项目共计 74 项，占 37.0%；企业独立完成或作为牵头单位完成的获奖项目共计 3 项，占 1.5%。

3. 高等学校获得的国家技术发明奖占六成

2001—2016 年，北京地区获得的 169 项国家技术发明奖中，高等学校独立完成或作为牵头单位完成的获奖项目共计 101 项，占北京地区获得国家技术发明奖数的 59.8%；科研机构独立完成或作为牵头单位完成的获奖项目共计 40 项，占 23.7%；企业独立完成或作为牵头单位完成的获奖项目共计 26 项，占 15.4%。

4. 高等学校、科研机构、企业获得的国家科学技术进步奖分布较均匀

2001—2016 年，北京地区获得的 747 项国家科学技术进步奖中，高等学校独立完成或作为牵头单位完成的获奖项目共计 190 项，占北京地区获得国家科学技术进步奖数的 25.4%；科研机构独立完成或作为牵头单位完成的获奖项目共计 228 项，占 30.5%；企业独立完成或作为牵头单位完成的获奖项目共计 208 项，占 27.8%。

（二）获奖项目合作情况分析

现代大多数的研发项目是在多学科、多领域广泛合作的基础上完成的。

1. 国家科学技术三项大奖有六成以上是合作完成的

2001—2016 年，北京地区获得的 1116 项国家科学技术三项大奖中，由某个单位单独完成的项目仅 374 项，占北京地区获奖项目总数的 33.5%；而由几家甚至十几家单位共同合作完成的有 742 项，占 66.5%（表 10－4）。

表 10－4 北京地区获国家科学技术三项大奖项目合作情况（2001—2016）

	合作完成	独立完成		合计	
	项目数	比重（%）	项目数	比重（%）	项目数
国家自然科学奖	54	27.0	146	73.0	200
国家技术发明奖	87	51.5	82	48.5	169
国家科学技术进步奖	601	80.5	146	19.5	747
获国家科技三项大奖总数	742	66.5	374	33.5	1116

2. 越接近创新链后端合作越多

2001—2016 年，北京地区共获得 200 项国家自然科学奖，其中合作完成的有 54 项，占 27.0%；北京地区共获得 169 项国家技术发明奖，其中合作完成的有 87 项，占 51.5%；北京地区共获得 747 项国家科学技术进步奖，其中合作完成的有 601 项，占 80.5%。可见，越接近创新链后端越需要创新主体之间加强合作。

三、获奖项目的学科分布和社会经济目标分布

对北京地区的获奖成果按照学科和社会经济目标进行分析，可以反映科技对经济社会发展的贡献。

（一）获得的国家自然科学奖项目学科分布居于前两位的是地球科学、物理与天文学

2001—2016 年，北京地区共获得 200 项国家自然科学奖，按学科可分为：物理与天文学、数学与力学、地球科学、生物学、信息科学、化学、材料科学、基础医学、工程技术科学。其中，获奖数量居于前两位的学科是地球科学（35 项）、物理与天文学（34 项），其次是数学与力学（24 项）、化学领域（24 项），分别占北京地区获得国家自然奖数的 17.5%、17.0%、12.0%、12.0%，合计占 58.5%，如图 10－2 所示。

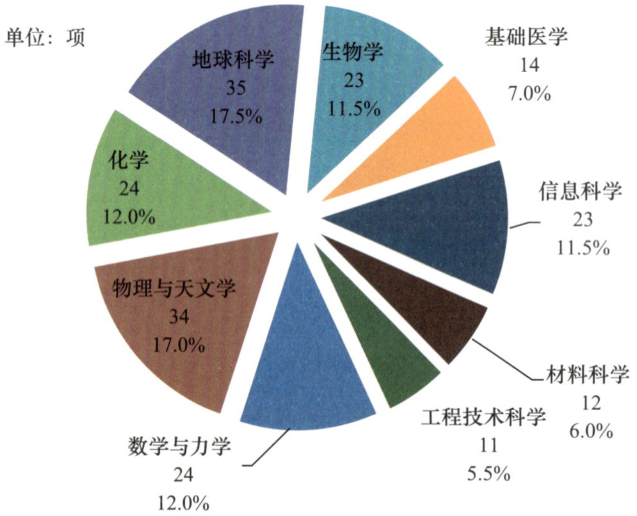

图 10－2 北京地区获国家自然科学奖成果按学科领域分布（2001—2016）

（二）获得的国家技术发明奖项目社会经济目标集中在工商业发展和电子信息业发展

2001—2016 年，北京地区共获得 169 项国家技术发明奖，按社会经济目标可分为：农林牧渔业发展，电子信息业发展，工商业发展（不包括电子信息），卫生事业发展，环境保护、生态建设及污染防治，基础设施以及城市和农村规划，能源的生产、分配和合理利用。其中，获奖数量居于前两位的是工商业发展（60 项）、电子信息业发展（52 项），分别占北京地区获得国家技术发明奖数的 35.5%、30.8%，合计占 66.3%，如图 10－3 所示。

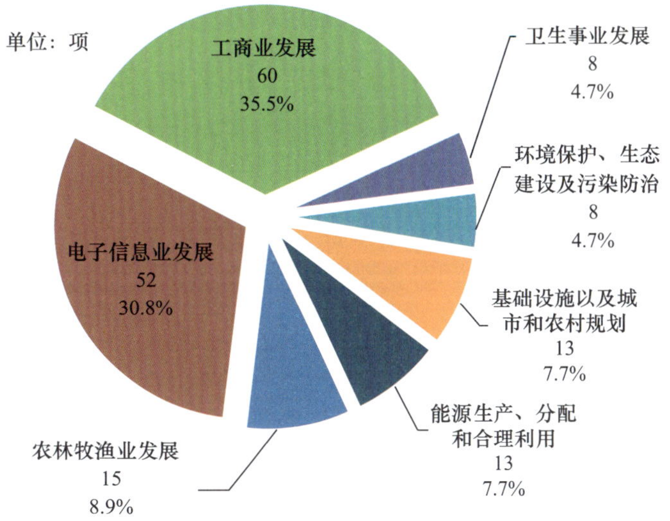

图 10－3　北京地区获国家技术发明奖项目按社会经济目标分布（2001—2016）

（三）获得的国家科学技术进步奖项目社会经济目标分布居于前三位的是工商业发展、卫生事业发展、农林牧渔业发展

2001—2016 年，北京地区共获得 770 项国家科学技术进步奖，按社会经济目标可分为：农林牧渔业发展，电子信息业发展，工商业发展（不包括电子信息），卫生事业发展，环境保护、生态建设及污染防治，基础设施以及城市和农村规划，能源的生产、分配和合理利用，其他。其中，获奖数量居于前三位的是工商业发展（162 项）、卫生事业发展（140 项）、农林牧渔业发展（112 项），分别占北京地区获得国家科学技术进步奖数的 21.0%、18.2%、14.5%，合计占 53.8%，如图 10－4 所示。

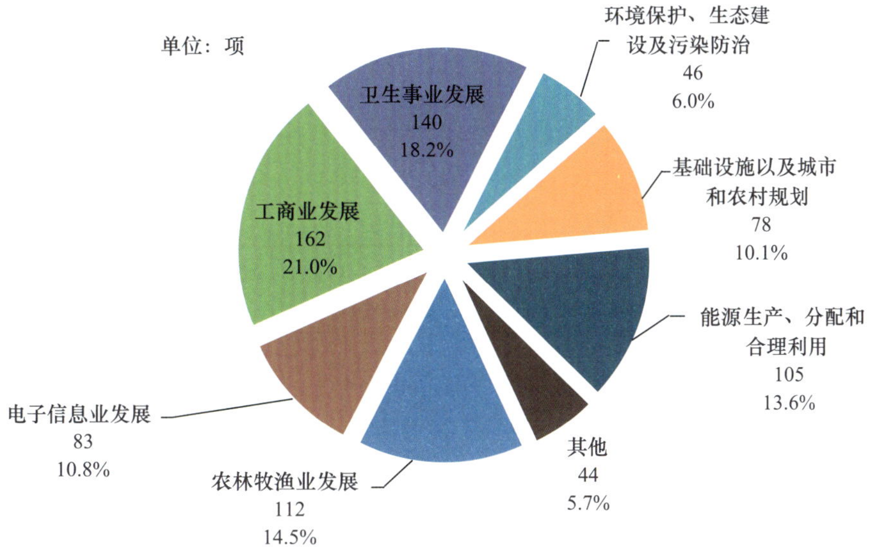

图 10－4　北京地区获国家科学技术进步奖项目按社会经济目标分布（2001—2016）

第二节　北京市科学技术奖励

北京市科学技术奖励是为了奖励在北京市科学技术进步活动中做出突出贡献的个人和组织，调动科学技术人员的积极性和创造性，加速北京市科学技术进步，促进首都的经济建设和社会发展。北京市科学技术奖励项目是北京地区不同科技领域取得的重大成果，是地区科技进步的集中体现。

一、北京市科学技术奖励的基本情况

2001—2016 年，累计有 3659 项成果获得了北京市科学技术奖励，其中重大奖 1 项，占同期成果总数的 0.03%；一等奖 391 项，二等奖 1224 项，三等奖 2043 项，分别占同期成果总数的 10.7%、33.5%、55.8%，具体各年获奖情况如表 10－5 所示。

表 10－5　2001—2016 年北京市科学技术奖获奖情况

单位：项

年份	重大	一等奖	二等奖	三等奖	合计
2001	0	16	119	195	330
2002	0	17	133	141	291
2003	0	21	123	150	294
2004	0	34	140	117	291
2005	0	39	131	107	277
2006	0	15	56	122	193
2007	0	13	30	95	138
2008	0	15	30	104	149
2009	0	29	60	194	283
2010	0	29	55	141	225
2011	1	24	54	104	183
2012	0	27	53	104	184
2013	0	26	66	141	233
2014	0	30	60	130	220
2015	0	29	54	105	188
2016	0	27	60	93	180

数据来源：2001—2016 年的《北京市科学技术奖获奖公告》，北京市科学技术奖励工作办公室，本节下同。

二、获奖项目的完成单位

北京市科学技术奖励完成单位大致分为企业、高等学校、科研机构、医疗机构和其他单位 5 类。

（一）获奖项目第一完成单位分析

1. 企业、科研机构、高等学校获奖呈“七五四”分布

在2001—2016年间的3659项获奖成果中，由企业、高等学校、科研机构、医药机构独立完成或作为牵头单位完成的获奖项目共计3475项，其中由企业独立完成或作为牵头单位完成的获奖项目共计1288项，占35.2%；由科研机构独立完成或作为牵头单位完成的获奖项目共计881项，占24.1%；由高等学校独立完成或作为牵头单位完成的获奖项目共计768项，占21.0%；由医疗机构独立完成或作为牵头单位完成的获奖项目共计538项，占14.7%，企业在获奖数量上面占绝对优势（表10－6）。

表10－6 北京市科学技术奖励项目按第一完成单位的分布（2001—2016）

		特等奖	一等奖	二等奖	三等奖	获奖总数
高等学校	项目数		107	289	372	768
	比重（%）		27.4	23.6	18.2	21.0
科研机构	项目数		138	320	423	881
	比重（%）		35.3	26.1	20.7	24.1
企业	项目数	1	101	378	808	1288
	比重（%）	100	25.8	30.9	39.5	35.2
医疗机构	项目数		38	187	313	538
	比重（%）		9.7	15.3	15.3	14.7
其他单位	项目数		7	50	127	184
	比重（%）		1.8	4.1	6.2	5.0
合计	项目数	1	391	1224	2043	3659

注：其他单位包括医疗机构、政府下属事业单位、民间团体等。

2001—2016年，从获奖项目第一完成单位分布结构来看，企业所占比重整体高于其他主体，最低是2005年的26.7%，最高是2015年达到43.1%；科研机构所占比重基本维持在20%～30%区间，最低是2016年20.0%，最高是2008年28.9%；高等学校所占比重有较大波动，2001—2013年所占比重基本保持在20%左右，2015年降低至11.7%，2016年又涨至20.0%；医疗机构所占比重整体呈下降趋势，由2001年的18.5%降低到2016年的12.8%（图10－5）。

2. 科研机构、高等学校、企业一等奖获奖呈“四三三”分布

在2001—2016年间的391项一等奖获奖成果中，由科研机构独立完成或作为牵头单位完成的项目共计138项，占35.3%；由高等学校独立完成或作为牵头单位完成的项目共计107项，占27.4%；由企业独立完成或作为牵头单位完成的项目共计101项，占25.8%，科研机构在获奖等级上面占据优势。

（二）获奖项目合作情况分析

1. 合作完成项目获奖等级占优势

2001—2016年，在3659项获奖成果中，有1930项成果是合作完成的，占同期成果总数的

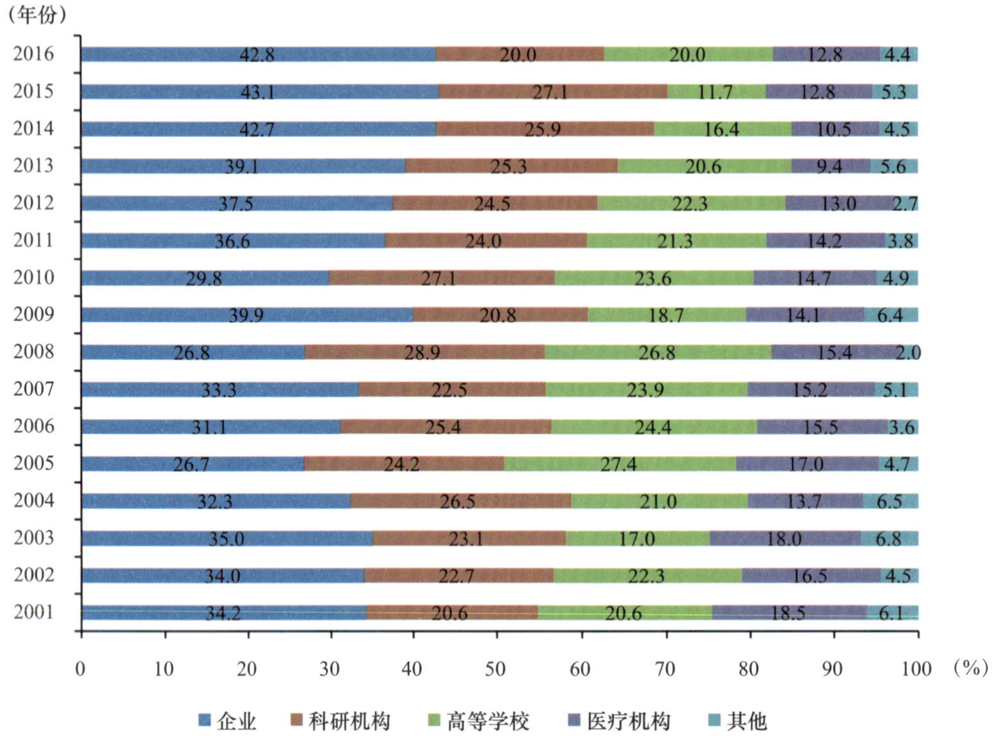

图 10－5　北京市科学技术奖获奖项目第一完成单位构成（2001—2016）

52.7%；1729 项成果是独立完成的，占 47.3%。

虽然合作完成项目和独立完成项目在获奖数量上基本相当，但从获奖等级来看，合作完成项目更占优势，在 391 项一等奖获奖项目中有 63.9% 是合作完成的，在 1224 项二等奖获奖项目中有 55.5% 是合作完成的，在 2043 项三等奖获奖项目中有 49.0% 是合作完成的（表 10－7）。

表 10－7　北京市科学技术奖获奖项目合作情况（2001—2016）

	合作	独立		合计	
	项目数	比重（%）	项目数	比重（%）	项目数
重大	0	0.0	1	100.0	1
一等奖	250	63.9	141	36.1	391
二等奖	679	55.5	545	44.5	1224
三等奖	1001	49.0	1042	51.0	2043
合计	1930	52.7	1729	47.3	3659

2. 合作完成项目所占比重整体呈上升趋势

2001—2016 年，从获奖项目的合作情况可以看出：合作完成项目所占比重整体呈上升趋势。由 2001 年的 38.5% 提高到 2008 年的 61.1%，2009 年回落至 50.5%，之后逐年提高，2016 年达到 67.2%（图 10－6）。

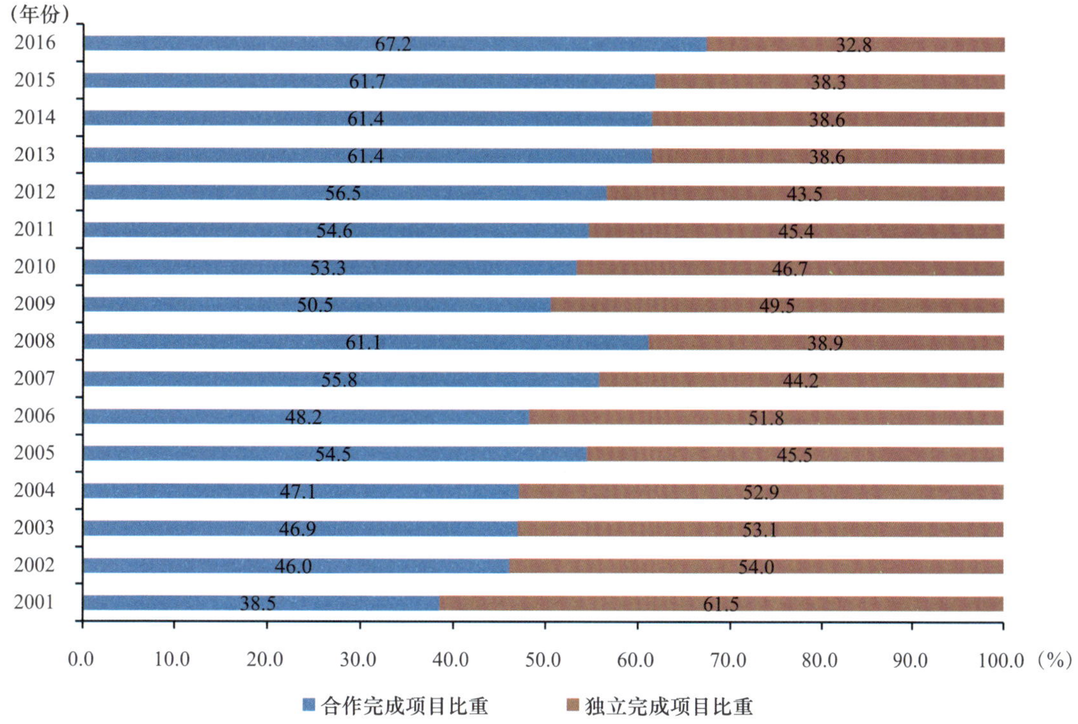

图 11－6　北京市科学技术奖获奖项目合作情况（2001—2016）

三、获奖项目的社会经济目标分布

北京市历年获奖的科技成果均是针对一定的社会经济目标的，反映了科技对产业发展、创新型城市建设等的作用。

（一）获奖项目社会经济目标分布居于前三位的是卫生事业、电子信息业和工商业

2001—2016 年，3659 项获奖成果按社会经济目标可分为：农林牧渔业发展，电子信息业发展，工商业发展（不包括电子信息业），卫生事业发展，环境保护、生态建设及污染防治，基础设施以及城市和农村规划，能源的生产、分配和合理利用，其他民用目标。获奖数量居于前三位的分别是卫生事业发展（894 项）、电子信息业发展（664 项）、工商业发展（539 项），分别占同期获奖总数的 24.4%、18.1%、14.7%，合计占 57.3%，如图 10－7 所示。

（二）能源生产、分配和合理利用获奖项目所占比重增长最快

从“十一五”和“十二五”获奖项目的社会经济目标来看，卫生事业发展、工商业发展的获奖项目数所占比重有所降低，分别由“十一五”时期的 24.0%、15.0% 下降到“十二五”时期的 18.8%、11.5%；而随着能源在民生领域中地位的提高，2010 年开始，以能源生产、分配和合理利用为目标的项目也开始参评北京市科学技术奖励，占“十二五”时期获奖项目总数的 13.0%，如图 10－8 所示。

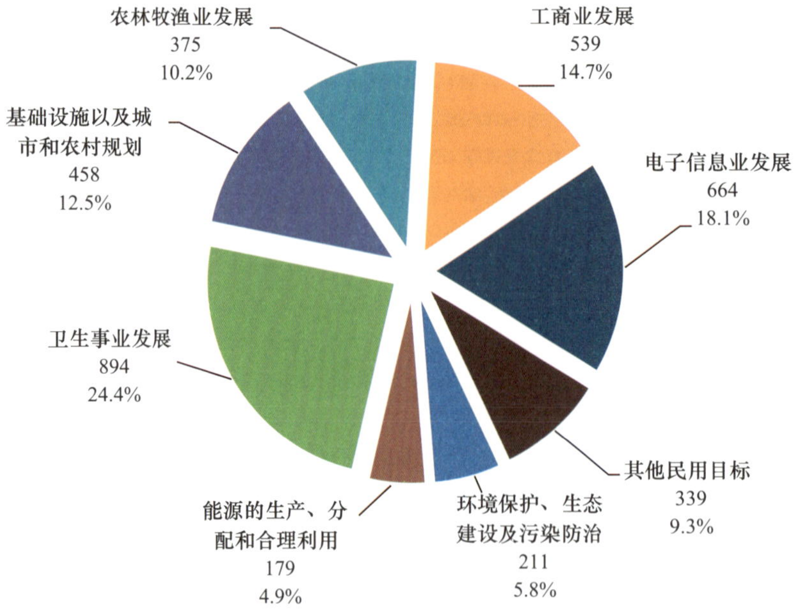

图 10－7　北京市科学技术奖获奖项目按社会经济目标分布（2001—2016）

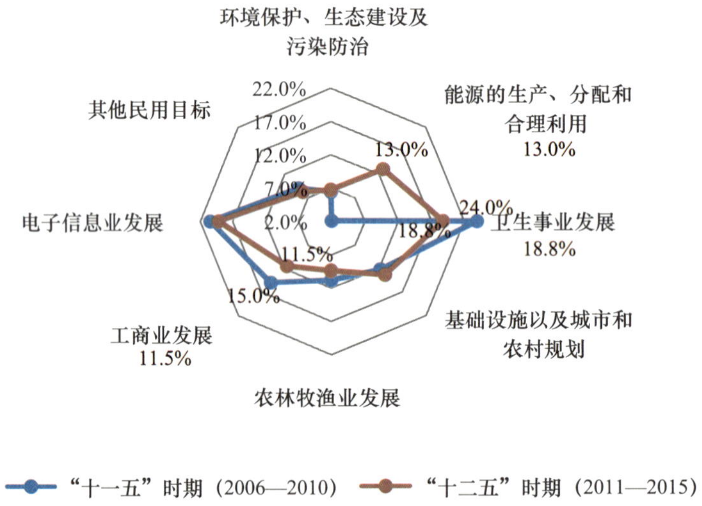

图 10－8　北京市科学技术奖获奖项目按社会经济目标分布变化（2006—2015）

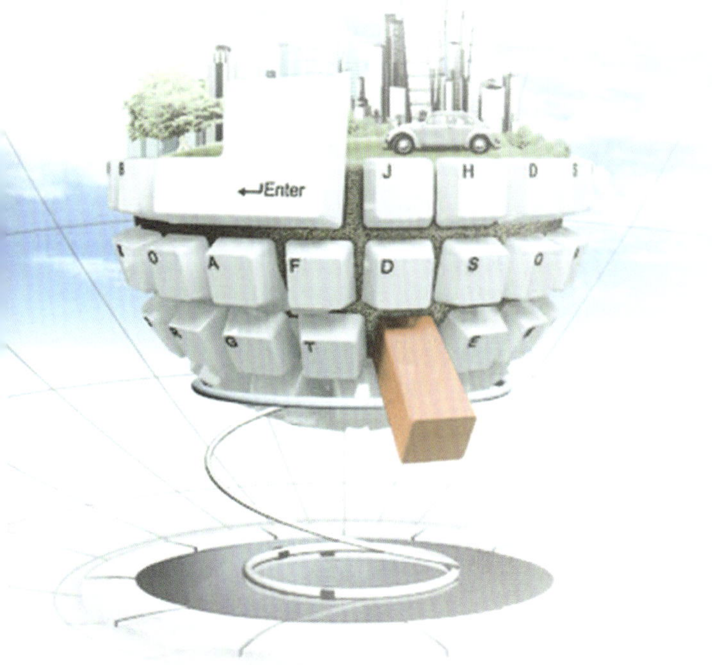

科技促进篇

第十一章 高技术产业发展

高技术产业指知识、技术密集度高，发展速度快，具有高附加值和高效益，并具有一定市场规模和对相关产业产生较大波及效果等特征的产业。根据国家统计局《高技术产业（制造业）分类(2013)》，高技术产业（制造业）定义为国民经济行业中R&D投入强度（即R&D经费支出占主营业务收入的比重）相对较高的制造业行业，包括医药制造，航空、航天器及设备制造，电子及通信设备制造，计算机及办公设备制造，医疗仪器设备及仪器仪表制造，信息化学品制造六大类。

当前，高技术产业面临着复杂、多样的发展环境，机遇与挑战并存。首先，全球正孕育着以低碳经济、生物技术等为代表的新一轮技术革命，美国、欧盟、日本等发达国家和地区纷纷加强新能源、生命科学、新材料等高技术领域的技术攻关和创新部署，全球范围内抢占产业科技制高点、高端要素和产业资源的竞争日益加剧。其次，一些发达国家相继开始加速“再工业化”，推动制造业回流，我国也提出“中国制造2025”，这是我国实施制造强国战略第一个十年的行动纲领，由此加快实现我国由工业大国向工业强国的转变。高技术产业作为制造业的重要组成部分，无疑将会在未来制造业的转型升级和跨越发展中发挥举足轻重的作用，同时北京高技术产业肩负着引领我国参与新一轮全球科技与产业竞争的重大使命，面临新技术革命契机，也面临激烈的发展竞争。

本章主要依据《中国高技术产业统计年鉴》的相关数据，从高技术产业发展概况、R&D活动、技术获取、专利产出、新产品开发和生产5个方面展开分析，揭示北京高技术产业发展的现状及历史变化特征。如无特殊说明，统计数据均来自2002—2017年的《中国高技术产业统计年鉴》。自2015年开始，高技术产业（制造业）数据包括“信息化学品制造业”，未对历史年份数据进行调整。

第一节 发展概况

“十五”以来，北京高技术产业快速发展，涌现出一批重大创新成果，在增强首都自主创新能力、带动经济发展方式转变等方面发挥了重要的引擎作用。本节数据统计口径为规模以上工业企业数据。

高技术产业统计口径变化情况

高技术产业的统计范围为规模以上工业企业，2000年以来，统计口径历经两次调整，分别是2009年和2011年，调整前后统计口径如下：2000—2008年统计口径为全部国有及年销售收入在500万元及以上的非国有法人工业企业；2009年和2010年统计口径为年销售收入在500万元及以上的法人工业企业；2011年及以后年份为年主营业务收入2000万元及以上的法人工业企业。

一、规模和效益

（一）总体规模持续扩大

2001 年以来，北京高技术产业企业数量整体呈现增长趋势，分为两个阶段：2001—2010 年，企业数量大幅增长，自 2004 年出现跃升后始终保持在 1100 个以上；2011 年，较大幅度调整高技术产业统计口径后，企业数量下降，保持在 700 ~ 800 个。

2001—2016 年，北京高技术产业从业人员数量稳步增长，2016 年达到 26.3 万人，年均增速为 3.4%，高技术产业从业人员的不断增长对于拉动地区就业、调整就业结构具有非常重要的意义（图 11 -1）。

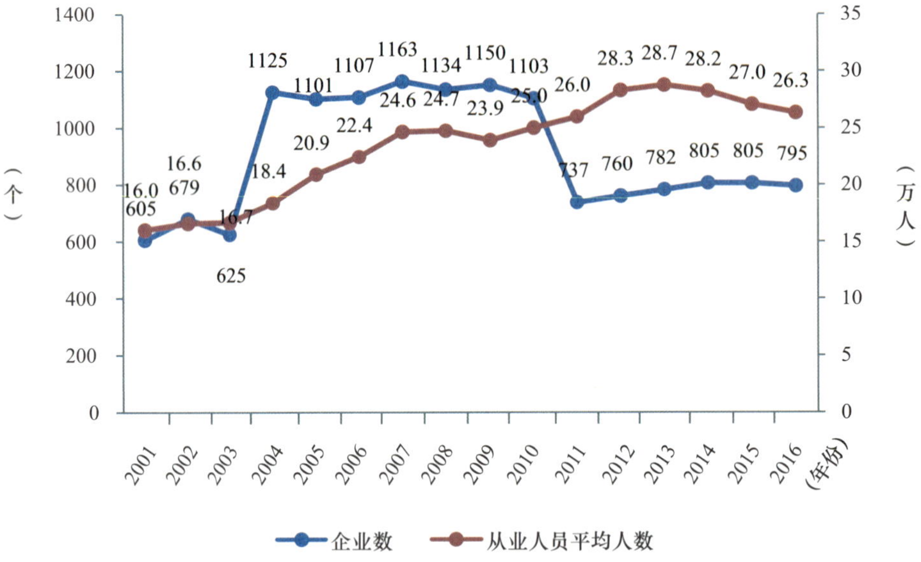

图 11 -1 北京高技术产业企业数和从业人员变化情况（2001—2016）

从主营业务收入和增加值两项指标看，北京高技术产业规模明显扩大。2001—2016 年，主营业务收入从 1225.2 亿元增长至 4308.5 亿元，年均增长 8.7%；同期，增加值从 236.2 亿元增长至 842.7 亿元，年均增速达 8.8%（图 11 -2）。

（二）整体效益明显提升

从利润总额和出口交货值两项统计指标看，2001—2016 年北京高技术产业的效益明显提升。2016 年，利润总额和出口交货值分别达到 321.0 亿元和 645.4 亿元，分别是 2001 年的 4.2 倍和 3.2 倍，年均增速分别为 10.1% 和 8.1%（图 11 -3）。

（三）劳动生产率明显高于全社会平均水平

高技术产业具有高附加值的特征，一般情况下会创造相对高的劳动生产率（按人均增加值测算，下同）。2016 年，北京高技术产业劳动生产率达到 32.0 万元/人，是 2001 年的 2.2 倍。同期，北京全社会劳动生产率也稳步上升，但与高技术产业相比，始终存在一定差距，2016 年高技术产业劳动生产率比全社会劳动生产率高出 50.2%（图 11－4）。

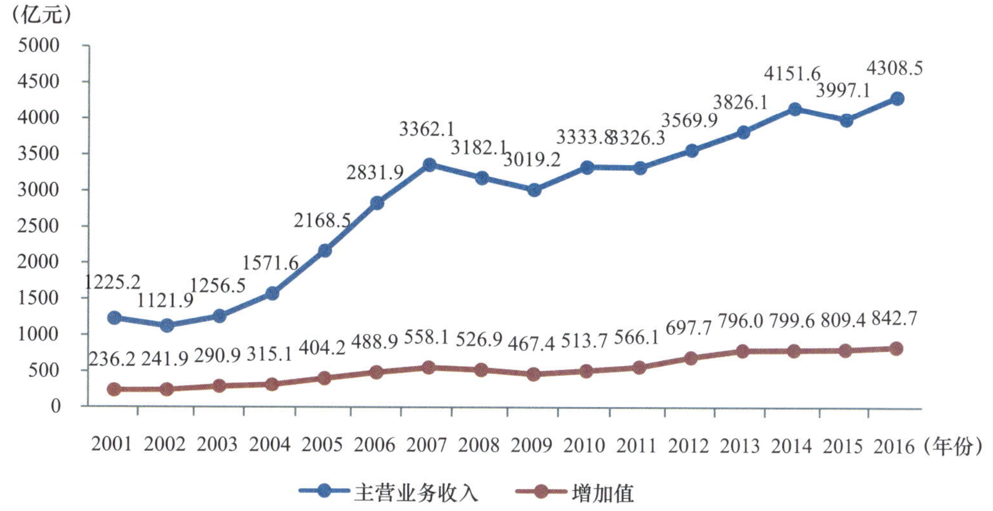

图 11－2　北京高技术产业主营业务收入和增加值变化情况（2001—2016）

数据来源：2001—2007 年增加值数据来源于 2002—2008 年的《中国高技术产业统计年鉴》，国家统计局、科学技术部；2008—2016 年增加值数据来源于 2009—2017 年的《北京统计年鉴》，北京市统计局、国家统计局北京调查总队（下同）。

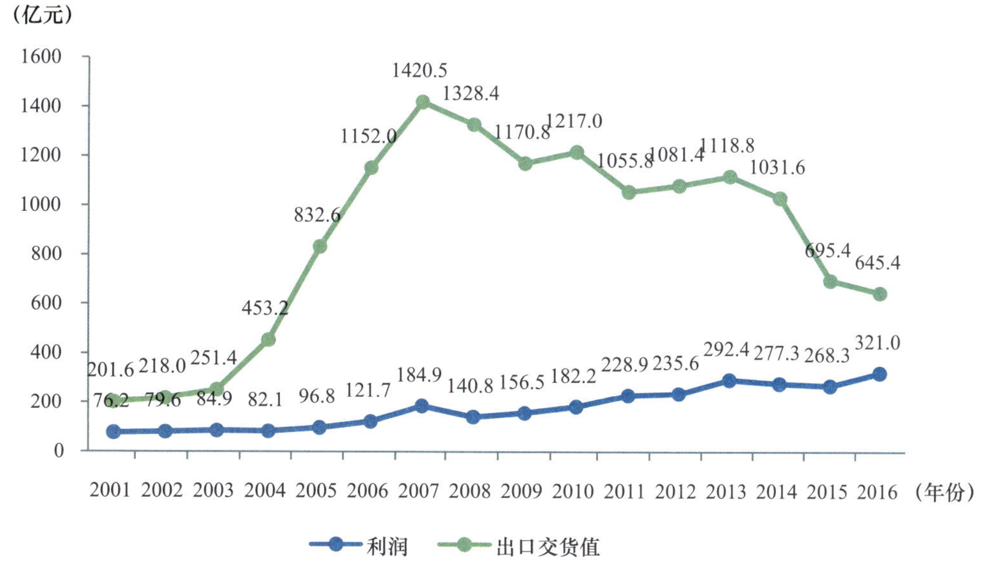

图 11－3　北京高技术产业利润总额和出口交货值变化情况（2001—2016）

图 11－4 北京高技术产业和全社会劳动生产率对比情况（2001—2016）

数据来源：高技术产业劳动生产率数据根据增加值与从业人员平均人数测算。全社会劳动生产率数据来源于2002—2017 年的《北京统计年鉴》，北京市统计局、国家统计局北京调查总队。

二、行业发展变化

2001—2016 年，北京高技术产业整体快速发展，同时产业结构也发生了明显变化。

（一）以电子及通信设备制造业为主体，行业结构变化呈现“三升两降”

从北京高技术产业内部结构看，电子及通信设备制造业始终占据主体地位。2016 年，该行业增加值、主营业务收入、利润、出口交货值分别为 205.9 亿元、2063.7 亿元、21.4 亿元和 525.5 亿元，占高技术产业的比重分别为 24.4%、47.9%、6.7%和 81.4%。

2001—2016 年，北京高技术产业的行业结构发生明显变化，从主营业务收入看，呈现“三升两降”：医药制造业主营业务收入占高技术产业的比重上升最为明显，2016 年达到 18.8%，比 2001 年提高 13.3 个百分点；医疗仪器设备及仪器仪表制造业，航空、航天器及设备制造业比重均提高 4.8 个百分点；电子及通信设备制造业比重明显萎缩，较 2001 年下降 13.8 个百分点；计算机及办公设备制造业比 2001 年下滑 9.4 个百分点（图 11－5、图 11－6）。

（二）金融危机后电子及通信设备制造业增速明显放缓

2001—2016 年，电子及通信设备制造业整体规模有所扩大，增加值和主营业务收入年均增速分别为 2.8%和 6.9%，2016 年分别达到 205.9 亿元和 2063.7 亿元。但是，与高技术产业整体情况相比，增速明显偏低，两项指标分别低于产业平均增速 6.0 和 1.8 个百分点。电子及通信设备制造业增速放缓的一个重要原因是 2008 年的金融危机，2001—2007 年，该行业基本处于高速增长时期，增加值和主营业务收入的年均增速分别为 12.2%和 20.3%，与产业平均增速（15.4%和 18.3%）基本持平；2008—2016 年年均增速分别为－1.6%和－0.2%，明显低于产业平均增速（图 11－7）。

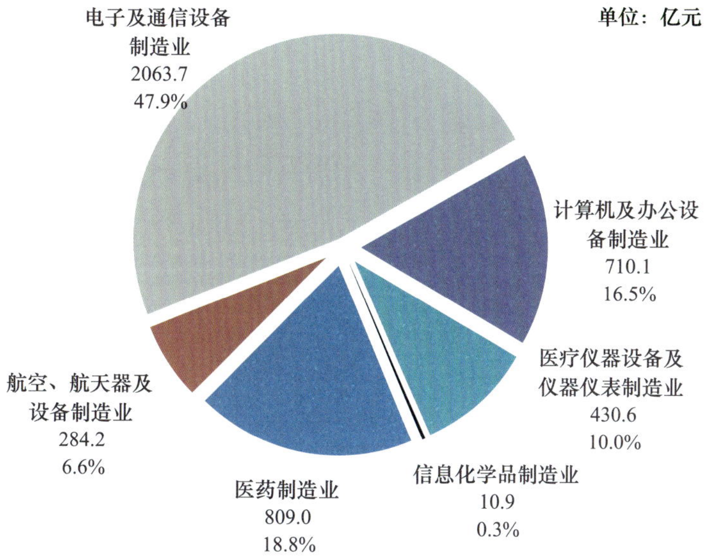

图 11－5　北京高技术产业主营业务收入按行业分布结构（2016）

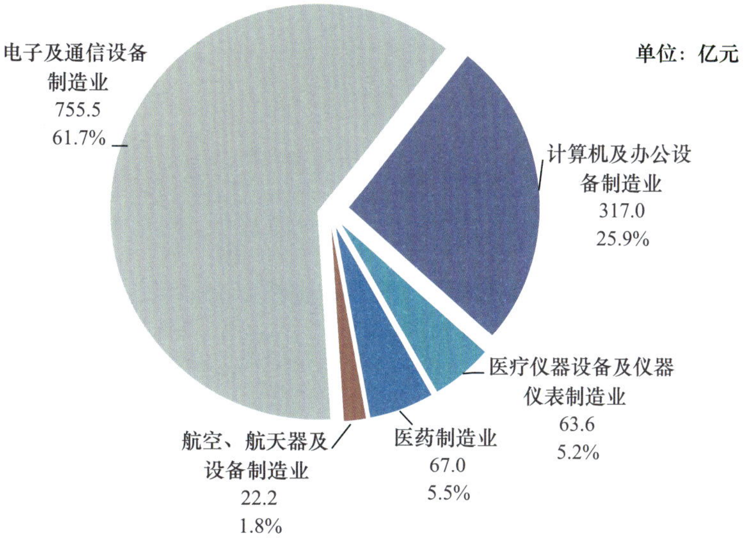

图 11－6　北京高技术产业主营业务收入按行业分布结构（2001）

（三）医药制造业保持高速增长

医药制造业是高技术产业中发展最为迅猛的行业，2001—2016 年，增加值和主营业务收入年均分别增长 18.4% 和 18.1%，分别高出产业平均水平 9.6 和 9.4 个百分点。与电子及通信设备制造业不同，医药制造业受金融危机的影响较小，2001—2007 年两项指标年均增速分别为 19.9% 和 19.8%，2008—2016 年年均增速分别为 14.9% 和 15.6%（图 11－8）。

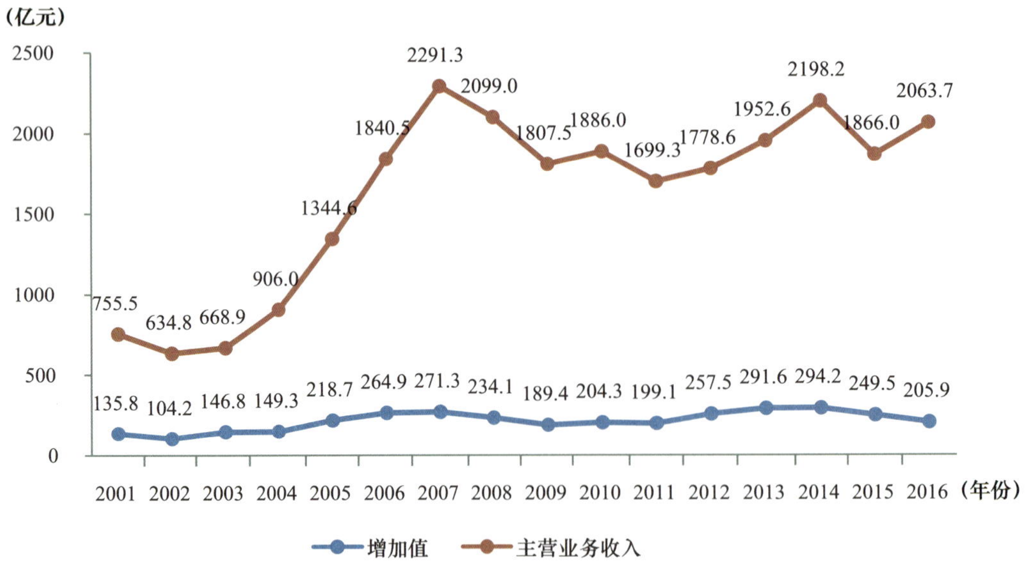

图 11－7　北京电子及通信设备制造业发展情况（2001—2016）

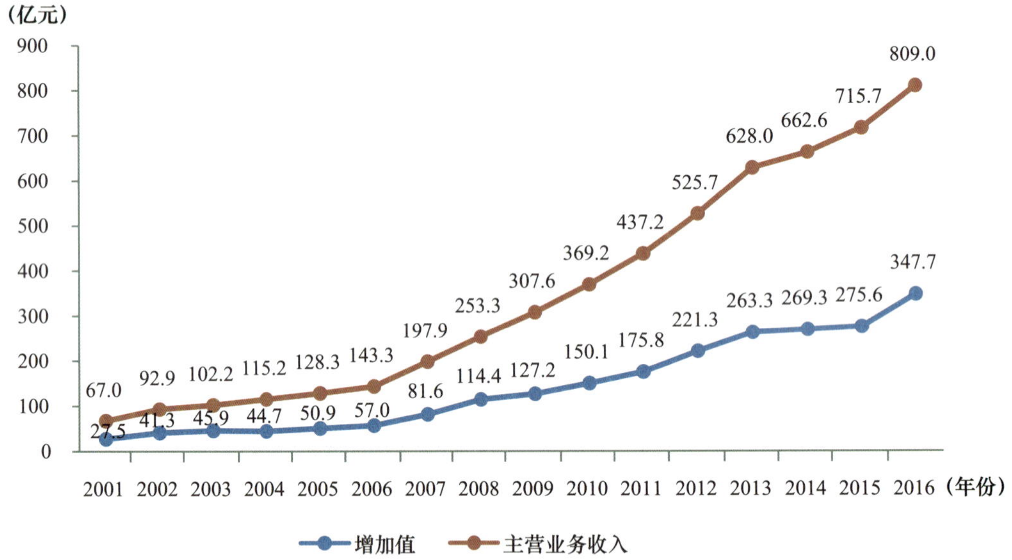

图 11－8　北京医药制造业发展情况（2001—2016）

三、对地区经济的作用

（一）对地区生产总值的贡献不断减弱

北京高技术产业在地区经济中具有非常重要的地位，然而，受北京以服务业为主导的经济发展方向的影响，高技术产业在地区生产总值中的贡献明显下降。2001—2016 年，高技术产业增加值占地区生产总值的比重从 6.4% 降至 3.3%，降幅为 3.1 个百分点（图 11－9）。

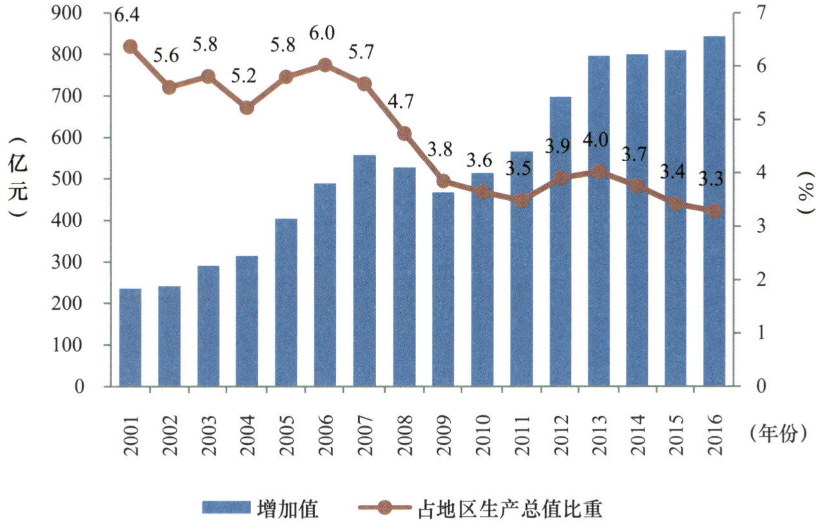

图 11－9　北京高技术产业增加值及占地区生产总值比重（2001—2016）

数据来源：2001—2016 年的北京地区生产总值数据来源于《北京统计年鉴》，北京市统计局、国家统计局北京调查总队。

（二）在制造业中占重要地位

高技术产业是制造业中 R&D 投入强度相对较高的行业，其发展程度对制造业的结构调整发挥着重要作用。2016 年，北京高技术产业以占制造业 24.8% 的企业数和 28.8% 的从业人员创造了 29.9% 的增加值、29.9% 的利润总额、29.2% 的主营业务收入和 68.6% 的出口，可见北京高技术制造业在制造业中具有重要的地位和作用（图 11－10）。

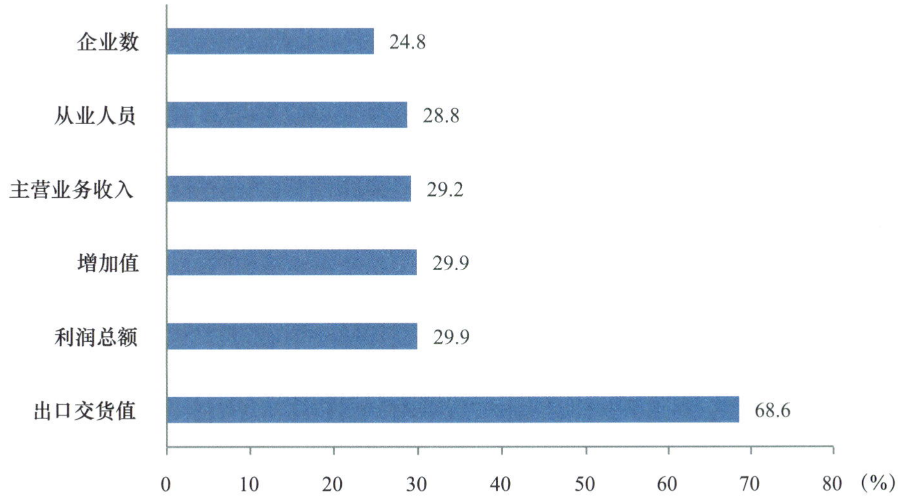

图 11－10　北京高技术产业主要经济指标占制造业比重（2016）

数据来源：2016 年的制造业数据来源于《北京统计年鉴》，北京市统计局、国家统计局北京调查总队。

四、在全国的地位

（一）在全国高技术产业中所占的份额明显下降

北京是全国第三产业占地区生产总值比重最高的地区，这种产业结构决定了北京制造业在全国处于较为弱势的地位，从2001和2016年北京高技术产业主要经济指标占全国的比重看，各项指标均出现大幅下滑，企业数、从业人员、主营业务收入、利润、出口交货值占全国高技术产业的比重分别下降3.2、2.0、7.4、8.0和3.5个百分点（图11－11）。

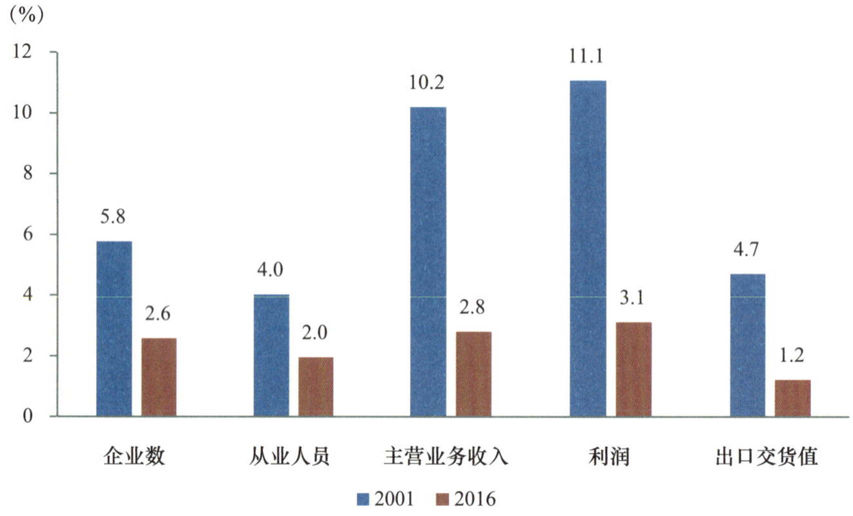

图11－11 北京高技术产业主要经济指标占全国比重（2001年和2016年）

（二）主营业务收入在全国排名第十位

2016年，全国高技术产业主营业务收入排名前10位的省（市）均超过4000亿元，合计12.1万亿元，占全国比重达78.5%。其中，北京排名第10位，占全国的比重为2.8%；广东和江苏两省分别以3.8万亿元和3.1万亿元居前两位，占全国比重均达到20%（表11－1）。

表11－1 全国高技术产业主营业务收入排名前10位的省（市）（2016）

序号	省（市）	主营业务收入（亿元）	占全国比重（%）
1	广东	37765.2	24.6
2	江苏	30707.9	20.0
3	山东	12263.5	8.0
4	河南	7401.6	4.8
5	上海	7010.2	4.6
6	四川	5994.4	3.9
7	浙江	5885.2	3.8
8	重庆	4896.0	3.2
9	福建	4466.0	2.9
10	北京	4308.5	2.8
	合计	120698.5	78.5

第二节　R&D 活动

高技术产业是创新活动最为活跃的领域，较高的 R&D 投入强度是其本质特征和赖以发展的基础。本节从总体情况、人员和经费三个方面进行分析，反映北京高技术产业研发活动的现状及历史变化特点。2009 年我国开展了第二次全国 R&D 资源清查，此次清查对我国科技统计指标体系进行了修订，与往年相比，着重突出能够反映自主创新能力的研究与试验发展（R&D）指标及其相关结构指标，同时删除了不能进行国际比较的科技活动人员、经费及相关指标，因此本部分数据范围为 2009—2016 年。其中，2010 年仅公布了大中型企业统计数据，规模以上企业数据无法获得，在分析中无法体现。

一、R&D 活动总体情况

（一）R&D 活跃程度逐年提高，在全国处于领先地位

有 R&D 活动企业占企业总数比重是反映 R&D 活动活跃程度的重要指标，近年来，随着企业对创新的重视程度不断提高，高技术产业这一指标也得到明显提升。2009—2016 年，北京高技术产业开展 R&D 活动的企业数有所增加，2016 年达到 476 个。有 R&D 活动企业数占企业总数的比重不断增长，2016 年达到 59.9%，比 2009 年提高 22.3 个百分点，这一比重在全国高技术产业规模较大的省（市）中居首位，比全国高技术产业平均水平（48.2%）高出 11.7 个百分点，比北京制造业平均水平（34.6%）高出 25.3 个百分点，但低于浙江（63.0%）和江苏（60.4%）（图 11－12）。

图 11－12　北京高技术产业中有 R&D 活动企业数及占企业总数比重（2009—2016）

（二）设立研发机构企业比例大幅提高，但低于全国平均水平

研发机构是企业实现研发活动制度化、常规化、组织化的重要保障，是企业进行创新活动的重要载体，是提升企业自主创新能力的重要平台。2009—2016 年，北京高技术产业有研发机构企业数从 198 个增长至 231 个，占企业总数的比重提高 11.9 个百分点，2016 年达到 29.1%，比全国高技术产业平均水平（35.2%）低 6.1 个百分点（图 11－13）。

2016 年，北京高技术产业共有研发机构 293 个，比 2009 年增长 19.6%，机构人员合计 1.9 万人，增长 53.7%，机构经费支出 80.0 亿元，增长 2.3 倍。

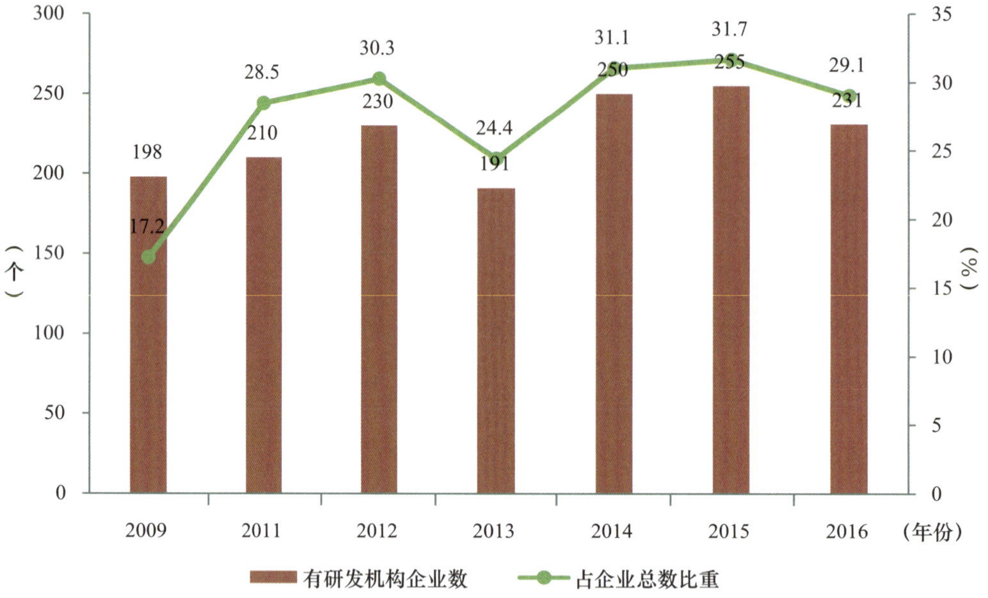

图 11－13　北京高技术产业中有研发机构企业数及占企业总数比重（2009—2016）

二、R&D 人员

（一）R&D 人员总量持续增长

2016 年，北京高技术产业 R&D 人员折合全时当量为 2.3 万人年，与 2009 年相比，年均增速达 8.0%。同期，北京制造业 R&D 人员为 5.1 万人年，高技术制造业 R&D 人员占制造业总数的比重达到 45.2%（图 11－14）。

（二）R&D 人员行业分布呈“三高三低”态势

从高技术产业 R&D 人员在各行业的分布情况看，三个行业所占比重超过 15%，其他三个行业相对较低。2016 年，电子及通信设备制造业、医药制造业、医疗仪器设备及仪器仪表制造业三个行业 R&D 人员均超过 4200 人年，占高技术产业 R&D 人员总量的比重分别达到 39.1%、23.6% 和 18.4%，其他三个行业比重均在 15% 以下（图 11－15）。

与 2009 年相比，航空、航天器及设备制造业 R&D 人员比重大幅增长，提高 7.2 个百分点，医

疗仪器设备及仪器仪表制造业比重明显萎缩，下滑 7.9 个百分点，其他三个行业比重变化相对较小（图 11－16）。

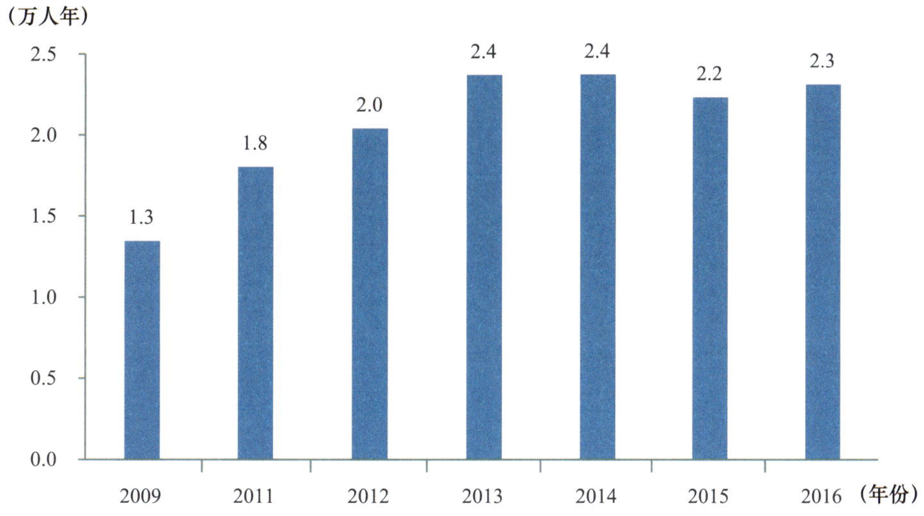

图 11－14　北京高技术产业 R&D 人员数量（2009—2016）

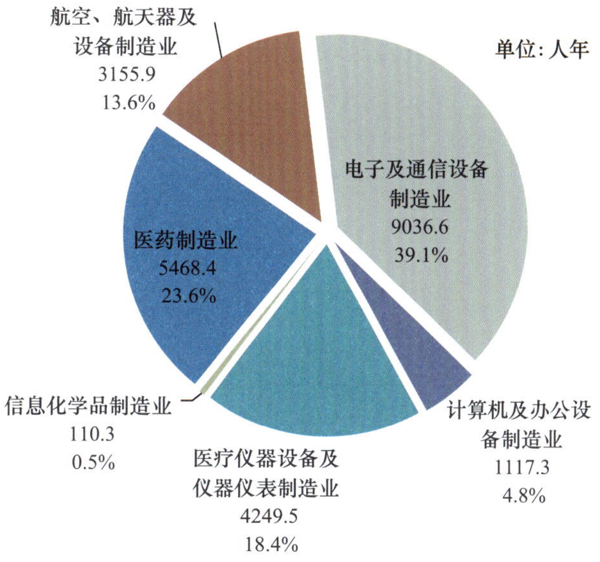

图 11－15　北京高技术产业 R&D 人员行业分布结构（2016）

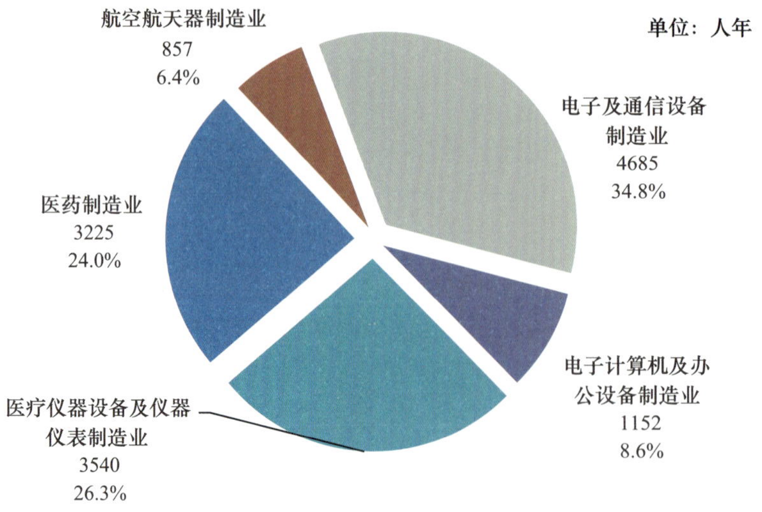

图 11－16　北京高技术产业 R&D 人员行业分布结构（2009）

三、R&D 经费

（一）R&D 经费总量和强度持续增长

2016 年，北京高技术产业 R&D 经费达到 129.9 亿元，与 2009 年相比年均增长 16.2%。同期，全国、上海、江苏、广东高技术产业 R&D 经费年均增速分别为 18.4%、11.3%、17.2%和 17.5%。

2009—2016 年，高技术产业 R&D 投入强度（R&D 经费/主营业务收入）也持续上升，2016 年达到 3.02%，比 2009 年提高 1.51 个百分点，比 2016 年全国平均水平高出 1.12 个百分点，同时高于上海（1.91%）、江苏（1.26%）和广东（2.44%）。如图 11－17 所示。

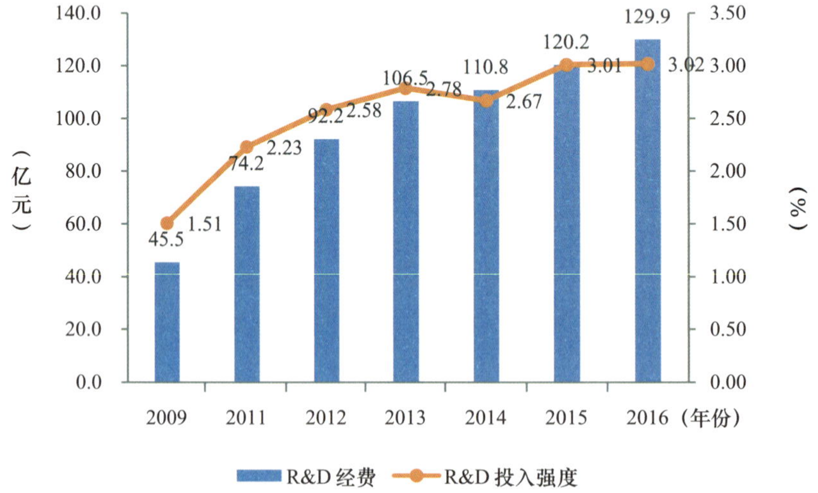

图 11－17　北京高技术产业 R&D 经费及投入强度（2009—2016）

（二）电子及通信设备制造业经费最多，航空、航天器及设备制造业强度最高

从行业看，2016 年北京高技术制造业 R&D 经费超过四成（41.4%）集中在电子及通信设备制造业，经费为 53.8 亿元；医药制造业和计算机及办公设备制造业占比相当，分别为 15.9% 和 15.5%，经费分别为 20.6 亿元和 20.1 亿元；医疗仪器设备及仪器仪表制造业和航空、航天器及设备制造业占比分别为 13.8% 和 13.2%；信息化学品制造业占比仅为 0.3%（图 11－18）。

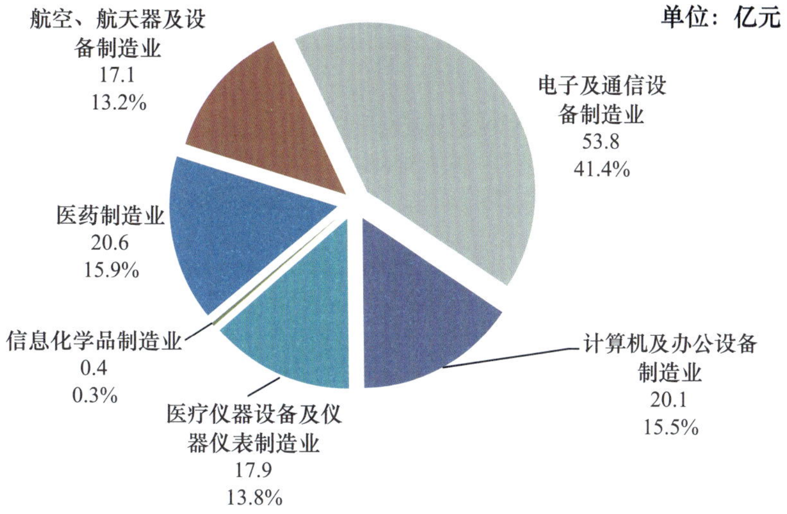

图 11－18　北京高技术产业 R&D 经费行业分布结构（2016）

从 R&D 投入强度看，航空、航天器及设备制造业以 6.01% 远超其他 5 个行业，医疗仪器设备及仪器仪表制造业、信息化学品制造业投入强度也在产业平均水平之上，其他 3 个行业均低于产业平均水平，医药制造业投入强度最低（图 11－19）。

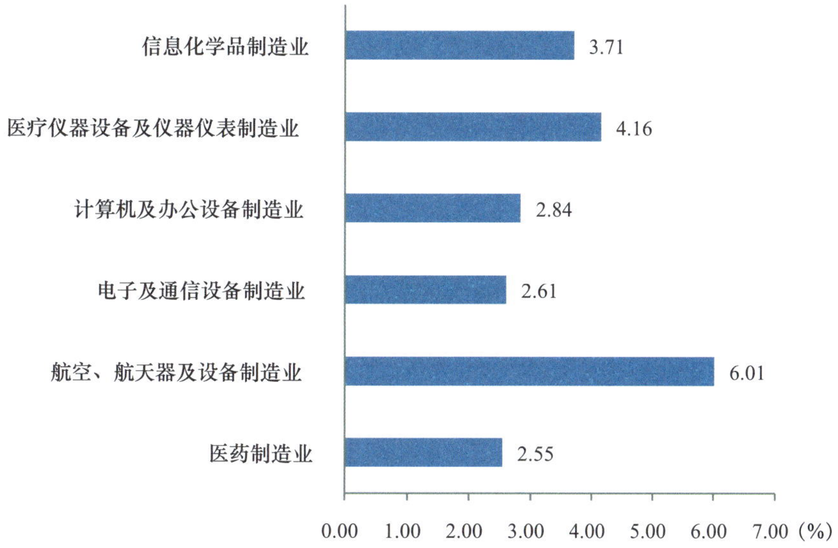

图 11－19　北京高技术产业各行业 R&D 投入强度（2016）

（三）近八成 R&D 经费来源于企业

2016 年，北京高技术制造业 R&D 经费来源于企业和政府的资金分别为 106.6 亿元和 17.2 亿元，占高技术制造业 R&D 经费总量的比重分别为 82.1% 和 13.2%。同期，高技术制造业 R&D 经费中企业资金比重的全国平均水平为 91.3%，浙江和广东并列居首位，为 97.0%；江苏为 96.4%，位居第三（图 11－20）。

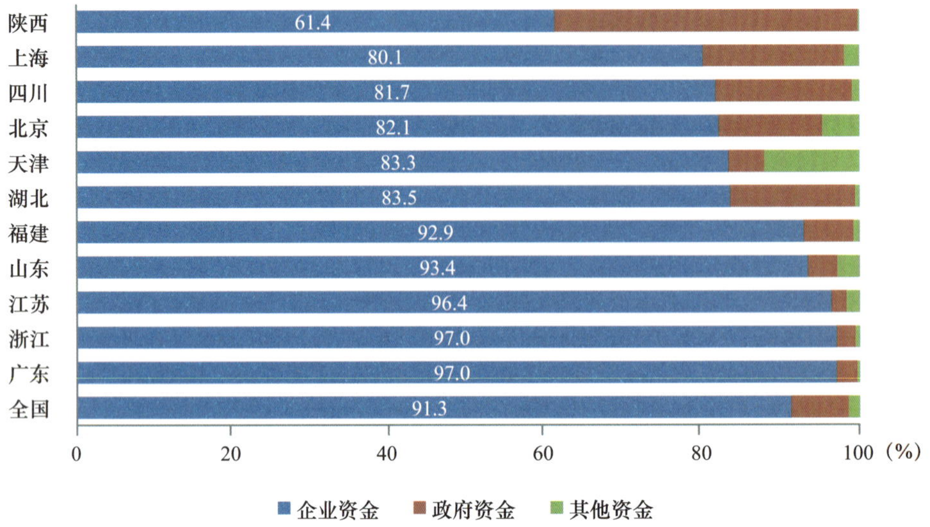

图 11－20 主要省（市）高技术产业 R&D 经费来源结构（2016）

第三节 技术获取

企业的技术创新除依靠自主研发外还可通过技术获取来实现，当获取外部技术所需成本低于自主研发成本时，技术获取可以缩短技术创新周期，有助于企业提升创新能力。本节将对北京高技术产业的技术获取情况进行分析。

一、引进技术与购买国内技术

（一）高技术产业对外部技术依赖程度有所下降

2009—2016 年，北京高技术产业引进技术和购买国内技术经费整体呈先升后降态势，其中 2012 年达到峰值 9.5 亿元。

引进技术和购买国内技术经费与 R&D 经费的比值可以反映企业对外部技术的依赖程度，2016 年，北京高技术产业这一比值为 3.7∶100，与 2009 年相比下降了 3.4∶100，说明高技术产业技术创新依赖自主研发的程度有所提升（图 11－21）。

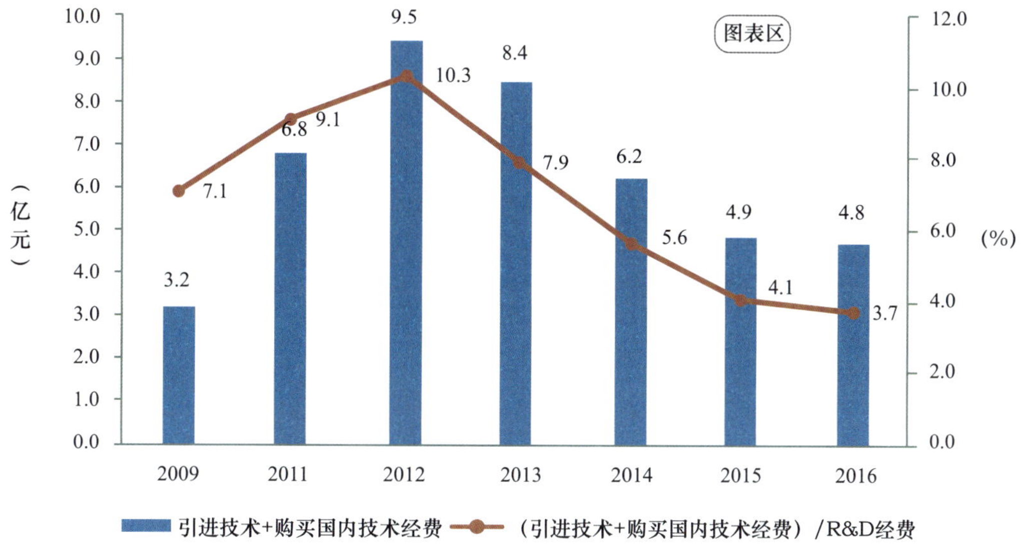

图 11－21　北京高技术产业引进技术和购买国内技术经费情况（2009—2016）

（二）医疗设备及仪器仪表制造业对外部技术依赖程度最高

从高技术产业各行业的引进技术和购买国内技术经费情况来看，医疗仪器设备及仪器仪表制造业的经费最高，占整个高技术产业的 70.6%，引进技术和购买国内技术经费与 R&D 经费比值高达 18.9∶100，说明该行业是高技术产业中对外部技术依赖程度最高的行业（表 11－2）。

表 11－2　北京高技术产业各行业引进技术和购买国内技术情况（2016）

单位：万元

	医药制造业	航空、航天器及设备制造业	电子及通信设备制造业	计算机及办公设备制造业	医疗仪器设备及仪器仪表制造业	信息化学品制造业
引进技术＋购买国内技术经费	6300.1	—	6711.4	1086.8	33903.7	—
（引进技术＋购买国内技术经费）/R&D 经费	3.1	—	1.2	0.5	18.9	—

注：“—”表示该项统计指标数据不足《中国高技术产业统计年鉴》最小单位数、数据不详或无该项数据，下同。

（三）北京高技术产业对外部技术依赖程度低于全国平均水平

2016 年，全国高技术产业引进技术和购买国内技术经费与 R&D 经费比值为 6.3∶100，主要高技术省（市）中仅广东以 13.5∶100 高于全国平均水平，四川、山东、上海和浙江低于北京（图 11－22）。

二、引进技术与消化吸收

（一）消化吸收经费投入不足且明显下降

2009—2016 年，北京高技术产业引进技术经费和消化吸收经费均处于波动状态，但从整体趋势上看，引进技术经费有所上升，而消化吸收经费则是下降趋势。消化吸收经费与技术引进经费之比是反映消化吸收再创新经费投入水平的重要指标。2011—2016 年，北京高技术产业这一指标明显下滑，2016 年仅为 0.9∶100，比 2009 年下降了 2.7∶100（图 11－23）。

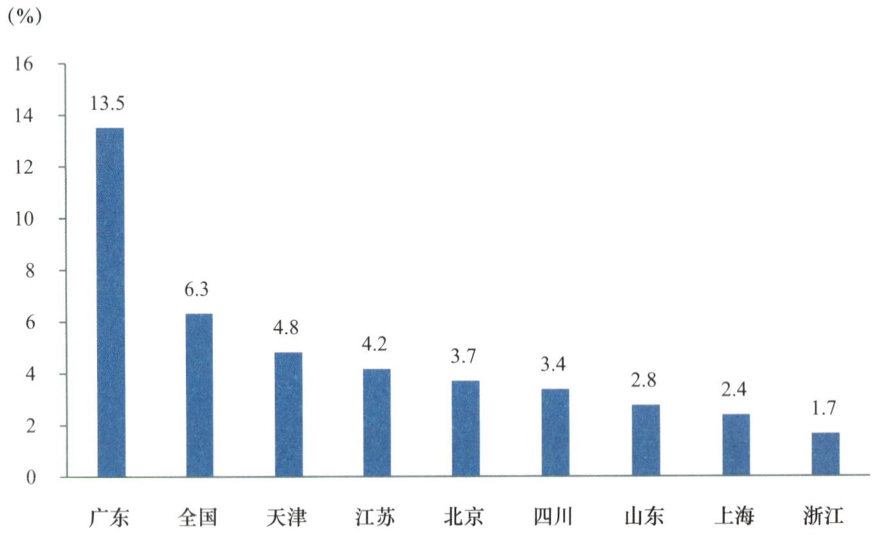

图 11－22　全国及主要省（市）高技术产业引进技术和购买国内技术经费与 R&D 经费比值（2016）

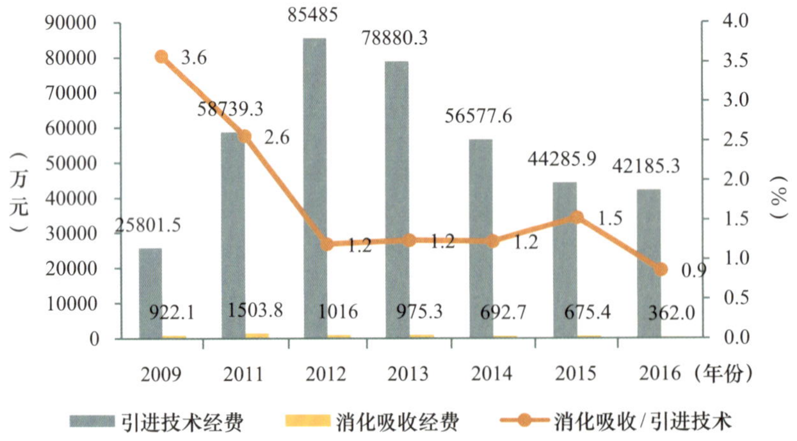

图 11－23　北京高技术产业引进技术和消化吸收经费情况（2009—2016）

（二）计算机及办公设备制造业消化吸收经费投入比重较高

从高技术制造业内部各行业引进技术和消化吸收情况看，计算机及办公设备制造业消化吸收经费最高，为 262.0 万元，占高技术制造业的 72.4%，消化吸收与引进技术经费之比达到 27.1∶100，远超过高技术制造业平均水平，居各行业首位。医疗仪器设备及仪器仪表制造业引进技术经费最高，为 3.4 亿元，占高技术制造业的比重为 80.3%，但其消化吸收经费非常低，消化吸收再创新的投入力度较弱。

（三）北京消化吸收与引进技术经费与主要省市相比偏低

2016 年，全国高技术产业消化吸收与引进技术经费比值为 9.0∶100，北京仅为 0.9∶100，与主要省（市）相比偏低，浙江以 87.1∶100 居首位（图 11－24）。

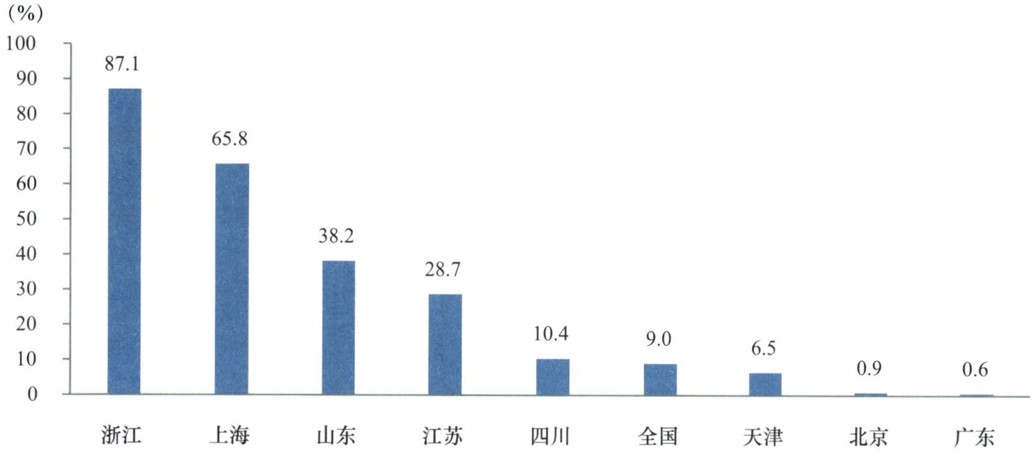

图 11－24　主要省（市）高技术产业消化吸收与引进技术经费比值（2016）

第四节　专利产出

一、专利申请

（一）专利申请量实现翻番，发明专利比重远高于全国平均水平

2009—2016 年，北京高技术产业专利申请数迅速增长，年均增速达 12.6%，2016 年为 6775 件，是 2009 年的 2.3 倍；其中，发明专利年均增速为 12.2%，2016 年达到 4114 件。与全国高技术产业平均水平相比，北京专利申请数和发明专利申请数年均增速分别低于全国 2.1 和 2.6 个百分点（图 11－25）。

2009 年以来，北京高技术产业发明专利占专利申请总数的比重始终维持在 60%～70%，而全国平均水平始终在 50%～55%，北京始终高出全国平均水平 5 个百分点以上（图 11－26）。

（二）专利数量行业集中度高，两行业包揽近八成专利申请量

从 2016 年北京高技术产业各行业的专利申请情况看，电子及通信设备制造业、计算机及办公设备制造业专利申请量最多，分别为 2744 和 1766 件，合计占高技术产业专利申请总量的 66.6%；这两个行业发明专利申请量也最多，分别为 1677 和 1224 件，合计占高技术产业发明专利申请总量的 70.5%（图 11－27）。

从 2016 年各行业发明专利占专利申请总量的比重看，信息化学品制造业、医药制造业分别以 88.7% 和 71.0% 排前两位，计算机及办公设备制造业，电子及通信设备制造业，航空、航天器及设

备制造业分别为69.3%、61.1%和60.7%，医疗仪器设备及仪器仪表制造业以44.1%居末位。

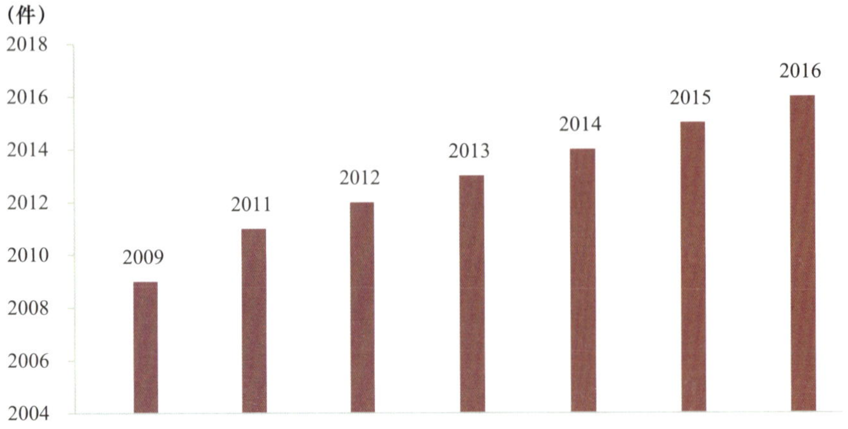

图11-25　北京高技术产业专利申请情况（2009—2016）

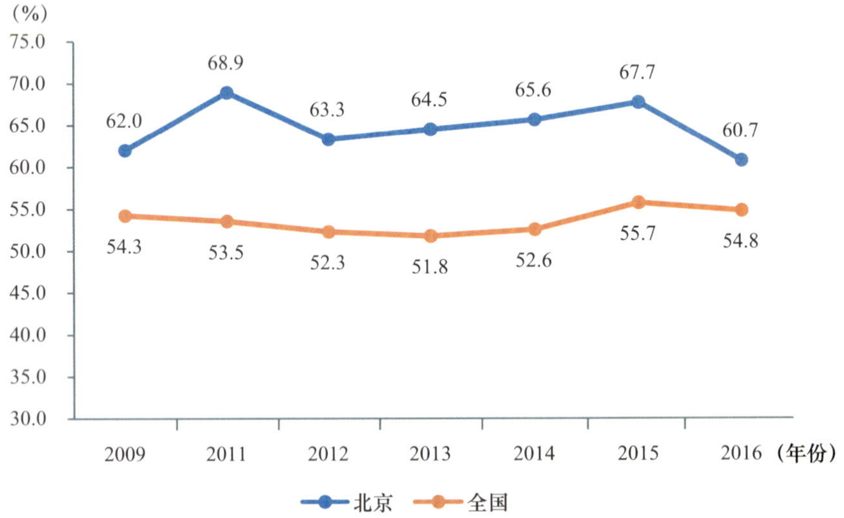

图11-26　北京和全国高技术产业发明专利占专利申请总数比重情况（2009—2016）

二、有效发明专利

2009—2016年，北京高技术产业有效发明专利数大幅增长，年均增速达28.9%，2016年达到16129件。同期，全国高技术产业有效发明专利年均增速为33.8%，比北京高出4.9个百分点。

从行业分布看，2016年电子及通信设备制造业有效发明专利数最多，达7686件，占高技术产业总量的近一半。信息化学品制造业有效发明专利数最少，仅为138件，占高技术产业总量的比重为0.9%，这与行业规模是直接相关的（图11-28）。

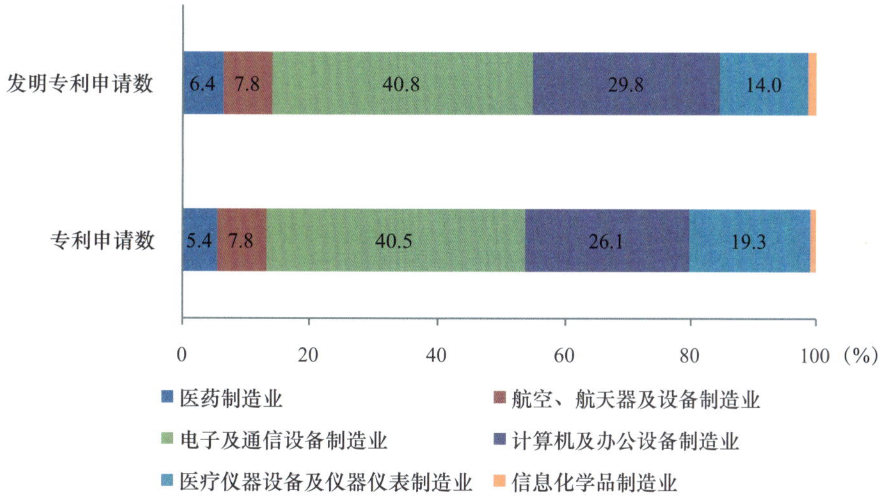

图 11－27　北京高技术产业专利申请数按行业分布结构（2016）

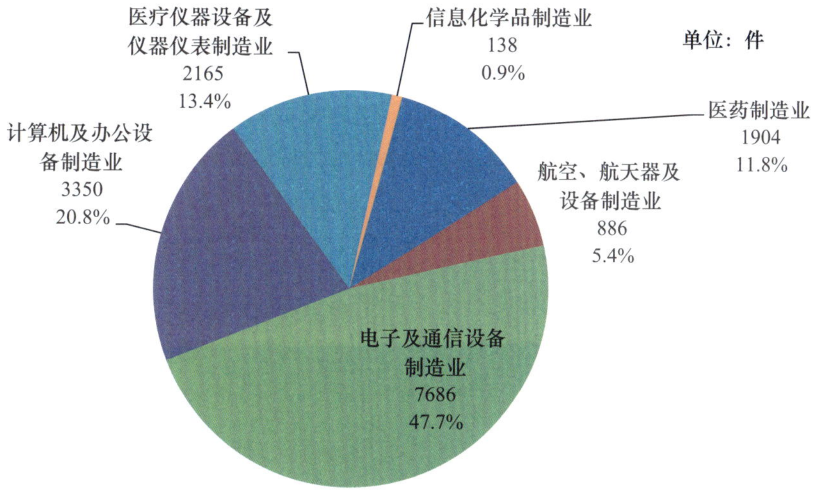

图 11－28　北京高技术产业有效发明专利按行业分布情况（2016）

第五节　新产品开发和生产

产品创新是企业最主要的创新活动，新产品产出是将企业创新活动转化为现实生产力的重要标志。本节从新产品开发投入和产出两个角度，对北京高技术产业的产品创新活动进行分析。

一、新产品开发经费投入

（一）新产品开发经费规模和强度不断增长

2009—2016年，北京高技术产业新产品开发经费投入逐年增长，2016年达到157.2亿元，年均增速为14.6%，低于全国高技术产业平均增速（18.2%）3.6个百分点。

新产品开发经费占主营业务收入的比重可以直接反映新产品开发的投入强度。2009—2016年，北京高技术产业这一指标不断上升，从2.0%提高至3.6%，涨幅达1.6个百分点。同期，全国高技术产业新产品开发经费占主营业务收入比重上升较为缓慢，涨幅仅为0.5个百分点，投入强度及涨幅均低于北京（图11－29）。

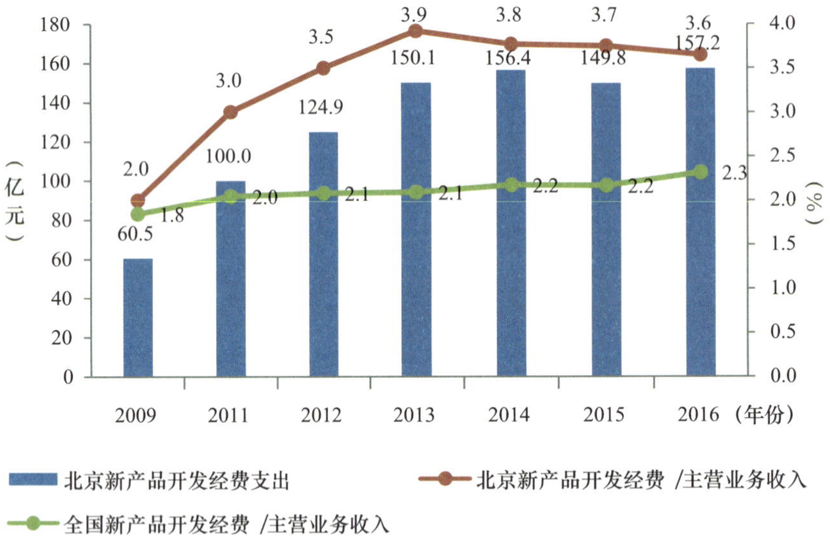

图11－29 北京和全国高技术产业新产品开发经费及强度（2009—2016）

（二）新产品开发经费投入强度高于其他省（市）

从主要省（市）对比情况看，2016年，北京高技术产业新产品开发经费占主营业务收入比重以3.6%排名第二位，低于浙江0.4个百分点，广东和上海也在全国平均水平之上，而四川、山东、江苏和天津则低于全国平均水平（图11－30）。

（三）航空、航天器及设备制造业新产品开发经费投入强度最高

从北京高技术产业新产品开发经费的行业分布看，电子及通信设备制造业以64.3亿元，占比40.9%居首位；信息化学品制造业以0.5亿元，占比0.3%居末位；其他4个行业基本相当：医疗仪器设备及仪器仪表制造业26.0亿元，占比16.5%；计算机及办公设备制造业23.7亿元，占比15.1%；医药制造业24.1亿元，占比15.3%；航空、航天器及设备制造业18.5亿元，占比11.8%。

从各行业新产品开发经费投入强度看，航空、航天器及设备制造业以6.5%居首位，其次是医疗仪器设备及仪器仪表制造业6.0%，信息化学品制造业4.9%，计算机及办公设备制造业和医药制造业分别为3.3%和3.0%，电子及通信设备制造业以3.1%居末位。

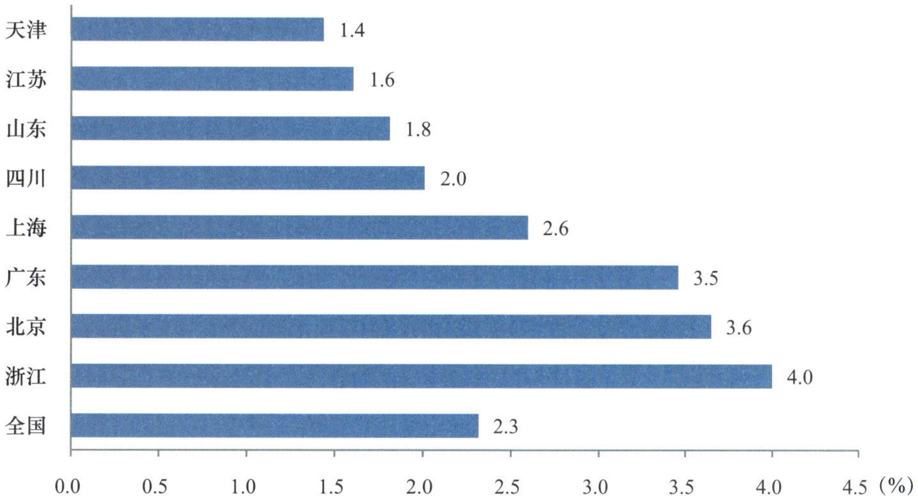

图 11－30　主要省（市）高技术产业新产品开发经费投入强度（2016）

二、新产品产出

（一）新产品销售收入整体增长，占主营业务收入比重远高于全国平均水平

2009—2016 年，北京高技术产业新产品销售收入整体呈波动增长趋势，年均增速为 2.5%，这一增速远低于全国平均水平（19.5%）。新产品销售收入占主营业务收入比重是衡量产品创新对整个销售收入贡献的重要指标，也可在一定程度上反映产品创新周期、更新换代频率和市场竞争力等情况。2009—2016 年，北京高技术产业这一指标保持在 35% 以上，远高于全国平均水平，但整体呈现下降态势，累计下降 8.1 个百分点，而全国高技术产业这一指标稳定上升，涨幅为 8.1 个百分点（图 11－31）。

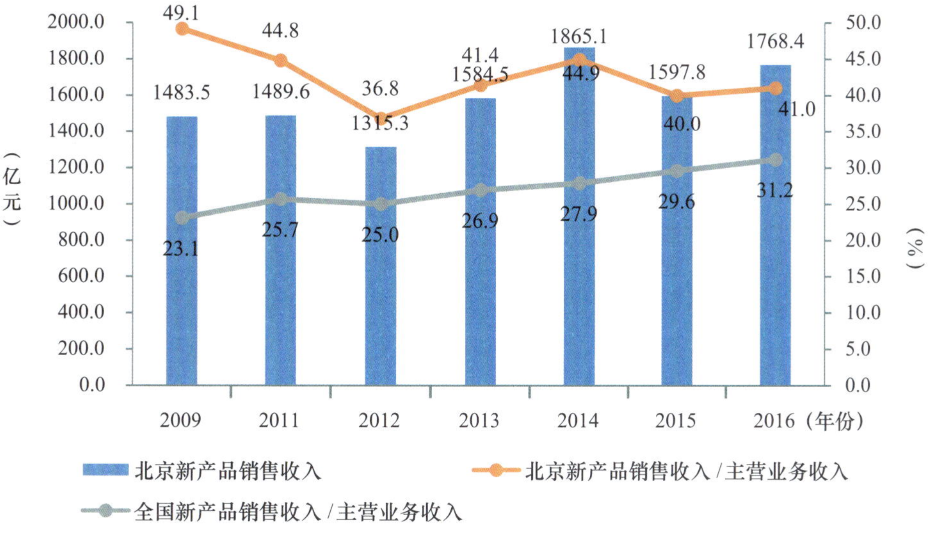

图 11－31　北京和全国高技术产业新产品销售收入占主营业务收入比重（2009—2016）

（二）电子及通信设备制造业新产品销售收入规模及占主营业务收入比重均最高

2016 年，电子及通信设备制造业新产品销售收入达 1041.1 亿元，占北京高技术产业总量的 58.9%；其次是计算机及办公设备制造业 307.2 亿元，占比 17.4%；医疗仪器设备及仪器仪表制造业分别为 182.6 亿元，占比 10.3%；医药制造业为 173.9 亿元，占比 9.8%；航空、航天器及设备制造业为 56.9 亿元，占比 3.2%；信息化学品制造业为 6.7 亿元，占比 0.4%。

（三）新产品出口规模及占全国比重均呈下降趋势

新产品出口是反映企业产品国际竞争力的重要指标。2009—2016 年，北京高技术产业新产品出口销售收入逐年下滑，2016 年降至 183.3 亿元，年均降幅达 15.7%，而同期全国高技术产业新产品出口则持续大幅上涨，年均增速为 20.5%。北京新产品出口占全国的份额也严重萎缩，从 2009 年的 12.3% 下降至 2016 年的 1.0%，降幅达 11.3 个百分点（图 11－32）。

图 11－32　北京高技术产业新产品出口及占全国比重情况（2009—2016）

第十二章　中关村国家自主创新示范区发展

自2008年以来，中关村发展迈入新的历史阶段。2009年3月13日，国务院下发了《关于同意支持中关村建设国家自主创新示范区的批复》，提出要将中关村建设成为具有全球影响力的科技创新中心和高技术产业基地。这是我国向创新驱动发展转型的关键时期，党和国家为推动自主创新、加快建设创新型国家做出的重大战略举措。中关村正式成为我国第一个国家级自主创新示范区。

2012年10月13日，国务院又做出《国务院关于同意调整中关村国家自主创新示范区空间规模和布局的批复》，将示范区规划面积扩大至488平方千米，政策范围全面覆盖北京16个区，在政策先行先试、体制机制创新等方面，发挥好中关村国家自主创新示范区的示范、辐射和带动作用。

近年来，中关村示范区高新技术企业在全球经济放缓、市场需求不足的大背景下，坚持走创新发展道路，大胆探索技术创新、业态创新和商业模式创新，成为带动北京产业结构升级的重要引擎。

第一节　高新技术企业发展

2008—2016年，中关村高新技术企业快速发展。园区总体规模逐步扩大，对北京市经济增长贡献进一步提升，从业人员保持稳定增长，高端人才加快聚集。

从全国来看，中关村主要经济指标均位列高新区第一位，尤其是企业数量、从业人员数量、总收入规模方面优势明显。

一、企业结构

中关村高新技术企业数量在2008—2016年间呈先降后升态势。2008年，中关村共有高新技术企业18544家，此后企业数量逐年下降，到2012年时下降到14929家，继而开始反弹，2016年回升至19869家（图12－1）。

从企业规模看，亿元以上企业占比增长迅速。2016年中关村亿元以上高新技术企业增至3272家，占比达到16.5%，比2009年提高了7.6个百分点，其中规模超过100亿元的超大型企业达到73家。

从园区看，海淀园仍然是中关村第一大园区。2016年海淀园高新技术企业为9886家，数量比2008年时下降明显，企业数占中关村比重达50.2%，比2008年下降了23.5个百分点。2016年昌平园和丰台园企业数分列第二、三位，分别为2456和1877家，占比分别为12.4%和9.4%，分别比2008年提高5个和0.9个百分点。顺义园等①7个新扩园区2016年高新技术企业数达到959家，占比为4.8%（图12-2）。

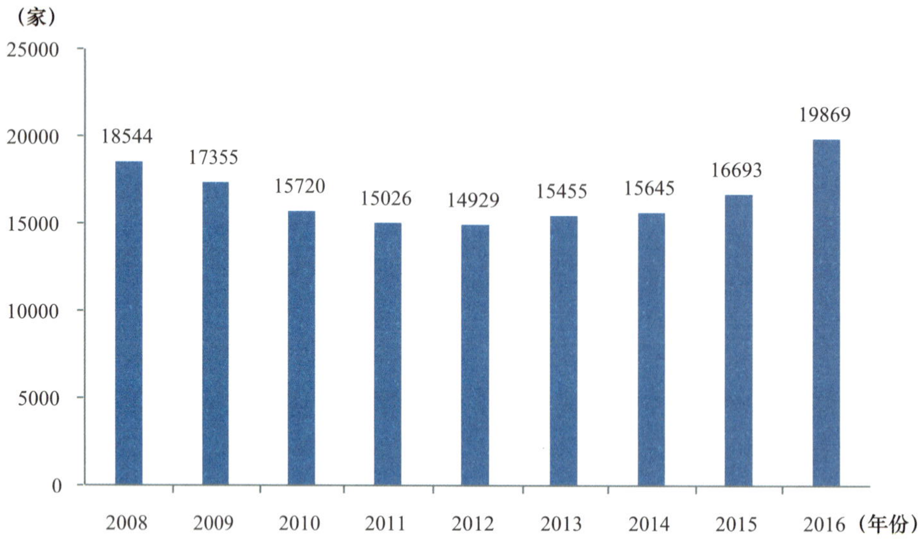

图12-1 2008—2016年中关村高新技术企业数量情况

资料来源：中关村国家自主创新示范区官方网站。

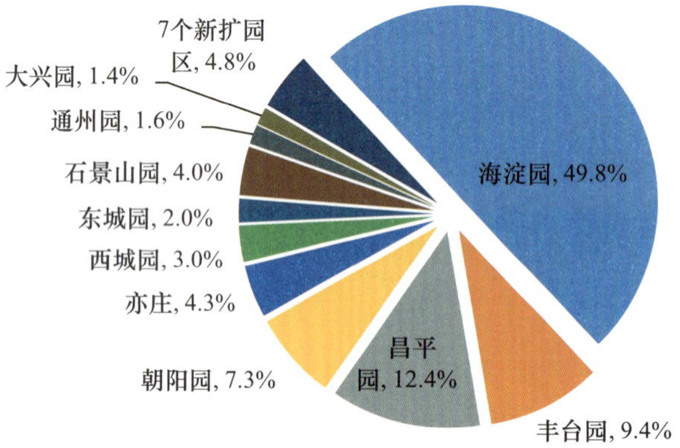

图12-2 2016年中关村各园企业数量占比情况

资料来源：中关村国家自主创新示范区官方网站。

从技术领域来看，中关村高新技术企业主要集中于电子与信息领域、先进制造技术领域、生物工程和新医药领域、新能源与高效节能技术领域，2016年这四大领域高新技术企业数合计达到16123家，占中关村比重达81.1%。其中，电子与信息领域企业数达11716家，占比59.0%。先进制造技术领域1878家，占9.5%，比2008年下降了0.4个百分点。生物工程和新医药领域、新能

① 2012年10月，国务院印发《关于同意调整中关村国家自主创新示范区空间规模和布局的批复》，平谷园、门头沟园、房山园、顺义园、密云园、怀柔园、延庆园7个园区被纳入中关村规划范围之内。

源与高效节能领域企业分别为1362和1167家，占比分别为6.9%和5.9%（表12-1）。

表12-1 2008—2016年中关村主要高新技术领域总收入比重变化情况

	企业数（家）	占比（%）	比2008年增减（百分点）
合计	19869	100.0	0.0
电子与信息	11716	59.0	0.0
生物工程和新医药	1362	6.9	0.5
新材料及应用技术	1055	5.3	-1.3
先进制造技术	1878	9.5	-0.4
航空航天技术	147	0.7	-0.1
现代农业技术动植物优良新品种	257	1.3	-0.4
新能源与高效节能技术	1167	5.9	-0.2
环境保护技术	819	4.1	0.2
海洋工程技术	9	0.0	-0.1
核应用技术	29	0.1	-0.1
其他	1430	7.2	1.9

资料来源：中关村国家自主创新示范区官方网站。

从登记注册类型看，经过多年发展，中关村内资企业进一步壮大，2016年达到18394家，占比91.2%，比2008年提高4.3个百分点。其中，私营企业10223家，有限责任公司达到6407家。2016年中关村港澳台商企业490家，占比为2.5%；外商投资企业997家，占比5.0%。

二、经济规模

2016年中关村高新技术企业总收入达46047.6亿元，比2008年增长3.5倍，年均增长20.7%。

从园区看，中关村千亿规模级园区由2008年的3个增长到2016年的9个，同时中关村产业分布由过度集中向均衡分布发展，形成各具特色、百花齐放的园区发展格局。其中海淀园作为中关村核心区和第一大园区保持较快发展，经济规模占中关村的39.9%，比2008年下降7.5个百分点。朝阳园2016年经济规模达到4603.6亿元，取代亦庄园成为中关村第二大园区，总收入占比达10%，比2008年提高2.7个百分点。丰台园是经济规模第三大园区，2016年经济规模达到4403.3亿元，占比达9.6%，比2008年下降3个百分点。根据国务院批复成立的平谷园、房山园等7个新扩园区发展较为迅速，2016年经济规模合计达到2910.1亿元，比2015年增长40%（图12-3、表12-2）。

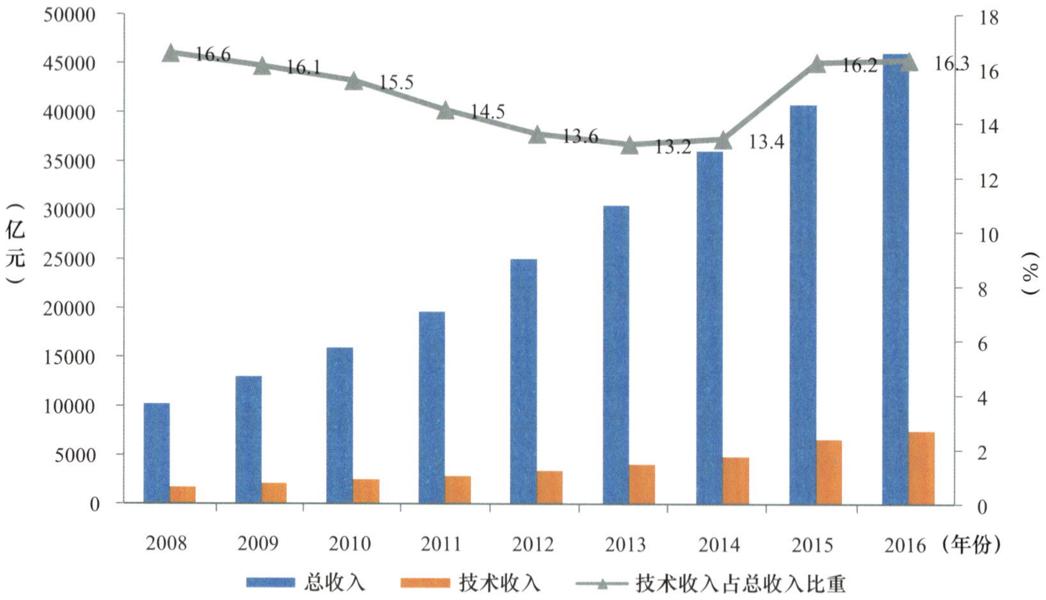

图 12－3　2008—2016 年中关村高新技术企业收入情况

资料来源：中关村国家自主创新示范区官方网站。

表 12－2　2016 年中关村各园区总收入比重变化情况①

	2016 年总收入（亿元）	占比（%）	比 2008 年变动（百分点）
合计	46047. 6	100. 0	0. 0
海淀园	18355. 4	39. 9	－7. 5
丰台园	4403. 3	9. 6	－3. 0
昌平园	3699. 1	8. 0	1. 9
朝阳园	4603. 6	10. 0	2. 7
亦庄园	4436. 9	9. 6	－13. 3
西城园	2686. 9	5. 8	5. 0
东城园	1910. 4	4. 1	3. 2
石景山园	1881. 5	4. 1	3. 0
通州园	627. 6	1. 4	0. 7
大兴生物医药基地	562. 8	1. 2	1. 1
平谷园	122. 2	0. 3	0. 3
门头沟园	174. 6	0. 4	0. 4
房山园	302. 1	0. 7	0. 7
顺义园	1484. 6	3. 2	3. 2
密云园	213. 4	0. 5	0. 5
怀柔园	522. 8	1. 1	1. 1
延庆园	90. 4	0. 2	0. 2

资料来源：中关村国家自主创新示范区官方网站。

从技术领域看，中关村实现了从电子信息“一业独大”到新兴领域“多点支撑”的转变。

① 2012 年 10 月国务院《关于同意调整中关村国家自主创新示范区空间规模和布局的批复》中的大兴园在此处被分列为亦庄园和大兴生物医药基地。

2016 年中关村各领域分布更加均衡，电子与信息领域总收入占比为 39.7%，比 2008 年下降 16.7 个百分点。新材料及应用技术、先进制造技术、新能源与高效节能技术三大技术领域逐步兴起，经济份额持续增加，产业支撑力逐步增强，2016 年总收入分别为 3071.2 亿元、5619.7 亿元、4820.2 亿元，占中关村比重分别为 6.7%、12.2% 和 10.5%，分别比 2008 年提高 0.4 个、3.9 个和 0.7 个百分点（表 12－3）。

表 12－3　2016 年中关村主要高新技术领域总收入情况

	总收入（亿元）	占比（%）	比 2008 年增减（百分点）
合计	46047.6	100.0	0.0
电子与信息	18292.3	39.7	－16.7
生物工程和新医药	1872.9	4.1	0.4
新材料及应用技术	3071.2	6.7	0.4
先进制造技术	5619.7	12.2	3.9
航空航天技术	788.9	1.7	0.9
现代农业技术动植物优良新品种	296.7	0.6	－0.3
新能源与高效节能技术	4820.2	10.5	0.7
环境保护技术	1143.6	2.5	0.7
海洋工程技术	19.9	0.0	－0.2
核应用技术	80.4	0.2	－0.1
其他	10041.7	21.8	10.4

资料来源：中关村国家自主创新示范区官方网站。

从登记注册类型看，内资企业发展速度明显高于港澳台和外商投资企业。2008 年中关村内资企业规模占比为 60%，到 2016 年这一比重提高到 71.8%，内资企业总收入年均增速达到 23.5%，高于港澳台和外商投资企业 7.9 个百分点。

从收入规模来看，收入亿元以上企业贡献明显。亿元以上企业已成为推动中关村经济增长的主要引擎，其所占经济规模已经超过中关村的九成。2016 年中关村亿元以上企业共 3273 家，合计实现收入约 4.3 万亿，占中关村的 94.1%，而亿元以上企业数量仅占中关村的 16.5%。其中，海淀园亿元以上企业较为集中，达 1461 家，占整个中关村亿元以上企业的 44.6%；丰台园、朝阳园亿元以上企业分别有 262 和 279 家，分别占中关村的 8% 和 8.5%；顺义园等 7 个新扩园区亿元以上企业合计仅有 283 家，未来仍有较大发展空间。

三、从业人员情况

随着中关村规模快速扩大，中关村企业从业人员年末人数也保持稳定增长，成为全市吸纳高端就业人才的重要渠道。2016 年中关村企业从业人员年末人数达到 248.3 万人，2008—2016 年年均增长 12.9%，在保持平稳较快增长的同时人才结构进一步优化，大学及以上学历人员占比逐步提高，2016 年达到 53.2%，比 2008 年提高了 4.5 个百分点（图 12－4）。

从业人员年龄结构初现高龄化趋势。2016 年，29 岁及以下年龄段从业人员占比为 43.1%，比 2008 年下降 7.1 个百分点。30～39 岁、40～49 岁、50 岁及以上三个年龄段所占比重出现不同程度增长。其中，30～39 岁年龄段增长 6.0 个百分点，增长最为明显（表 12－4）。

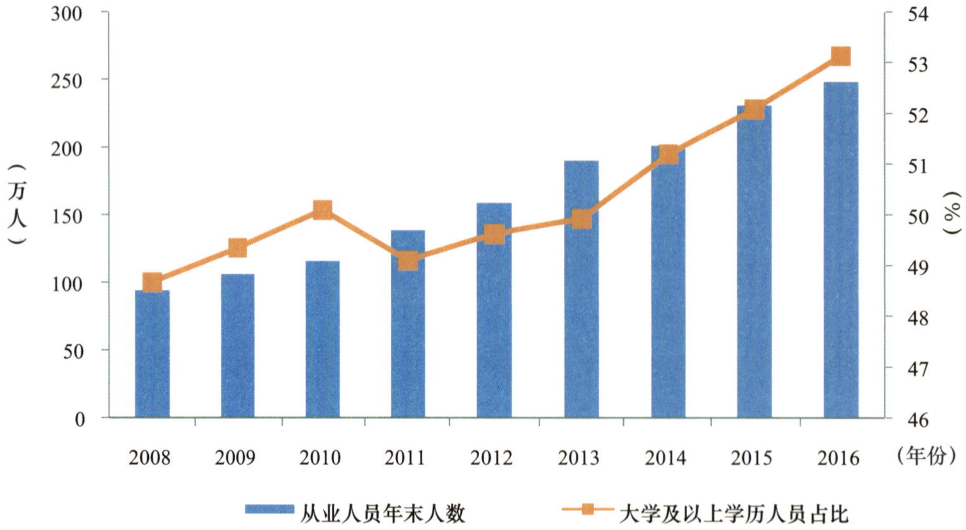

图 12－4　2008—2016 年中关村高新技术企业人力资源情况

资料来源：中关村国家自主创新示范区官方网站。

表 12－4　2008 年和 2016 年中关村从业人员按年龄结构分组情况

	2008		2016	
	从业人员年末人数（人）	占比（%）	从业人员年末人数（人）	占比（%）
29 岁及以下	472168	50.2	1070536	43.1
30～39 岁	284234	30.2	897809	36.2
40～49 岁	124560	13.2	347527	14.0
50 岁及以上	60479	6.4	166743	6.7

资料来源：北京市统计局。

从园区来看，从业人员主要集中于核心区海淀园，2016 年达到 109.1 万人，占中关村比重达 44%，比 2008 年下降了 15 个百分点。亦庄园 2016 年从业人员年末人数为 24 万人，是中关村从业人员年末人数第二园区，占比达 9.7%。朝阳园是从业人员第三园区，2016 年从业人员年末人数为 22.5 万人，占比 9%。顺义园等 7 个新扩园区从业人员增长迅速，2016 年从业人员年末人数合计达到 23.5 万人，比 2015 年增长 16.4%。

从技术领域来看，新能源与高效节能技术领域从业人员占比明显上升，电子与信息领域从业人员占比明显下降，其他高新技术领域从业人员占比基本保持平稳。2016 年，电子与信息领域从业人员达 121.3 万人，占比 48.9%，在高新技术领域中仍排第一位，但比重比 2008 年下降了 5.9 个百分点；新能源和高效节能技术领域从业人员比重与 2008 年相比增长 4.2 个百分点。

从登记注册类型来看，内资企业从业人员年末人数增速明显高于港澳台和外商投资企业。2016 年，内资企业年末从业人员达 194.5 万人，2008—2016 年年均增长 14.4%，港澳台和外商投资企业年末从业人员达 53.8 万人，年均增长 8.7%。

四、经济效益

园区企业质量效益优化，利润总额保持较快增长，利润率有所提高。2016 年，中关村高新技术企业实现利润总额 3732. 5 亿元，比 2008 年增长 4. 1 倍，年均增长 22. 7%，增速高于中关村总收入的年平均增速 20. 7%。企业盈利水平稳步提升，2016 年总收入利润率为 8. 1%，比 2008 年提高了 1 个百分点。

从户均盈利水平来看，2016 年为 1878. 6 万元，2008—2016 年间年均增速为 21. 6%。

从分园区来看，海淀园企业 2016 年实现利润总额 1407. 9 亿元，占比排名第一，达 37. 7%；朝阳园企业实现利润总额 441. 9 亿元，占比 11. 8%，排名第二。但从利润率来看，海淀园 2016 年利润率仅为 7. 6%，低于中关村平均水平 0. 5 个百分点；朝阳园利润率达 9. 6%，石景山园利润率为 16. 4%，排名第一。

从登记注册类型来看，内资企业创造了中关村七成以上的利润，其盈利能力也高于港澳台和外商投资企业。2016 年，中关村内资企业实现利润总额 2777. 2 亿元，占比达 74. 4%，利润率为 8. 4%。港澳台和外商投资企业实现利润总额 955. 3 亿元，利润率为 7. 4%。

从高新技术领域来看，2016 年电子与信息领域利润达 1079. 4 亿元，占比 28. 9%，总收入利润率为 5. 9%，低于中关村平均水平 2. 2 个百分点；先进制造技术领域、生物工程和新医药领域、环境保护领域的利润率均超过中关村平均水平，分别达到 9. 5%、6. 5% 和 10. 7%。与 2008 年相比，各领域利润贡献发生较大变化，电子与信息领域利润总额所占比重下滑较大，下降了 26. 3 个百分点；生物工程和新医药领域新能源与高效节能技术领域利润总额占比有所上升，比 2008 年分别提高 2. 0 和 2. 8 个百分点。

从收入规模来看，亿元以上企业利润占比超九成，利润率水平也较高。2016 年，亿元以上企业实现利润总额 3575. 3 亿元，占比达 95. 8%，总收入利润率为 8. 3%，高于中关村平均水平 0. 2 个百分点；亿元以下企业实现利润总额 157. 2 亿元，占比 4. 2%，利润率为 5. 7%，低于亿元以上企业。

亿元以上企业中，收入规模大于 100 亿元和 10 亿 ~100 亿元规模的企业利润率分别为 7. 2% 和 7. 5%，收入规模在 1 亿 ~10 亿的企业利润率达到 12. 6%；亿元以下企业中，5000 万 ~1 亿元、1000 万 ~5000 万元和 500 万 ~1000 万元规模的企业利润率分别为 14. 4%、3. 5% 和 14. 8%；100 万 ~500 万元和小于 100 万元规模的企业则出现了亏损。

第二节　研发投入情况

中关村是我国科教智力资源最为密集的地区，区域范围内拥有中科院、清华、北大等知名科研院所和高校，另外以大量高新技术企业为载体，聚集了大批优秀的科研人才，成为北京市最具创新创业活力的地区。中关村企业创新实力逐年增强，企业自主创新意愿强烈，科技经费投入逐年增加，本节内容主要围绕中关村高新技术企业科技人员和科技经费支出总额进行分析。

一、科技人员情况

2016 年，中关村高新技术企业科技活动人员已达 65.7 万人，2008—2016 年年均增长 9.4%。从科技活动人员占从业人员年末人数比重来看，2016 年为 26.5%，比 2008 年下降 7.6 个百分点（图 12－5）。

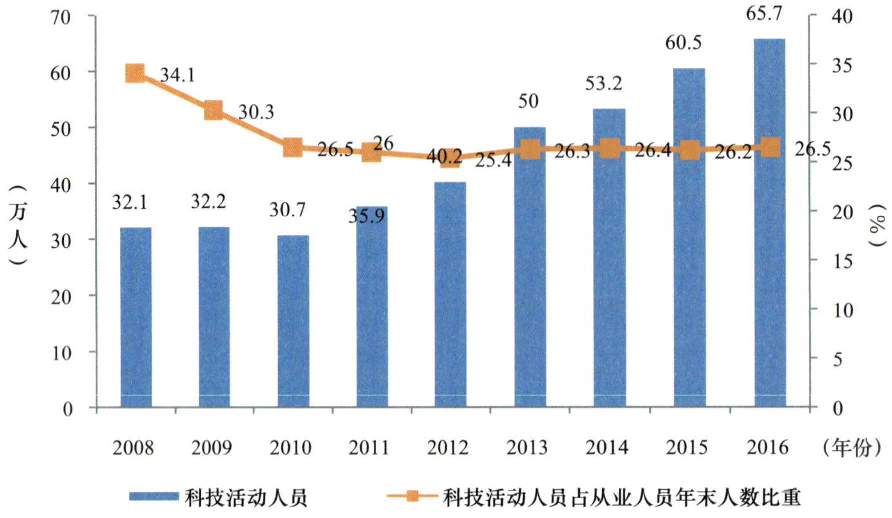

图 12－5 2008—2016 年中关村高新技术企业科技活动人员情况

资料来源：中关村国家自主创新示范区官方网站。

从园区来看，2016 年海淀园科技活动人员最多，达 36.3 万人，占整个中关村的 55.2%，科技活动人员占从业人员年末人数比重达到 33.3%，高于中关村平均水平 6.8 个百分点，也是一区十六园中比重最高的园区，充分体现出海淀园企业在科技创新方面的人力投入优势。朝阳园 2016 年科技活动人员达 5.9 万人，占中关村比重为 9%，是中关村科技活动人员第二大园区，科技活动人员占从业人员年末人数比重为 26.3%。顺义园等 7 个新扩园区 2016 年科技活动人员合计为 4.2 万人，占中关村比重仅为 6.4%，科技活动人员占从业人员年末人数比重为 18%，低于中关村平均水平 8.5 个百分点。

从登记注册类型角度来看，中关村内资企业在科技活动人员总量上占据绝对优势，同时在科技人员投入强度方面也高于港澳台和外商投资企业。2016 年，中关村内资企业科技活动人员为 52.8 万人，占中关村比重达 80.4%，科技活动人员占从业人员年末人数比重达 27.1%，高于港澳台和外商投资企业 3.2 个百分点。国有企业科技活动人员仅为 2.8 万人，占中关村比重为 4.2%，科技活动人员占从业人员年末人数比重达到 35.8%，说明国有企业科技人力资源投入强度相对较大。2016 年，港澳台和外商投资企业科技活动人员达 12.9 万人，科技活动人员占年末从业人员比重达 24%。

从技术领域角度来看，科技活动人员主要集中于电子与信息领域和先进制造技术领域。2016 年，电子与信息领域和先进制造领域科技活动人员占中关村比重分别为 61.2% 和 9.2%。电子与信息领域作为中关村第一大领域，在经济总量和科技人员投入方面均保持第一，一方面由于电子与信息领域作为中关村重点发展的技术领域起步较早；另一方面也反映出该领域的投入产出特点，与其他领域相比更加依赖科技资源的投入。从科技活动人员占年末从业人员比重来看，电子与信息领域达到33.1%，排名第一，高于中关村平均水平6.7个百分点。2016年为22.4%，低于中关村平均水平4.1个百分点。2016年，中关村生物工程和新医药领域、新材料及应用技术领域、新能源与高效节能技术领域科技活动人员分别为3.3、2.5和4.3万人，占中关村比重分别为5.0%、3.7%和6.5%。

二、科技经费投入情况

中关村高新技术企业积极开展科技创新活动，科技活动经费支出总额逐年增长、科技活动经费支出强度（科技活动经费支出总额/总收入）逐年提高。2016年，中关村高新技术企业科技活动经费支出总额①达1972.4亿元，2008—2016年年均增长17.1%；科技活动经费支出强度为4.3%。

从园区来看，中关村高新技术企业科技活动经费支出总额主要集中于海淀园、朝阳园、昌平园、亦庄园，四者合计占中关村比重达76.9%。其中，海淀园科技活动经费支出总额占比高、强度大，2016年支出总额达1045.2亿元，占比达53%；科技活动经费支出强度较高达5.7%，高于中关村平均水平1.4个百分点。顺义园等7个新扩园区科技活动经费投入增长较快，2016年支出总额合计达到141.2亿，支出强度达到4.9%，高于中关村平均水平。其中顺义园表现突出，2016年科技活动经费支出总额达到81.6亿元，科技活动经费支出强度为5.5%。

从登记注册类型角度来看，内资企业科技活动经费支出总额占比近七成，港澳台和外资企业科技活动经费支出强度高于内资企业。2016年，内资企业科技活动经费支出总额达1421亿元，占比72%，科技活动经费支出强度为4.3%。在内资企业中，有限责任公司科技活动经费支出总额高达688.7亿，占比34.9%，排名第一，但科技活动经费支出强度较低，仅有3.3%；私营企业科技活动经费支出总额占比14.5%，排名第二，但科技活动经费支出强度达到7.2%，明显高于有限责任公司和其他类型企业，反映出私营企业较为重视科技创新，在经费投入方面力度较大。

从技术领域来看，科技经费支出主要集中于电子与信息领域、先进制造技术领域、新能源与高效节能技术领域和其他领域，2016年四者科技经费支出合计达1637.4亿元，占比达83%。其中，电子与信息领域科技活动经费支出总额达1153.8亿元，占比58.5%，排名第一；科技活动经费支出强度高达6.3%，高于中关村平均水平2个百分点。先进制造技术领域科技活动经费支出总额达174.4亿元，占比8.8%，排名第二；但该领域科技活动经费支出强度仅为3.1%，低于中关村平均水平1.2个百分点。新能源与高效节能技术领域科技经费支出总额达136.7亿元，占中关村比重为6.9%，科技活动经费支出强度为2.8%。

① 科技活动经费支出总额为企业内部开展科技活动经费支出、委托外单位开展科技活动经费支出、当年形成用于科技活动的固定资产、使用来自政府部门的科技活动资金4项之和。

第三节 创新产出情况

创新产出水平是衡量一个企业乃至一个国家或地区创新能力的重要方面，是打通科技创新和经济之间通道的关键环节。中关村示范区企业多年来坚持自主创新，以提高自身竞争力，在知识产权、技术服务收入、新产品开发等方面均有很大提高。

一、专利情况

中关村作为北京市科技创新资源聚集区和创新政策示范区，在密集的创新资源和各类鼓励创新政策的影响下，企业创新能力逐渐增强，科技人员创新热情高涨。2016 年中关村企业专利申请量 69217 件，专利授权量 36336 件。专利数量保持高速增长，与 2008 年时相比，专利申请量和授权量年均增速分别为 19.6% 和 30.5%。

2008—2016 年，中关村企业专利申请构成更加多元化，发明专利占比有所下降。2016 年，发明专利申请量为 41127 项，占比 59.4%，比 2008 年下降 18.2 个百分点。从专利授权看，实用新型和外观设计专利授权占比有所提高，而发明专利占比有所下降。2016 年，中关村企业共获得实用新型专利授权 20802 项，占比 30.1%；外观设计授权 7288 件，占比 10.5%（图 12－6）。

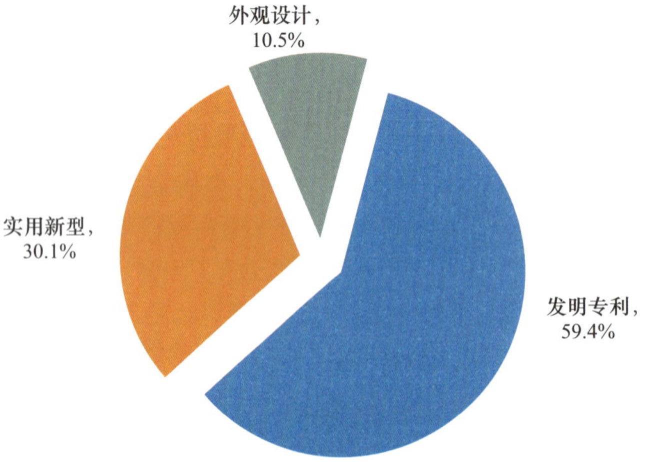

图 12－6 2016 年中关村高新技术企业专利授权结构情况

资料来源：2017 年的中关村国家自主创新示范区发展数据手册。

2008—2016 年，中关村万人拥有当年发明专利申请量呈先降后升态势，自 2010 年企稳后逐年提升。2016 年，万人拥有当年发明专利申请量达到 165.7 项/万人，比上一年提高 1.7 项/万人。2008—2016 年，万人拥有当年发明专利授权量呈平稳上升态势，2016 年达 59.5 项/万人，比上一年提高 4 项/万人。

从园区角度看，中关村专利申请主要集中于海淀园、朝阳园和昌平园，这三个园区 2016 年共有专利申请 49376 项，占中关村的 71.3%。其中，海淀园作为中关村示范区核心区，企业创新能力强，专利产出能力在 16 个园区中处于绝对领先水平，2016 年专利申请量达 35323 件，占中关村的

51.0%，其中发明专利申请量23734件，占中关村的57.7%。朝阳园和昌平园是中关村第二和第三大专利园区，2016年专利申请量分别为8105件和5948件，分别占中关村的11.7%和8.6%。

从技术领域角度来看，电子与信息领域、先进制造领域、新能源与高效节能技术领域为中关村前三大专利领域，其中电子与信息领域2016年专利申请数达36680项，占比达53%，专利授权数16835项，占比46.3%；先进制造领域专利申请和授权量分别为7199项和5092项，占比分别为10.4%和14%；新能源与高效节能技术领域专利申请和授权量分别为8216项和4544项，占比分别为11.9%和12.5%。

二、技术收入

中关村企业技术收入继续保持平稳较快增长，2016年实现技术收入7580.4亿元，同比增长14.5%，2008—2016年平均增速为20.6%。从总收入构成来看，技术收入所占比重先降后升。2008—2013年间，技术收入占总收入比重下滑，2014年开始回升，2016年达到16.3%（图12－7）。

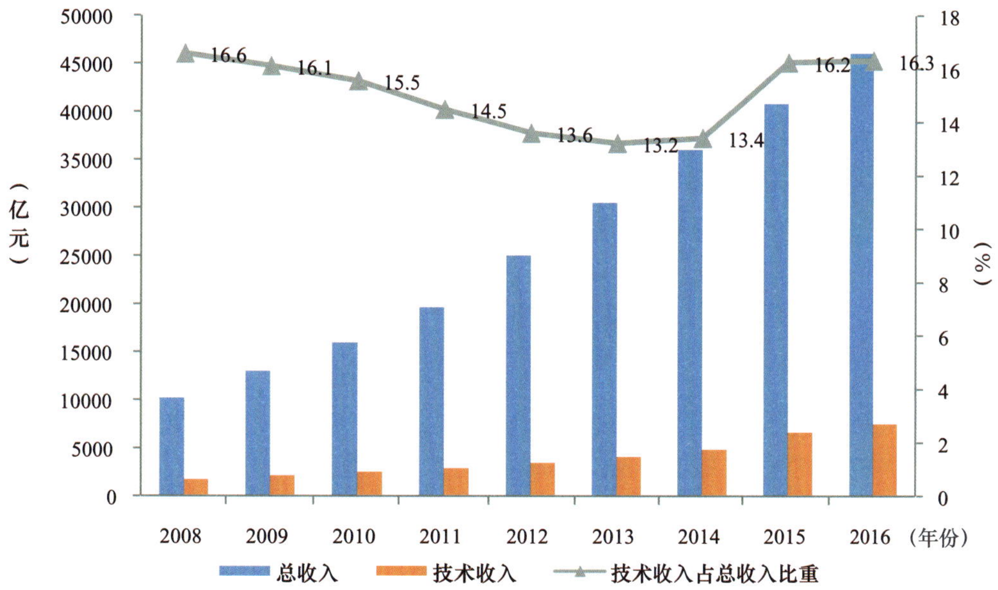

图12－7　2008—2016年中关村高新技术企业总收入、技术收入情况

资料来源：中关村国家自主创新示范区官方网站。

从园区来看，中关村高新技术企业技术收入主要集中于海淀园、朝阳园、丰台园和东城园，这4个园区2016年高新技术企业技术收入合计达到6097.8亿元，占中关村的80.4%。其中，海淀园4076.1亿元，占比53.8%；朝阳园1011.2亿元，占比13.3%，排名第二。从收入构成上分析，2016年高新技术企业技术收入占总收入比重为16.3%，但各园之间呈现较大差异，表明各园区企业发展模式存在较大差异。其中，东城园企业技术收入占总收入比重达26.5%，排名第一；海淀园为22.2%，排名第二；朝阳园为22%，排名第三；顺义园等7个新扩园区高新技术企业技术收入占总收入比重仅为8.6%，低于中关村平均水平7.8个百分点。

从登记注册类型来看，内资企业技术收入增幅明显高于港澳台和外资企业。2008—2016年，内资企业技术收入年均增长 23.9%，高于港澳台和外资企业 10.6 个百分点。

三、技术合同成交额

中关村企业技术合同成交情况基本保持平稳。2016 年技术合同成交项数达 54710 件，同比增长 16.7%；技术合同成交总额 3067.5 亿，同比增长 5.6%。技术合同成交总额和技术合同成交项数占全市比重分别达到 73% 和 77.8%。

从交易流向来看，流向外省（市）的技术交易总额达 1679.7 亿元，占比 54.8%；流向国外及我国港澳台地区为 734.8 亿元，占比 24%，流向北京市为 653 亿元，占比 21.2%；流向外省（市）的技术合同项数达 30170 项，占比 55.1%；流向国外及我国港澳台地区为 939 项，占比 1.8%；流向北京市为 23601 项，占比 43.1%。中关村企业对外辐射能力日渐增强，已成为北京市对外技术输出和辐射影响的重要力量（图 12－8、图 12－9）。

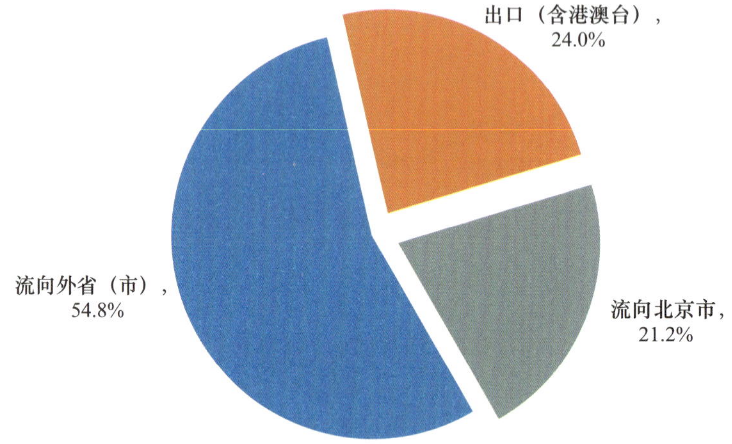

图 12－8 2016 年中关村高新技术企业技术合同成交总额流向结构

资料来源：2017 年的中关村国家自主创新示范区发展数据手册。

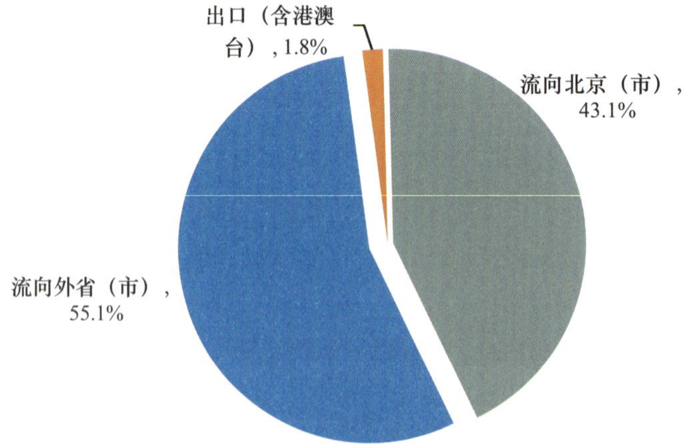

图 12－9 2016 年中关村高新技术企业技术合同成交项数流向结构

资料来源：2017 年的中关村国家自主创新示范区发展数据手册。

四、新产品销售收入

2016 年，中关村高新技术企业新产品销售收入达 4565.6 亿元。2008—2016 平均增速为 4%。新产品销售收入占总收入比重近年来持续走低，2016 年为 30.9%，比 2008 年下降 32.7 个百分点（图 12－10）。

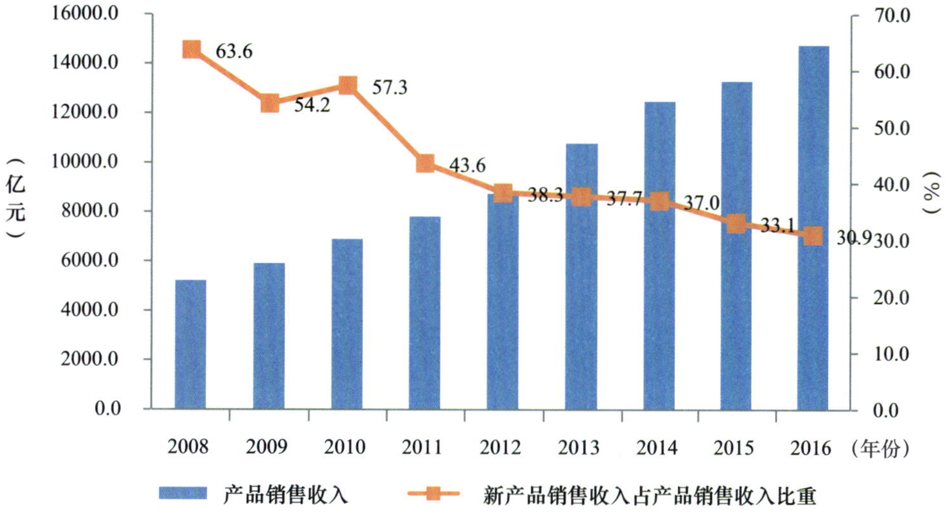

图 12－10　2008—2016 年中关村高新技术企业新产品销售收入情况

资料来源：中关村国家自主创新示范区官方网站。

从园区来看，海淀园 2016 年新产品销售收入达 1858.3 亿元，占中关村的 40.7%，新产品销售收入占产品销售收入比重达 39.9%，高于中关村平均水平 9 个百分点。顺义园 2016 年新产品销售收入为 1030.8 亿元，占比 11.8%，亦庄园 512.6 亿元，占比 11.2%；顺义园等 7 个新扩园区为 811.2 亿元，新产品销售收入占产品销售收入比重为 39.6%。

从登记注册类型看，内资企业新产品销售收入占比超六成。2016 年内资企业新产品销售收入达 3078.1 亿元，占比 67.4%，新产品销售收入占产品销售收入比重为 32.4%；我国港澳台和外资企业新产品销售收入占产品销售收入的比重为 28.3%，低于内资企业 4.1 个百分点。

从技术领域来看，2016 年，电子与信息领域实现新产品销售收入 1820.1 亿元，占比 39.9%，排名第一，先进制造技术领域占比 21%，排名第二，新能源与高效节能技术领域占比 12.7%，排名第三。从新产品销售收入占产品销售收入比重来看，电子与信息领域高达 39.5%，高于中关村平均水平 8.6 个百分点。

第十三章 北京公众的科学素质

作为一个衡量公众文明程度和科技发展水平的重要指标，公众科学素质受到了越来越广泛的关注。2011 年，北京首次将“公众科学素质达标率”纳入市级综合专项规划——《北京市“十二五”时期科技北京发展建设规划》，作为“十二五”时期科技北京发展建设的 10 个主要指标之一。《北京市“十三五”时期加强全国科技创新中心建设规划》再次将这一指标纳入，作为衡量全市“十三五”科技创新工作的重要指标。

公众科学素质

科学素质，也称科学素养（scientific literacy）。公众具备基本科学素质一般指了解必要的科学技术知识，掌握基本的科学方法，树立科学思想，崇尚科学精神，并具有一定的应用它们处理实际问题、参与公共事务的能力。美国学者乔恩·米勒（Jon D. Miller）认为，科学素质包含科学的准则和方法、科学的主要术语和观点、科学对社会的影响 3 个维度，并逐步建立起了采用社会学的方法进行测度的评估体系。目前，全球有 40 多个国家采用此范式进行公众科学素质调查。我国自 1989 年开始进行这一测试，至 2015 年已组织开展了 9 次全国性的调查，为了解公众对科学技术的理解和态度变化提供了大量数据。

北京是全国较早开展公众科学素质调查的地区，1997 年开展了第一次全市性调查。2002 年、2007 年、2010 年、2013 年、2015 年，全市第二、三、四、五、六次公众科学素养调查相继进行，调查数据为全市科技及其他相关政策的制定和有针对性地开展科普工作提供了重要依据。本章数据出自北京市科学技术协会委托中国科普研究所开展的“2015 年北京市公众科学素质抽样调查”。

第一节 北京公众的科学素质状况

与全国公众科学素质调查的范式一致，北京市对公众科学素质的测度也包括对科学术语的了解程度、对科学观点的了解程度、对科学方法的掌握情况、对科学精神的崇尚情况 4 个二级指标。被调查者只有同时通过以上 4 个方面的测度才被认定为具备基本的科学素质。

一、公众科学素质的总体水平

自 1997 年北京首次开展公众科学素质的调查以来，全市公众科学素质的总体水平呈稳步上升的趋势。2015 年，北京具备基本科学素质成人公众的比例为 17.6%，位居全国第二位（上海以 18.7% 位居第一）。同期，全国公众科学素质的平均水平为 6.2%，北京公众具备基本科学素质的比例是全国平均水平的2.8倍。有数据显示，北京公众科学素质水平已达到了美国1999年的水平（17.3%），并超过了欧盟2005年的水平（13.8%）。

纵向比较来看，1997年北京公众具备科学素质的比例仅为4.0%，2002年为6.6%，2007年为9.6%，2013年为12.4%。从1997年至2015年，18年间北京公众具备科学素质的比例增长了3.4倍，年均增长率为8.6%（图13－1）。

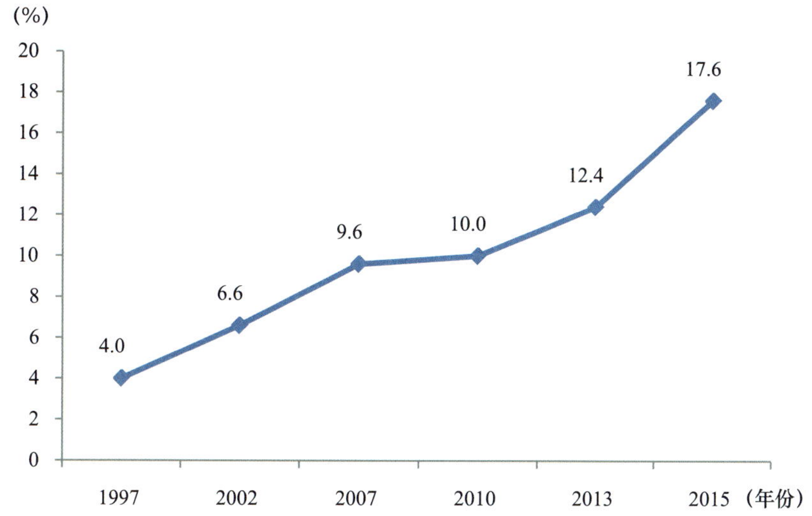

图13－1　北京公众科学素质发展状况

（一）公众对科学术语的了解程度

公众对科学术语的了解程度我们主要通过考察公众对媒体中常见科学术语的了解程度进行。2015年调查采用的4个术语分别是“分子”“DNA”“Internet（因特网）”和“纳米”。

相对地，北京公众对“DNA”的了解程度最高，能正确理解其含义的比例达68.1%，即选择了“生物的遗传物质，存在于一切细胞中，是脱氧核糖核酸”这一正确答案，或是选择了“生物学名词，与遗传有关”这一“基本正确”的选项。在对“Internet（互联网）”这个术语的测试中，有66.6%的北京公众做出了正确选择，即选择了“由一些使用公共协议互相通信的计算机连接而成的全球网络”这一正确答案或“全球通信网络和计算机网络的总和”这一基本正确答案。对“纳米”这一术语的理解程度也较高，有64.2%的北京公众对其有较好了解。

在对“分子”理解程度的测试中，仅有34.0%的北京公众对该术语有较好理解，即在对“分子”含义的理解中选择了“物质中能够独立存在并保持该物质一切化学特性的最小微粒”或“与物质的化学性质有关，是构成物质的基本微粒”两个正确或基本正确的答案，有较多的公众（40.0%）选择了“不知道”这一选项（图13－2）。

（二）公众对科学观点的了解程度

对北京公众科学观点了解程度的测试仍沿用了中国公众科学素养调查所采用的18道试题，其中，“地心的温度非常高”等10道试题在美国2014年度的调查中同样得到了采用。因此，本文也就北京公众对这些观点的了解程度与美国的数据进行了比较。具体结果如表13－1所示。

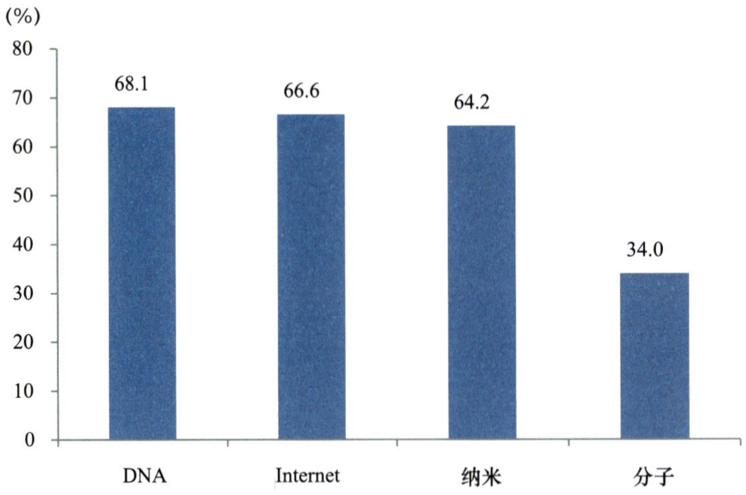

图 13－2 北京公众对科学术语的了解程度

表 13－1 北京公众对科学观点的了解程度及横向比较

单位:%

	北京	美国
1. 地心的温度非常高（对）	64.1	84
2. 父亲的基因决定孩子的性别（对）	57.6	59
3. 抗生素能够杀死病毒（错）	35.3	55
4. 数百万年来，我们生活的大陆一直在缓慢地漂移，并将继续漂移（对）	70.4	82
5. 就目前所知，人类是从较早期的动物进化而来（对）	77.0	49
6. 所有的放射性现象都是人为造成的（错）	60.0	72
7. 激光是由汇聚声波造成的（错）	30.6	50
8. 电子比原子小（错）	36.2	51
9. 地球围绕太阳转一圈的时间为一天（错）	41.5	76
10. 最早期的人类与恐龙生活在同一个年代（错）	58.3	49
11. 我们呼吸的氧气来源于植物（对）	71.1	
12. 接种疫苗可以治疗多种传染病（错）	38.4	
13. 含有放射性物质的牛奶经过煮沸后可以安全饮用（错）	65.4	
14. 光速比声速快（对）	84.2	
15. 地球的板块运动会造成地震（对）	80.2	
16. 乙肝病毒不会通过空气传播（对）	61.3	
17. 植物开什么颜色的花是由基因决定的（对）	60.3	
18. 声音只能通过空气传播（错）	49.8	
平均值	57.9	62.7

数据来源（美国）：2016 年美国科学与工程指标（Science and Engineering Indicators 2016）。

从具体的了解程度上来看，在18个科学观点题中，北京公众对“光速比声速快”的了解程度最高，能正确判断这一观点的公众达84.2%；其次是对“地球的板块运动会造成地震”这一观点的了解，正确判断的比例为80.2%；对“就目前所知，人类是从较早期的动物进化而来”“我们呼吸的氧气来源于植物”“数百万年来，我们生活的大陆一直在缓慢地漂移，并将继续漂移”三个观点的正确判断率也都超过了70%。

总体看来，北京公众对全部科学观点的了解程度存在较大差异。例如，对“光速比声速快”的了解程度达84.2%，而对“激光是由汇聚声波造成的”这一观点，正确判断的比例仅为30.6%，前者是后者的2.75倍。了解程度较低的科学观点还有“抗生素能够杀死病毒”“电子比原子小”“接种疫苗可以治疗多种传染病”，公众对其的了解程度都在40%以下。

从横向比较来看，北京公众对“地心的温度非常高”等10道国际通用测试题的平均答对率为53.1%（全部18道观点测试题的平均答对率为57.9%），略低于美国公众的平均答对率62.7%，说明北京公众对科学观点等科学知识的掌握较之美国公众仍有一定差距。

从对各个科学观点理解的具体程度来看，在10道通用测试题中，北京公众较之美国公众理解程度高的有2个，北京公众对“就目前所知，人类是从较早期的动物进化而来”观点的理解程度高出美国公众28个百分点，在一定程度上反映了中美两种文化之间的差异；北京公众对“最早期的人类与恐龙生活在同一个年代”的理解高出美国公众9.3个百分点。“地球围绕太阳转一圈的时间为一天”“地心的温度非常高”“激光是由汇聚声波造成的”等8个观点试题，则是美国公众较之北京公众更好；特别是对“地球围绕太阳转”这一问题的认识，美国公众较之北京公众的理解程度高出了34.5个百分点。对“地心的温度非常高”“抗生素能够杀死病毒”“激光是由汇聚声波造成的”三个观点的理解，美国公众也较之北京公众高了近20个百分点。具体情况如表13－1和图13－3所示。

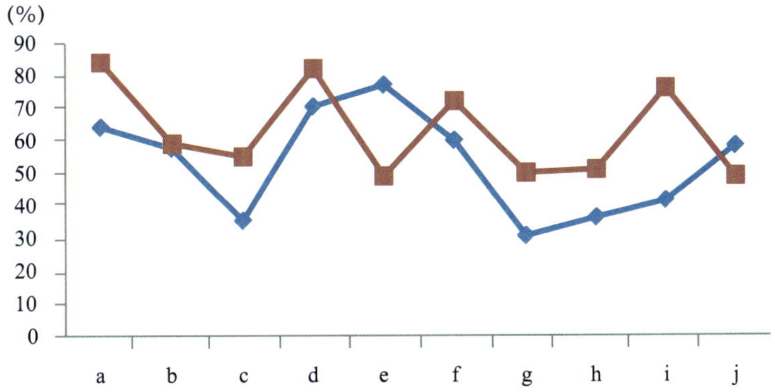

图13－3 北京公众与美国公众对科学观点了解程度的比较

a. 地心的温度非常高；b. 父亲的基因决定孩子的性别；c. 抗生素能够杀死病毒；d. 数百万年来，我们生活的大陆一直在缓慢地漂移，并将继续漂移；e. 就目前所知，人类是从较早期的动物进化而来；f. 所有的放射性现象都是人为造成的；g. 激光是由汇聚声波造成的；h. 电子比原子小；i. 地球围绕太阳转一圈的时间为一天；j. 最早期的人类与恐龙生活在同一个年代

（三）公众对科学方法的理解程度

对科学方法理解程度的测试也沿用了国际通用的试题，包括“科学地研究事物”“对比实验”和“概率计算”这三个问题。结果表明，北京公众能够正确回答“科学研究”的含义是“提出假设，进行观察、推理、实验，得出结论”的比例达到 50.1%，正确理解“对比实验”的公众比例是 60.6%，正确理解“概率”问题的公众比例是 61.0%（图 13－4）。可以看出，北京公众对三个科学方法试题的理解程度都较高。

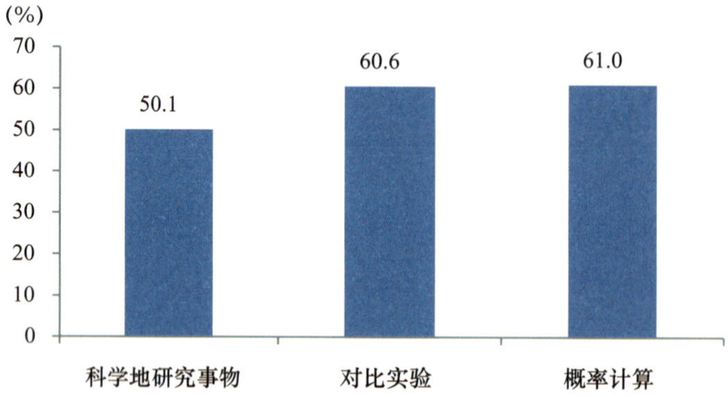

图 13－4 北京公众对科学方法的理解程度

（四）公众对科学与社会之间关系的理解

对科学与社会之间关系理解程度的测试，国际上没有通行的测试方法，我国主要通过测试公众识别迷信现象的能力来实现。根据北京的实际情况，将 5 种迷信方式（求签、相面、星座预测、周公解梦和电脑算命）设计成一组测试题。当被调查者选择“参与过，很相信”或“参与过，有些相信”则视为其相信迷信。选择“尝试过，不相信”“没参与过，不理睬”者被视为不相信迷信。北京公众不相信“求签”的比例为 81.8%，不相信“相面”的比例为 81.6%，不相信“星座预测”的比例为 77.8%，不相信“周公解梦”的比例为 79.0%，不相信“电脑算命”的比例为 85.6%（图 13－5）。

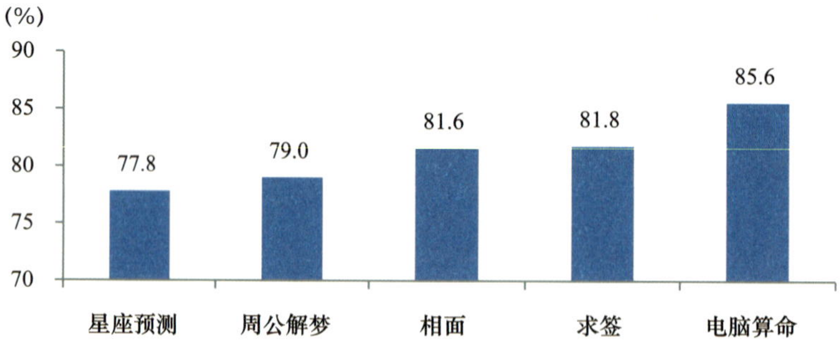

图 13－5 北京公众不相信各种迷信现象的程度

为了更加准确地测试出真正不相信迷信者的比例，在这组问题之后还设计了一个追问，要求被调查者回答在过去的一年中是否用过与迷信相关的方式来治疗和处理健康方面的问题。结果显示，仅有 0.5% 的北京公众选择了“祈求神灵保佑”，而绝大多数的公众选择了科学或比较科学的方法。综合公众对各种迷信现象的相信程度和处理健康问题的方法来看，北京公众对科学与社会之间关系的理解程度较高，这也是决定全市公众具备更高科学素质的重要影响因素。

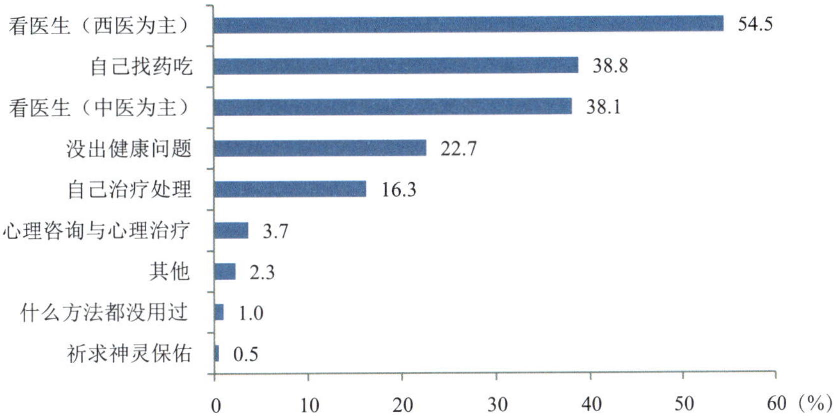

图 13－6　北京公众治疗和处理健康问题的方法

二、各区公众科学素质水平发展状况

2015 年是首次对北京全部行政区进行公众科学素质水平测算。其中，作为全市科教文化大区的海淀区，具备科学素质的公众比例最高，达 22.6%；西城区以 21.4% 位居第二；这两个区的公众科学素质水平高于北京市总体水平；除密云区与全国总体水平持平外，其他 15 个区的公众科学素质水平均高于全国总体水平，这是北京建设全国科技创新中心的重要基础（图 13－7）。

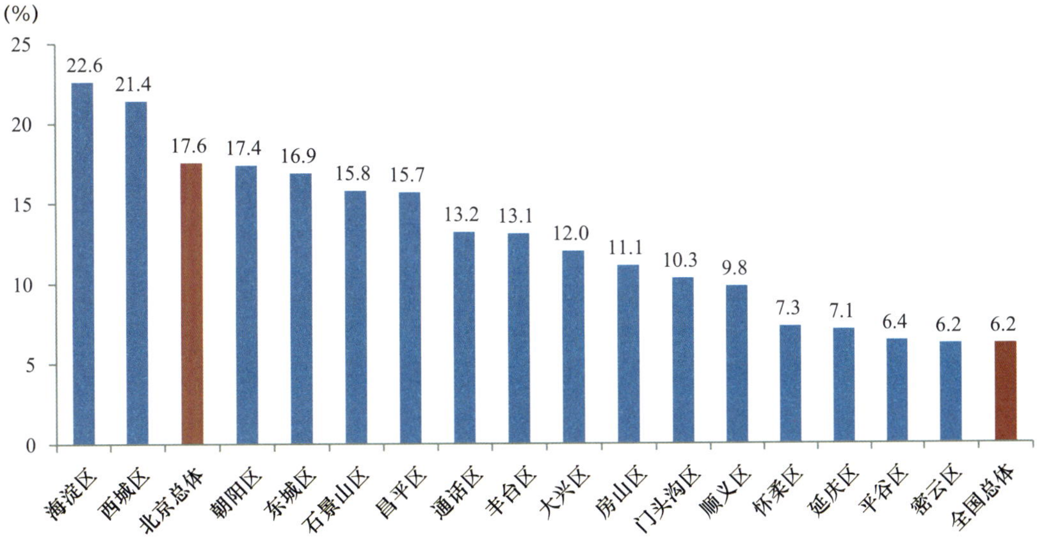

图 13－7　北京各区公众科学素养水平状况

三、公众科学素质的群体差异

（一）公众科学素质的性别差异

从性别对比来看，北京男性公众的科学素质水平高于女性公众。男性具备科学素质的比例达22.7%，女性具备科学素质的比例为12.0%，两者相差了10.7个百分点。不论是男性还是女性，都远高于全国的平均水平（图13－8）。

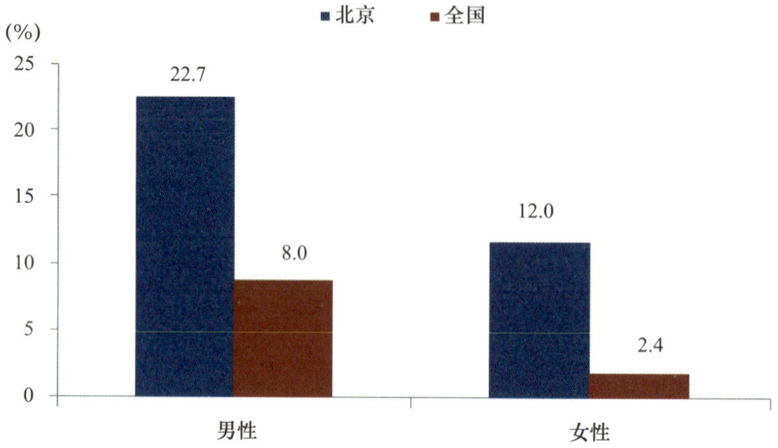

图13－8　不同性别公众的科学素质与全国比较情况

（二）公众科学素质的年龄差异

从年龄分布来看，中青年群体的科学素质水平最高，且呈现随着年龄段升高科学素质水平相对降低的情况，如图13－9所示。北京18～39岁年龄段公众具备科学素质的比例为23.3%，40～54岁公众具备科学素质的比例为11.6%，55～69岁公众具备科学素质的比例为7.7%；各个年龄段公众的科学素质均远高于全国总体水平。总体说来，北京各年龄段公众的科学素质水平发展较为均衡。

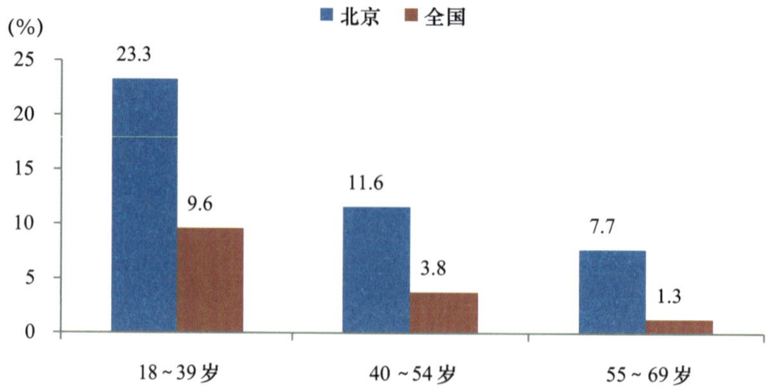

图13－9　不同年龄公众的科学素质与全国比较情况

(三) 公众科学素质的文化程度差异

大学专科及以上文化程度的公众具备科学素质的比例达35.2%，高中（中专、技校）文化程度公众具备科学素质的比例为14.5%，而初中及以下文化程度公众具备科学素质的比例仅为3.5%。可以看出，具备科学素质的公众比例与其文化程度成明显的正相关关系，即随着受教育程度的提升，具备科学素质公众的比例明显提升（图13－10）。这一规律充分说明教育在公众科学素质培养和提升方面的基础性作用。

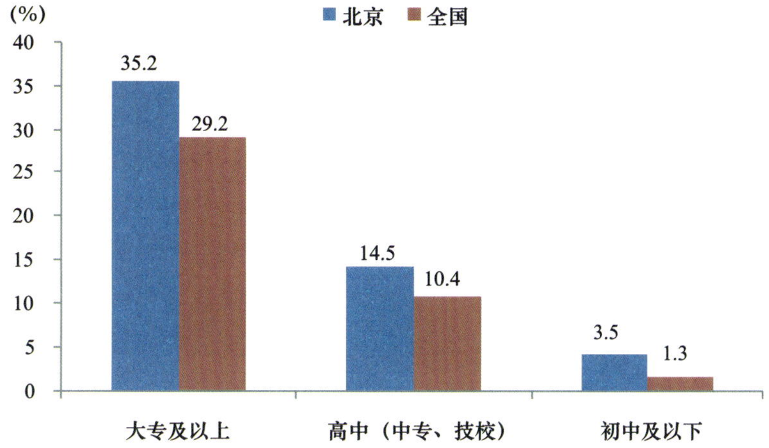

图13－10　不同文化程度公众的科学素质与全国比较情况

(四) 公众科学素质的城乡差异状况

从城乡分类来看，城镇居民的科学素质水平高于农村居民。北京城镇居民具备科学素质的比例达19.4%，农村居民具备科学素质的比例为9.7%，前者正好是后者的两倍，但两者均远高于全国的平均水平（图13－11）。

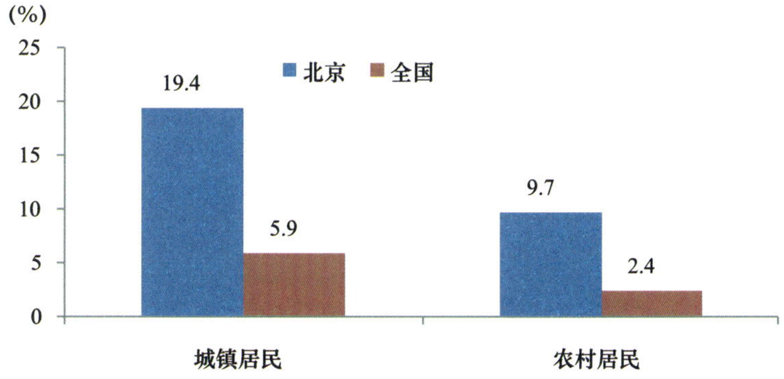

图13－11　城乡公众的科学素质与全国比较情况

第二节 北京公众的科技信息来源

一、公众获取科技信息的主要渠道

电视是北京公众获取科技信息最主要的渠道，有 89.9% 的公众通过电视获取科技信息。北京公众利用互联网及移动互联网获取科技信息的比例也达到了 71.7%，超过报纸（38.8%）位居获取科技信息主要渠道的第二位（图 13－12）。而在 2010 年，报纸还是北京公众获取科技信息的第二种主要渠道。报纸和互联网两种渠道位次上的互换在一定程度上说明了科技进步对公众生活的重要影响。

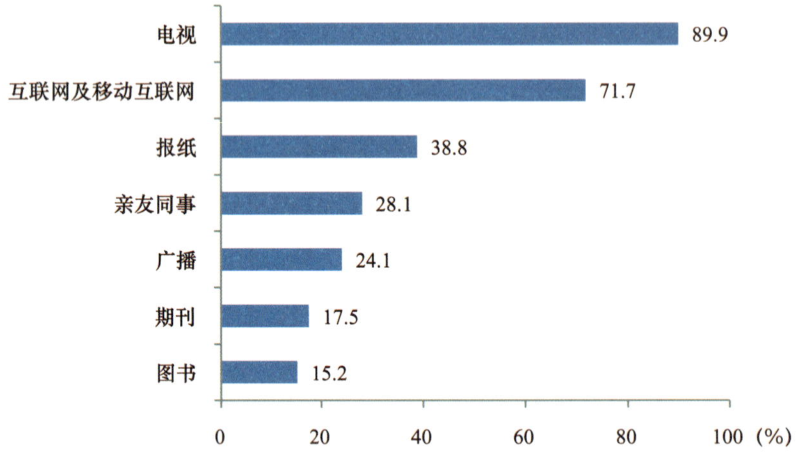

图 13－12 北京公众获取科技信息的主要渠道

调查还显示，44.6% 的北京公众将互联网及移动互联网和电视作为获取科技信息的首选渠道；超过了作为传统媒体的电视（42.6%），说明信息技术的发展对公众的日常生活带来了巨大影响。而将报纸作为获取科技信息首选渠道的公众仅占 7.3%，将广播、图书、期刊等作为首选渠道的公众均不足 2%，如图 13－13 所示。

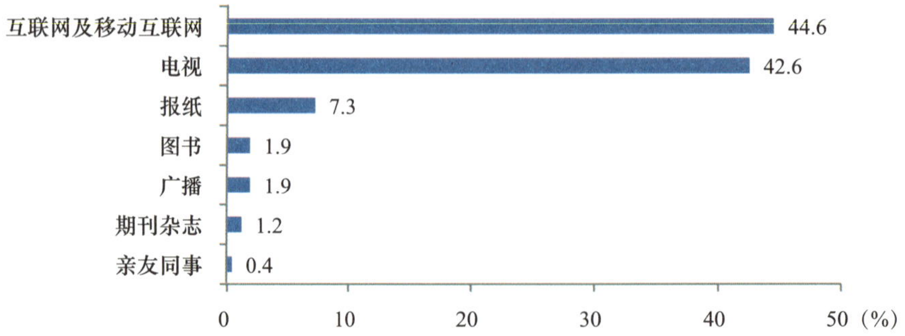

图 13－13 北京公众获取科技信息的首选渠道

从对互联网和移动互联网的具体利用情况来看，搜索引擎、门户网站、微信是网民获取科技信息的最主要渠道。其中，公众“经常用”（包括“经常用、很信任”和“经常用、不信任”）微信的用户数最多，占公众比例的86.0%，位居所有网络渠道之首。“经常用”百度等搜索引擎的比例也很高，达78.1%，其中“经常用、很信任”的比例达67.2%，位居所有互联网渠道之首。“经常用”门户网站的公众比例为76.4%，位居第三位。果壳网、科学网、百度百科等科学网站（53.7%）、微博（46.5%）、电子报纸（36.1%）等也是公众获取科技信息的常用渠道（图13－14）。

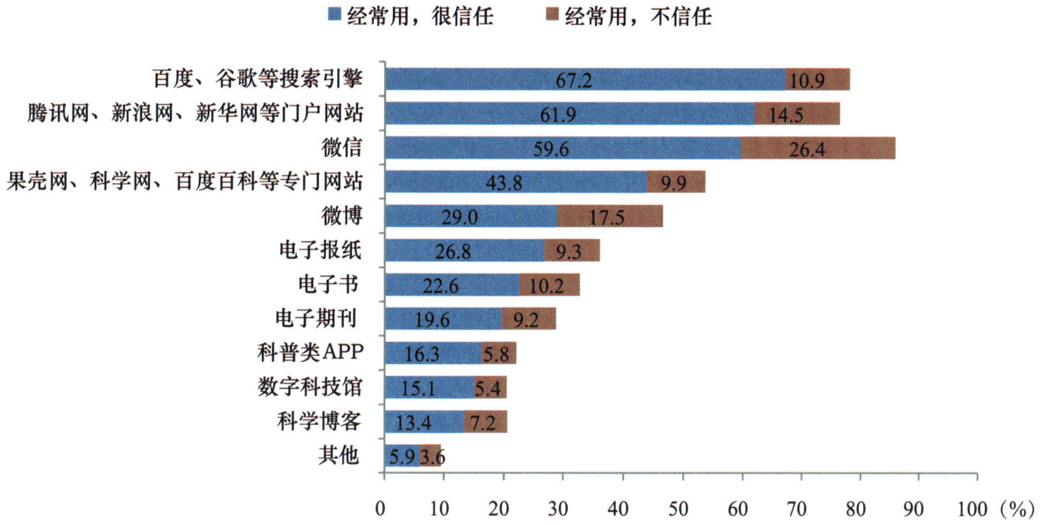

图13－14　北京公众利用互联网渠道获取科技信息的情况

从对互联网各种渠道的“信任”情况（包括“很信任、经常用”和“不常用、很信任”之和）来看，搜索引擎、门户网站、微信是公众最信任的三种互联网渠道；其中，“信任”百度和谷歌等搜索引擎的公众比例达75.4%，“信任”腾讯网、新浪网、新华网等门户网站的公众比例为70.5%。“信任”果壳网、科学网、百度百科等科学网站的公众比例为57.2%，与位居第三的微信（57.6%）差距不大；电子报纸、电子书、电子期刊、科普类APP、数字科技馆、科学博客等渠道的实际应用程度虽然不是很高，但都有超过20.0%的北京公众选择了“不常用、很信任”，说明公众对这些渠道传播的科技信息内容还是比较“信任”的，有望在北京公众获取科技信息的渠道中扮演更加重要的角色（图13－15）。

二、公众参加科普活动的情况

对科普活动的了解和参与程度既能衡量公众对科学技术的关心程度，同时也是影响公众科学素质水平能否稳步提升的重要因素。

（一）参加和知晓科普活动的情况

北京公众对各类科普活动的参与度和知晓度较高。在过去一年中，北京有七成左右的公众参加过或知晓各类科普活动，其中经常性科普活动的参与度高于大型群众性科普活动。北京公众参加各类经常性的科普活动的比例排列依次为：科技展览（25.2%）、科普讲座（16.1%）、科技培训

（11.7%）、科技咨询（9.7%），参加过科技周、科技节、科普日等大型群众性科普活动的比例为13.7%（图13－16）。

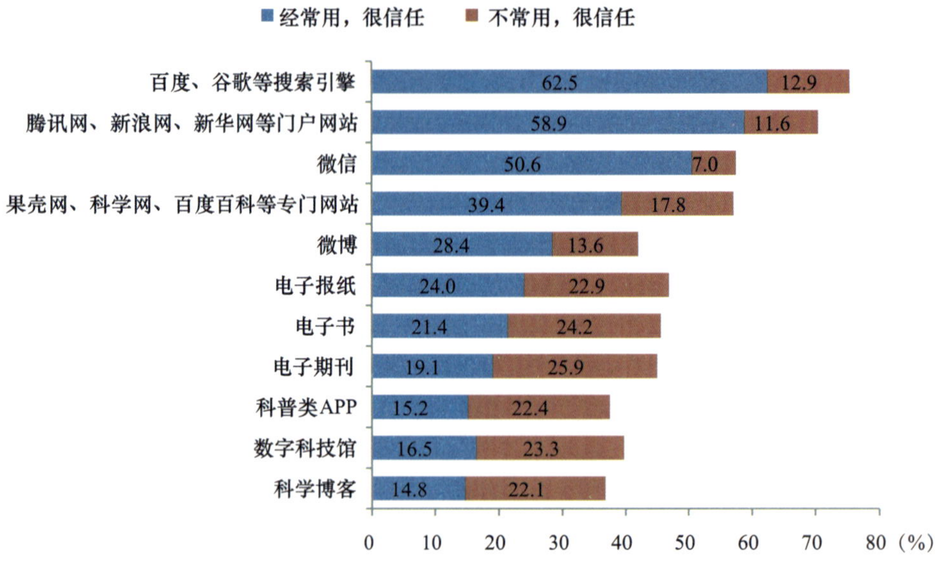

图13－15 北京公众对互联网渠道科技信息的“信任”情况

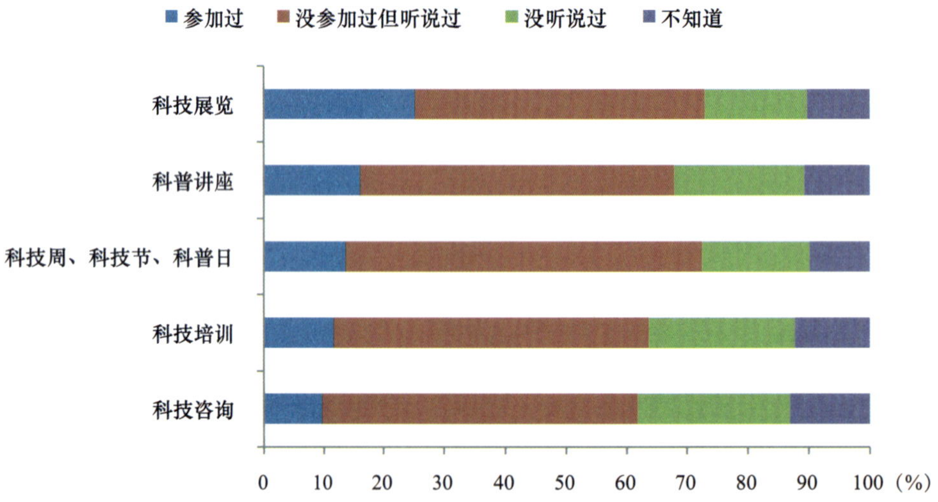

图13－16 北京公众参加和知晓科普活动的情况

（二）公众利用科普场馆的情况

北京共有500平方米以上的科普场馆101个，其中科技馆31个，科学技术博物馆70个①，北京公众利用科普场馆获取科学知识和科技信息的机会较多。在过去的一年中，公众参观各类科普场

① 2014年度北京地区科普统计数据，http：//news.sciencenet.cn/htmlnews/2016/1/335724.shtm.

馆按比例高低排列依次为：动物园、水族馆或植物园（72.7%），科技馆等科技类场馆（44.0%），自然博物馆（42.3%）。参观人文艺术类场馆的情况依次为：公共图书馆（50.1%）、美术馆或展览馆（37.7%）。参观过身边的科普场所的情况为：图书阅览室（39.6%）、科普画廊或宣传栏（31.3%）。参观过各种专业科技场所的情况依次为：工农业生产园区（27.4%）、科技示范点或科普活动站（21.4%）、高校和科研院所实验室（20.9%）。参观过科普宣传车这一流动科普设施的比例为20.1%（图13－17）。

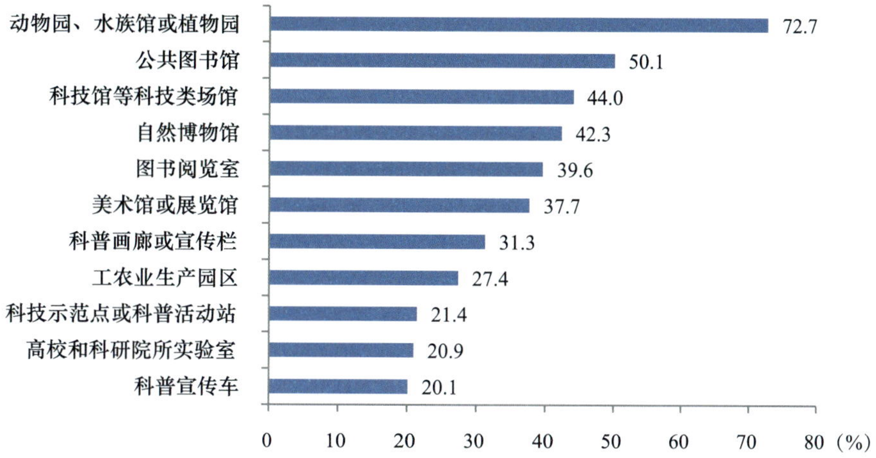

图13－17　北京公众在过去一年中利用科技场馆的情况

（三）对社区科普内容的感兴趣情况

作为科技工作的重要内容之一，科普在公众获取科技信息渠道中的作用日渐重要。那么，北京公众感兴趣的科技知识都是哪些方面呢？在所列举的8方面内容中，有91.4%的公众对气候与环境感兴趣，位居所有内容之首；有90.7%的公众对节约资源能源感兴趣，有89.9%对健康与养生感兴趣。其他感兴趣的科普内容依次为：应急与避险（86.3%）、军事与国防（79.1%）、网络与信息技术（75.5%）、前沿科技（67.6%）和航空航天（67.4%）等（图13－18）。

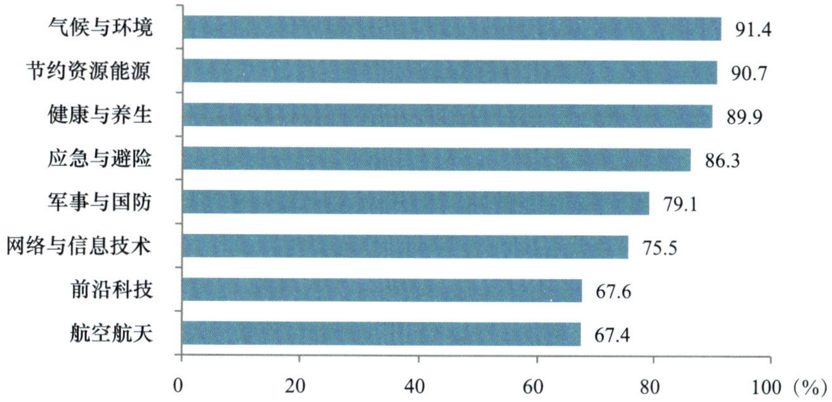

图13－18　北京公众对社区科普宣传内容的感兴趣程度

（四）对社区科普的满意程度

北京公众对社区科普环境及工作的总体评价较高。对社区科普的满意程度按满意度的高低依次为：科普设施的建设（40.3%）、科普宣传的内容（39.1%）、科普活动的开展（35.4%）（图 13－19）。

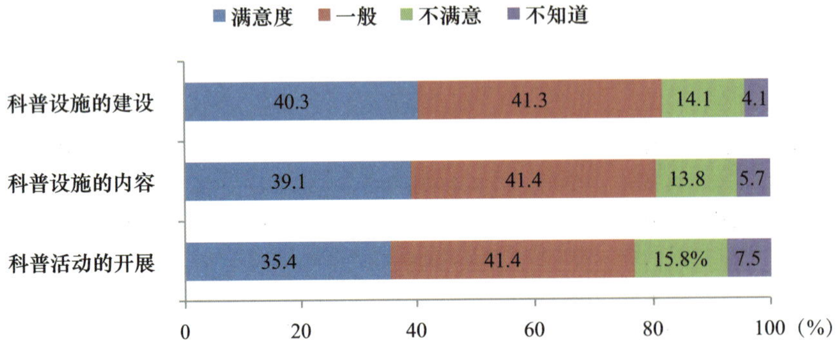

图 13－19　北京公众对社区科普的满意度状况

三、公众参与公共科技事务的程度

“参与公共事务的能力”是公众科学素质的重要组成部分。北京公众参与公共科技事务行为的程度如何呢？调查显示，49.8%的北京公众经常或有时“阅读报刊、图书或互联网上的关于科学的文章”；有 46.2%的公众经常或有时“和亲戚、朋友、同事谈论有关科学技术的话题”；有 17.2%的公众“参加与科学技术有关的公共问题的讨论或听证会”。对于“参与关于原子能、生物技术或环境等方面的建议和宣传活动”，公众的参与度则相对低，参与（经常或有时）的比例为 13.5%。总的来说，全市有一半左右的公众会积极关注公共科技事务，如关注科学文章或谈论科技话题，但对于公共科技事务的参与度仍有待增强（图 13－20）。

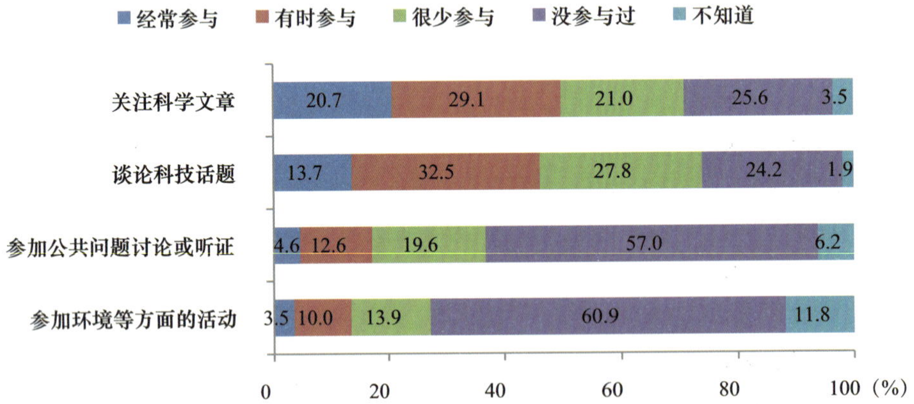

图 13－20　北京公众关注和参与公共科技事务的程度

第三节　北京公众对科学技术的态度

兴趣决定行动。公众对科学技术的感兴趣程度及其对科学技术的态度既是体现公众科学素质高低的指标，同时也将在一定程度上影响北京作为全国科技创新中心的建设。

一、公众对科学技术的感兴趣程度

调查表明，北京公众对科技类新闻话题的感兴趣程度较高。北京公众对科学新发现、新发明和新技术、医学新进展等方面新闻话题感兴趣的比例分别为 86.1%、84.7% 和 83.0%。同时，北京公众感兴趣程度较高的其他新闻话题依次为生活与健康（94.8%）、学校与教育（89.0%）、国家经济发展（86.2%）、体育与娱乐（85.4%）、文化与艺术（82.7%）、农业发展（77.6%）、军事与国防（77.4%）、国际与外交政策（71.6%）等（图 13－21）。

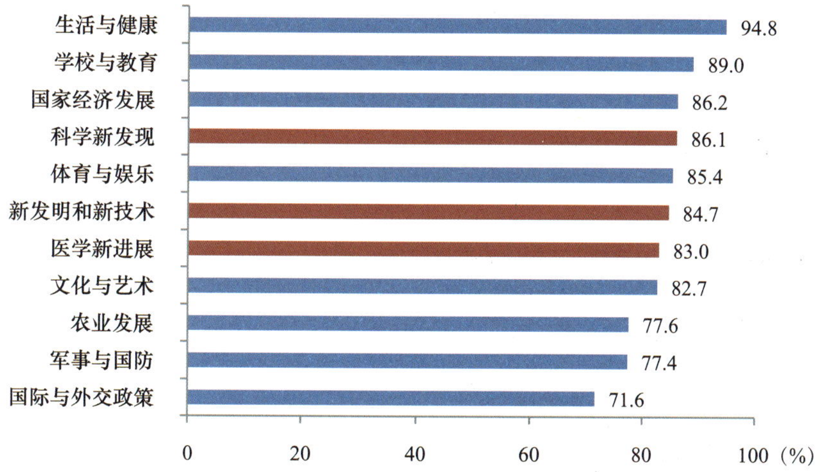

图 13－21　北京公众对科技类新闻话题的感兴趣情况

在各类有关科技发展的信息中，北京公众最感兴趣的是环境污染与治理方面的信息，感兴趣的公众比例高达 92.9%；其次是计算机与网络技术，感兴趣的比例为 78.4%；对宇宙与空间探索相关科技信息感兴趣的比例为 69.6%。其他方面，对遗传学与转基因技术、纳米技术与新材料等相关科技发展信息感兴趣的公众比例分别为 67.7% 和 59.9%（图 13－22）。

二、公众对科学技术的态度

调查显示，北京公众支持科技事业发展并对科学技术的应用充满期望。超过 85% 的公众赞成“科学技术使我们的生活更健康、更便捷、更舒适”和“现代科学技术将给我们的后代提供更多的发展机会”的看法；超过 80% 的公众赞成“科学和技术的进步将有助于治疗艾滋病和癌症等疾病”和“尽管不能马上产生效益，但是基础科学的研究是必要的，政府应该支持”的看法；超过 75%

的公众认为“公众对科技创新的理解和支持，是促进我国创新型国家建设的基础”“政府应该通过举办听证会等多种途径，让公众更有效地参与科技决策”和“科学技术的发展会使一些职业消失，但同时会提供更多的就业机会”等观点（图 13－23）。

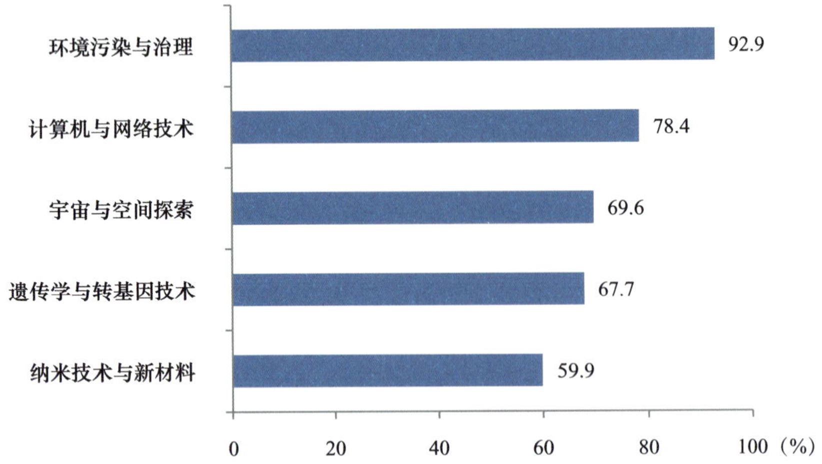

图 13－22　北京公众对科学技术发展信息的感兴趣程度

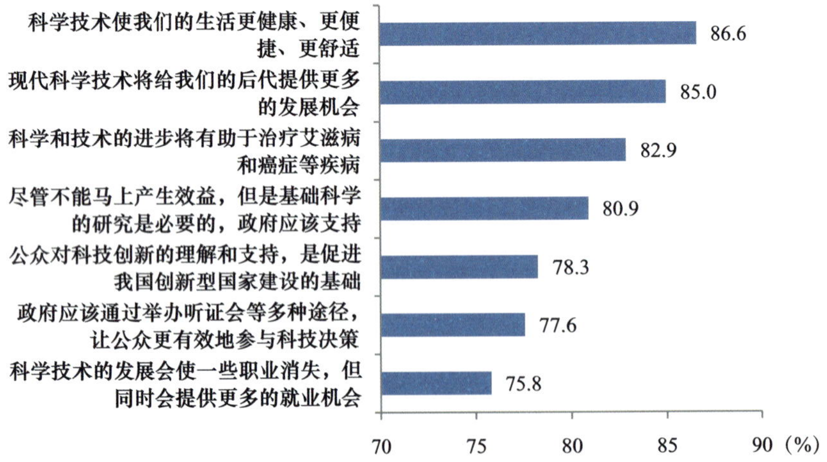

图 13－23　北京公众对科学技术的态度

调查显示，北京公众十分关注、支持科技的发展，并对科技事业的发展有较强的责任和担当意识，对科技发展带给人类的影响有较理性的认识。92.8% 的人支持低碳技术的应用，明显高于全国平均水平（78.8%）；86.6% 的公众赞成每个人都能为减缓全球气候变化做出贡献的观点；75.1% 的公众支持核能技术的应用；67.2% 的公众认为转基因食品存在不可预知的安全风险；44.4% 的公众认为减缓全球气候变化比促进经济发展更重要，也高于全国平均水平（41.9%）（图 13－24）。

在对待转基因技术应用的态度上，与全国总体相比，北京公众对转基因技术的应用持更加明确的态度，其中持支持态度的公众占 33.0%，既不支持也不反对的公众占 38.5%，反对的公众占 25.4%；而不知道的公众比例仅占 3.1%，明显低于全国总体 7.4% 的比例（图 13－25）。

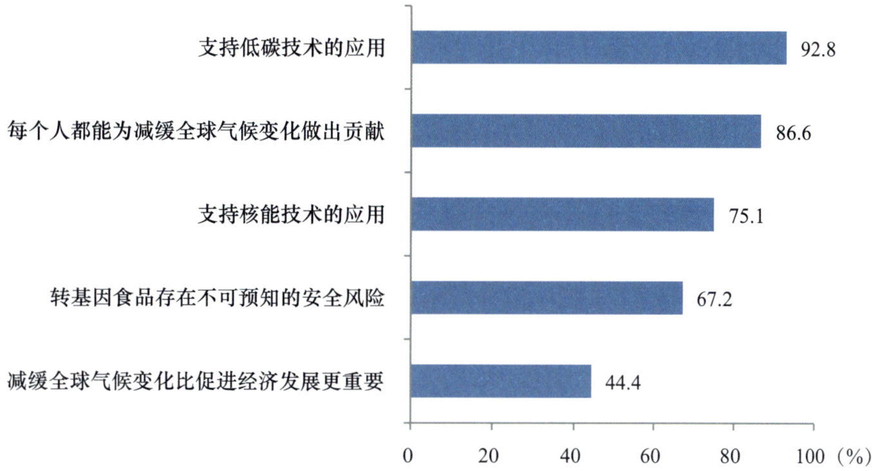

图 13－24　北京公众对具体科技议题的看法

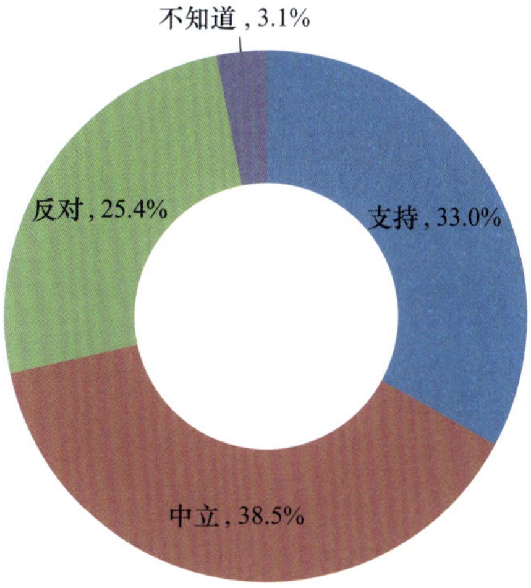

图 13－25　北京公众对转基因技术应用的态度

三、公众对科学技术职业声望的看法

在所列举的 11 类职业中，教师、医生、科学家和工程师等科教类职业位居北京公众职业声望榜的前四位。其中，教师职业的声望最好，为 54.2%，其次为医生（51.0%），再次为科学家（45.9%）和工程师（28.7%）。这样的结果在一定程度上说明，北京公众已具备了较强的科技意识，这为科技创新的发展提供了一个很好的环境。其他职业的声望由高至低依次为法官（18.8%）、企业家（18.7%）、律师（18.6%）、运动员（16.1%）、政府官员（13.4%）、艺术家（13.0%）和记者（11.1%）等（图 13－26）。

在职业声望调查的基础上，北京公众最希望自己的子女从事什么职业呢？结果表明，希望自己的子女从事医生的比例最高，为 56.0%；教师次之，为 46.7%；科学家仍然位居第三，为 33.7%。

其后依次为工程师（29.2%）、律师（25.6%）、企业家（25.3%）、法官（17.5%）、政府官员（16.9%）、艺术家（16.6%）、运动员（11.4%）和记者（8.3%）等。总体而言，科技类职业在北京公众当中有较高的声望，公众也支持自己的子女从事科技类职业。

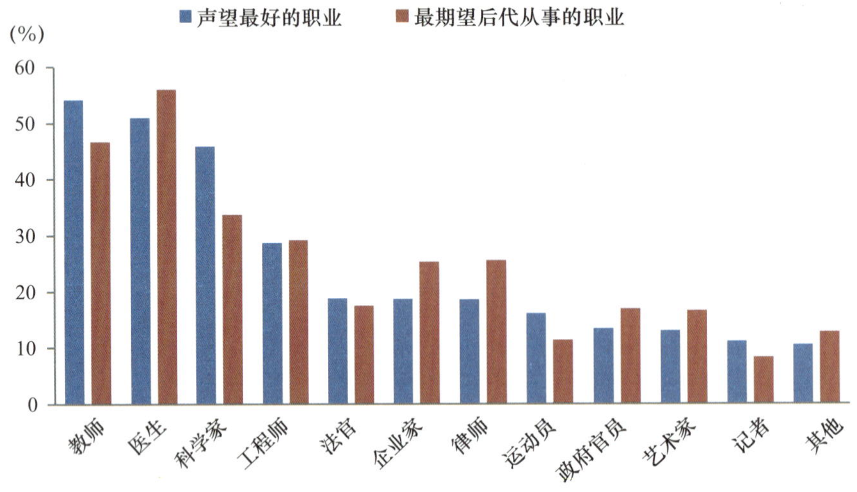

图 13－26　北京公众对科学技术职业声望和期望的看法

附　表

附表 1-1　普通高等学校的本专科毕业生和在校生情况（2001—2016）

年份	毕业生（万人）		在校生（万人）	
	总计	研究生以上学历	总计	研究生以上学历
2001	5.6	1.5	34.0	7.9
2002	6.8	1.7	40.0	9.8
2003	8.4	2.2	45.9	12.0
2004	10.0	3.0	50.1	14.4
2005	11.7	3.5	53.7	16.5
2006	13.3	4.6	55.5	17.8
2007	13.9	5.3	56.8	18.7
2008	14.9	5.6	57.6	19.6
2009	15.2	5.9	57.7	20.9
2010	15.0	5.9	57.8	22.5
2011	15.1	6.3	57.9	24.1
2012	15.3	7.0	58.2	25.2
2013	14.9	7.3	58.9	26.6
2014	14.7	7.7	59.5	27.4
2015	15.2	8.0	59.3	28.4
2016	15.3	8.3	58.8	29.2

数据来源：2002—2017 年的《北京统计年鉴》，北京市统计局、国家统计局北京调查总队。

附表 1-2　R&D 人员按活动类型的分布情况（2001—2016）

年份	R&D 人员（万人年）			
	总计	基础研究	应用研究	试验发展
2001	9.5	1.5	3.3	4.7
2002	11.5	1.7	3.5	6.2
2003	11.0	1.8	3.7	5.5
2004	15.2	2.2	4.6	8.4
2005	17.8	2.3	5.3	10.2
2006	16.9	2.4	5.1	9.4
2007	20.5	2.4	5.5	12.5

续表

年份	R&D 人员（万人年）			
	总计	基础研究	应用研究	试验发展
2008	20.0	2.6	5.3	12.1
2009	19.2	2.7	4.7	11.8
2010	19.4	2.9	5.2	11.2
2011	21.7	3.2	5.5	13.1
2012	23.5	3.5	5.8	14.3
2013	24.2	3.6	5.9	14.7
2014	24.5	3.9	5.9	14.7
2015	24.6	4.1	6.2	14.3
2016	25.3	4.6	6.4	14.3

数据来源：2002—2017 年的《北京统计年鉴》，北京市统计局、国家统计局北京调查总队。对原始数据“人年”进行了“万人年”处理。

附表 1－3 R&D 人员按执行部门的分布情况（2001—2016）

年份	R&D 人员（万人年）				
	总计	研究机构	高等学校	企业	其他
2001	9.5	4.4	1.8	2.7	0.6
2002	11.5	4.8	2.5	3.9	0.3
2003	11.0	5.0	2.0	3.7	0.3
2004	15.2	5.1	2.4	7.4	0.3
2005	17.8	5.4	2.4	9.7	0.3
2006	16.9	5.9	2.6	8.0	0.4
2007	20.5	6.6	2.5	11.0	0.4
2008	20.0	6.6	2.6	10.2	0.5
2009	19.2	7.1	2.8	8.6	0.6
2010	19.3	7.8	3.0	8.0	0.5
2011	21.7	8.3	3.0	9.8	0.6
2012	23.5	9.3	3.1	10.6	0.6
2013	24.2	9.6	3.2	10.7	0.6
2014	24.5	9.7	3.4	10.9	0.6
2015	24.6	9.8	3.4	10.7	0.7
2016	25.3	9.9	3.2	11.5	0.7

数据来源：2002—2017 年的《北京统计年鉴》，北京市统计局、国家统计局北京调查总队。对原始数据“人年”进行了“万人年”处理。

附表 1－4　企业 R&D 人员按活动类型的分布情况（2005—2016）

年份	企业 R&D 人员（人年）			
	总计	基础研究	应用研究	试验发展
2005	96685	3211	19516	73958
2006	80242	1198	15020	64024
2007	109878	612	16814	92452
2008	102970	1047	10359	91564
2009	86726	320	2215	84191
2010	80083	380	3024	76679
2011	97717	354	3202	94161
2012	105506	499	4169	100838
2013	107248	487	3125	103636
2014	108614	403	3029	105182
2015	106627	535	4614	101478
2016	114590	1006	7541	106045

数据来源：2006 年至 2017 年的《北京统计年鉴》，北京市统计局、国家统计局北京调查总队。

附表 1－5　高校 R&D 人员按活动类型的分布情况（2005—2016）

年份	高校 R&D 人员（人年）			
	总计	基础研究	应用研究	试验发展
2005	24082	7728	11723	4631
2006	25954	9442	12267	4245
2007	24838	8139	12331	4368
2008	26398	8909	15986	1503
2009	27722	10019	16192	1511
2010	30058	10698	18107	1253
2011	30178	12055	16825	1298
2012	31239	11878	18276	1085
2013	32308	12212	19076	1020
2014	33556	13058	19651	847
2015	34460	13690	19989	781
2016	32327	13258	18231	839

数据来源：2006—2017 年的《北京统计年鉴》，北京市统计局、国家统计局北京调查总队。

附表 1-6 科研机构 R&D 人员按活动类型的分布情况（2005—2016）

年份	科研机构 R&D 人员（人年）			
	总计	基础研究	应用研究	试验发展
2005	53623	11760	20338	21525
2006	58717	13465	21567	23685
2007	65667	14887	24282	26498
2008	66204	15366	25077	25761
2009	71729	16001	25915	29813
2010	78260	17620	29159	31481
2011	83796	18514	32672	32610
2012	92577	21309	33325	37943
2013	96249	22432	34834	38983
2014	97130	24731	34277	38122
2015	97988	26121	34857	37010
2016	99099	30397	34534	34168

数据来源：2006 年至 2017 年的《北京统计年鉴》，北京市统计局、国家统计局北京调查总队。

附表 1-7 R&D 人员行业分类情况（2016 年）

行业	R&D 人员（人）		R&D 人员全时当量（人年）
	总计	本科及以上学历	
制造业	66228	48360	48222
信息传输、软件和信息技术服务业	51758	43809	36494
科学研究和技术服务业	155650	138721	123502
教育	77397	71493	32327

数据来源：2017 年的《北京统计年鉴》，北京市统计局、国家统计局北京调查总队。

附表 1-8 R&D 人员按隶属关系的分布情况（2005—2016）

年份	R&D 人员（万人年）		
	总计	中央属单位	北京市属单位
2005	17.8	9.5	8.3
2006	16.9	9.7	7.2
2007	20.5	10.7	9.8
2008	20.0	11.2	8.8
2009	19.2	11.6	7.6
2010	19.4	12.3	7.0
2011	21.7	13.3	8.4
2012	23.5	14.6	8.9

续表

年份	R&D 人员（万人年）		
	总计	中央属单位	北京市属单位
2013	24.2	15.0	9.2
2014	24.5	15.0	9.6
2015	24.6	15.1	9.5
2016	25.3	14.9	10.4

数据来源：2002—2017 年的《北京统计年鉴》，北京市统计局、国家统计局北京调查总队。对原始数据人年进行了万人年处理。

附表 1－9　中央属单位 R&D 人员按活动类型的分布情况（2005—2016）

年份	中央属单位 R&D 人员（人年）			
	总计	基础研究	应用研究	试验发展
2005	95125	19183	33916	42026
2006	97367	21529	36936	38902
2007	106908	20852	36420	49636
2008	112213	22485	39888	49840
2009	116128	24030	37656	54442
2010	123441	25410	42562	55469
2011	132795	27501	45854	59440
2012	146005	30407	47026	68572
2013	150139	31491	49085	69563
2014	149621	34336	48495	66790
2015	151048	36405	50183	64460
2016	149024	41415	51036	56573

数据来源：2006—2017 年的《北京统计年鉴》，北京市统计局、国家统计局北京调查总队。

附表 1－10　北京市属单位 R&D 人员按活动类型的分布情况（2005—2016）

年份	北京市属单位 R&D 人员（人年）			
	总计	基础研究	应用研究	试验发展
2005	82640	3800	19076	59764
2006	71508	2864	13953	54691
2007	97760	3143	18813	75804
2008	87867	3173	13230	71464
2009	75659	3158	8961	63540
2010	70278	4072	9879	56326
2011	84460	4233	8885	71342

续表

年份	北京市属单位R&D人员（人年）			
	总计	基础研究	应用研究	试验发展
2012	89488	4196	10798	74494
2013	92038	4442	10168	77428
2014	95767	4706	10588	80473
2015	94683	4919	11461	78303
2016	104312	4924	12657	86732

数据来源：2006—2017年的《北京统计年鉴》，北京市统计局、国家统计局北京调查总队。

附表2－1　北京地区R&D经费按活动类型分布情况（2001—2016）

年份	R&D经费（亿元）	按活动类型分布（亿元）		
		基础研究	应用研究	试验发展
2001	171.2	19.3	47.7	104.2
2002	219.5	24.0	60.9	134.6
2003	256.3	28.8	83.3	144.2
2004	316.9	43.9	99.1	173.9
2005	379.5	42.1	116.1	221.3
2006	433.0	47.1	151.5	234.4
2007	527.1	47.1	116.4	363.6
2008	620.1	55.8	150.1	414.2
2009	668.6	70.5	153.2	444.9
2010	821.8	95.6	216.9	509.3
2011	936.6	108.5	228.0	600.1
2012	1063.4	125.8	241.8	695.7
2013	1185.1	137.2	258.0	789.8
2014	1268.8	159.5	274.9	834.4
2015	1384.0	191.0	318.3	874.7
2016	1484.6	211.2	348.1	925.3

附表2－2　北京地区R&D经费按执行机构分布情况（2001—2016）

年份	R&D经费（亿元）	按执行机构分布（亿元）			
		科研机构	高等学校	企业	其他事业单位
2001	171.2	91.0	20.9	21.1	38.2
2002	219.5	117.3	23.3	77.2	1.8
2003	256.3	138.1	25.4	91.0	1.7
2004	316.9	155.2	28.3	129.5	3.9

续表

年份	R&D 经费（亿元）	按执行机构分布（亿元）			
		科研机构	高等学校	企业	其他事业单位
2005	379.5	164	35.8	175.5	4.2
2006	433.0	189.6	37.3	200.0	6.1
2007	527.1	237.8	47.7	233.0	8.6
2008	620.1	260.7	55.7	292.1	11.6
2009	668.6	321.7	70.0	262.5	14.4
2010	821.8	401.7	110.2	298.8	11.4
2011	936.6	434.3	123.4	365.5	13.5
2012	1063.4	488.5	136.9	421.4	16.5
2013	1185.1	602.0	136.3	427.8	19.0
2014	1268.8	640.9	145.7	463.5	18.7
2015	1384.0	702.8	162.6	496.5	22.1
2016	1484.6	730.1	160.4	560.4	33.6

附表 2－3　北京地区 R&D 经费按隶属关系分布情况（2001—2016）

年份	R&D 经费（亿元）	按隶属关系分布（亿元）	
		中央	北京市
2001	171.2	128.4	42.8
2002	219.5	161.7	57.8
2003	256.3	185.1	71.1
2004	316.9	210.8	106.1
2005	379.5	237.4	142.1
2006	433.0	266.7	166.2
2007	527.1	339.4	187.7
2008	620.1	395.9	224.2
2009	668.6	473.7	194.9
2010	821.8	595.9	225.9
2011	936.6	667.3	269.4
2012	1063.4	759.3	304.1
2013	1185.1	881.5	303.6
2014	1268.8	912.8	356.0
2015	1384.0	988.8	395.2
2016	1484.6	1001.5	483.1

附表 2－4　北京地区 R&D 经费来源情况（2001—2016）

年份	R&D 经费（亿元）	按来源分布（亿元）			
		政府资金	企业资金	境外资金	其他资金
2001	171. 2	96. 6	30. 9	8. 6	35. 1
2002	219. 5	117. 6	74. 2	3. 3	24. 4
2003	256. 3	136. 7	84. 2	9. 6	25. 8
2004	316. 9	161. 1	120. 1	13. 9	21. 8
2005	379. 5	176. 3	160. 6	9. 6	33. 0
2006	433. 0	192. 5	168. 5	31. 5	40. 5
2007	527. 1	264. 4	210. 1	27. 7	24. 9
2008	620. 1	300. 7	254. 4	35. 5	29. 5
2009	668. 6	349. 5	252. 2	29. 1	37. 8
2010	821. 8	472. 1	270. 4	30. 3	49. 3
2011	936. 6	497. 9	323. 0	46. 1	69. 6
2012	1063. 4	566. 0	368. 6	47. 9	80. 9
2013	1185. 1	679. 5	401. 1	38. 2	66. 3
2014	1268. 8	700. 1	434. 7	40. 6	93. 4
2015	1384. 0	791. 6	472. 2	40. 3	79. 9
2016	1484. 6	802. 6	563. 7	32. 3	86. 0

附表 2－5　2007 年以来财政科技经费按支出功能分类情况（2007—2016）

单位：万元

	2007	2008	2009	2010	2011	2012	2013	2014	2015	2016
财政科技经费支出	884320	1039724	1263072	1784439	1830745	1999444	2346742	2827117	2877956	2857786
科学技术管理事务	6871	15109	9474	10474	16887	17582	21074	21698	31101	53035
基础研究	7387	8366	7671	6656	20039	37848	31593	27652	25642	40824
应用研究	43507	62136	74291	78230	7981	154364	158423	260254	282500	284422
技术研究与开发	125593	86760	89898	85034	78053	189319	232332	215693	538210	286200
科技条件与服务	11687	7822	2626	36423	33487	25521	25854	42867	42030	54441
社会科学	8465	9350	9510	11114	13711	16370	16874	21310	24727	23312
科学技术普及	50984	34508	30523	37753	35624	43861	48530	64430	89972	64210
科技交流与合作	1050	500	31	1	0	1508	1375	2974	3014	2923
重大科技专项	—	—	—	365447	197491	102988	74553	215362	55188	63686
其他科学技术支出	628777	815173	1039048	1153307	1355532	1410083	1736134	1954877	1785572	1984733

附表 4－1　政府研究机构 R&D 人员情况（2001—2015）

年度	机构数（个）	R&D 人员折合全时当量（人年）		R&D 人员（人）			
		总计	研究人员	总计	博士	硕士	本科
2001	282	20267	—	23329	4196	5464	8507
2002	263	25368	17620	30308	5208	7482	11761
2003	267	27764	17437	30696	5738	8477	11208
2004	270	29879	17993	34215	7419	9640	12136
2005	267	32163	15838	36219	7565	10796	12465
2006	265	32697	18239	37056	8473	11546	12606
2007	265	37925	21479	46312	11032	13956	15293
2008	266	38966	23154	48154	13271	14000	14560
2009	275	41717	24243	51871	14301	14969	15984
2010	281	45615	27502	57295	17641	16426	15721
2011	280	47412	28528	58866	20710	15121	16695
2012	288	52829	33160	62517	23247	16950	15446
2013	287	54742	34030	65736	24534	17885	15544
2014	299	55340	34398	66129	24913	18256	14861
2015	296	55741	34477	67695	26737	19059	14735
2016	303	56347	39945	69318	28723	20109	12713

附表 4－2　政府研究机构 R&D 经费情况（2001—2015）

单位：千元

年度	R&D 经费支出							
	总计	基础研究	应用研究	试验发展	政府资金	企业资金	国外资金	其他
2001	3520763	1310259	1590843	619663	3023868	124730	48684	323481
2002	4867157	1468085	2253775	1145296	4039356	134597	76035	617169
2003	5937137	1818316	2644404	1474411	5235846	122135	70502	508654
2004	6723442	2142584	2769925	1810931	5743014	230237	142183	608008
2005	7602211	2263249	3269959	2069003	6643757	173860	76924	707670
2006	7568200	2481040	3313386	1773774	6505763	280506	113592	668339
2007	10306552	2639066	4523265	3144222	8863741	322749	124496	995566
2008	12383024	2829340	4905471	4648213	10664207	397629	177417	1143771
2009	15026919	3917025	6146537	4963357	12633732	439430	197594	1756163
2010	18696594	4990287	7800524	5905783	16444229	359855	150655	1741855
2011	19510255	5852002	8394700	5263553	16796600	657284	248421	1807950
2012	22201849	6514552	9201171	6486126	19259362	648222	152980	2141285

续表

年度	R&D经费支出							
	总计	基础研究	应用研究	试验发展	政府资金	企业资金	国外资金	其他
2013	24681672	7360874	10217676	7103121	21998243	821397	190980	1671052
2014	27116273	8651199	10888180	7576895	24458460	817183	184211	1656419
2015	29559028	9677830	12047046	7834152	26632447	1210247	200882	1515452
2016	3015250	1090608	1313481	611161	2620795	161434	16890	216131

附表4-3 政府研究机构R&D项目（课题）情况（2001—2015）

年度	R&D项目（课题）数（个）	R&D项目（课题）人员折合全时当量（人年）	R&D项目（课题）经费内部支出（千元）
2001	8265	17522.2	1884397.0
2002	9979	18176.0	2682619.7
2003	9997	18060.6	3049771.0
2004	10855	19110.6	3647291.2
2005	11268	19563.9	3992603.9
2006	12016	29570.8	3950936.9
2007	15086	34936.1	5717511.7
2008	16383	36103.2	7087093.2
2009	17816	38372.5	8710564.6
2010	19545	41472.3	10720244.2
2011	20333	42917.1	11502540.1
2012	22842	48687.3	14266608.0
2013	23949	49750.9	15683889.1
2014	25550	49961.8	16100865.3
2015	26762	50308.1	17350568.7
2016	26998	47151.3	16202118.0

附表4-4 政府研究机构R&D活动产出情况（2001—2015）

年度	发表科技论文（篇）		出版科技著作（种）	专利申请（件）		专利授权（件）		拥有有效发明专利（件）
	总计	国外发表		总计	发明	总计	发明	
2001	24420	4186	1291	773	570	300	149	1032
2002	24510	4547	1132	1124	876	312	176	966
2003	27256	5289	1313	1323	1054	601	403	1463
2004	30675	6356	1308	1555	1299	718	517	2020

续表

年度	发表科技论文（篇）		出版科技著作（种）	专利申请（件）		专利授权（件）		拥有有效发明专利（件）
	总计	国外发表		总计	发明	总计	发明	
2005	31759	6962	1373	1953	1589	826	609	2432
2006	34686	8249	1359	1804	1559	857	636	2805
2007	37232	9005	1489	1993	1784	985	752	4410
2008	37149	9184	1636	2488	2119	1146	922	4750
2009	39380	12011	1873	3182	2772	1574	1299	4594
2010	39384	11696	1601	3879	3450	1879	1455	5612
2011	41442	13361	1828	4880	4373	2260	1756	6796
2012	44218	14003	1670	5456	4798	3251	2635	10768
2013	45509	17216	1921	6192	5144	3646	2763	13961
2014	48040	17905	2058	6004	5115	3932	3001	13964
2015	48734	18915	2261	6464	5164	4702	3529	17425
2016	49517	19800	2453	6657	5543	5522	4184	21416

附表 5－1　高等学校的科研概况

	2006	2007	2008	2009	2010	2011	2012	2013	2014	2015	2016
学校数（个）	82	83	82	88	89	89	91	89	89	91	91
普通高等学校属 R&D 机构（个）	429	443	481	589	647	679	767	776	833	863	905
R&D 人员（万人年）	2.6	2.5	2.6	2.8	3.0	3.0	3.1	3.2	3.4	3.4	3.2
按活动类型分											
基础研究（万人年）	0.9	0.8	0.9	1.0	1.1	1.2	1.2	1.2	1.3	1.4	1.3
应用研究（万人年）	1.2	1.2	1.6	1.6	1.8	1.7	1.8	1.9	2.0	2.0	1.8
试验发展（万人年）	0.4	0.4	0.2	0.2	0.1	0.1	0.1	0.1	0.1	0.1	0.1
R&D 经费支出（亿元）	37.3	47.7	55.8	70.0	110.2	123.4	136.9	136.6	145.7	162.6	160.4
按经费来源分											
政府资金（亿元）	20.5	27.3	35.0	44.1	78.1	81.8	93.0	92.5	97.5	113.2	108.0
企业资金（亿元）	13.5	16.0	17.1	21.1	27.3	35.5	37.8	39.8	42.8	44.8	47.3
国外资金（亿元）	1.3	1.9	1.4	2.2	2.2	3.0	2.9	2.3	2.7	2.6	3.4
其他资金（亿元）	2.0	2.5	2.1	2.6	2.5	3.1	3.3	2.1	2.7	2.0	1.7
按活动类型分											
基础研究（亿元）	11.3	14.5	16.1	21.0	33.4	36.7	46.7	48.2	54.7	62.2	64.5
应用研究（亿元）	18.6	25.2	35.2	43.2	67.6	77.5	76.7	80.5	83.6	93.3	85.0
试验发展（亿元）	7.3	8.0	4.6	5.9	9.2	9.2	13.5	7.9	7.3	7.2	10.9
国内发表科技论文总数（篇）	30440	32484	33266	33979	36022	34186	31614	24158	35463	35232	——

续表

	2006	2007	2008	2009	2010	2011	2012	2013	2014	2015	2016
被 SCI 收录论文总数（篇）	9032	9426	10660	12411	15889	15968	18215	24566	28647	32301	——
专利申请数（件）	2819	4207	5541	6935	8495	9413	10327	12024	11503	14887	14960
专利授权数（件）	1361	1801	2268	3397	4332	5444	7132	7745	7279	8700	9026

附表 6－1 工业企业基本情况

年份	企业数（个）	从业人员平均人数（万人）	工业总产值（亿元）	工业增加值（亿元）	主营业务收入（亿元）	利润总额（亿元）
2001	4356	108. 0	2908. 8	769. 2	3006. 9	137. 0
2002	4551	107. 6	3173. 5	840. 4	3182. 8	165. 5
2003	4019	100. 8	3810. 4	1012. 5	3885. 7	235. 3
2004	4324	99. 9	4880. 9	1259. 5	5110. 8	310. 8
2005	6301	117. 1	6946. 2	1627. 0	7279. 1	413. 5
2006	6400	117. 4	8210. 0	1740. 8	8914. 2	531. 1
2007	6398	119. 3	9648. 4	2159. 4	10440. 2	695. 6
2008	7206	123. 4	10413. 1	2037. 6	11275. 8	557. 0
2009	6891	120. 4	11039. 1	2282. 2	12173. 1	742. 9
2010	6885	124. 2	13699. 8	2751. 7	14807. 1	1028. 3
2011	3740	117. 9	14513. 6	2899. 1	15753. 4	1129. 5
2012	3692	120. 2	15596. 2	3033. 3	16905. 1	1267. 9
2013	3641	116. 1	17370. 9	3432. 1	18688. 6	1282. 9
2014	3686	116. 6	18452. 9	3612. 0	19776. 7	1515. 8
2015	3548	110. 4	17449. 6	3676. 6	18864. 9	1597. 7
2016	3340	104. 4	18087. 3	3748. 7	19747. 0	1608. 3

数据来源：2002—2017 年的《北京统计年鉴》，北京市统计局、国家统计局北京调查总队。

附表 6－2 工业企业技术创新情况

	2009	2010	2011	2012	2013	2014	2015	2016
有 R&D 活动企业数（个）	1114	1043	931	984	1059	1140	1141	1155
有研发机构企业数（个）	549	—	561	595	498	654	661	607
研发机构数（个）	670	—	677	747	632	805	809	749
机构人员（人）	34985	—	50531	54747	51877	58783	56246	52325
机构经费（亿元）	64. 4	—	129. 6	152. 5	145. 5	169. 3	204. 0	191. 3
R&D 折合全时人员（人年）	41546. 0	41761. 0	49829. 0	53510. 0	58036. 1	57760. 6	50773. 0	51143
R&D 经费内部支出（亿元）	113. 7	133. 0	164. 9	197. 3	213. 1	233. 5	244. 1	254. 8
R&D 经费外部支出（亿元）	15. 2	—	21. 5	21. 8	14. 1	29. 0	29. 4	25. 8

续表

	2009	2010	2011	2012	2013	2014	2015	2016
其中：对研究机构支出	11.7	—	15.3	16.5	6.3	23.4	15.8	13.7
对高校支出	1.4	—	0.9	1.8	1.2	1.0	0.7	0.6
引进技术经费（亿元）	13.1	—	24.1	24.6	37.9	39.0	30.0	32.1
消化吸收经费支出（亿元）	1.3	—	7.1	4.4	5.7	7.7	7.5	7.2
购买国内技术经费支出（亿元）	1.8	—	4.3	4.0	3.1	2.9	4.5	5.6
技术改造经费支出（亿元）	100.1	—	96.2	70.6	56.4	50.0	42.1	57.7
专利申请（件）	7016	8655	13041	20189	19210	19916	20024	20065
其中：发明专利（件）	3573	4464	6997	10318	9240	9835	10281	9392
新产品开发经费（亿元）	141.7	—	213.6	252.7	293.2	297.1	305.4	322.6
新产品销售收入（亿元）	2831.5	3354.9	3480.3	3317.6	3672.8	4247.0	3564.0	4085.9

数据来源：2010—2017 年的《北京统计年鉴》，北京市统计局、国家统计局北京调查总队；2010—2017 年的《中国科技统计年鉴》，国家统计局、科学技术部。

注："—" 表示未获取相关数据。

附表 8－1　科技论文概况

	2006	2007	2008	2009	2010	2011	2012	2013	2014	2015
国内科技论文（篇）	54477	59374	61024	65951	68585	68281	68750	67557	66999	66096
按机构类型分										
高等院校（篇）	30440	32484	33266	33979	36022	34186	31614	24158	35463	35232
科研机构（篇）	13688	14286	14906	16012	16243	16696	17872	16797	16400	16173
医疗卫生机构（篇）	7427	8578	8572	10701	10852	11136	9429	19734	8635	8374
企业（篇）	1223	1542	1936	2260	2413	2761	6488	3147	2962	2669
其他（篇）	1699	2484	2344	2999	3055	3502	3347	3721	3539	3648
按学科类型分										
基础学科（篇）	9708	8767	9081	11093	9462	8478	7718	8461	8033	7340
医药卫生（篇）	19192	21946	10441	26898	13654	28622	27210	26330	25316	26697
农林牧渔（篇）	2900	2949	5506	4028	3969	3505	3500	3087	2970	3209
工业技术（篇）	21890	23494	23166	23443	24425	24642	27123	26406	25593	25685
其他（篇）	787	2221	12830	489	17075	3034	3199	3273	5087	3165
国际科技论文（篇）	36578	41162	48076	48554	61302	57008	60784	72672	81896	93502
按数据库类型分										
SCI（篇）	15546	16665	18945	20868	23307	25630	29455	35284	42777	46179
EI（篇）	13451	15430	16893	17690	21688	23337	22536	28316	29671	38460
CPCI－S（篇）	7581	9067	12238	9996	16307	8041	8793	9072	9448	8863

续表

	2006	2007	2008	2009	2010	2011	2012	2013	2014	2015
按机构类型分										
高等院校（篇）	23843	27299	32588	32974	41764	38253	40297	46882	54097	61682
科研机构（篇）	12044	12759	14158	14232	16956	16960	17793	18865	21577	23456
医疗卫生机构（篇）	288	397	525	779	986	578	1046	3591	1952	3391
企业（篇）	218	509	700	455	1389	955	1183	1143	1594	2113
其他（篇）	185	198	105	114	207	262	465	2191	1758	2860
按学科类型分										
基础学科（篇）	16184	16348	19860	22088	27099	23363	24511	29397	30758	30529
医药卫生（篇）	1709	1975	2878	2895	4040	4328	5047	6220	9046	10342
农林牧渔（篇）	483	377	792	675	860	957	1079	1153	1185	1295
工业技术（篇）	18120	22444	24466	22251	28555	28099	29889	35723	39586	51233
其他（篇）	82	18	100	645	748	261	258	179	1321	103

附表 9－1 北京地区国内三种专利申请受理量和申请授权量（2001—2016）

单位：件

年份	申请量				授权量			
	总计	发明	实用新型	外观设计	总计	发明	实用新型	外观设计
2001	12174	4984	5114	2076	6246	946	3600	1700
2002	13842	5785	5920	2137	6345	1061	3721	1563
2003	17003	7833	6665	2505	8248	2261	4244	1743
2004	18402	8608	6321	3473	9005	3216	3956	1833
2005	22572	12102	6940	3530	10100	3476	4498	2126
2006	26555	14226	8200	4129	11238	3864	5490	1884
2007	31680	18763	8819	4098	14954	4824	7364	2766
2008	43508	28394	11157	3957	17747	6478	8776	2493
2009	50236	29326	15424	5486	22921	9157	10141	3623
2010	57296	33466	18637	5193	33511	11209	16579	5723
2011	77955	45057	26615	6283	40888	15880	19628	5380
2012	92305	52720	32609	6976	50511	20140	24672	5699
2013	123336	67554	47586	8196	62671	20695	36301	5675
2014	138111	78129	48228	11754	74661	23237	44071	7353
2015	156312	88930	53243	14139	94031	35308	45773	12950
2016	189129	104643	64496	19990	100578	40602	44710	15266

数据来源：2001 年至 2016 年的《专利统计年报》，国家知识产权局。

附表 9-2 北京地区国内年三种专利有效量（2001—2016）

单位：件

年份	合计	发明	实用新型	外观设计
2006	36645	13319	18045	5281
2007	43584	18421	18251	6912
2008	55771	20329	26852	8590
2009	71076	28774	32616	9686
2010	100623	38996	46830	14797
2011	131255	52522	60727	18006
2012	170516	69554	79520	21442
2013	219243	85434	109706	24103
2014	274667	103638	143723	27306
2015	344916	133040	175610	36266
2016	417666	166722	203533	47411

数据来源：2001—2016 年的《专利统计年报》，国家知识产权局。

附表 9-3 北京地区国内职务与非职务发明创造专利申请受理量（2001—2016）

单位：件

年份	职务					非职务
	总计	大专院校	科研单位	工矿企业	机关团体	
2001	4969	618	1088	3230	33	7205
2002	6679	1115	1444	4056	64	7163
2003	9058	1699	1952	5253	154	7945
2004	10113	1847	1917	6153	196	8289
2005	13507	2535	2764	8050	158	9065
2006	15884	2819	2705	10221	139	10671
2007	21892	4207	4016	13444	225	9788
2008	34175	5541	5341	22792	501	9333
2009	39933	6935	5783	26725	490	10303
2010	46325	8495	6911	30380	539	10971
2011	65125	10499	9840	43747	1039	12830
2012	78295	11842	10773	54727	953	14010
2013	106321	13028	12287	79698	1308	17015
2014	123012	13574	12884	94998	1556	15099
2015	139883	14887	14779	107921	2296	16429
2016	169826	17805	17707	131375	2939	19303

数据来源：2001—2016 年的《专利统计年报》，国家知识产权局。

附表 9-4 北京地区国内职务与非职务发明创造专利申请授权量（2001—2016）

单位：件

年份	职务					非职务
	总计	大专院校	科研单位	工矿企业	机关团体	
2001	2647	240	517	1859	31	3599
2002	2844	256	501	2065	22	3501
2003	4312	634	864	2778	36	3936
2004	5190	938	1058	3135	59	3815
2005	5946	1112	1116	3641	77	4154
2006	6791	1361	1214	4143	73	4447
2007	9144	1801	1523	5721	99	5810
2008	11949	2268	1991	7518	172	5798
2009	17085	3397	2666	10749	273	5836
2010	26306	4332	3545	18179	250	7205
2011	33493	5698	4413	22887	495	7395
2012	43233	6841	5311	29983	1098	7278
2013	54350	6731	6423	40538	658	8321
2014	66946	6823	7165	52181	777	7715
2015	84708	8700	8692	66007	1309	9323
2016	91739	9026	9067	72236	1410	8839

数据来源：2001 年至 2016 年的《专利统计年报》，国家知识产权局。

附表 9-5 北京地区国内发明专利职务申请受理量（2001—2016）

单位：件

年份	职务发明				
	总计	大专院校	科研单位	工矿企业	机关团体
2001	2407	509	807	1073	18
2002	3679	894	1040	1708	37
2003	5459	1434	1431	2499	95
2004	6309	1542	1497	3136	134
2005	9441	2151	2273	4911	106
2006	10775	2411	2207	6064	93
2007	15679	3677	3337	8526	139
2008	25367	4821	4443	15836	267
2009	25934	6027	4486	15082	339
2010	29558	7231	5485	16489	353
2011	40428	8882	7820	23093	633

续表

年份	职务发明				
	总计	大专院校	科研单位	工矿企业	机关团体
2012	48079	9917	8587	28959	616
2013	62671	11179	9799	40961	732
2014	73016	11639	10472	50020	885
2015	83212	11981	11862	58194	1175
2016	98009	14699	14246	67839	1225

数据来源：2001 年至 2016 年的《专利统计年报》，国家知识产权局。

附表 9－6　北京地区国内发明专利职务申请授权量（2001—2016）

单位：件

年份	职务发明				
	总计	大专院校	科研单位	工矿企业	机关团体
2001	648	131	216	282	19
2002	754	158	245	342	9
2003	1689	431	508	739	11
2004	2477	739	685	1037	16
2005	2871	862	750	1237	22
2006	3252	1006	739	1472	35
2007	4192	1351	1001	1796	44
2008	5731	1672	1258	2742	59
2009	8133	2695	1736	3616	86
2010	10209	3252	2092	4780	85
2011	14613	4361	2875	7218	159
2012	18897	5301	3705	9490	401
2013	19553	5054	4193	9986	320
2014	22148	5260	4861	11722	305
2015	33807	6697	6242	20379	489
2016	39033	6942	6604	24956	531

数据来源：2001 年至 2016 年的《专利统计年报》，国家知识产权局。

附表 10－1　北京地区技术交易基本情况（2001—2016）

	合同数	成交总额（亿元）	其中：技术交易额（亿元）
2001	23921	191.0	164.8
2002	27037	221.1	181.0
2003	32173	265.5	226.8

续表

	合同数	成交总额（亿元）	其中：技术交易额（亿元）
2004	35478	331.8	294.3
2005	37505	434.4	350.4
2006	51575	697.3	572.6
2007	50972	882.6	660.3
2008	52742	1027.2	778.1
2009	49938	1236.2	906.9
2010	50847	1579.5	1066.7
2011	53552	1890.3	1267.8
2012	59969	2458.5	2048.6
2013	62743	2851.2	2252.4
2014	67278	3136.0	2531.5
2015	72272	3452.6	2767.8
2016	74965	3940.8	2919.3

附表 11－1　北京地区获得国家技术发明奖按社会经济目标分布（2001—2016）

	2001	2002	2003	2004	2005	2006	2007	2008	2009	2010	2011	2012	2013	2014	2015	2016
环境保护、生态建设及污染防治	0	0	0	0	1	0	0	0	0	1	1	1	2	1	1	0
能源的生产、分配和合理利用	0	0	1	0	0	1	0	1	1	1	0	2	1	2	1	2
卫生事业发展	0	0	0	0	0	0	1	1	1	2	0	1	0	1	1	0
基础设施以及城市和农村规划	0	0	0	2	0	0	2	0	2	1	0	2	2	1	1	0
农林牧渔业发展	0	1	1	0	0	1	0	0	2	1	1	2	2	1	2	1
工商业发展	0	3	1	4	3	7	3	7	4	3	1	6	5	3	6	4
电子信息业发展	1	1	2	0	4	4	3	3	1	2	2	8	7	6	5	3

数据来源：2002 年至 2017 年的《中国科学技术奖励年鉴》，国家科学技术奖励工作办公室；2002 年至 2016 年的《北京年鉴》，北京市地方志编撰委员会办公室；北京科学技术奖励工作办公室．2011 年至 2016 年的北京获国家科学技术奖情况。

附表 11－2　北京地区获得的国家科学技术进步奖按社会经济目标分布（2001—2016）

	2001	2002	2003	2004	2005	2006	2007	2008	2009	2010	2011	2012	2013	2014	2015	2016
环境保护、生态建设及污染防治	1	2	4	1	0	3	3	5	4	3	7	6	1	2	1	3
能源的生产、分配和合理利用	3	4	10	10	6	7	6	4	5	8	6	9	4	10	6	7

续表

	2001	2002	2003	2004	2005	2006	2007	2008	2009	2010	2011	2012	2013	2014	2015	2016
卫生事业发展	3	10	8	8	10	10	4	8	13	8	13	10	8	10	6	11
基础设施以及城市和农村规划	6	7	2	5	3	5	2	8	6	3	4	8	2	7	6	4
农林牧渔业发展	5	11	6	3	6	7	6	7	7	11	6	10	7	7	8	5
工商业发展	8	9	9	11	15	16	10	9	11	12	10	6	7	8	10	11
电子信息业发展	6	6	10	5	6	9	7	3	6	3	8	3	4	2	3	2
其他民用目标	0	0	1	0	6	4	6	3	2	5	2	1	5	3	2	4

数据来源：2002 年至 2017 年的《中国科学技术奖励年鉴》，国家科学技术奖励工作办公室；2002 年至 2015 年的《北京年鉴》，北京市地方志编撰委员会办公室；北京科学技术奖励工作办公室. 北京获国家科学技术奖情况.（2011—2016）。

表 11－3　北京科学技术奖按社会经济目标分布（2001—2015）

	2001	2002	2003	2004	2005	2006	2007	2008	2009	2010	2011	2012	2013	2014	2015	2016
环境保护、生态建设及污染防治	15	13	14	10	16	11	6	10	25	11	15	15	15	12	10	13
能源的生产、分配和合理利用	0	0	0	0	0	0	0	0	0	21	23	20	26	32	30	27
卫生事业发展	108	85	91	72	77	49	38	36	63	51	35	41	41	33	39	35
基础设施以及城市和农村规划	42	33	35	36	29	23	17	20	37	24	23	19	31	36	26	27
农林牧渔业发展	32	26	27	42	34	20	16	17	31	23	20	17	18	20	20	12
工商业发展	56	55	49	54	47	33	19	25	41	30	24	22	33	21	16	14
电子信息业发展	49	47	51	49	38	34	27	29	68	44	29	41	48	45	30	35
其他民用目标	28	32	27	28	36	23	15	12	18	21	14	9	21	21	17	17

数据来源：2001—2016 年的《北京市科学技术奖获奖公告》，北京市科学技术奖励工作办公室。

附表 12－1　高技术产业基本情况

年份	企业数（个）	从业人员平均人数（万人）	主营业务收入（亿元）	增加值（亿元）	利润（亿元）	出口交货值（亿元）
2001	605	16.0	1225.2	236.2	76.2	201.6
2002	679	16.6	1121.9	241.9	79.6	218.0
2003	625	16.7	1256.5	290.9	84.9	251.4
2004	1125	18.4	1571.6	315.1	82.1	453.2
2005	1101	20.9	2168.5	404.2	96.8	832.6
2006	1107	22.4	2831.9	488.9	121.7	1152.0
2007	1163	24.6	3362.1	558.1	184.9	1420.5

续表

年份	企业数（个）	从业人员平均人数（万人）	主营业务收入（亿元）	增加值（亿元）	利润（亿元）	出口交货值（亿元）
2008	1134	24.7	3182.1	526.9	140.8	1328.4
2009	1150	23.9	3019.2	467.4	156.5	1170.8
2010	1103	25.0	3333.8	513.7	182.2	1217.0
2011	737	26.0	3326.3	566.1	228.9	1055.8
2012	760	28.3	3569.9	697.7	235.6	1081.4
2013	782	28.7	3826.1	796	292.4	1118.8
2014	805	28.2	4151.6	799.6	277.3	1031.6
2015	805	27.0	3997.1	763.9	268.3	695.4
2016	795	26.3	4308.5	842.7	321.0	645.4

数据来源：2002—2017 年的《中国高技术产业统计年鉴》，国家统计局、科学技术部；2009—2017 年的《北京统计年鉴》，北京市统计局、国家统计局北京调查总队。

附表 12－2　2016 年高技术产业各行业基本情况

单位：亿元

行业	增加值	主营业务收入	利润	出口交货值
医药制造业	347.7	809.0	153.5	13.2
航空、航天器及设备制造业	94.3	284.2	16.9	9.9
电子及通信设备制造业	205.9	2063.7	21.4	525.5
计算机及办公设备制造业	41.2	710.1	68.5	41.8
医疗仪器设备及仪器仪表制造业	150.9	430.6	60.5	51.2
信息化学品制造业	2.7	10.9	0.2	3.8

数据来源：2017 年的《中国高技术产业统计年鉴》，国家统计局、科学技术部。

附表 12－3　高技术产业技术创新情况

年　份	2009	2011	2012	2013	2014	2015	2016
有 R&D 活动企业数（个）	432	357	395	417	450	450	476
有研发机构企业数（个）	198	210	230	191	250	255	231
研发机构数（个）	245	256	287	250	304	313	293
R&D 人员全时当量（万人年）	1.3	1.8	2.0	2.4	2.4	2.2	2.3
R&D 经费内部支出（亿元）	45.5	74.2	92.2	106.5	110.8	120.2	129.9
引进技术经费（万元）	25801.5	58739.3	85485	78880.3	56577.6	44285.9	42185.3
消化吸收经费（万元）	922.1	1503.8	1016	975.3	692.7	675.4	362.0
购买国内技术经费支出（万元）	6415.7	9079.8	9511	5474.9	5572.1	4778.1	5816.7
技术改造经费支出（万元）	7725.5	41749.7	36693	16090.8	13837.7	32478.2	40905.6

续表

年　　份	2009	2011	2012	2013	2014	2015	2016
专利申请数（件）	2958	6225	9972	8308	8906	7837	6775
其中：发明专利（件）	1835	4290	6314	5358	5845	5305	4114
有效发明专利数（件）	2725	4112	7861	8714	10399	13044	16129
新产品开发经费支出（亿元）	60.5	100.0	124.9	150.1	156.4	149.8	157.2
新产品销售收入（亿元）	1483.5	1489.6	1315.3	1584.5	1865.1	1597.8	1768.4
新产品出口（亿元）	605.7	534.2	437.8	441.6	362.7	140.1	183.3

数据来源：2010 年至 2017 年的《中国高技术产业统计年鉴》，国家统计局、科学技术部。

附表 12－4　2016 年高技术产业各行业技术创新情况

	医药制造业	航空、航天器及设备制造业	电子及通信设备制造业	计算机及办公设备制造业	医疗仪器设备及仪器仪表制造业	信息化学品制造业
R&D 人员全时当量（人年）	5468.4	3155.9	9036.6	1117.3	4249.5	110.3
R&D 经费内部支出（亿元）	20.6	17.1	53.8	20.1	17.9	0.4
引进技术经费（万元）	677.1	—	6665.7	966.2	33876.3	—
消化吸收经费（万元）	100.0	—	—	262.0	—	—
购买国内技术经费支出（万元）	5623.0	—	45.7	120.6	27.4	—
技术改造经费支出（万元）	7421.5	19862.6	13360.6	120.4	140.5	—
专利申请数（件）	369	527	2744	1766	1307	62
其中：发明专利（件）	262	320	1677	1224	576	55
有效发明专利数（件）	1904	886	7686	3350	2165	138
新产品开发经费支出（亿元）	24.1	18.5	64.3	23.7	26.0	0.5
新产品销售收入（亿元）	173.9	56.9	1041.1	307.2	182.6	6.7
新产品出口（亿元）	2.1	0.4	120.1	32.3	24.8	3.6

数据来源：2017 年的《中国高技术产业统计年鉴》，国家统计局、科学技术部。

注："—" 表示该项统计指标数据不足《中国高技术产业统计年鉴》最小单位数、数据不详或无该项数据。

指标说明

科技活动指在自然科学、工程与技术科学、医药科学、农业科学、社会科学及人文科学领域中，与科技知识的产生、发展、传播和应用密切相关的有组织的、系统的活动。科技活动分为三类：研究与发展活动、研究与发展成果应用活动、科技服务活动。

研究与发展（R&D）活动简称“研发”活动，是指在科学技术领域，为增加知识总量，以及运用这些知识创造新的应用所进行的系统的、创造性的活动。它包括基础研究、应用研究和试验发展三类活动，前两类活动统称为“科学研究活动”。

基础研究是指为了获得关于现象和可观察事实的基本原理的新知识（提示客观事物的本质、运动规律，获得新发现、新学科）而进行的实验性或理论性工作，它不以任何专门或特定的应用或使用为目的。其成果以科学论文和科学著作为主要形式。

应用研究是指为获得新知识而进行的创造性研究，但它主要针对某一特定的目的或目标。应用研究是为了确定基础研究成果可能的用途，或是为达到预定的目标探索应采取的新方法（原理性）或新途径。其成果形式以科学论文、专著、原理性模型或发明专利为主。

试验发展是指利用从基础研究、应用研究和实际经验所获得的现有知识，为产生新的产品、材料和装置，建立新的工艺、系统和服务，以及对已产生和建立的上述各项做实质性的改进而进行的系统性工作。其成果形式主要是专利、专有技术、具有新产品基本特征的产品原型或具有新装置基本特征的原始样机等。在社会科学领域，试验发展是指把通过基础研究、应用研究获得的知识转变成可以实施的计划（包括为进行检验和评估实施示范项目）的过程。人文科学领域没有对应的试验发展活动。

科技活动人员是指直接从事科技活动，以及专门从事科技活动管理和为科技活动提供直接服务的人员。直接从事科技活动人员包括：在政府研究机构、高等学校、各类企业及其他事业单位内设的研究室、实验室、技术开发中心及中试车间（基地）等机构中从事科技活动的研究人员、工程技术人员、技术工人及其他人员；虽不在上述机构工作，但编入科技活动项目（课题）组的人员；从事论文设计的研究生等。专门从事科技活动管理和为科技活动提供直接服务的人员包括：政府研究机构、高等学校、各类企业及其他事业单位主管科技工作的负责人，专门从事科技活动的计划、行政、人事、财务、物资供应、设备维护、图书资料管理等工作的各类人员，但不包括保卫、医疗保健人员、司机、食堂人员、茶炉工、水暖工、清洁工等为科技活动提供间接服务的人员。

科学家工程师是指科技活动人员中具有高、中级专业技术职称（职务）的人员和不具有高、中级专业技术职称（职务）的大学本科及以上学历人员。

研究与发展（R&D）人员指参与研究与发展项目（课题）的研究、管理和辅助工作的人员，包括项目（课题）组人员，管理人员和直接为项目（课题）活动提供服务的辅助人员。R&D 人员按全年工作时间的多少分为全时人员和非全时人员。全时人员指从事 R&D 活动的时间占全年工作时间 90% 及以上的人员；非全时人员指从事 R&D 活动的时间占全年工作时间 10%（含 10%）~90%（不含 90%）的人员。非全时人员折合全时人员指所有非全时人员按实际工作时间折算为全时人员。例如，有 3 个非全时人员，他们从事 R&D 活动的时间分别为全年工作时间的 20%、30% 和 70%，折合全时人员数为 0.2 +0.3 +0.7 =1.2 人年。R&D 人员数量按全时当量统计，即指参与 R&D 活动的全时人员数加非全时人员按工作量折算为全时人员数的总和。例如，有 2 个全时人员和 3 个非全时人员（工作时间分别为 20%、30% 和 70%），则 R&D 人员全时当量为 2 +0.2 +0.3 +0.7 =3.2 人年。

财政科技拨款指由各级政府部门直接拨入的用于从事科技活动的款项。包括科技事业费、科技专项费、科技基建费、科学技术基金、各种专项费、政府其他拨款等。

其中，科学事业费是指国家根据科技发展计划、财政预算及人员、任务、编制等拨给科学事业单位（科研机构、科技管理机构和科技服务机构）的运行费。科技三项费指新产品试制费、中间试验费、重大科学研究项目补助费及其专项费，由国家根据科研项目拨给相关单位。

科技活动经费筹集额指从各种渠道筹集到的计划用于科技活动的经费，包括政府资金、企业资金、事业单位资金、金融机构贷款、国外资金和其他资金等。其中，政府资金是指从各级政府部门获得的计划用于科技活动的经费，包括科学事业费、科技三项费、科研基建费、科学基金、教育等部门事业费中计划用于科技活动的经费，以及政府部门预算外资金中计划用于科技活动的经费等。企业资金是指本企业从自有资金提取或接受其他企业委托的，科研院所和高等学校等事业单位接受企业委托获得的，计划用于科研和技术开发的经费。不包括来自政府、金融机构及国外的计划用于科技活动的资金。

科技活动经费内部支出指用于开展科技活动实际支出的费用。按用途分为经常性支出和基本建设支出两类。包括劳务费、科研业务费、科研管理费，非基建投资购建的固定资产、科研基建支出以及其他用于科技活动的支出。不包括生产性活动支出、归还贷款支出及转拨外单位的支出。

R&D 经费内部支出指单位内部开展 R&D 活动（基础研究、应用研究、试验发展）的实际支出。包括用于 R&D 项目（课题）活动的直接支出，以及间接用于 R&D 活动的管理费、服务费、与 R&D 有关的基本建设支出，以及外协加工费等。不包括生产性活动支出、归还贷款支出以及与外单位合作或委托外单位进行 R&D 活动而转拨给对方的经费支出。

政府研究机构指隶属县以上政府部门的研究机构，包括自然科学与技术领域的研究机构、社会科学与人文科学领域的研究机构和科技信息与文献机构。

项目（课题）数指当年立项并开展研究工作、以前年份立项仍继续进行研究的科技项目（课题）数，包括当年完成和年内研究工作已告失败的科技项目（课题），但不包括委托外单位进行的科技项目（课题）数。

课题（项目）人员折合全时当量指按相当于全时工作量计算的当年实际参加课题（项目）活动的各类人员总数。统计的方法：首先把课题人员中的非全时工作人员折算为全时工作人员，再加上全时工作人员数。

项目（课题）经费内部支出指调查单位内部进行项目（课题）研究和试制的实际支出。包括劳务费、其他日常支出、固定资产购建费、外协加工费，不包括委托或与外单位合作进行项目（课题）研究而拨付给对方使用的经费。

科技论文指在学术刊物上发表的最初的科学研究成果。应具备以下三个条件：①首次发表的研究成果；②作者的结论和试验能被同行重复并验证；③发表后科技界能引用。

国内科技论文指统计源期刊刊载的并符合一定选取原则的科技论文。

国际科技论文是指美国科学情报所（ISI）编制的大型综合检索系统《科学引文索引》（SCI）、美国工程索引公司编制的《工程索引》（EI）及美国科学情报所编制的《科学技术会议录索引》（ISIP）三个检索系统收录的期刊论文和会议论文。

专利指专利权的简称，是对发明人的发明创造经审查合格后，由专利局依据专利法授予发明人和设计人对该项发明创造享有的专有权。专利包括发明、实用新型和外观设计三种类型。发明是指对产品、方法或者其改进所提出的新的技术方案；实用新型是指对产品的形状、构造或者其结合所做出的富有美感并适于工业上应用的新设计。